中国证券业发展报告

（2012）

中国证券业协会　编

中国财政经济出版社

图书在版编目（CIP）数据

中国证券业发展报告.2012/中国证券业协会编.—北京：中国财政经济出版社，2012.7
ISBN 978-7-5095-3776-3

Ⅰ.①中…　Ⅱ.①中…　Ⅲ.①证券市场-经济发展-研究报告-中国-2012
Ⅳ.①F832.51

中国版本图书馆CIP数据核字（2012）第152783号

责任编辑：翁晓红　郁东敏　　　责任校对：胡永立
封面设计：李运平　　　版式设计：董生萍

中国财政经济出版社出版
URL：http：//www.cfeph.cn
E-mail：cfeph@cfeph.cn

社址：北京市海淀区阜成路甲28号　邮政编码：100142
营销中心电话：88190406　北京财经书店电话：64033436　84041336
涿州市新华印刷有限公司印刷　各地新华书店经销
787×1092毫米　16开　22.75印张　468 000字
2012年8月第1版　2012年8月涿州第1次印刷
定价：48.00元
ISBN 978-7-5095-3776-3/F·3092
（图书出现印装问题，本社负责调换）
质量投诉电话：88190744

《中国证券业发展报告（2012）》
编　委　会

《中国证券业发展报告（2012）》
作者名单
（按照姓氏笔画排序）

于　佳	马晓洁	方　伟	方泓智	方　涌	牛纪刚
王　可	王　伟	王　好	王　劼	王建业	王金刚
王　瑜	王　慧	叶秋彬	平敬伟	田京海	申　屹
边泉水	龙飞虎	刘小诗	刘和平	刘诗朦	刘　莱
刘　潇	刘霞霞	朱晓瑾	祁曙光	邢　波	吴祖尧
张卫东	张大威	张小莉	张红梅	张　玲	张　望
李立锋	李　朋	李婉晴	杜长庆	杜洪波	杨　坤
杨　涛	沈传玉	苏　明	陆崇刚	周　天	武向阳
罗　舟	姜婧一	施　健	徐忆婕	徐建华	袁　熙
崔秀红	崔晓雁	常志刚	曹永强	曹炳艾	梁　游
鹿　群	黄　辉	鲁　伟	蔡　笑	谭先福	魏　莨

前　言

中国证券业协会会长　陈共炎

经过几个月的努力，中国证券业协会组织编撰的《中国证券业发展报告（2012）》与读者见面了。与往年不同，今年的报告在组织形式上做了重大调整，分为总报告、分报告和专题报告，在全面反映行业发展状况的同时，增强报告的针对性和可读性。

2011年是“十二五”规划的开局之年，在世界经济金融形势复杂多变的环境下，中国经济整体保持了平稳较快发展。就资本市场而言，市场结构进一步优化，市场基础制度不断完善，服务经济转型的功能得到较好发挥，市场总体保持了平稳健康的运行态势。市场改革创新方面，新股发行体制改革措施全面落实，新股发行的市场约束有所增强；创业板公司非公开发行公司债启动，企业融资渠道进一步拓展。市场主体方面，上市公司质量持续提升，公司治理机制不断完善，明确回报规划和分红政策，增强红利分配透明度；市场中介机构规范发展，证券公司开展统一压力测试，强化行业风险管理和内部控制水平，证券投资咨询机构投资顾问业务进一步规范。对外开放方面，离岸人民币投资境内资本市场（RQFII）试点启动，为人民币回流提供了途径。

截至2011年底，中国资本市场共有上市公司2 342家，投资者有效账户数1.4亿户，证券公司109家，基金公司69家，沪深两市总市值21.48万亿元，流通市值16.49万亿元。全年境内A股市场融资总额5 073.07亿元，上市公司债券融资1 707.40亿元。市场和行业的这些发展变化，为我们编撰本报告提供了鲜活的素材，也成为我们编撰工作的重要关注点。

在编撰过程中，我们始终坚持并贯彻以下几个基本原则：一是立足于整个证券行业，站在全行业的高度，全面系统反映2011年证券行业的发展轨迹。二是坚持客观真实，通过大量的准确数据、典型案例和重大事件，将2011年证券行业的主要变化和重大成就记录下来，为中国证券史的发展留下真实可靠的历史资料。三是从我国基本国情出发，力求准确把握证券市场的基本特色，为今后证券业的发展提供必要借鉴。四是定性分析与定量分析相结合、国内发展状况与国际发展趋势相结合，以期达到权威部门权威史册的社会期许。

《中国证券业发展报告（2012）》既是一部年度报告，也是本系列报告的第十册。《中国证券业发展报告（2012）》在编撰过程中，突出了以下几个特点：第一，本报告真实反映了2011年行业发展状况，并第一次认真总结了10年来或业务试点起行业的发展变化，对未来发展进行了展望。第二，为客观反映行业发展状况，报告中的一些数据是中国证券业协会通过调研方式获取的，真实可靠。第三，首次在报告中对各证券公司业务开展情况进行了国际比较，指出我国证券业务发展的差距。第四，本报告在内容上涵盖了证券行业的方方面面，在形式上分为总报告和分报告。总报告力求以高度精炼、客观平实的语言为读者展现证券行业2011年的发展全貌、行业特色和发展趋势。分报告力求深度挖掘、多维度分析中国证券公司经纪业务、投资银行业务、资产管理业务、证券投资咨询业务、融资融券业务、直接投资业务、国际业务等主要业务，以及近十年或业务试点起的真实变化。此外，还有四个专题报告，分别为证券行业信息技术、合规与风险管理、投资者教育、证券资信评级等方面的发展状况。总、分报告及专题报告的写作是由中国证券业协会与业内机构组成联合课题组共同完成的。报告主要内容、基本框架、写作范式是经过中国证券业协会与业内专家共同讨论确定的，是集思广益的结果，更是集体智慧的结晶。为了确保本报告的质量，在初稿完成后，中国证券业协会还邀请各方面的权威专家进行了反复的推敲修改和认真审核。

我们希望，通过“中国证券业发展报告”的连续编撰，为中国证券业提供一个全面展示成果的平台，为社会各界提供一个了解中国证券市场的窗口，为有关专家学者提供一个研究中国证券市场比较权威的史料。我们深知，《中国证券业发展报告（2012）》还存在许多有待完善的地方，敬请业内同仁、广大读者提出批评、建议，以便我们进一步改进。

2012年6月

目　　录

总 报 告

分 报 告

分报告之一：2011 年中国证券业发展概况

目录

分报告之二：2011 年中国证券经纪业务发展回顾与展望

分报告之三：2011 年中国投资银行业务发展回顾与展望

分报告之四：2011 年中国证券公司资产管理业务发展回顾与展望

分报告之五：2011 年中国证券投资咨询业务发展回顾与展望

分报告之六：2011 年中国证券公司融资融券业务发展回顾与展望

分报告之七：2011 年中国证券公司直接投资业务发展回顾与展望

分报告之八：2011年中国证券公司国际业务发展回顾与展望

专题报告之一：2011年中国证券行业信息技术发展综述

专题报告之二：2011 年中国证券公司合规与风险管理发展综述

专题报告之三：2011 年证券公司投资者教育与服务工作报告

专题报告之四：2011年中国证券资信评级业务发展综述

总报告

第一章 2011年证券业发展现状

一、证券行业总体情况

（一）证券公司发展情况

截至2011年12月底，全国共有证券公司109家，与2010年相比，增加了3家。

1. 证券公司资产规模。2011年，证券公司总资产规模合计1.57万亿元，同比减少20.3%；平均每家证券公司总资产为144.04亿元。全部证券公司净资产规模合计为6 303亿元，同比增加11.28%；平均每家证券公司净资产为57.83亿元（见表1－1）。

表1－1　　2011年证券公司规模和经营业绩

指　　标	2011年	2010年	同比增长（%）
营业收入（亿元）	1 360	1 911	－28.83
代理买卖证券业务净收入（亿元）	689	1 085	－36.50
证券承销与保荐及财务顾问业务净收入（亿元）	241	272	－11.40
受托客户资产管理业务净收入（亿元）	21	22	－4.55
证券投资收益（含公允价值变动）（亿元）	50	207	－75.85
净利润（亿元）	394	776	－49.23
总资产（亿元）	15 700	19 700	－20.30
净资产（亿元）	6 303	5 664	11.28
净资本（亿元）	4 634	4 319	7.29

资料来源：根据中国证券业协会网站相关数据整理。

2. 证券公司业务利润变动和收入结构情况。2011年证券公司实现营业收入1 360亿元，同比下降28.83%；实现净利润394亿元，同比下降49.23%。

在营业收入的细项数据方面，2011年证券行业代理买卖证券业务净收入达689亿元，证券承销与保荐及财务顾问业务净收入241亿元，受托客户资产管理业务净收入21亿元，证券投资收益（含公允价值变动）50 亿元。经纪、承销保荐及财务顾问业务依然是证券公司主要收入来源，所占比重分别为 51% 和 18%。

从统计数据来看，证券行业收入结构正在逐步优化。传统上作为证券公司收入来源支柱的经纪业务占比逐步下降，而随着创业板的开启，投资银行业务收入占比继 2010 年大幅提高后继续提高了近 4%。

3. 证券公司从业人员情况。2011 年证券公司注册从业人员数达到 261 802 人。其中，注册为一般从业人员的 194 241 人，证券经纪业务营销人员 9 371 人，证券经纪人 37 456 人，证券投资咨询业务（分析师）1 958 人，证券投资咨询业务（投资顾问）18 231 人，证券投资咨询业务（其他）545 人。

（二）证券投资咨询公司发展状况

截止到 2011 年底，通过中国证券监督管理委员会（简称“中国证监会”）年检的证券投资咨询公司共有 88 家。分地区来看，排名前 3 位的分别是上海 19 家，北京 18 家，深圳 9 家。在中国证券业协会登记注册的执业总人数为 1 215 人。

（三）证券市场资信评级机构发展状况

目前，我国经中国证监会批准的证券信用评级机构共有 6 家，包括大公国际资信评估有限公司、中诚信证券评估有限公司、联合信用评级有限公司、上海新世纪资信评估投资服务公司、鹏元资信评估有限公司和东方金诚国际信用评估有限公司。其中，东方金诚国际信用评估有限公司在 2011 年获准从事证券市场资信评级业务。

据中国证券业协会专项调查统计，2011 年 6 家资信评级机构总收入约 32 051 万元，比 2010 年总收入增长 70%。其中，证券资信评级业务总收入约为 3 876 万元，占总收入的 12%。截至 2011 年底，我国 6 家证券资信评级机构的员工总数达 815 人，其中评级分析师人员数量为 458 人。

二、证券公司各项业务开展情况

（一）经纪业务

2011 年，受欧债危机持续扩散以及国内货币紧缩政策的影响，沪、深两市股指大幅下挫，市场交投活跃度明显下降。同时，受证券行业竞争加剧的影响，经纪业务佣金率进一步下滑，证券公司经纪业务收入大幅减少。

1. 市场规模情况。截至 2011 年底，境内上市公司数（A、B 股）达到 2 342 家，同比增加 13.52%；股票发行股本 36 096 亿股，同比增加 8.77%，其中流通股 28 850 亿股，增加 12.51%；两市总市值 21.48 万亿元，同比下降 19.09%；流通市值 16.49 万亿元，同比下降 14.60%。

2011 年，市场成交额较 2010 年明显减少。股票成交 42.16 万亿元，基金成交 0.64 万亿元，权证成交 3 474 亿元，分别较上年下降 22.72%、29.24% 和 76.82%。交易所债券成交 20.66 万亿元，较 2010 年上升 203.56%。

2. 股票账户情况。2011 年，沪、深两市股票账户的增长数量和增长幅度都明显低于 2010 年。截至 2011 年底，两市股票账户净增 1 092.87 万户（含三板账户合并数），同比增长 7.07%；两市基金账户总数为 3 712.30 万户，同比增长 308.05 万户，增长幅度为 9.05%，是近 4 年来净增户数最多的 1 年。

截至 2011 年底，沪、深股票账户数合计为 16 546.90 万户，有效股票账户 14 050.37 万户。其中，A 股有效账户 13 798.21 万户，43.88% 的账户近 1 年内参与了二级市场交易。2011 年底，持仓的 A 股账户数 5 694.18 万户，占全部 A 股有效账户的比重为 41.27%。

从 A 股账户结构来看，自然人账户占比达到 99.6%。但从 A 股账户数的增长趋势来看，与 2010 年相比，2011 年底证券投资基金、QFII、企业年金等机构投资者的增幅都远高于自然人的增幅（见表 1－2）。

表 1－2　　2011 年 A 股账户结构及变化数据

	2011 年底 A 股账户数（户）	2010 年底 A 股账户数（户）	增减变化（户）	幅度（%）	2011 年底 A 股账户数结构（%）
自然人	162 334 232	151 460 366	10 873 866	7.18	99.6237
证券公司自营	96 277	98 256	－1 979	－2.01	0.0591
证券公司集合理财	566	372	194	52.15	0.0003
证券投资基金	1 769	1 400	369	26.36	0.0011
基金公司专户理财产品	1 572	1 196	376	31.44	0.0010
社保基金	180	168	12	7.14	0.0001
企业年金	4 040	3 315	725	21.87	0.0025
QFII	239	214	25	11.68	0.0001
保险	1 051	998	53	5.31	0.0006
信托	11 622	9 284	2 338	25.18	0.0071
一般机构	495 869	465 065	30 804	6.62	0.3043

资料来源：中国证券登记结算有限责任公司。

3. 经纪业务收入情况。受交易额下降和佣金率持续下滑的影响，证券经纪业务的收入明显下滑。全行业代理买卖证券业务净收入 688.87 亿元，较上年下降了 36.5%。2011 年行业平均佣金率为 0.081%，较上年下滑了 15.25%。

4. 市场集中度情况。2011 年，证券经纪业务市场集中度继续呈现下降趋势。排名前 20 位的证券公司合计股票、基金市场份额占比从 2010 年的 61.61%，下降到 2011 年底的 60.80%。

5. 营业部网点数量情况。证券公司营业部网点数量呈现稳步上升的趋势。2011 年达到了 5 032 家，比 2010 年增加了 404 家。

（二）投资银行业务

与 2010 年相比，2011 年证券市场股权融资下降明显。A 股市场通过 IPO、增发、配股和权证行权累计境内融资 5 073.07 亿元，同比下降 43.35%。

1. 股权融资情况。

（1）首次公开发行。2011 年共完成首次公开发行项目 279 家，募集资金 2 825.07 亿元，平均每家 10.13 亿元；募集资金同比减少 2 057.56 亿元。其中，在深圳中小企业板上市的项目有 111 家，募集资金 976.85 亿元，占市场 IPO 融资量的 36.44%；在深圳创业板上市的项目有 123 家，募集资金 736.97 亿元，占市场 IPO 融资量的 27.49%。

（2）公开增发。2011 年共完成公开发行增发项目 10 家，募集资金 132.05 亿元，平均每家募集资金 13.21 亿元；与 2010 年相比，发行家数相同，募集资金减少 245.09 亿元。2011 年公开发行增发最大的项目为河北钢铁，募集资金 160.15 亿元。

（3）非公开发行。2011 年共完成非公开发行项目 173 家，共计募集资金 1 664.50 亿元，平均每家融资 9.62 亿元；与 2010 年相比，发行家数增加 62 家，募集资金减少 429.65 亿元。融资量最大的前 5 家项目是：华夏银行（202.09 亿元）、广发证券（121.79 亿元）、上港集团（79.22 亿元）、大唐发电（67.40 亿元）和山煤国际（55.00 亿元）。

（4）配股。2011 年共有 14 家公司实施配股，总计募集资金 421.96 亿元，平均每家 30.14 亿元；与 2010 年相比，发行家数减少 6 家，募集资金减少 1 065.66 亿元。募集资金量最大的前 5 家公司分别为中信银行（175.61 亿元）、武钢股份（83.46 亿元）、天威保变（24.48 亿元）、中孚实业（24.29 亿元）和中远航运（21.13 亿元）。

2011 年，共有 64 家证券公司完成 1 家以上的主承销项目。按承销金额排名，2011 年排名主承销商前 5 位的证券公司分别为中信证券、国信证券、平安证券、中金公司和安信证券，承销金额分别为 711.85 亿元、465.11 亿元、338.43 亿元、286.84 亿元和 271.74 亿元。按承销家数排名，2011 年排名前 5 位的主承销商分别为平安证券、国信证券、海通证券、招商证券和广发证券，项目数量分别为 42 家、41 家、22 家、19 家和 18 家。

2. 债券发行情况。2011 年，有 9 家公司发行可转换公司债券，募集资金 413.2 亿元，平均每家 45.91 亿元；与 2010 年相比，发行家数增加 1 家，募集资金减少 304.1 亿元。83 家公司发行公司债，发行总金额 1 291.20 亿元，平均每家 15.56 亿元。企业债券共发行 3 553.94 亿元。

3. 并购业务情况。2011 年，市场共有 57 个并购重组项目通过并购重组委员会的审核，交易金额达到2 140.64亿元。最大 3 家分别是上海汽车定向增发、深发展定向增发、友谊股份定向增发和吸收合并项目，涉及金额分别为 291.19 亿元、290.80 亿元和 194.68 亿元。

（三）资产管理业务

截至 2011 年底，国内已有 60 家证券公司开展证券资产管理业务，合计管理产品数量 284 只，若剔除获批准尚未发行的产品，实际产品数量为 275 只，资产份额 1 439.46 亿份，资产规模 1 282.65 亿元。

1. 证券公司理财产品发行情况。2011 年，证券公司共新发行集合理财产品 108 只，其中，股票型 7 只，混合型 81 只，货币型 2 只，债券型 11 只，QDII 2 只，其他型 5 只。

从新发行的产品数量上看，2011 年的新发行量为历年来最大，但从单只规模上看，规模持续下滑。按投资类型划分，275 只产品绝大多数为混合型产品（占比 76%）。

虽然从总体上看，近几年证券公司资产管理规模持续增长，但 2011 年由于股市持续低迷，在每月基本上都有新发行产品的情况下，证券公司资产管理的规模仍逐渐下降。

2. 业绩情况。截至 2011 年底，已投资运营的各类型证券公司理财产品共 275 只，其中实现正收益的有 47 只，占 17.1%；有 7 只收益为 0，占 2.5%；其余亏损，占 80.4%。2010 年证券公司理财产品的亏损面为 30%，2011 年亏损面扩大的主要原因在于 A 股市场的持续低迷。

在 2011 年实现正收益的 47 只产品中，超过一半以上的产品为混合型，股票型只占 4%。

按投资类型进行分类分析，所有 275 只产品中，混合型产品共 208 只，其中 25 只在 2011 年实现了正收益，占比 12%；股票型产品共 10 只，其中有 3 只产品在 2011 年取得了正收益；债券型产品共 34 只，其中有 12 只在 2011 年取得了正收益；货币型产品共 7 只，2011 年有 6 只产品取得正收益，1 只收益率为 0；受欧债危机影响，4 只 QDII 产品 2011 年全部亏损；剩余 12 只其他类型的产品收益率绝大多数为负。

（四）投资咨询业务

2011 年 1 月 1 日正式实施的《证券投资顾问业务暂行规定》和《发布证券研究报告暂行规定》，明确将传统的证券投资咨询业务区分为证券投资顾问业务和发布研究报告这两种基本的服务形式，并分别对证券公司和证券投资咨询公司开展证券投资咨询业务的风险控制制度建设、利益冲突防范、流程规范、执业原则和禁止性行为等提出了相应的要求。上述两个基础性制度规范的颁布及实施，为我国证券投资咨询业务提供了操作规范和制度保障，为我国证券投资咨询业务的健康长远发展指明了方向。

1. 投资顾问业务情况。2011 年是投资顾问业务快速发展壮大的一年。中国证券业协会专项调查统计①表明，目前业内有 83 家证券公司已开展投资顾问业务，其中 55 家设立了从事及管理投资顾问业务的独立部门（以下简称“投顾部门”）。投顾部门普遍承担制定投资顾问管理制度与工作流程、公司投资顾问团队的日常管理、团队建设、考核督导和风险监控等业务管理工作，部分公司的该部门还具备投资顾问业务线的人事任免权与预算管理权。

调查表明，目前证券公司投资顾问业务的组织分工形式分为总部为主、分支机构为主和两者分工协作三种形式，其中两者分工协作占了半数以上。大部分证券公司总部设有投资顾问业务业务岗位，所有参与调查证券公司的分支机构均有从事投资顾问业务的团队。证券公司总部与分支机构中从事投资顾问业务的团队规模平均扩大五成左右（见表 1－3）。

① 为做好《中国证券业发展报告（2012）》的编写工作，中国证券业协会就投资顾问业务、发布研究报告业务开展情况做了专项调查。中国证券业协会关于发布研究报告业务的专项调查统计样本总数为 92 家证券公司。如无特别说明，本报告均以此为基础进行统计分析。

表 1－3　　证券公司投资顾问业务情况

总部设有投资顾问业务业务岗位的证券公司数量	83 家
总部设有投资顾问业务业务岗位的证券公司调研占比	96.5%
总部投资顾问平均团队规模	17 人
分支机构设有投资顾问业务业务岗位的证券公司数量	86 家
分支机构设有投资顾问业务业务岗位的证券公司调研占比	100%
证券公司分支机构平均团队规模	178 人

2. 发布研究报告业务。

（1）证券公司发布研究报告的情况。根据中国证券业协会专项调查统计，2011 年，设有研究部（所）的 88 家证券公司，总共发布研究报告数量为 162 357 篇，比 2010 年增长 23%。在这些报告当中，深度报告为 15 283 篇，比 2010 年增长 21%。

从产品体系的拓展和完善上讲，衍生品研究、特别覆盖研究、理财产品研究、大宗商品研究、财富研究、中小市值研究、（金融）创新研究等新型研究层出不穷；从产品及服务的推广形式上来讲，联合调研、高端论坛、电话会议、新媒体互动、一对一会议、一对一调研、专题研讨会、上门一对一服务、分析师互动、销售经理交流、委托定制等新型推广形式不断涌现。

（2）证券公司对研究的支持及经费投入情况。据中国证券业协会专项调查统计，2011 年，设有研究部（所）的 88 家证券公司中，57 家进行了品牌推广，63 家加强了对机构客户的研究推广和服务，82 家加强了对分支机构的支持。而从经费投入上看，2011 年，证券公司研究所（部）的研究经费增幅平均值为 35%，仅有 12 家证券公司研究所（部）表示其年度研究经费增幅出现下降。尽管 2011 年市场形势不容乐观且研究收入有所下降，但证券公司对研究品牌、发布研究报告以服务机构客户及支持分支机构的重视程度有增无减。

（3）证券公司从事发布研究报告业务的人员情况。据中国证券业协会专项调查统计，2011 年，88 家证券公司研究部（所）的全部员工总数为 4 347 人，比 2010 年增长 19%。从人员的流入和流出来看，2011 年，证券公司研究部（所）新进员工数为 1 580 人，比 2010 年增长 28%；离职员工数为 840 人，比 2010 年增长 31%。证券业发布研究报告的研究人员数量增长显著，行业内的员工交流互动也较为频繁和活跃。

从人员的知识及经验角度来看，2011 年，行业从事发布证券研究报告业务的人员中，博士学历及其以上员工数为 497 人，比 2010 年增长 20%；具有 5 年以上从业经验的员工数为 1 058 人，比 2010 年增长 15%。显然，具有高级知识学历及背景的从业人员增长速度较快，从事发布证券研究报告的证券公司研究人员从业经验更加丰富。

（五）融资融券业务

2010 年 3 月，我国正式推出了融资融券业务，丰富了我国资本市场信用交易机制，提供了基础做空工具。一方面，改变了中国资本市场“单边市”的先天缺陷，为投资者提供了风险对冲和管理的对冲工具；另一方面，通过引入杠杆交易，增强了市场流动性，提高了投资者资金的使用效率。在经历了2010年的平稳运行后，融资融券业务于2011年正式转为证券公司的常规业务，并呈现出有序增长的态势，业务规模不断增加，市场影响力逐步增强。

2011年10月28日，中国证监会正式发布了《关于修改〈证券公司融资融券业务试点管理办法〉的决定》、《关于修改〈证券公司融资融券业务试点内部控制指引〉的决定》。随后，沪、深证券交易所于11月25日发布了《融资融券交易实施细则》，对《融资融券试点交易实施细则》中部分条款进行了修订，融资融券标的股票由此前的90只扩容至285只，融资融券业务由“试点”转为“常规”。2010年12月，安信证券、长城证券等14家证券公司获得第三批业务资格。截至2011年底共有25家证券公司启动了融资融券业务。

2011年10月，中国证券金融股份有限公司成立，注册资本为75亿元，其股东为沪、深证券交易所以及中国证券登记结算有限责任公司。中国证券金融股份有限公司不以营利为目的，其主要职责是开展转融通业务，以及担负起对证券公司融资融券、转融通业务进行统计、监测、分析等职责。2011年11月，中国证监会正式发布了《转融通业务监督管理试行办法》等3个关于融资融券业务和转融通业务的制度文件，提高了融出证券余额占上市可流通市值的比例，拓宽了融资融券业务发展的空间。

1. 交易规模。2011年，融资融券市场交易规模逐步扩大。融资融券累计交易金额为5 855.97亿元，月均增长7.13%，其中融资交易金额为5 331.09亿元，融券交易金额为524.88亿元，较2010年的1 370.46亿元增长3.89倍。2011年融资融券市场交易金额占A股市场交易金额的1.39%。从月度数据来看，年初交易金额占比为1.34%，然后逐步增至10月的2.89%，11月标的证券扩容至278只股票，由于新的标的证券交易金额较小，因此比重下降较明显。融资融券余额为382.07亿元，相比2010年127.71亿元的余额增加了1.99倍，其中融资余额为375.48亿元，融券余额为6.59亿元（见图1－1）。

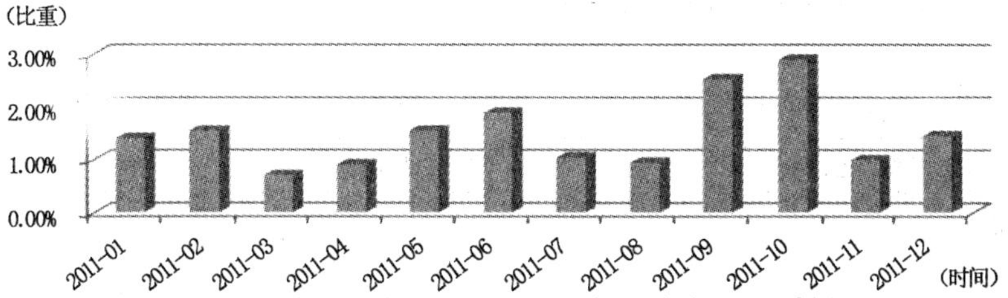

图1－1 融资融券交易金额占A股市场交易金额比重变化情况

2. 投资者情况。融资融券业务的参与者数量持续增加。2011年底，信用账户开户数为348 610户。其中，个人客户为347 507户，占总客户数的99.68%；机构客户为1 103户。截止到2011年12月，参与融资融券业务客户量占A股市场参与者的比重为0.20%[①]。2011年，信用账户开户数月平均增长率为19.84%，其中个人客户开户数月平均增长率为19.87%，机构客户开户数月平均增长率为13.48%。

① 根据中国证券登记结算有限责任公司《统计月报》中信用账户和A股账户开户数计算得出。

（六）直接投资业务

我国证券公司直接投资业务于2007年9月正式启动。2011年7月8日，中国证监会颁布《证券公司直接投资业务监管指引》，将证券公司直接投资业务纳入常规监管，允许证券公司直投公司设立直接投资基金，筹集并管理客户资金进行股权投资。截至2011年底，共有34家证券公司获准开展直接投资业务①。

1. 总体情况。据中国证券业协会专项调查统计，截至2011年底，证券公司直投公司注册资本共计256.6亿元；共计管理产业基金5只，总规模33.57亿元；设立直投基金2只，募集资金25.47亿元。参加调查的33家证券公司直投公司自开展直投业务以来累计已投资项目355个，对应投资金额170亿元；已上市项目41个，对应投资金额11.56亿元；已实现完全退出项目7个。证券公司直投公司员工队伍达511人。

从盈利能力来看，自开展直接投资业务以来，证券公司直投公司累计实现净利润共计19.97亿元，其中累计实现净利润排名第1位的证券公司直投公司占合计净利润总额的74%；累计实现净利润排名前5位的证券公司直投公司占合计净利润总额的89%（见表1-4）。

表1-4　2007～2011年证券公司直投公司累计投资、退出及盈利情况

直接投资业务＼年度		2007年	2008年	2009年	2010年	2011年	2007～2011年累计
投资情况	本年度新增投资项目数量（个）	1	5	57	141	151	355
	对应投资金额（亿元）	1.50	11.50	17.47	61.98	77.55	170
项目上市情况	本年度新增上市项目数量（个）			5	14	22	41
	对应投资金额（亿元）			0.96	4.30	6.29	11.55
项目退出情况	本年度新增的全部退出项目数量（个）					7	7
主要指标	注册资本（亿元）	8.81	47.50	136.60	205.10	256.60	
	净利润（亿元）	0.07	1.14	2.66	5.57	10.52	19.96
直投公司员工情况（人）		11	70	153	322	511	

资料来源：据中国证券业协会专项调查统计数据整理。

2. 证券公司直投公司管理资金规模、投资、退出及盈利情况。经过4年的投资期，证券公司直接投资项目到2011年开始实现项目集中退出，2011年证券公司直投公司不仅实现净利润89%的同比增幅，而且管理资金规模、投资、退出均实现大幅增长。据中国证券业协会专项调查统计，资金管理规模方面，2011年证券公司直投公司总计管理资产规模315.64亿元，同比增长48%，其中，注册资本金共计256.6亿元，同比增长25%；

① 中国证券业协会关于证券公司直接投资业务的专项调查统计样本总数为33家直投公司。如无特别说明，本报告均以此为基础进行统计分析。

管理产业基金规模共计33.57亿元，同比增长320%；管理直接投资基金规模从无到有共计25.47亿元；投资方面，2011年总计新增投资项目151个，同比增长7%，涉及投资金额77.55亿元，同比增长25%；实现项目上市方面，2011年总计实现新增上市项目22个，同比增长57%；项目退出方面，33家公司2011年总计新增完全退出项目7个，2011年之前尚未有完全退出项目；实现盈利方面，33家公司2011年总计实现净利润10.52亿元，同比增长89%。

（七）国际业务

目前我国证券公司的国际化发展尚处于以国内市场为依托的初级阶段，主要以投资银行业务为主，地域上则主要集中在我国香港地区。

2011年，我国已有包括中金公司、中信证券、国泰君安、海通证券等在内的约20家内地证券公司在香港设立了分公司或子公司。除了香港市场外，我国证券公司也已在美国、欧洲、新加坡等发达资本市场设立分支机构，开始探索向巴西、日本、韩国、迪拜等市场拓展业务。

投资银行业务方面，在2011年香港市场IPO和再融资总额分别下滑50.2%和61.3%的情况下，中资证券公司香港市场IPO和再融资业务的市场份额分别为12.5%和18.9%，同比下降9.7个百分点和上升0.8个百分点；除股票市场业务之外，我国证券公司在香港债券承销业务上取得了突破，2011年有中金公司和中信证券两家证券公司完成了总额1.84亿美元的债券承销，占总市场份额的1.32%。

资产管理业务方面，2011年在原有QDII和QFII投资顾问等业务的基础上，年底增加了RQFII业务，使得中资证券公司资产管理国际业务产品线更为完善，获利手段更加多样：2011年底，QDII、QFII和RQFII三项业务已经分别获得25亿美元、245.5亿美元和100亿元人民币的额度。

三、证券行业制度建设情况

（一）证券监管部门

2011年，中国证监会加快各项工作的基础性制度建设，为行业稳健发展夯实基础。股票市场方面，全面落实新股发行体制改革措施，督促市场主体归位尽责；实施保荐项目问核制，加强对保荐机构执业行为的监管。债券市场方面，启动创业板公司非公开发行公司债券，拓展企业融资渠道；开通公司债“绿色通道”，分离债券融资审核与股权融资审核，优化债券审核机制和流程，缩短审核周期。上市公司监管方面，修改上市公司重大资产重组与配套融资相关规定，推动部分改制上市公司整体上市。证券中介机构监管方面，加强证券公司风险监控，组织开展全行业统一压力测试；开展债券质押式报价回购和现金管理等产品创新试点；推进融资融券业务试点转常规，成立证券金融公司；规范证券投资咨询机构投资顾问业务，明确财务顾问执业要求，实行问责机制和执业评价。市场法治及诚信建设方面，修改制定证券期货制度规则42件，在上市公司和证券期货监管系统全面实施内幕信息知情人登记管理制度，防范内幕交易违法犯罪行为。完善信息披露义务行政法律责任体系，发布《信息披露违法行为行政责任认定规则》，保护投资者合法权益。对外开放方面，启动离岸人民币投资境内资本市场（RQFII）试点，研究修订合格境外机构投资者（QFII）办法及配套规则。

（二）中国证券业协会

2011 年，中国证券业协会继续秉承“自律、服务、传导”的职能定位，顺利完成换届工作，扎实推进行业自律规则、行业标准和业务规范的制定，充分发挥行业自律组织应有作用。建立健全专业委员会工作机制，在原有 8 个专业委员会基础上，增设创新发展战略、资产管理、国际合作、人力资源管理、证券纠纷调解、自律协调 6 个专业委员会，充分发挥专业委员会的作用。如组织行业积极参与重大政策法规的制定修改、组织行业开展《中华人民共和国证券法》实施效果评估；发布《关于落实〈证券公司直接投资业务监管指引〉有关要求的通知》，规范证券公司“直投 + 保荐”业务模式，防范利益冲突；修改完善《中国证券业协会自律管理措施和纪律处分办法》，完善自律监察工作制度等。强化对会员单位的自律管理，如深化证券公司压力测试工作，制定并发布《证券公司压力测试指引》，提高行业风险管理和内部控制水平；制定并下发《关于明确〈证券营业部信息技术指引〉第 63 条有关内容的通知》，明确“不提供现场交易服务的证券营业部”信息系统建设的具体要求和标准，提高行业信息安全保障水平。健全创新机制，充分发挥专业评价在促进行业创新中的作用。如启动转常规后融资融券业务方案专业评价工作，修订并发布《融资融券合同必备条款》和《融资融券交易风险揭示书必备条款》。改进从业人员自律管理，如健全从业人员管理制度，制定并发布《关于证券投资顾问和证券分析师注册登记有关事宜的补充通知》等。加强场外市场制度建设，如制定《挂牌公司定期报告审查重点指引》、《挂牌公司临时报告审查重点指引》及配套的 13 个临时报告内容与格式指引，提高挂牌公司信息披露质量；制定并发布《关于做好制作和报送推荐挂牌备案文件工作有关事项的通知》、《关于规范内核审核工作底稿内容与格式的通知》等文件，进一步完善挂牌备案制度等。

第二章

2011年证券行业发展特点

2011年我国证券行业创新意识不断增强，在服务实体经济、实现经营模式转变、提高合规与风险管理有效性等方面呈现出新的特点。

一、加大中小企业服务力度，加强对实体经济的服务

资本市场与实体经济之间存在着紧密的相互依存关系。资本市场对于引导社会储蓄转化为长期投资、促进科技创新和文化发展繁荣具有不可替代的重要作用。2011年，我国证券行业加强对实体经济服务，主要表现在以下几个方面：

（一）加强对中小企业提供融资中介服务的力度，服务实体经济

积极推进和完善证券公司对中小企业的融资服务体系，有助于促进中小企业、民营经济快速发展，使之成为促进经济发展、增加社会就业、构建和谐社会、加快转变经济发展方式的重要力量和生力军。证券公司作为中小企业资本市场融资、并购等活动的中介和财务顾问，在中小企业的融资服务体系中扮演着重要的角色，有助于鼓励一批成长性好、发展潜力大的中小企业，通过上市或并购做优、做强、做大。

2011年，通过中国证监会审核的中小企业（包括深圳中小板和创业板企业）318家，占所有通过中国证监会审核IPO项目总数的73.27%。2011年全年发行上市的中小企业（包括深圳中小板和创业板企业）234家，占所有发行上市企业的86.35%；中小企业（包括深圳中小板和创业板企业）募集资金净额1 563.87亿元，占全年所有发行上市企业融资金额的65.39%。

2011年证券公司投资银行业务发挥了重要的作用。2011年发行的新股分布在19个不同的行业当中，其中融资规模排名前4位的行业分别为资本货物、材料、耐用消费品与服装、汽车与汽车零部件，融资规模分别超过800亿元、450亿元、200亿元和100亿元，占到了2011年证券市场IPO融资总额的60%以上。并购业务方面，案例数量占比排名前3位的行业分别为制造业18%、能源及矿业15%和IT业9%；交易金额排名第1位的能

源及矿业占到了2011年全年并购交易总金额的24%。证券公司投资银行业务服务于实体经济的作用十分明显。

（二）证券公司直接投资业务拓宽了国内企业特别是中小企业的融资渠道

证券公司直接投资业务的开展，使企业特别是融资更为艰难的中小企业可以便利地获取其发展所需资金、资本市场辅导和其他资源，不仅从量上，而且从质上解决企业的融资难问题。据统计，证券公司直投机构自开展直接投资业务以来，累计已为355个项目进行了规模达170亿元的投资，其中相当一部分被投企业为中小企业。对这些企业而言，证券公司直接投资业务不仅使其获取了发展急需的资金、增加了直接融资比重，而且对于企业顺利对接资本市场、实现产业结构升级起到促进作用。

2011年7月8日，中国证监会颁布《证券公司直接投资业务监管指引》，将证券公司直接投资业务纳入常规监管，允许证券公司直投公司设立直投基金，筹集并管理客户资金进行股权投资。这不仅意味着更多证券公司有望开展直接投资业务，也意味着证券公司直投公司进行直接投资的资金来源将突破自有资金局限，拓展到向市场上合格投资者募集资金。因此，证券公司直接投资业务的常规化及持续推进，将凝聚更多证券公司的自有资金以及更大规模的社会资金，通过证券公司直接投资业务支持企业发展。

二、创新意识增强，初步构建以客户服务为中心的经营模式

2011年是“十二五”规划的开局之年，该规划纲要对资本市场改革创新作出了明确部署。这对证券行业找准定位、实现创新发展提出了迫切要求。目前，证券行业内部管理、风险控制机制不断改善，行业总体保持了稳健经营，经受住了市场调整波动的考验。但与国际同业、国内金融同行相比，证券公司在资本规模、客户资源、盈利水平等方面仍处于相对弱势地位。面对国外同业及国内银行、保险、信托业的日益激烈的竞争和渗透，国内证券公司的创新意识显著增强，创新力度不断加大，在风险可测、可控、可承受的前提下，积极推出新产品、试办新业务，打破同质化的盈利模式。2011年，经纪业务逐步由通道创收向服务创收转型；投资银行业务由以项目为主导向以客户为主导转变；资产管理业务注重针对不同客户需求、提供多样化的理财产品；证券公司直投公司管理第三方资金开闸，直投业务模式向“自有资金+第三方资金”转变等。此外，2011年证券公司在客户分类分级方面加快了步伐。国内证券公司纷纷成立财富管理部或财富管理中心等机构，综合证券公司经纪、投资银行、资产管理等多方面的专业能力，进一步加强对客户尤其是高端客户的综合服务能力。证券公司通过逐步拓展业务空间、提高服务质量来提升自身核心竞争力，初步构建了以合规经营和控制风险为前提、以市场需求为导向、以客户为中心的经营模式。

三、业务范围扩大，融资融券、直接投资业务等成为新的利润增长点

（一）证券公司业务范围扩大

2011年，证券公司的业务范围有所扩大，主要包括：融资融券业务由试点转为常规业务，中国证券业协会和沪、深证券交易所相继出台了融资融券业务由试点转为常规业务的相关配套文件；证券自营业务可投资品种范围扩大，中国证监会公布《关于证券公司

证券自营业务投资范围及有关事项的规定》，采取制定《证券公司证券自营投资品种清单》的方式，规定了三类证券自营可投资品种；证券公司首次公开发行股票并上市（IPO）申请涉及业务范围从过去的3项业务拓宽至6项业务等。

（二）投资顾问业务跨入规范发展的新起点

2011年1月1日起施行的《证券投资顾问业务暂行规定》，明确了证券投资顾问业务的界定，解决了业内对证券投资咨询服务内涵的困惑，回归专业顾问服务本源，使证券公司的投资顾问业务跨入规范发展的新起点。

据统计，2011年有25家证券公司对投资顾问部门进行了如新设或重组等的较大调整，从事投资顾问业务人员数量增长了50%。各个证券公司同时也在加强投资顾问业务辅助系统的投入。目前已投入使用的53家证券公司的投资顾问业务系统中，有39家证券公司是于2011年底新完成系统建设并投入使用的，另外还有18家证券公司正在建设投资顾问业务系统。

2011年，投资顾问业务盈利模式实现了从无到有、从无序摸索到初具雏形的过程。目前业内从属于证券公司的投资顾问业务较为普适性的盈利模式主要有如下三种：差别佣金收费模式、投资顾问服务费用模式和服务产品定额收费等。

（三）融资融券业务为行业提供了新的收入来源

2011年，证券行业融资融券总收入31.91亿元，占经纪业务总收入的6.52%，是证券行业总收入的2.34%。从月度数据来看，融资融券总收入从1月的1.28亿元增长至12月的3.90亿元，月均增长率为10.63%。其中收入的增长主要来自融资融券利费收入，从1月的0.96亿元增长至12月的3.09亿元，月均增长11.25%（见图2-1）。

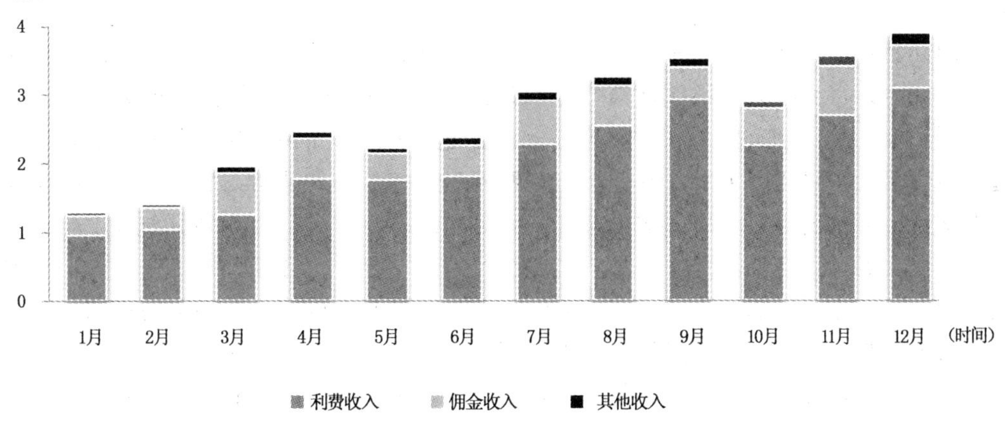

图2-1　证券公司融资融券业务收入结构

资料来源：中国证券金融股份有限公司。

融资融券的收入来自利费收入和交易佣金两个方面。在全行业融资融券总收入中，利息收入24.38亿元，占融资融券总收入的76.40%；佣金收入6.20亿元，占19.43%；其他收入1.33亿元，占4.17%（见图2-2）。

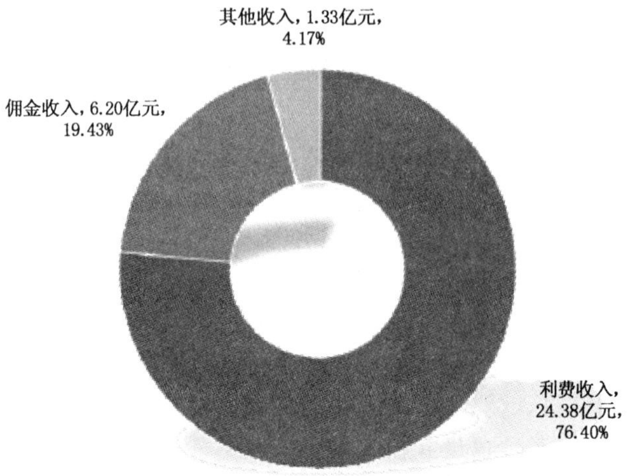

图 2－2　证券公司融资融券业务收入结构

资料来源：中国证券金融股份有限公司。

此外，较高的融资融券的交易费率和换手率对证券公司佣金收入和缓解费率下降的压力作用明显。融资融券的利率原则上按照同期 6 个月贷款利率上浮 3 个百分点，各家证券公司根据自己的情况略有调整。目前，大部分证券公司的融资和融券利率在 9.1% 左右，比同期贷款利率 5.85% 高出 3.25 个百分点。在加息周期和资金面偏紧的情况下，融资融券利率保持着溢价优势。根据中信证券的统计，信用账户交易者的月度换手率为 200% 左右，是普通投资者的 7 倍；信用账户交易的佣金费率在 1.5‰左右，远远高于普通的账户费率。因此，随着融资融券业务常规化和信用账户的增多，证券公司整体佣金率水平下降的压力也将有所缓解。

融资融券业务推出的同时，催生了新交易策略和产品的开发力度。融资融券交易策略方面，证券公司纷纷对市场中性策略、利用融资融券进行 ETF 套利、期现套利及期现反向套利等策略展开深入研究，并准备在标的证券范围扩大和转融通业务推出的背景下，更有效地应用这些研究成果。证券公司的资产管理业务以及其他买方业务一旦获准参与融资融券交易，可通过构造多样化的交易策略和对冲产品的销售扩大产品线和客户群，证券公司的业务发展空间将获得极大拓展。在信用产品研发方面，证券公司正在进行一系列产品创新的研发工作，例如按照不同固定期限、不同期限利率设计一系列信用产品；研发用信用交易工具为上市公司股东提供市值管理服务的定向理财产品；为特定客户设计一揽子转融券的反向期现套利产品，或提供定期转融资的正向套利产品；利用融资融券与权证、可转换债券的投资组合设计无风险套利产品等。

（四）直接投资业务成为证券公司新的利润增长点

2011 年，证券公司直接投资业务在证券公司净利润中占比为 2.7%。证券公司直接投资业务自 2007 年开始试点，2008～2011 年各年度全部证券公司直投公司的净利润合计，同比增幅分别达到 1 527%、133%、109% 和 89%，而 2011 年全行业 109 家证券公司的净利润同比下降49.23%。证券公司直接投资业务为证券公司走出一条实现业务创新和盈利方式转变的新路径，提供了现实可能性。

2011年7月8日，《证券公司直接投资业务监管指引》发布，允许证券公司直投公司设立直投基金、筹集并管理客户资金进行股权投资，这不仅为证券公司直接投资业务拓宽资金来源、实现可持续发展提供了政策基础，而且将促使中国证券公司直接投资银行业逐步形成自有资金投资和第三方资产管理并行的业务格局，同时也为中国证券公司发展壮大带来了新的机遇。

（五）国际业务步伐加快

我国证券公司国际化经营进一步加快，近年来，中国证券公司通过设立境外机构，积极开展海外市场业务，拓展新的业务资源和空间，促使收入来源多样化，从而减少单一市场的系统性风险给公司业绩带来的不利影响。

2011年，中国证券公司的国际网络建设加快进行。中信证券成功登陆香港交易所，成为首家A+H两地上市的证券公司，迈出了中国证券公司通过IPO走出国门的第一步。与此同时，各家证券公司在2011年国际国内市场环境多变的情况下积极扩展国际业务：超过10家证券公司通过新设、增资、收购、战略合作等方式在中国香港、美国、加拿大、英国、法国、巴西、韩国、日本、澳大利亚等国家和地区进行业务拓展。目前已有约20家证券公司在中国香港设立子公司，开展投资银行、经纪、咨询、资产管理、直投等各项业务（见表2-1）。

表2-1　已设立的中资香港证券公司

序号	公司名称	设立时间	注册/实收资本	2011年净利润（人民币百万元）	母公司性质	经纪牌照	企业融资牌照
1	工银国际控股有限公司	2008年	48亿港元	86	银行	Y	Y
2	中银国际控股有限公司	1998年	15亿元人民币	1 205	银行	Y	Y
3	交银国际控股有限公司	2007年	20亿元人民币	289	银行	Y	Y
4	招银国际金融有限公司	2010年	2.5亿元人民币	6	银行	Y	Y
5	建银国际（控股）有限公司	2005年	6亿美元	-1 609	银行	Y	Y
6	农银国际证券有限公司	2009年	29亿元人民币	100	银行	Y	Y
7	中投证券（香港）金融控股有限公司	2011年	0.5亿元人民币		证券	Y	
8	中信证券国际有限公司	2005年	37亿港元	7	证券	Y	Y
9	中国光大证券香港有限公司	2003年	6.5亿港元	-3	证券	Y	Y
10	中国国都（香港）金融控股有限公司	2008年	1亿港元		证券	Y	
11	中国国际金融（香港）有限公司	1997年	0.39亿港元		证券	Y	Y
12	中国银河国际金融控股有限公司	2011年	1亿港元		证券	Y	

续表

序号	公司名称	设立时间	注册/实收资本	2011年净利润（人民币百万元）	母公司性质	经纪牌照	企业融资牌照
13	申银万国证券（香港）有限公司	2003年	1.3亿港元	155	证券	Y	Y
14	安信国际金融控股有限公司	2009年	5.9亿元人民币		证券	Y	
15	招商证券（香港）有限公司	2005年	20.6亿港元		证券	Y	Y
16	东方金融控股（香港）有限公司	2009年	2亿港元		证券	Y	
17	海通国际控股有限公司	2007年	2亿港元	96	证券	Y	Y
18	国元证券（香港）有限公司	2006年	6亿港元	-73	证券	Y	
19	国信证券（香港）金融控股有限公司	2008年	2亿港元		证券	Y	Y
20	国泰君安国际控股有限公司	2010年	10亿港元	233	证券	Y	Y
21	兴证（香港）金融控股有限公司	2011年	1亿港元		证券	Y	
22	长江证券控股（香港）有限公司	2011年	3亿港元	-7	证券	Y	
23	华泰金融控股（香港）有限公司	2006年	3亿港元	9	证券	Y	
24	广发控股（香港）有限公司	2006年	1.6亿元人民币	-19	证券	Y	Y
25	中国平安证券（香港）有限公司	2009年	20亿港元		证券	Y	
26	太平证券（香港）有限公司	1980年	NA		保险	Y	
27	信达国际控股有限公司	2008年	NA		资管	Y	Y
28	粤海证券有限公司	1987年	NA		综合机构	Y	Y
29	东航国际金融有限公司*	2010年	NA		综合机构	Y	
30	越秀证券有限公司**	2010年	NA		综合机构	Y	Y

注：*母公司为粤海控股集团，是在原粤海企业（集团）有限公司、南粤（集团）有限公司和广东省东江—深圳供水工程管理局的基础上组建的投资控股公司。**母公司为越秀集团，从事房地产建设等业务。

资料来源：SFC，香港中资证券业协会，截至2012年5月。

证券公司资产管理国际化发展从制度安排和业务方面逐渐完善和丰富，除QDII、QFII业务外，RQFII业务试点启动，满足了客户资产全球配置的需求；投资银行业务在全球市场较为冷淡的情况下继续发展，我国证券公司在香港债券承销业务有所突破；直投国际业务进入操作阶段。2011年，中信产业基金联合三一重工斥资3.6亿欧元收购德国工程机械企业普茨迈斯特的100%股权，该交易于2012年1月正式完成，跨出了中国证券公司直投业务国际发展的第一步。

四、加强合规与风险管理有效性，为创新服务，管理科学化程度逐步加深

2011 年底证券公司合规与风险管理突出强调了“有效性”的工作重点，合规管理有效性评估和压力测试等管理制度和机制建设逐步深入，合规经营的要求和风险管理的实践正在成为企业内在经营管理不可分割的部分。证券公司合规与风险管理部门积极参与和推动业务创新活动，通过开展合规审核、敏感性分析和压力测试等工作对创新项目进行可行性分析，参与创新项目业务流程和风险控制方案的前期设计，对业务实施过程实施事中监控和事后检查，确保业务创新在良好的内部控制框架下展开。证券公司合规与风险管理技术化、科学化程度也得到提高。信息管理系统在信息隔离、合规监测、净资本管理、风险计量和测算、风险指标监控等工作中应用的广度和深度加大。股指期货交易逐渐成为证券公司对冲市场风险的重要工具，风险价值等量化风险管理工具在市场风险的评估和计量等方面的应用也在深入。针对逐步显露的投资银行业务包销风险，证券公司重点从总体财务情况、自有资金余额、长期资金占用等方面密切关注流动性状况，对项目可行性进行敏感性分析，通过项目和资金的严格管理控制风险。操作风险管理方面，证券公司通过强化各业务线条和管理职能领域的内部控制机制，规范业务操作流程，加强业务操作系统化和标准化，控制人为失误；构建信息隔离墙制度体系，规范从业人员执业行为，防止内幕交易和利益冲突；建立技术防范体系，完善实时监控系统，对业务风险进行实时监控和风险预警；加强业务检查稽核力度，保证各项制度、流程和风险管理措施的有效执行；加大对员工的培训，宣传推动合规文化，提高员工合规意识和风险意识，规范员工执业行为。

五、加强投资者教育和适当性管理，提高对投资者利益的保护力度

2011 年，行业内证券公司积极开展投资者教育和适当性管理工作，将其要求融入日常业务管理流程，在基金产品销售、投资建议提供、创业板市场证券交易等方面有针对性地向投资者提供产品和服务，通过客户分类管理，广泛开展投资者教育活动。证券公司通过投资者园地建设、专题报告会、讲座、宣传咨询等方式向投资者普及证券基础知识，介绍各种证券投资产品和各项证券业务，宣传金融证券方面的政策法规及市场规则，揭示证券投资风险。证券公司还通过多种形式加强企业文化和社会责任建设，积极妥善管理利益冲突，建立投诉举报受理和处理机制，为投资者参与公司管理提供畅通的沟通渠道，有力地保障投资者的合法权益。同时，各证券公司也根据相关自律规定，积极配合交易所做好自律监管工作，对投资者进行合规教育和风险揭示，引导理性投资；对违反交易所交易规则的账户采取有效措施，维护正常的交易秩序和市场的稳定。

第三章

2012年证券行业发展展望

2012年，证券行业仍处在重要的战略机遇期。从政策环境来看，放松管制、守住底线，逐步实现市场机制自主调节、行业自律管理与政府行政监管有机结合的监管思路，为行业创新及市场改革发展提供了良好的政策环境。监管部门一方面坚持市场优先和社会自治原则，不断转变监管理念和方式，强化行为监管、常规监管、过程监督和事后问责；严守不发生系统性风险的底线，坚持监管能力、创新步伐与风险控制水平相适应。另一方面，坚持创新和监管协调发展，鼓励引导市场参与各方，继续深化发行体制改革，大力推进债券市场改革，加快建立以柜台交易为基础、统一监管的场外交易市场，积极推进退市制度改革，进一步优化资本市场的层次结构，研究开发高收益企业债、市政债、机构债等债券新品种，探索并购重组、资产证券化以及期货期权等金融工具创新，不断丰富金融产品和风险管理工具，拓宽证券公司融资渠道和投资范围，逐步建立以市场为主导的品种创新机制，为证券公司投资银行业务、资产管理业务等业务创新和产品创新打开了空间。

经纪业务方面：多层次市场建设有助于经纪业务实现突破；机构经纪、高端服务将有所发展；业务模式向“金融产品销售＋投资顾问＋财富管理”的多元化发展；盘活证券资产、客户保证金等各类资源，创新能力增强。

投资银行业务方面：从外部环境来看，投资银行业的监管制度进一步市场化；从竞争格局来看，投资银行业的市场集中度进一步提高；从市场主体来看，投资银行业的核心竞争力进一步增强。从目前投资银行市场发展看来，有以下四个比较明显的趋势：“保荐”型投资银行向“保荐＋销售”型投资银行转变；“股票”型投资银行向“产品”型投资银行转变；“以项目为中心”的投资银行向“以客户为中心”的投资银行转变；“本土化”投资银行向“国际化”投资银行转变。

资产管理业务方面：更多证券公司有望开展资产管理业务；为进一步满足投资者需求，产品创新将加强。结构化产品、特定事件产品、保证金现金管理产品等可能是创新的着力点。

投资咨询业务方面：投资顾问业务产品与服务日趋创新与多元化，投资顾问专业团队建设的重要性愈加突显、投资顾问业务朝财富管理模式发展；从事发布研究报告业务的研究人员数量有望继续增长，研究人员素质进一步提升，定位逐步清晰，证券研究报告发布机构向特色化经营发展。

融资融券业务方面：业务规模有很大增长空间；融资融券业务机制进一步完善；投资者参与程度逐步加深。

直接投资业务方面：多层次资本市场建设为证券公司直投机构提供了广阔舞台；证券公司直投机构资产管理规模有望扩大，向多层次资产管理业务方向发展。

国际业务方面：我国证券公司国际化经营步伐进一步加快；国际业务的地域分布从以香港为中心逐步向国际发达市场和新兴市场扩大；各项国际业务将向更加均衡方向发展。

附录：

2011年中国证券市场大事记

1月

6日，中国证监会通报两起内幕交易案件的查处结果，分别为上海北孚集团及部分个人内幕交易“ST兴业”股票案和张小坚内幕交易“SST集琦”股票案。

14日，全国证券期货监管会议闭幕，提出全年八项重点工作，包括扩大中关村新三板试点，研究推出发行体制后续改革措施，完善退市制度，完善打击证券期货违法犯罪协作机制等。

16日，深圳证券交易所发布《交易规则》（2011年修订），拟于2月28日实施。

2月

18日，中国证监会批准上海期货交易所开展铅期货交易。

23日，中国证监会有关部门负责人宣布，中国证监会发布了5个并购重组法律适用意见。

人力资源和社会保障部、中国银监会、中国证监会、中国保监会联合发布《企业年金基金管理办法》，将企业年金投资股票的比例放宽到30%。

28日，中国证监会制定证券机构行政许可工作调整方案，作为中国证监会行政审批制度改革的一部分，将分期分批授权36家派出机构审核五项行政许可事项。

3月

8日，上海证券交易所发布《上海证券交易所上市公司关联交易实施指引》。

17日，上海期货交易所发布铅期货标准合约及相关配套文件。

21日，中国证监会有关部门负责人证实，绿大地董事长何学葵因涉嫌欺诈发行股票罪，已被当地公安机关逮捕。

22日，中国证监会宣布，已经批准大连商品交易所开展焦炭期货交易。

23日，中国证券业协会发布《证券公司压力测试指引（试行）》，全国证券公司开始压力测试。

24日，铅期货在上海期货交易所挂牌交易。

4月

1日，深圳证券交易所发布实施《创业板上市公司公开谴责标准》。

中国证监会有关部门负责人表示，《期货公司期货投资咨询业务试行办法》将从2011年5月1日起施行。

2 日，中国证监会宣布，批准大连商品交易所挂牌焦炭期货合约。

6 日，中国证监会有关部门负责人宣布，中国证监会决定撤销胜景山河首次公开发行股票的核准决定，要求胜景山河按照发行价并加算银行同期存款利息返还证券持有人。

12 日，上海证券交易所披露，上海证券交易所所国际板的建设已完成包括上市、交易等业务规则和技术方面的准备工作。

15 日，全球首个焦炭期货在大连商品交易所上市。

21 日，国内首家有色金属现货电子交易所——昆明泛亚有色金属交易所开市，白银和金属铟两个品种将首批挂牌上市。

29 日，中国证监会发布《信息披露违法行为行政责任认定规则》，增加了保荐人、会计师事务所、律师事务所等证券服务机构的责任。

5 月

6 日，中国证监会有关部门负责人表示，中国证监会日前公布《关于证券公司证券自营业务投资范围及有关事项的规定》。

中国证监会有关部门负责人表示，《合格境外机构投资者参与股指期货交易指引》已经下发，QFII 参与股指期货只能从事套期保值交易，不得利用股指期货在境外发行衍生产品。

26 日，中国证监会第十三届主板发行审核委员会成立。

6 月

8 日，八菱科技发布公告称，由于提供有效申报的询价对象不足 20 家，决定中止发行，成为 A 股历史上首家中止发行公司。

9 日，上证 B 股指数收报 256.91 点，下跌 7.9%，创 2008 年 10 月 27 日以来最大单日跌幅。

17 日，中国证监会发布规定，证券公司增资扩股和变更持有 5% 以上股权的股东，应当依法报中国证监会核准。境外投资者间接拥有证券公司股权权益的比例不得达到 5% 以上。

21 日，中国证监会发布修订后的《证券投资基金销售管理办法》。

22 日，中国证监会明确，上市公司进行并购重组，如果需要与中国证监会上市公司监管部当面沟通的，应先予以停牌。

23 日，中国证券业协会第五次会员大会召开，陈共炎当选新一届协会会长。

7 月

8 日，中国证监会发布《证券公司直接投资业务监管指引》，决定将证券公司直投业务纳入常规监管。

11 日，年内首批地方政府债券发行，认购需求不足导致票面利率上行。其中，3 年期品种出现部分流标。

13 日，中国证监会表态，今后 IPO 可在获得批文后 6 个月内由“承销商和发行人就发行日程和发行窗口的选择做更加灵活的安排”。

18 日，招商银行发布的董事会决议公告称，将以 A + H 配股方式融资不超过 350 亿元人民币，募集资金将用于补充资本金。

22 日，中国证监会宣布保荐信用监管系统正式上线，强化对保荐机构和保荐人的外部监督。

8 月

3 日，“汪建中荐股案”在北京市第二中级人民法院一审宣判，汪建中一审以操纵证券市场罪被判处有期徒刑 7 年，罚金 1.25 亿元。

17 日，中央政府宣布允许 RQFII 投资内地证券市场及在内地推出港股组合 ETF。

26 日，第三届创业板发审委成立大会在京召开。

9 月

2 日，中国证监会有关部门负责人就创业板成长性、上市门槛、“三高”现象、落实定位和“PE 腐败”五大热点问题进行回应。

7 日，中国证监会披露上半年稽查执法情况。

13 日，中国证监会公告 5 家证券投资咨询机构已被立案稽查，相关业务被暂停。

19 日，2011 年以来最大 IPO 启动：中国水电招股。

30 日，最高法明确内幕交易案举证责任，涉及举证责任的分配和推定方式的转移。

10 月

13 日，中国证监会批准郑州商品交易所开展甲醇期货交易。

首家中止发行公司八菱科技再次上会。

19 日，中国证监会主席尚福林表示，支持符合条件的文化企业发行上市。

20 日，经国务院批准，2011 年上海市、浙江省、广东省、深圳市开展地方政府自行发债试点。

25 日，中国证监会发布规定，我国上市公司内幕信息知情人登记管理制度正式建立。

28 日，中国证监会发布《转融通业务监督管理试行办法》。

29 日，国务院任免国家工作人员。任命尚福林为中国银监会主席；任命郭树清为中国证监会主席；任命项俊波为中国保监会主席。

11 月

9 日，中国证监会有关负责人表示，为进一步督促上市公司提升对股东的回报，中国证监会将要求所有上市公司完善分红政策及其决策机制。

15 日，地方政府试点自行发债，在银行间及交易所债券市场拉开大幕。

17 日，上海证券交易所、深圳证券交易所、中国证券登记结算有限责任公司日前发布相关通知指出，沪、深证券交易所将停止受理保险机构直接持有交易单元（即保险公司自有证券席位）的申请，鼓励保险机构作为两所会员的特殊机构客户参与市场交易。

18 日，中国证监会表态，国务院将部署清理整顿各类交易场所。同时，中国证监会决定治理新股高价发行，推动债市统一监管，尽快公开创业板退市制度，严打内幕交易。

同日，启动创业板非公开发债。

22 日，中国证券业协会发布通知，要求证券公司“直投 + 保荐”股份新增 6 个月锁定期。

25 日，沪、深证券交易所分别发布《融资融券交易实施细则》，融资融券业务由试点转为常规。同时，沪、深证券交易所还分别调整融资融券标的证券范围。

12 月

1 日，中国证监会主席郭树清表示，下一步中国证监会将从六个方面推进资本市场改革创新。

中国证监会首次对其并购重组委委员开出解聘职务的罚单，事涉委员违规持股且未申请回避。

2 日，中国证监会通报佛山照明内幕信息知情人内幕交易案件和佛塑股份多位中层干部内幕交易案件。

9 日，中国证监会通报广东中恒信传媒投资有限公司操纵证券市场案等六起违法违规案。

14 日，中国证监会主席郭树清表示，研究鼓励长期资金入市政策，尽快出台 RQFII 实施办法，逐步扩大港澳投资沪、深股市规模。

15 日，中国证监会主席郭树清在第九届《财经》年会上建议，养老保险金和住房公积金可学习全国社保基金，投资股市获取收益。

16 日，中国证监会有关部门负责人宣布，《基金管理公司、证券公司人民币合格境外机构投资者（RQFII）境内证券投资试点办法》日前发布。RQFII 试点启动，初期额度 200 亿元。

19 日，中国证监会主席郭树清在第十届中国公司治理论坛上表示，中国证监会将从六个方面促进完善公司治理。同时，应提高证券、基金和期货公司的治理水平，强化其专业能力。

23 日，海富通、华安、博时、南方、易方达、华夏、嘉实、大成、汇添富 9 家基金管理公司已获得中国证监会核准批复人民币合格境外机构投资者（RQFII）业务资格，成为首批 RQFII 试点机构。

中国证监会有关部门负责人表示，国元证券（香港）有限公司等 12 家证券公司香港子公司已经获得人民币合格境外机构投资者（RQFII）试点资格。

中国证监会通报了首例上市证券公司高管涉嫌构成《中华人民共和国刑法》利用未公开信息交易罪的案件、首例证券公司保荐代表人涉嫌内幕交易并移送处理的案件、首例涉及阳光私募“抢帽子”操纵市场的案件。

分报告

分报告之一：

2011 年中国证券业发展概况

第一章 2011年中国证券发行市场与交易市场情况

2011年，世界经济呈现不同步的复苏格局，主要的发达经济体复苏步伐放缓，仍然面临着就业形势严峻、财政可持续性堪忧等问题；新兴市场经济体普遍增速较高，但有放缓趋势，同时，在发达国家普遍实行宽松货币政策的影响下，新兴市场在2011年面对高通胀压力，在下半年普遍采取紧缩货币政策。

2011年，受世界经济动荡不安的影响，全球金融交易总体上受到一定程度的负面影响，国际金融市场形势变幻莫测。主要发达经济体仍然主导国际金融市场，新兴市场经济体的重要性显著上升。受欧洲主权债务危机发展局势影响，国际金融市场走势受到一定影响，全年美元经历了震荡下行、横盘整理到震荡上行的过程，短期利率稍有下调，主要股票指数先抑后扬，黄金以及大宗商品价格整体呈下行趋势。

从国内经济和金融环境来看，2011年，我国整体保持了平稳较快增长的态势。全年实现国内生产总值471 564亿元，按可比价格计算，比上年增长9.2%。全年居民消费价格比上年上涨5.4%。2011年，进出口保持较快增长，外贸顺差继续收窄。宏观调控上，2011年，中国人民银行继续实施稳健的货币政策，保持政策的连续性和稳定性，进一步增强政策的针对性、灵活性和前瞻性。2011年，中国人民银行三次上调存贷款基准利率各25个基点，6次上调金融机构存款准备金率。

第一节 中国证券发行市场情况

一、股票发行市场情况

2011年国内新股IPO家数为279家，境内上市公司与2010年相比，增加了

13.52%，合计募集资金为2 825.07亿元，与2010年4 882.63亿元相比，同比下降了42.14%。

2011年，沪、深两市A股通过定向增发和公开增发累计募集资金1 796.55亿元，与2010年增发筹资相比，下降了29.55%。

2011年沪、深两市A股通过配股融资累计的融资额为421.96亿元。其中规模较大的为：中信银行募集资金175.61亿元，武钢股份83.46亿元，天威保变24.48亿元。

2011年，A股市场通过IPO、增发、配股和权证行权累计境内融资5 073.07亿元，与2010年的累计融资额8 954.99亿元相比，同比下降了43.35%。

二、中国债券市场发行情况

2011年，我国债券市场保持健康发展，债券市场发行规模稳步扩大，直接融资规模大幅增加。全年交易所发行债券筹资金额总计为1 707.40亿元，比2010年同比增长29.32%。其中，可转债筹资金额为413.20亿元，可分离债筹资金额为32亿元，公司债筹资金额为1 262.20亿元。

三、权证市场发行情况

2011年权证市场继续萎缩，退市权证1只，为长虹CWB1，无新发权证。该只权证成为两市最后一只交易权证，并在2011年8月22日到期行权。随着长虹CWB1的退市，权证市场继续萎缩，这显示了管理层对权证市场的谨慎态度。

第二节　中国证券交易市场情况

一、股票交易市场情况

2011年A股市场运行受到欧美债务危机、国内通货膨胀、货币紧缩政策等多重不利因素影响，全年呈现震荡下行走势。上证综合指数年终收于2199.42点，全年累计跌幅为21.68%。而深证成指、中小板指数和创业板指数也是呈现全年震荡下跌的走势。深证成指全年收于8918.82点，全年累计跌幅为28.41%；中小板指数全年收于4295.87点，全年跌幅达到37.09%；创业板指数全年收于725.90点，全年累计跌幅达到35.88%。

市场交易量也大幅萎缩，2011年全年交易天数为244天，累计成交额为421 649.72亿元，日均成交额为1 728.07亿元，累计成交33 957.55亿股，日均成交量为139.17亿股。2011年A股市场股票日均成交额较2010年日均成交额2 254.68亿元下降了23.36%。全年来看，成交总量下降了22.72%（见图1-1）。

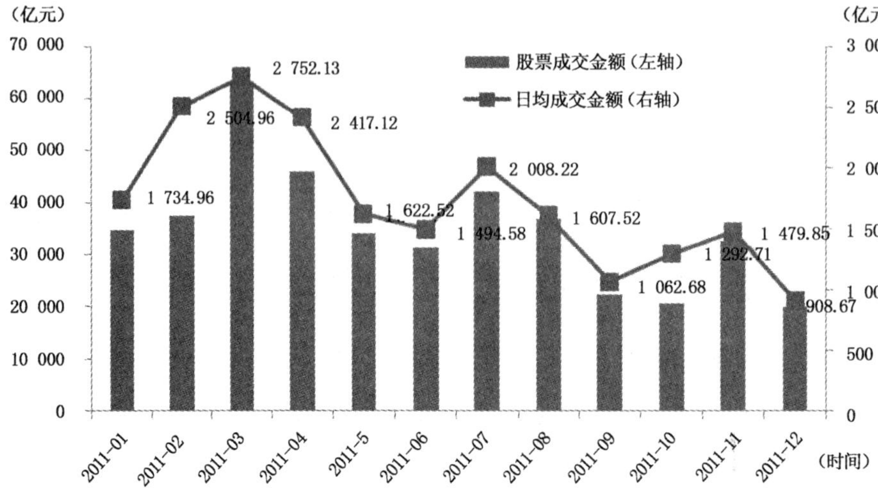

图 1－1　2011 年 1 月～12 月 A 股市场股票交易情况

资料来源：中国证监会网站。

二、债券市场交易情况

2011 年，交易所债券成交金额为 4 697.61 亿元，比上年增长 29%（见图 1－2）。

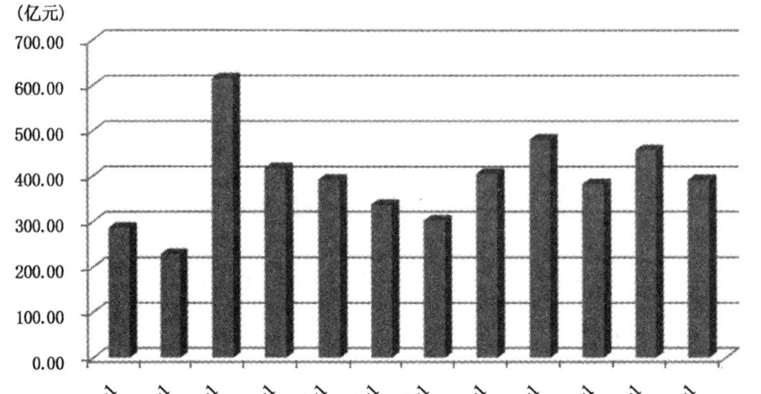

图 1－2　2011 年 1 月～12 月债券交易情况

资料来源：Wind 资讯。

三、基金交易市场情况

（一）基金规模普遍缩减

截至 2011 年底，我国全部公募基金有 914 只，管理规模为 21 676 亿元，较 2010 年下降 13.2%。2011 年，基金份额呈上升状态，基金净值规模变化为总体下行趋势，第 2 季度比第 1 季度小幅减少，下半年比上半年明显减少（见图 1－3）。

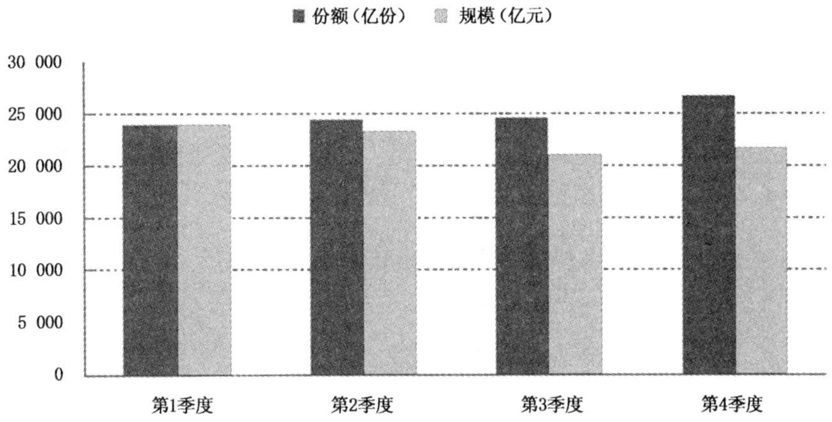

图 1－3 2011 年各季度基金份额及规模

资料来源：Wind 资讯。

大部分类型的基金净值规模在 2011 年都出现了下降，同 2010 年相比，股票型基金依旧占据主导地位，货币型基金规模不降反增，其他类型的基金规模都有不同幅度的下滑（见表 1－1）。按不同运作类型基金来看，各运作类型 2011 年总体呈下滑趋势，普遍是下半年低于上半年净值。封闭式基金在第 3 季度出现了净值规模的回升，开放式基金、FOF、QDII 基金在第 4 季度出现净值规模回升（见表 1－2）。

表 1－1　2011 年不同投资类型基金净值　（单位：亿元）

季　度	股票型	混合型	货币型	债券型	其他类型
第 1 季度	12 360.29	6 889.63	1 293.47	1 303.32	2 784.29
第 2 季度	11 903.31	6 568.76	1 181.32	1 332.67	2 888.77
第 3 季度	10 681.09	5 881.31	1 265.22	1 371.37	2 883.21
第 4 季度	10 043.36	5 427.89	2 929.84	1 346.20	2 854.10

资料来源：Wind 资讯。

表 1－2　2011 年不同运作类型基金净值　（单位：亿元）

季　度	封闭式	开放式	LOF①	FTF②	QDII 基金③
第 1 季度	1 831.31	22 848.82	2 206.32	752.16	728.80
第 2 季度	1 884.58	22 036.17	2 114.16	784.02	698.18
第 3 季度	1 931.68	20 190.47	1 907.53	751.23	537.52
第 4 季度	1 826.32	20 812.71	1 784.30	770.69	570.19

注：①LOF 为上市开放式基金。
②ETF 为交易型开放式指数基金。
③QDII 为合格境内机构投资者。

资料来源：Wind 资讯。

（二）货币型基金表现出众

由于A股市场波动的幅度远大于债券和货币市场，股票市场成了不同类型基金净值增长率的决定因素。2011年股票市场在第1季度短暂上涨后全年下跌，呈现出先扬后抑的特征，因此货币型基金的表现略优于其他类型，货币型基金总体上表现较好，而股票型和混合型基金净值规模则出现了下滑（见表1－3）。

表1－3　2011年不同投资类型基金净值增长率

（单位：%）

季　度	股票型	混合型	货币型	债券型	其他类型
第1季度	－13.5454	－6.7454	0.7880	－5.2075	－19.6515
第2季度	－5.9834	－5.0643	0.7908	－1.5837	－8.6096
第3季度	－8.6670	－8.5794	0.8823	－7.4906	－8.6148
第4季度	－8.0932	－5.9968	1.0635	1.3958	－15.0064

资料来源：Wind资讯。

（三）封闭式基金折价率下半年明显上升

2011年，封闭式基金的折价率总体呈上升状态，处于较高水平（见图1－4）。

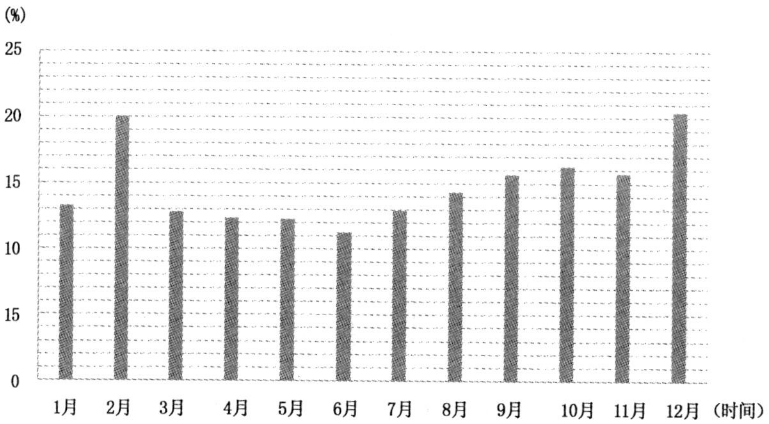

图1－4　2011年各月封闭式基金净值折价率

资料来源：Wind资讯。

四、权证交易市场情况

2011年，对于权证来讲，应该是最后一个交易年。全年只有1只权证交易运行，即长虹CWB1，且在8月22日到期注销。其全年成交量为1 395.94亿份，成交额为3 474.82亿元。长虹CWB1到期注销后，由于没有新的权证发行，权证市场的交易暂时停止。

第二章

2011年中国证券业发展基本情况

第一节　证券公司发展情况

一、证券公司规模

（一）证券公司家数

截至2011年12月底，全国共有证券公司109家，与2010年相比，增加了3家。

（二）证券公司资产规模

2011年，全国证券公司总资产规模合计1.57万亿元，相比2010年减少20.3%；平均每家证券公司总资产为144.04亿元。全部证券公司净资产规模合计为6 303亿元，同比增加11.28%；平均每家证券公司净资产为57.83亿元（见表2-1）。

表2-1　2011年证券公司规模和经营业绩

指　标	2011年	2010年	同比增长（%）
营业收入（亿元）	1 360	1 911	-28.83
代理买卖证券业务净收入（亿元）	689	1 085	-36.50
证券承销与保荐业务净收入（亿元）	241	272	-11.40
受托客户资产管理业务净收入（亿元）	21	22	-4.55
证券投资收益（含公允价值变动）（亿元）	50	207	-75.85
净利润（亿元）	394	776	-49.23
总资产（亿元）	15 700	19 700	-20.30
净资产（亿元）	6 303	5 664	11.28
净资本（亿元）	4 634	4 319	7.29

资料来源：根据中国证券业协会网站相关数据整理。

二、证券公司营业网络

从证券营业部的分布来看，银河证券营业部数量最多，达到224家，华泰证券和广发证券位居第2名和第3名。从地区分布来看，上海营业部数量最多，为482家；其次是广东和江苏（见表2－2和表2－3）。

表2－2　证券公司营业部数量一览表

（截至2011年12月31日）　（单位：家）

序号	证券公司	辖区	证券营业部数量
1	银河证券	北京	224
2	华泰证券	江苏	213
3	广发证券	广东	199
4	国泰君安	上海	193
5	海通证券	上海	193
6	齐鲁证券	山东	155
7	申银万国	上海	150
8	中信建投	北京	130
9	光大证券	上海	117
10	安信证券	深圳	117
11	中投证券	深圳	110
12	长江证券	湖北	104
13	财达证券	河北	102
14	方正证券	湖南	95
15	招商证券	深圳	91
16	宏源证券	新疆	84
17	华安证券	安徽	77
18	国元证券	安徽	76
19	国信证券	深圳	72
20	东北证券	吉林	70
21	信达证券	北京	68
22	山西证券	山西	63
23	东方证券	上海	62
24	兴业证券	福建	60
25	西部证券	陕西	58
26	浙商证券	浙江	58
27	中信证券	深圳	57
28	华西证券	四川	57
29	上海证券	上海	56
30	国海证券	广西	55

续表 1

序号	证券公司	辖区	证券营业部数量
31	南京证券	江苏	54
32	湘财证券	湖南	52
33	中信证券（浙江）	浙江	52
34	财通证券	浙江	52
35	民族证券	北京	50
36	中原证券	河南	50
37	东海证券	江苏	49
38	东兴证券	北京	48
39	华福证券	福建	48
40	东吴证券	江苏	48
41	渤海证券	天津	48
42	东莞证券	广东	45
43	国盛证券	江西	45
44	民生证券	北京	44
45	新时代证券	北京	43
46	江海证券	黑龙江	42
47	中信万通	青岛	42
48	西南证券	重庆	41
49	恒泰证券	内蒙古	40
50	长城证券	深圳	40
51	国联证券	江苏	38
52	平安证券	深圳	38
53	大通证券	大连	35
54	华创证券	贵州	35
55	华龙证券	甘肃	34
56	中航证券	江西	32
57	中银国际	上海	32
58	大同证券	山西	31
59	华融证券	北京	29
60	太平洋证券	云南	29
61	金元证券	海南	27
62	和兴证券	四川	27
63	万联证券	广东	26
64	第一创业	深圳	26
65	国都证券	北京	23
66	联讯证券	广东	23

续表2

序号	证券公司	辖区	证券营业部数量
67	财富证券	湖南	23
68	世纪证券	深圳	23
69	国金证券	四川	22
70	西藏同信	西藏	22
71	中天证券	辽宁	21
72	华鑫证券	深圳	21
73	红塔证券	云南	21
74	广州证券	广东	19
75	恒泰长财证券	吉林	18
76	天源证券	青海	17
77	中金公司	北京	16
78	日信证券	内蒙古	16
79	爱建证券	上海	16
80	英大证券	深圳	16
81	厦门证券	厦门	16
82	首创证券	北京	15
83	中山证券	深圳	14
84	华林证券	深圳	13
85	天风证券	湖北	12
86	德邦证券	上海	12
87	诚浩证券	辽宁	11
88	银泰证券	深圳	11
89	华宝证券	上海	9
90	众成证券	深圳	9
91	国开证券	北京	8
92	万和证券	海南	8
93	开源证券	陕西	8
94	北京高华	北京	6
95	瑞银证券	北京	6
96	中邮证券	陕西	6
97	川财证券	四川	6
98	航天证券	上海	4
99	五矿证券	深圳	3

表 2－3　　证券营业部辖区分布情况一览表

（截至 2011 年 12 月 31 日）　　（单位：家）

辖区	证券营业部数量
上海	482
广东	459
江苏	335
浙江	315
北京	256
深圳	220
四川	203
山东	194
湖北	185
湖南	169
福建	169
辽宁	158
河北	156
安徽	149
河南	144
江西	123
黑龙江	117
重庆	112
山西	110
陕西	105
天津	102
吉林	91
广西	90
云南	69
新疆	62
甘肃	60
内蒙古	59
青岛	58

续表

辖区	证券营业部数量
宁波	58
大连	54
厦门	49
贵州	44
海南	36
宁夏	22
青海	13
西藏	4

资料来源：中国证券业协会网站。

三、证券公司财务状况、资产质量与经营风险测度指标

（一）证券公司财务状况和资产质量

由于2011年沪、深两市跌幅巨大，股票成交量惨淡，全年证券公司盈利较2010年出现较大下降。2011年证券公司实现营业收入总额为1 360亿元，同比下降28.83%；实现净利润为394亿元，同比下降49.23%。尽管市场规模缩水严重，但由于证券公司风险控制能力增强、公司治理结构逐步优化，仍有90家证券公司实现盈利，占比达83%。

（二）证券公司经营风险测度指标

《证券公司风险控制指标管理办法》第20条规定，证券公司必须持续符合一系列特定风险控制指标。从2011年来看，全部证券公司净资本总额为4 634亿元，同比增加7.29%。净资本与净资产的比例为73.5%，高于监管层规定的40%的下限；净资本与负债的比例为49.31%，高于监管层规定的8%的下限；净资产与负债的比例为67.07%，高于20%的监管下限。2011年，证券行业经营风险控制较为良好。

（三）证券公司业务利润变动和收入结构情况

由于2011年证券公司经纪业务佣金率剧烈下滑以及股票市场单边下跌，证券行业经纪业务收入和自营业务收入均同比大幅下降，导致证券公司2011年营业收入和净利润均同比下滑。据中国证券业协会数据，全年证券公司实现营业收入1 360亿元，同比下降28.83%；实现净利润394亿元，同比下降49.23%。

在营业收入的细项数据方面，2011年证券行业代理买卖证券业务净收入达689亿元，证券承销与保荐及财务顾问业务净收入241亿元，受托客户资产管理业务净收入21亿元，证券投资收益（含公允价值变动）50亿元。经纪、承销与保荐及财务顾问业务依然是证券公司主要收入来源，所占比重分别为51%和18%。

证券行业收入结构正在逐步优化。传统上作为证券公司收入来源支柱的经纪业务占比正在逐步下降，而随着创业板的开启，上市标的迅速增加，证券公司投资银行业务迎来发

展的黄金期，投资银行业务收入占比继2010年大幅提高后继续提高了近4个百分点。

第二节　证券投资咨询公司发展状况

截止到2011年底，共有88家证券投资咨询公司在中国证券业协会中国证券业执业证书管理系统中填报公司相关执业注册管理信息。执业总人数为1 215人。分地区来看，排名前3位的分别是上海有19家，北京有18家，深圳有9家。

第三节　证券市场资信评级机构发展状况

目前，我国经中国证监会批准的证券信用评级机构共有6家。其中，东方金诚国际信用评估有限公司是在2011年获准从事证券市场资信评级业务，成为证券资信市场第6家具有资质的全国性评级机构。

2011年是信用评级行业发展十分迅猛的一年，据统计，2011年6家资信评级机构总收入约32 051万元，比2010年总收入增长高70%。

截至2011年底，我国6家证券资信评级机构的人员总数达815人，其中评级分析师人员数量为458人。从学历构成来看，15%的分析师具有博士学历，60%的分析师具有硕士学历。总体来看，我国评级机构已经拥有了一支高学历、经验丰富的分析师队伍。

第三章 2011年基础性制度建设情况

2011年，监管部门、证券行业自律组织进一步完善了与股票一、二级市场相关的制度法规和自律规则，进一步强化上市公司信息披露，规范证券公司等中介机构交易行为，严打内幕交易，保护投资者权益。

第一节 监管部门基础性制度建设

一、推出公司债绿色通道制度

进入2011年后，利好公司债市场发展的相关政策不断推出，监管层大力鼓励上市公司通过发行公司债券融资。尤其是绿色通道制度的推出，显著提高了公司债发行审核效率。中国证监会建立了独立于股权融资的债券审核流程，设立债券审核小组，专门从事债券审核；取消见面会、反馈会等，申请文件受理次日5个工作日内出具初审意见。统一审核理念，专门指定一组审核委员会委员负责审核工作，审核过程中如没有发现重大问题，原则上从申报日起1个月内完成全部审核工作。

二、发布《信息披露违法行为行政责任认定规则》

为加大力度打击证券市场信息披露违法行为，完善信息披露义务行政法律责任体系，更好地督促和引导发行人、上市公司及其控股股东、实际控制人、收购人以及负有保证信息披露真实、准确、完整、及时和公平义务的责任人员依法履行相关职责，保护投资者合法权益，中国证监会发布了《信息披露违法行为行政责任认定规则》，主要内容有：第一是关于信息披露义务的总体要求；第二是关于信息披露违法行为查处的总体要求。

三、中国证监会发布《关于证券公司证券自营业务投资范围及有关事项的规定》

2011年，中国证监会为了明确证券公司证券自营业务的投资范围及有关事项，制定了《关于证券公司证券自营业务投资范围及有关事项的规定》，并从2011年6月1日开始实施。该规定限定了证券公司从事证券自营业务的证券品种，并指出证券公司可以委托具备证券资产管理业务资格、特定客户资产管理业务资格或者合格境内机构投资者资格的其他证券公司或者基金管理公司进行证券投资管理；允许证券公司可以设立子公司，从事《证券公司证券自营投资品种清单》所列品种以外的金融产品等投资。

四、发布修订后的《上市公司重大资产重组管理办法》

中国证监会于2011年8月1日发布修订后的《上市公司重大资产重组管理办法》，这是根据2011年8月1日中国证监会《关于修改上市公司重大资产重组与配套融资相关规定的决定》所作的修订。

五、发布《证券公司融资融券业务管理办法》

中国证监会于2011年发布《关于修改〈证券公司融资融券业务试点管理办法〉的决定》（中国证监会公告〔2011〕31号）。此次修改主要集中在以下几个方面：（1）明确了证券公司申请融资融券业务资格应当具备的条件。（2）明确了证券公司申请融资融券业务资格应提交的材料。（3）明确了证券公司应当自每月结束之日起7个交易日内，向中国证监会、注册地中国证监会派出机构和证券交易所书面报告当月的情况。（4）增加一条："负责客户信用资金存管的商业银行，应当是按照规定可以存管证券公司客户交易结算资金的商业银行。"《关于开展证券公司融资融券业务试点工作的指导意见》（证监会公告〔2010〕3号）同时废止。《证券公司融资融券业务试点管理办法》根据本决定作相应修改并对条款顺序作相应调整，重新公布。

六、启动创业板上市公司非公开发行债券工作

2011年11月，中国证监会正式启动创业板上市公司非公开发行债券的工作，允许创业板上市公司向不超过10家的特定对象发行公司债券。在相应规则出台前，启动创业板公司非公开发行债券工作，主要考虑创业板上市公司资产规模相对较小，先允许部分符合条件的创业板上市公司非公开发行债券，适应其持续融资需求，有利于促进创业板上市公司持续规范发展，优化资产结构。

七、集中监管资源，严打内幕交易

2011年，监管机构继续将打击内幕交易作为执法工作的重点，继续严肃查处市场操纵、基金"老鼠仓"、虚假信息披露等违法违规行为。加强系统内外及跨境执法协作，加强对苗头性问题的分析预判，对内幕交易行为"零容忍"，采取措施坚决予以遏制。针对市场操纵行为变化快、危害大的特点，中国证监会始终保持对短线操纵、合谋操纵、"抢帽子"操纵等各类市场操纵行为的监控和查处力度，及时发现、制止市场操纵行为。中

国证监会密切关注违法违规新动向，并加强基础性制度建设，对《中国证监会冻结、查封实施办法》进行了修订，开始进行行政处罚试点的3家证监局均已建立了相关制度规范，并启动了自办案件的调查，其中1起案件已由相关派出机构作出行政处罚决定。2011年，中国证监会还发布了《关于上市公司建立内幕信息知情人登记管理制度的规定》，旨在从源头上对内幕信息加强管理，是上市公司内幕信息管理的具体规范。

第二节　中国证券业协会基础性制度建设

2011年，中国证券业协会继续秉承“自律、服务、传导”的职能定位，不断开拓创新、扎实进取，顺利完成换届工作。中国证券业协会建立健全专业委员会工作机制，在原有8个专业委员会基础上，增设创新发展战略、资产管理、国际合作、人力资源管理、证券纠纷调解、自律协调6个专业委员会，充分发挥专业委员会的作用。在维护行业正常秩序，推动行业创新发展，加强从业人员队伍建设与管理，深化场外市场建设与管理等方面，中国证券业协会也取得了明显成效。与此同时，中国证券业协会扎实推进行业自律规则、行业标准和业务规范的制定，充分发挥行业自律组织的应有作用。

一、出台了融资融券业务由试点转为常规业务的相关配套文件

2011年，中国证券业协会和沪、深证券交易所相继出台了融资融券业务由试点转为常规业务的相关配套文件，包括修改后的《融资融券合同必备条款》和《融资融券交易风险揭示书必备条款》。沪、深证券交易所也相应修改了融资融券交易实施细则，并对融资融券证券标的范围进行了调整。这意味着尚未获得该项业务的75家证券公司都可以正式启动融资融券业务的申请工作。

二、发布《证券公司压力测试指引（试行）》

为指导证券公司建立健全压力测试机制，提高风险管理水平，中国证券业协会组织行业起草了《证券公司压力测试指引（试行）》，经中国证券业协会常务理事会审议通过并向中国证监会备案，于2011年3月23日发布，并自发布之日起施行。《证券公司压力测试指引（试行）》依据法律、行政法规和中国证监会的有关规定，并考虑当前证券公司在业务范围、内控机制和管理水平等方面的差异性，对证券公司压力测试机制作了较为原则性的规定，有助于证券公司持续稳健经营，也有助于对行业整体风险状况进行评估。

三、明确《证券营业部信息技术指引》第六十三条有关内容

由于部分证券公司反映，《证券营业部信息技术指引》第六十三条关于“不提供现场交易服务的证券营业部”（以下简称“非现场交易营业部”）信息系统建设相关要求缺乏具体规定，在执行中存在一定的困难。为此，中国证券业协会组织会员单位进行了专题研

究，结合非现场交易营业部的业务发展实际以及信息安全保障的基本要求，制定了有关解释口径，对拟新设非现场交易营业部的证券公司相关业务规则作了明确指导。对非现场交易营业部的人员、技术配备和执行标准作了进一步的细化规定，有助于《证券营业部信息技术指引》的具体实施。

四、发布《关于落实〈证券公司直接投资业务监管指引〉有关要求的通知》

针对外界对“直投＋保荐”业务模式的质疑，为防范利益冲突，加强行业自我约束，维护行业诚信形象，中国证券业协会于2011年11月22日发布了《关于落实〈证券公司直接投资业务监管指引〉有关要求的通知》，要求有关会员单位严格执行业务隔离要求、承诺主动延长股份锁定期等，受到舆论广泛肯定。

第四章

证券市场国内、国际比较及特点分析

第一节　我国股票市场的突破性进展

过去10年，我国股票市场取得了突破性发展，股权分置改革再造了资本市场。10年来，上市公司在数量、质量和结构上都有了重要的发展。股票市场交易量大幅提高，机构投资者显著增加，并成为市场的主力。创业板、股指期货、融资融券等金融创新产品和工具相继推出，股票市场从发行到交易也逐步规范。

一、沪、深两市扩容明显，上市公司数量、规模有了显著增加

10年来，A股市场扩容明显，2001年底，沪、深两市A股上市公司总数仅为1 160家，10年之后，2011年底，两市的上市规模已经发展到2 342家，增长了1倍多。两市总股本由5 220.30亿股增加到36 096亿股，增加了近6倍（见图4-1）。两市A股总市值由46 328.63亿元增加到214 758.1亿元；尤其是进入到全流通时代后，流通市值的增加更加显著。2001年，两市可流通A股市值仅为13 401.81亿元，2011年底，两市可流通市值增加到164 921.3亿元，增长了11倍。在2001年，总市值最大的5个公司分别为中国石化（1 242.13亿元）、宝钢股份（288.22亿元）、华能国际（266.90亿元）、深发展（185.74亿元）和四川长虹（148.41亿元）。2011年底，总市值最大的5个公司分别为中国石油（15 771.21亿元）、工商银行（11 118.36亿元）、农业银行（7 704.25亿元）、中国银行（5 709.33亿元）和中国石化（5 020.40亿元）。

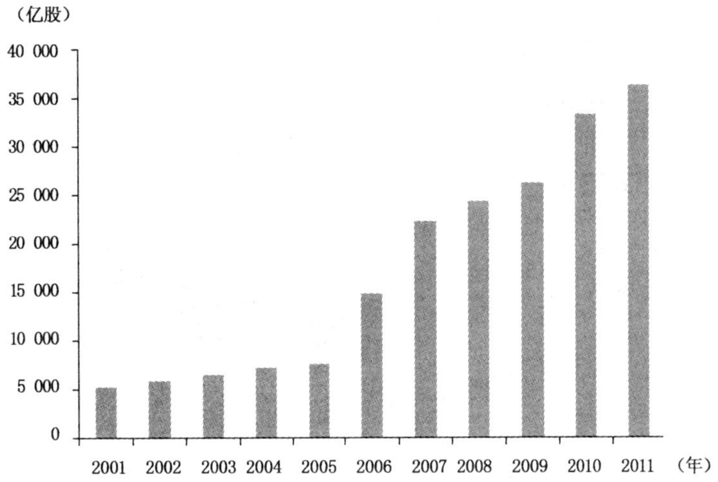

图 4－1　2001～2011 年两市总股本变化

资料来源：Wind 资讯。

二、上市公司行业结构有了重大调整，更多的新兴产业和中小市值公司走向 A 股市场

在 2001 年，上市公司行业规模中，制造业上市公司市值占据了两市总市值的 50%；位居第二位的是采掘业，占据总市值的 8%；第三位是电力、煤气和水的生产和供应业，占两市总市值的 7%。而在 2011 年，金融、保险业紧随制造业之后，成为两市第二权重行业，占据两市总市值的 29%。制造业的权重则降低为 33%，排名第三位的行业为采掘业，市值比重提高为 16%（见图 4－2 和图 4－3）。2011 年当年各行业的融资规模发生了显著变化。2001 年，共有 21 个行业进行了资本市场融资，银行业占比最高，为 67%；2011 年，银行业仍然是当年融资最多的行业，但占比有所下降，为 43%。2011 年有 24 个行业进行了融资发行。增加的行业为医疗保健设备与服务、商业和专业服务、食品与主要日用品零售。

三、两市交易量迅猛增长，机构投资者成为市场主力

2001 年，市场全年成交量仅为 2 467.34 亿股，成交金额仅为 33 273.90 亿元。2011 年，市场成交量迅速放大，两市成交量达到了 33 602.76 亿股，成交金额达到 418 774.85 亿元，分别是 2001 年的 13.62 倍和 12.59 倍（见图 4－4）。市场活跃度和成交量的迅速扩大主要源于以下三个方面：第一是市场扩容，上市公司数目和规模增加；第二是股权分置改革之后带来的制度红利；第三是机构投资者迅速发展，并逐步成为市场交易的主力。

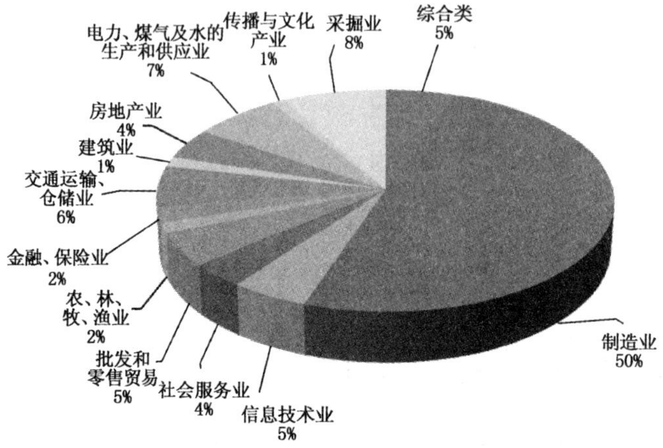

图 4－2　2001 年各行业市值占比

资料来源：Wind 资讯。

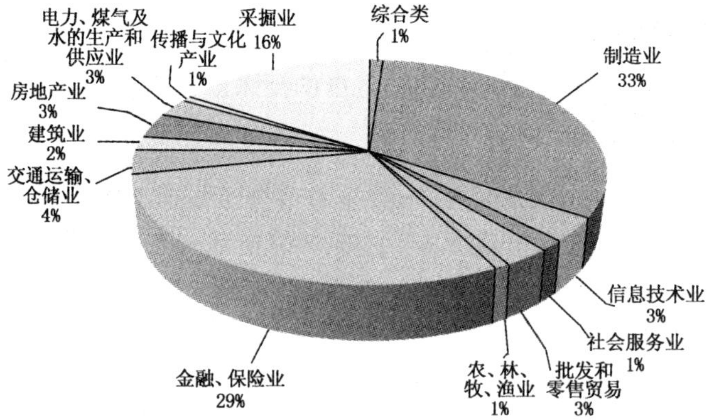

图 4－3　2011 年各行业市值占比

资料来源：Wind 资讯。

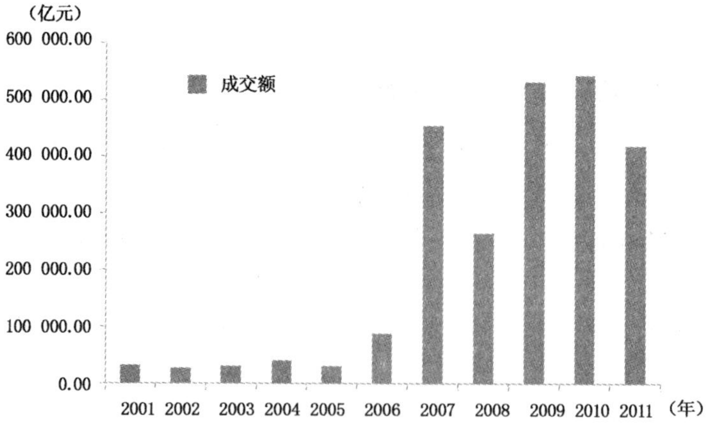

图 4－4　市场成交量 10 年来迅速扩大

资料来源：Wind 资讯。

第二节　我国股市与境外成熟市场的比较

我国股票市场是适应改革开放的需要产生和发展起来的，历史不长，但发展速度十分惊人，短短数十年就走过了西方证券市场几百年所走的路程。将中美股市进行比较，发现中国股市具有波动性大、投资收益率低、股市交易品种少等特点。

一、国内股指波动性较大

从波动性上来看，中国股市虽然有个股当日的涨跌幅限制，但波动性明显比国外成熟股市要大。对比上证综指和美国道·琼斯指数 10 年来的表现，2001 年至今，美国股市最大的波动幅度为 75.60%，而我国股市的波动幅度则为 231.71%（见图 4－5）。这意味着国内股市还不够稳定和成熟，投资的风险比较高。

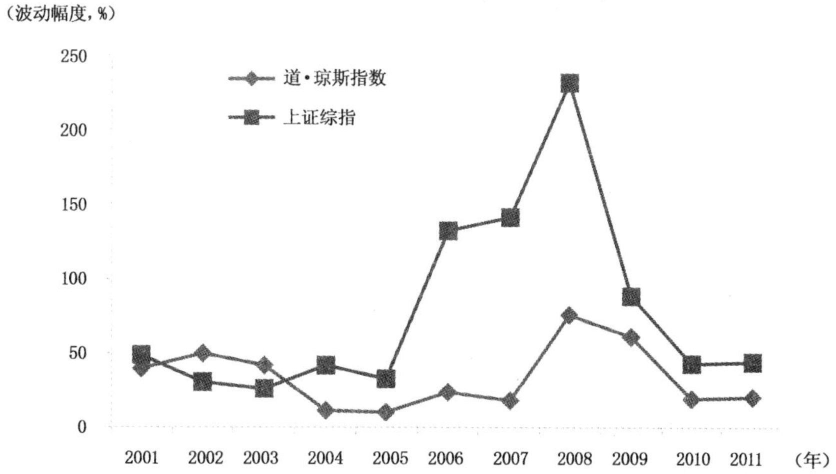

注：本图数据系根据各指数交易日数据整理而成，计算公式为：年振幅 =（年指数最大值 - 年指数最小值）/年指数最小值 ×100%。

图 4－5　中美股市波动性比较

资料来源：Wind 资讯。

二、国内股市交易品种相对较少，多层次资本市场有待完善

中国股票市场的交易品种较为稀少，与欧美成熟股市差距巨大，即便与亚太地区的主要股市相比也显得稀少。举例来说，亚太地区的日本、澳大利亚、中国香港等股市的交易品种分别多达 6～7 种，包括股票、认股权证、指数期货、股票期货、指数期权、股票期权、ETF；而我国沪、深股市的交易品种只有 3 种，即股票、股指期货和 ETF。中国股票

市场交易品种少限制了投资者的多元化投资选择和对市场风险的管理能力，降低了市场的有效性。另外，国内多层次交易市场初步建立，场外交易市场还不完善。国外成熟资本市场大多实现了分级交易，如美国市场，除了纽约证券交易所的主板市场，还有纳斯达克市场、OTCBB 市场、粉单市场等多个交易场所，满足了不同层次投资者的融资和交易需求。

三、我国股市国际化程度还有待加强

国际成熟的股票市场不仅拥有来自世界各地优秀的上市公司，而且还有着广阔的国际资本供给空间。从当今的国际股票市场来看，如纽约、伦敦、东京、中国香港等国际性股票市场，无一例外地建在国际金融中心，金融环境和资本环境非常开放，不仅吸引了来自全球各地的投资者，也吸引了来自全球的优质公司进行融资。目前，国内股市虽然发展迅速，虽然开通了 QFII 投资，但是规模和数目还有所限制。

第三节　我国债券市场已经成为整个社会重要的融资平台

一、企业融资在债券市场中的比重逐渐提高

2011 年以来，信用类债券（含企业债、短期融资券和中期票据）仍然占据了发行券种的主导地位，2011 发行的 1 354 只债券中，信用债达到 1 048 只，占总只数的 77.4%，较上年提高了 5 个百分点。从发行人数量的角度来看，2011 年发行企业债、中期票据和短期融资券的企业家数达到 841 家，较 2010 年增加了 164 家，较 2001 年翻了 209 倍（见图 4－6）。1999～2011 年，在银行间债券市场发行企业债、中期票据和短期融资券的企业累计达到 1 302 家，共发行企业债、中期票据和短期融资券 3 676 次。

二、企业债券融资成为直接融资的主要渠道

近几年，企业通过债券净融资规模超过股票市场，在直接融资中的占比维持较高水平，2011 年该比例约为 67%。

三、债券市场对社会融资规模的影响力进一步扩大

从社会融资规模的角度看，央行数据显示 2011 年前 3 个季度社会融资规模为 9.80 万亿元。根据测算，其中企业债券净融资 8 397 亿元；商业银行和政策性银行在债券市场新发债券融入放贷资金额度近 1.38 万亿元；商业银行和政策性银行发行次级债 1 596 亿元，如按 12% 的资本充足率计算，增加了银行放贷空间约 1.33 万亿元。综合来看，债券市场对社会融资规模的直接影响和间接影响合计为 36%。

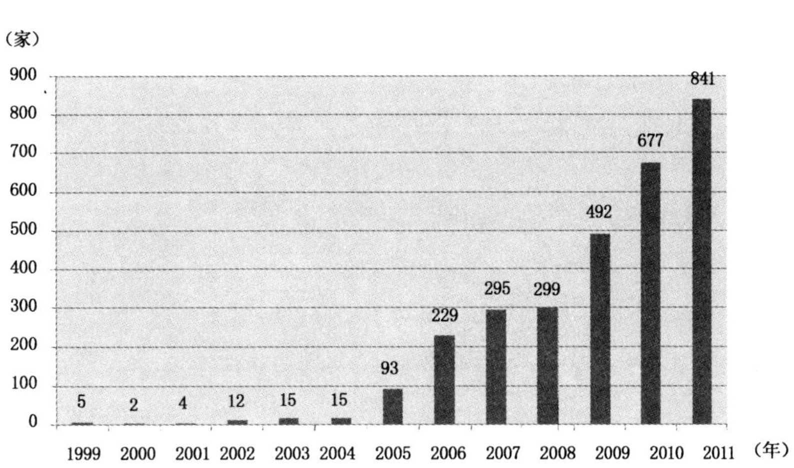

图4－6　历年发行企业债和中短期票据的企业家数变化

资料来源：Wind资讯。

四、债券市场与国外成熟市场相比，整体规模偏小

虽然我国债券市场取得了长足的进步和发展，但与境外成熟市场相比，特别是与美国相比，我国债券市场发展明显不足。截至2011年底，我国国债未偿余额为7.3万亿元，仅占GDP的15.5%。而美国2010年底国债未偿余额高达13.6万亿美元，占GDP的93.4%。截至2011年底，我国企业主体债券未偿余额为5.2万亿元，仅占GDP的11.0%。而美国2010年底企业主体债券未偿余额为2.9万亿美元，占GDP的20%。因此，与美国等发达经济体相比，我国债券市场规模较小。

分报告之二：

2011年中国证券经纪业务发展回顾与展望

第一章 2011 年中国证券经纪业务的总体情况

第一节　证券经纪业务的总体情况

一、市场总体情况和经纪业务规模

（一）沪、深两市指数下跌，股票基金交易趋于清淡，债券交易量大增

2011 年，受欧债危机持续扩散以及国内货币紧缩政策的影响，国内证券市场表现低迷，上证指数从 2808.08 点下跌到 2199.42 点，下跌 608.66 点，全年指数大跌 21.68%，为历史第三大年度跌幅；深证综指从 1290.87 点下跌到 866.65 点，下跌 424.22 点，全年下跌幅度达到 32.86%。

随着两市指数的持续下跌，市场成交萎缩，两市股票基金成交额较上年明显减少。2011 年，两市股票基金成交 42.8 万亿元，相比 2010 年的 55.46 万亿元下降 12.66 万亿元，下降幅度达 22.83%；其中股票成交 42.16 万亿元，相比 2010 年的 54.56 万亿元下降 22.73%；基金成交 0.64 万亿元，相比 2010 年的 0.90 万亿元下降 28.89%。权证成交 3 474亿元，相比 2010 年的 14 986 亿元减少 11 512 亿元，下降幅度达 76.82%，权证交易品种从萎缩逐渐走向消亡。债券 2010 年两市交易所成交 20.66 万亿元，与 2010 年的 6.81 万亿元相比，成交量骤增 203.38%（见图 1－1）。

（二）经纪业务交易标的证券增加，市盈率下降

2011 年市场整体规模不断扩大。截至 2011 年底，境内上市公司数（A、B 股）达到

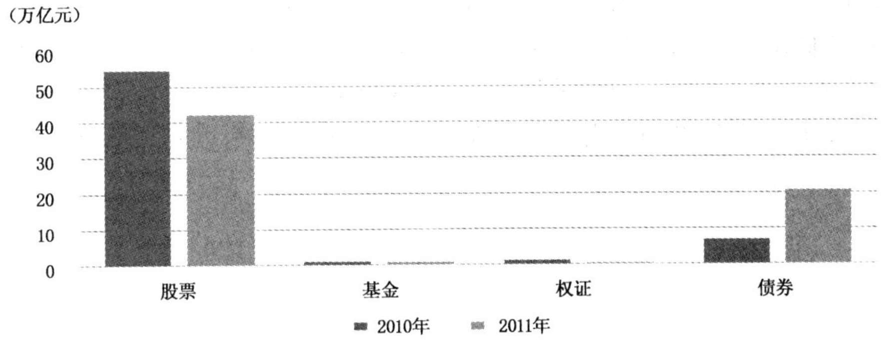

图 1－1　2011 年和 2010 年各品种交易量变化对比图

资料来源：Wind 资讯。

2 342 家，相比 2010 年增加 279 家，增加了 13.52%。股票总发行股本从 33 184.35 亿股增长到 36 095.52 亿股，增长幅度达 8.77%。其中，流通股从 25 642.03 亿股增长到 28 850.26亿股，增长幅度达 12.51%。受价格下跌因素影响，两市总市值出现了回落，从 2010 年的 265 422.59 亿元回落到 214 758.10 亿元，回落幅度达到 19.09%。其中，流通市值从193 110.41亿元回落到 164 921.3 亿元，回落幅度达到 14.60%。

指数下跌，市场平均静态市盈率明显下降。2011 年底，沪市的平均静态市盈率达到 13.40 倍的低点，相比 2010 年底下降了 37.99%；而深市的平均静态市盈率达到 23.11 倍，相对 2010 年底下降了 48.29%（见表 1－1）。

表 1－1　　2011 年证券市场概况统计表

	2010 年底	2011 年底	比 2010 年底
境内上市公司数（A、B 股）（家）	2 063	2 342	13.52%
境内上市外资股（B 股）（家）	108	108	0.00%
境外上市公司数（H 股）（家）	165	171	3.64%
股票总发行股本（亿股）（含在境内上市公司发行的 H 股）	33 184.35	36 095.52	8.77%
其中：流通股本（亿股）	25 642.03	28 850.26	12.51%
股票市价总值（亿元）	265 422.59	214 758.10	－19.09%
其中：股票流通市值（亿元）	193 110.41	164 921.30	－14.60%
股票成交金额（亿元）	545 633.54	421 646.74	－22.72%
日均股票成交金额（亿元）	2 254.68	1 728.06	－23.36%
上证综合指数（收盘）	2 808.08	2 199.42	－21.68%
深证综合指数（收盘）	1 290.87	866.65	－32.86%
股票有效账户数（万户）	13 391.04	14 050.37	4.92%
平均市盈率（静态，倍）			
上海	21.61	13.40	－37.99%
深圳	44.69	23.11	－48.29%
证券投资基金只数（只）	704	915	29.97%
交易所上市证券投资基金成交金额（亿元）	8 996.43	6 365.80	－29.24%

资料来源：中国证监会网站。

受市场行情的影响，2011 年筹资功能相比 2010 年有所下降。首次公开发行 2011 年累计 2 825.07 亿元，相比 2010 年 4 882.63 亿元下降 2 057.56 亿元，降幅达 42.14%。再融资金额 2 248 亿元，相比 2010 年下降了 1 824.36 亿元，降幅达 44.80%。债券市场融资 1 707.4 亿元，相比 2010 年增加了 387.10 亿元，提升幅度为 29.32%（见图 1－2）。

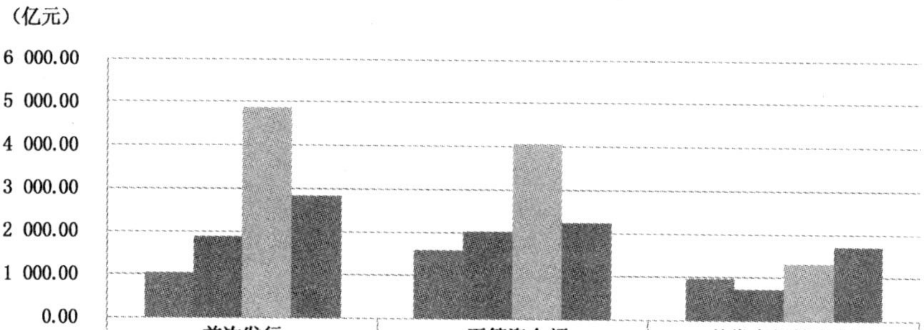

	首次发行	再筹资金额	债券市场筹资金额
2008年	1 036.52	1 583.19	976.45
2009年累计	1 879.00	2 015.53	715.01
2010年累计	4 882.63	4 072.36	1 320.30
2011年累计	2 825.07	2 248.00	1 707.40

图 1－2　2011 年市场筹资统计图

资料来源：中国证监会网站。

（三）基金分仓交易：股票基金交易量同步下降，债券交易活跃

2011 年，股票基金分仓交易 58 368.72 亿元，市场占比 6.92%；债券交易 3 505.08 亿元，市场占比 81.23%；债券回购交易 69 992.28 亿元，市场占比 17.21%；总佣金 48.87 亿元。

与 2010 年相比，股票基金交易量下降 23.8%；债券交易上升 34.3%；债券回购交易上升 142.2%；总佣金下降了 24.4%（见表 1－2）。

表 1－2　　2010～2011 年基金公司交易量对比

	股票（亿元）	债券（亿元）	回购交易（亿元）	总佣金（万元）
2010 年交易量	76 620.81	2 610.83	28 894.97	646 695.76
2011 年交易量	58 368.72	3 505.08	69 992.28	488 667.96
同比变化	－23.8%	34.3%	142.2%	－24.4%

资料来源：Wind 资讯。

市场占比方面，股票基金交易的市场占比也略有下降，下降幅度为 0.1%；债券交易市场占比有所提升，提升幅度为 10.02%；债券回购交易市场占比下降了 4.69%（见表 1－3）。

表 1-3　2010～2011 年基金公司交易量市场占比变化　（单位:%）

	股票	债券	回购交易
2010 年交易量市场占比	7.02	71.21	21.81
2011 年交易量市场占比	6.92	81.23	17.12
同比变化	-0.1	10.02	-4.69

资料来源：Wind 资讯。

2011 年，席位上基金交易数量最多的是申银万国证券，为 456 只；其次是国泰君安证券，为 445 只。席位上基金交易数量排名前 10 名证券公司见表 1-4。

表 1-4　2010～2011 年基金交易数量前 10 名证券公司　（单位：只）

2010 年前 10 名		2011 年前 10 名	
席位名称	交易基金只数	席位名称	交易基金只数
国泰君安	361	申银万国	456
申银万国	351	国泰君安	445
中信证券	335	中信证券	427
中国国际金融有限公司	318	国信证券	396
招商证券	296	银河证券	385
银河证券	295	中国国际金融有限公司	383
中信建投	287	招商证券	376
国信证券	286	中信建投	363
海通证券	271	海通证券	337
华泰联合	261	华泰联合	322

资料来源：Wind 资讯。

2011 年，股票基金交易量分仓排名最前的也是申银万国，其次是中信证券，再次是国泰君安。相对 2010 年，分仓交易普遍有所下降，申银万国下降了 29.5%，中信证券下降了 31.6%，国泰君安则下降了 35.3%。

表 1-5　2010～2011 年基金分仓前 10 名证券公司　（单位：亿元）

2010 年前 10 名		2011 年前 10 名	
席位名称	股票基金交易总额	席位名称	股票基金交易总额
申银万国	4 786.11	申银万国	3 373.17
中信证券	4 765.34	中信证券	3 257.28
国泰君安	3 985.66	国泰君安	2 579.22
招商证券	3 563.81	国信证券	2 487.47
国信证券	3 505.00	东方证券	2 402.02
中国国际金融有限公司	3 489.02	海通证券	2 250.18

续表

2010 年前 10 名		2011 年前 10 名	
席位名称	股票基金交易总额	席位名称	股票基金交易总额
华泰联合	3 348.16	招商证券	2 200.54
安信证券	3 227.94	中国国际金融有限公司	2 180.77
海通证券	3 001.08	华泰联合	2 146.74
东方证券	2 791.06	广发证券	1 995.47

资料来源：Wind 资讯。

分仓收入来看，申银万国、中信证券和国泰君安也是排名前三甲（见表 1－6）。

表 1－6　2010～2011 年基金分仓收入前 20 名的证券公司

2010 年前 20 名		2011 年前 20 名	
席位名称	总佣金（万元）	席位名称	总佣金（万元）
申银万国	40 233.28	申银万国	27 914.34
中信证券	39 714.61	中信证券	27 050.27
国泰君安	33 029.67	国泰君安	20 818.48
招商证券	29 550.59	国信证券	20 598.92
中国国际金融有限公司	29 391.09	东方证券	19 633.83
国信证券	29 077.94	海通证券	18 412.93
华泰联合	27 622.59	招商证券	18 205.39
安信证券	26 962.48	中国国际金融有限公司	18 192.87
海通证券	24 947.34	华泰联合	17 715.91
东方证券	22 996.11	广发证券	16 660.26
广发证券	21 499.87	银河证券	15 653.14
光大证券	21 082.76	兴业证券	15 062.40
中信建投	20 576.46	安信证券	15 030.40
中银国际	17 230.75	长江证券	13 995.87
兴业证券	16 988.09	光大证券	12 748.44
国金证券	15 856.91	中银国际	12 062.19
长江证券	15 397.11	中信建投	12 011.41
银河证券	13 858.50	国金证券	11 109.26
中投证券	12 436.04	齐鲁证券	9 868.92
长城证券	12 226.58	瑞银证券	8 445.57

资料来源：Wind 资讯。

（四）信用交易发展迅速，融资业务快于融券业务

融资融券业务从试点逐步转向常规后，成为经纪业务中发展最快的一项业务。2010

年底融资余额127.61亿元，2011年增加到375.48亿元，增长幅度达到了194%。融券方面，2010年融券卖出只有0.73亿股，2011年卖出达到22.88亿股，增长幅度达到3 034%（见表1－7）。

表1－7　2010～2011年融资融券业务发展情况

	融资	融券		
	截止日余额（亿元）	截止日余额（亿元）	期间卖出量（亿股）	融资融券余额（亿元）
2010年	127.61	0.11	0.73	127.72
2011年	375.48	6.59	22.88	382.07
变化幅度	194%	5 891%	3 034%	199%

资料来源：Wind资讯。

据初步统计，2011年，融资融券余额达到382.07亿元，海通证券以10.7%的份额位居行业首位。

2011年是融资融券业务正式发力的年份。业务规模最大的海通证券当年相关收入为4.11亿元，同比增长4倍；其他首批试点证券公司相关收入均为2.5亿元以上，其中国信证券3.1亿元，同比增长6倍；中信证券仅利息收入一项便达2.43亿元。

2011年海通证券实现融资融券利息收入2.72亿元，同比增长638%，在营业收入中占比达到2.93%；年末融资融券业务余额达39.29亿元，居行业首位。

二、市场参与主体

（一）投资者股票账户持续增加

截至2011年末，沪、深股票账户数合计为16 546.90万户，其中A股账户16 294.74万户，B股账户252.16万户；剔除休眠账户2 496.53万户，有效股票账户为14 050.37万户（包含A股有效账户13 798.21万户）。

在A股有效账户中，沪、深两市合计四成多的账户在近1年内参与了二级市场交易。期末沪、深两市共有A股有效账户13 798.21万户。其中，6 054.36万户近1年内参与了二级市场交易，占期末A股有效账户的43.88%；未参与交易的A股有效账户有7 743.85万户，占期末A股有效账户的56.12%。参与交易的A股有效账户中，七成期末持有证券，三成期末未持有任何证券。未参与交易的账户中，超过八成期末未持有任何证券。

四成多A股账户持有证券。2011年12月末持仓的A股账户数为5 694.18万户，持仓A股账户占全部A股有效账户的比重为41.27%；空仓账户占58.73%。

1. 股票账户持续增加，增幅明显减缓。因市场环境恶劣，持续的亏损严重挫伤了投资者的参与热情。2011年两市股票账户的增长数量和增长幅度都明显低于2010年。

2011年两市股票账户净增1 092.87万户（含三板账户合并数），增长幅度为7.07%，与2010年的10.17%相比，增长幅度明显下滑。其中，A股账户净增1 090.68万户，增长幅度为7.17%；B股账户净增2.19万户，增长幅度为0.88%（见表1－8）。

表 1－8　　2007～2011 年股票账户变化情况　　（单位：万户）

	2007 年	2008 年	2009 年	2010 年	2011 年
期末股票账户总数	11 287.27	12 363.89	14 027.88	15 454.03	16 546.90
期末 A 股账户数	11 052.96	12 123.54	13 781.78	15 204.06	16 294.74
期末 B 股账户数	234.31	240.35	246.10	249.97	252.16

资料来源：中国证券登记结算有限责任公司。

2011 年，全年新增股票开户数为 1 079.52 万户，相较 2010 年全年新增 1 494.25 万户，减少了 414.73 万户，减少幅度为 27.76%，开户数连续两年下滑（见图 1－3）。

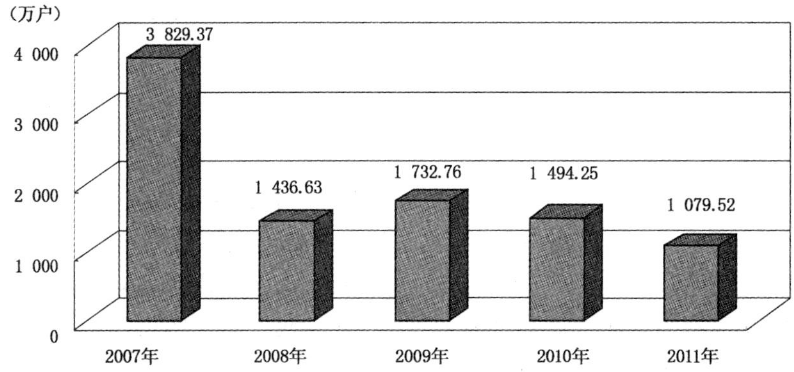

图 1－3　2007～2011 年新增股票开户数变化趋势图

资料来源：Wind 资讯。

2. 基金账户快速增长。截至 2011 年底，两市基金账户总数为 3 712.30 万户，相较 2010 年底的 3 404.25 万户，净增 308.05 万户，增长幅度为 9.05%，略高于 2010 年 282.45 万户的净增额，且是近 4 年来净增户数最多的一年（见图 1－4）。

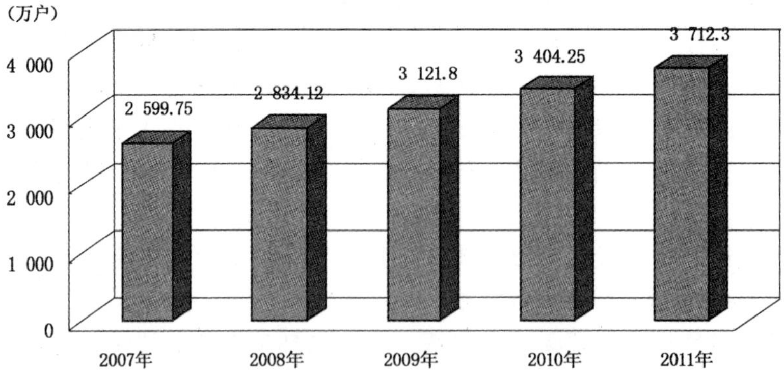

图 1－4　2007～2011 年基金账户总数变化趋势图

资料来源：Wind 资讯。

（二）投资者A股账户市值分布差异明显

根据投资者是自然人还是机构，市值分布也有很大差异。首先，从占比上，大部分自然人的A股账户市值在50万元以下，而机构投资者不同资产区间账户数量的分布比较平均。其次，2011年与2010年相比，无论是自然人还是机构，1万元以下市值的账户占比都明显上升，50万元以上市值的账户占比都显著下降。可见，2011年较差的市场环境导致很多投资人都减轻了仓位，降低了持有的证券市值（见表1－9）。

表1－9　2010年与2011年按自然人和机构分列的A股账户市值分布数据

自然人：

期末已上市的A股流通市值	2011年		2010年	
	账户数（户）	比重（%）	账户数（户）	比重（%）
1万元以下	21 661 112	38.57	17 542 683	31.76
1万～10万元	27 024 459	48.11	28 182 629	51.02
10万～50万元	6 309 333	11.23	7 837 853	14.19
50万～100万元	712 296	1.27	995 660	1.80
100万～500万元	415 352	0.74	606 871	1.10
500万～1 000万元	29 048	0.05	45 947	0.08
1 000万元以上	15 267	0.03	23 323	0.04

机构：

期末已上市的A股流通市值	2011年		2010年	
	账户数（户）	比重（%）	账户数（户）	比重（%）
1万元以下	7 238	8.18	5 104	5.68
1万～10万元	20 148	22.76	20 935	23.31
10万～50万元	20 804	23.50	19 491	21.71
50万～100万元	8 696	9.82	8 982	10.00
100万～500万元	15 193	17.16	17 101	19.05
500万～1 000万元	4 114	4.65	4 883	5.44
1 000万元以上	12 333	13.93	13 296	14.81

资料来源：中国证券登记结算有限责任公司。

（三）投资者开户地区主要分布在经济发达区域

按地区分布情况，截至2011年底，两市A股账户的开户数位居前列的是上海、北京、广东、江苏、深圳、山东、浙江等沿海和经济较发达地区。中西部省份中，比重较高的有四川、河南、湖北、湖南等省份（见表1－10）。

表 1－10　　2011 年年底投资者开户地区分布

地区	上海分公司开户总数（户）	深圳分公司开户总数（户）	两市合计开户总数（户）	比重（%）
北京	5 634 967	4 523 305	10 158 272	5.95
天津	1 217 045	1 508 442	2 725 487	1.60
河北	2 015 611	2 190 891	4 206 502	2.47
山西	1 472 887	1 388 542	2 861 429	1.68
内蒙古	829 488	800 435	1 629 923	0.96
辽宁	3 210 663	3 557 010	6 767 673	3.97
吉林	1 357 836	1 331 244	2 689 080	1.58
黑龙江	1 835 464	1 933 054	3 768 518	2.21
上海	12 150 797	6 548 054	18 698 851	10.96
江苏	6 683 213	6 659 346	13 342 559	7.82
浙江	4 525 018	5 334 441	9 859 459	5.78
安徽	1 749 805	1 590 342	3 340 147	1.96
福建	2 862 752	3 179 154	6 041 906	3.54
江西	1 346 495	1 645 922	2 992 417	1.75
山东	4 858 329	4 878 333	9 736 662	5.71
河南	2 818 308	3 365 226	6 183 534	3.62
湖北	3 041 133	3 292 484	6 333 617	3.71
湖南	2 312 672	3 031 045	5 343 717	3.13
广东	7 299 944	8 779 817	16 079 761	9.42
深圳	6 136 239	5 876 773	12 013 012	7.04
广西	1 264 631	1 595 659	2 860 290	1.68
海南	496 696	732 167	1 228 863	0.72
重庆	1 251 035	1 405 347	2 656 382	1.56
四川	3 461 509	3 814 088	7 275 597	4.26
贵州	531 462	525 545	1 057 007	0.62
云南	883 138	964 775	1 847 913	1.08
西藏	25 352	37 104	62 456	0.04
陕西	1 529 314	1 842 813	3 372 127	1.98
甘肃	846 922	859 730	1 706 652	1.00
青海	318 040	234 842	552 882	0.32
宁夏	401 536	288 914	690 450	0.40
新疆	1 140 245	1 076 784	2 217 029	1.30
其他	0	308 597	308 597	0.18
合计	85 508 546	85 100 225	170 608 771	

资料来源：中国证券登记结算有限责任公司。

（四）投资者性质分布：自然人账户占据绝对多数

从A股账户构成上来看，自然人账户依旧占据绝对多数，占比达到99.6%。2011年，自然人账户增长超过千万户，机构账户中绝对数量增加最多的是一般机构投资者，增长达到30 804户；其次是信托机构，增长2 338户。从增幅趋势来说，近几年无论是基金还是QFII，机构投资者的增幅都要远远高于自然人的增幅。机构账户中，增长幅度最大的是证券公司集合理财账户（52.15%），其次是基金公司专户理财产品（31.44%）（见表1－11）。

表1－11　　2011年A股账户结构及变化数据

	2011年年末A股账户数（户）	2010年年末A股账户数（户）	增减变化（户）	变化幅度（%）	2011年年末A股账户数结构（%）
自然人	162 334 232	151 460 366	10 873 866	7.18	99.6237
证券公司自营	96 277	98 256	－1 979	－2.01	0.0591
证券公司集合理财	566	372	194	52.15	0.0003
证券投资基金	1 769	1 400	369	26.36	0.0011
基金公司专户理财产品	1 572	1 196	376	31.44	0.0010
社保基金	180	168	12	7.14	0.0001
企业年金	4 040	3 315	725	21.87	0.0025
QFII	239	214	25	11.68	0.0001
保险	1 051	998	53	5.31	0.0006
信托	11 622	9 284	2 338	25.18	0.0071
一般机构	495 869	465 065	30 804	6.62	0.3043

资料来源：中国证券登记结算有限责任公司。

第二节　证券经纪业务竞争格局

2011年，证券公司行业集中度继续呈现下降趋势，大型证券公司份额被中型证券公司蚕食。股票、基金、权证总份额排名前20位的证券公司的份额总和相比2010年又有所下降，从2008年的63.82%下降到2009年的62.03%，又下降到2010年的61.61%。到2011年底，排名前20位的证券公司份额总和只有60.80%（见图1－5）。

2011年，经纪业务股票基金市场份额前10名的证券公司分别是：银河证券、国泰君

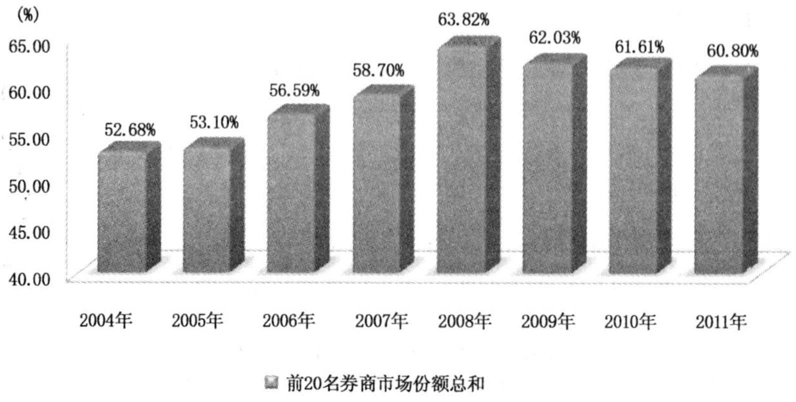

图 1－5　2004～2011 年市场份额排名前 20 位的证券公司份额总和行业占比趋势图

资料来源：沪、深证券交易所。

安、国信证券、海通证券、广发证券、招商证券、申银万国、华泰证券、中信建投、光大证券。只有海通证券的排名和广发证券出现了换位。海通证券提升 1 位到第 4 位，广发证券下降到第 5 位（见表 1－12）。

前 20 位的证券公司中，中信证券从第 13 位上升到第 11 位，齐鲁证券和安信证券从原来的第 11 位和第 12 位后退至第 12 位和第 13 位，华泰联合证券从第 16 位下滑到第 19 位，方正证券、长江证券和兴业证券分别前进 1 位，分列第 16 位、第 17 位和第 18 位，排名第 20 位的依旧是东方证券。

前 20 位证券公司份额变化以华泰联合证券最明显，份额下降了 0.385%，下滑幅度最大，达到 19.54%。上升幅度最大的是中信证券，份额提升了 0.248%，提升幅度达到 9.8%。

表 1－12　　2011 年经纪业务股票基金市场份额排名前 40 位的证券公司统计表

证券公司	市场份额（%）			排名	
	2011 年	2010 年	变化幅度	2011 年	2010 年
银河证券	5.1635	5.0854	1.54	1	1
国泰君安	4.8919	4.8072	1.76	2	2
国信证券	4.3077	4.4882	－4.02	3	3
海通证券	4.0919	4.0359	1.39	4	5
广发证券	4.0780	4.1322	－1.31	5	4
招商证券	3.9352	3.9715	－0.92	6	6
申银万国	3.9146	3.7960	3.13	7	7
华泰证券	3.8434	3.7102	3.59	8	8
中信建投	3.1524	3.2905	－4.20	9	9
光大证券	3.0004	3.1145	－3.66	10	10

续表

证券公司	市场份额（%）			排名	
	2011 年	2010 年	变化幅度	2011 年	2010 年
中信证券	2.7771	2.5291	9.80	11	13
齐鲁证券	2.5171	2.6308	-4.32	12	11
安信证券	2.4493	2.5687	-4.65	13	12
中国建银	2.4042	2.4673	-2.56	14	14
中信金通	1.9501	1.9779	-1.41	15	15
方正证券	1.7398	1.7080	1.86	16	17
长江证券	1.7299	1.6558	4.48	17	18
兴业证券	1.6990	1.6248	4.57	18	19
华泰联合	1.5849	1.9698	-19.54	19	16
东方证券	1.5668	1.5147	3.44	20	20
宏源证券	1.2822	1.2558	2.10	21	21
浙商证券	1.1646	1.1419	1.99	22	23
平安证券	1.1498	1.1419	0.69	23	24
华西证券	1.1454	1.1896	-3.72	24	22
财通证券	1.1427	1.1134	2.63	25	25
东兴证券	1.0849	0.9982	8.68	26	29
中国国际金融	1.0825	1.0443	3.65	27	26
国元证券	1.0751	1.0377	3.60	28	27
中银国际	0.9756	1.0294	-5.23	29	28
湘财证券	0.9333	0.9688	-3.67	30	30
东吴证券	0.9248	0.8832	4.70	31	32
信达证券	0.8965	0.8645	3.70	32	34
上海证券	0.8356	0.8817	-5.23	33	33
长城证券	0.8286	0.9025	-8.19	34	31
渤海证券	0.7820	0.7624	2.57	35	37
西南证券	0.7817	0.7421	5.34	36	41
东海证券	0.7728	0.8569	-9.82	37	35
广发华福	0.7712	0.7595	1.53	38	38
中信万通	0.7312	0.7547	-3.11	39	39
南京证券	0.7246	0.7627	-5.00	40	36

资料来源：沪、深证券交易所。

一、收入情况

（一）行业整体经纪业务收入

证券行业整体盈利状况不佳。根据中国证券业协会公布的初步统计数据，2011 年全行业（证券母公司数据）实现营业收入 1 359.5 亿元，较 2010 年的 1 911.02 亿元下降了 28.86%；净利润 393.77 亿元，较 2010 年的 775.57 亿元下降了 49.23%。其中，代理买卖证券业务净收入 688.87 亿元，较上年下降了 36.5%。

（二）证券公司经纪业务收入

从证券公司公布的 2011 年财务年报（合并报表口径）中的代理买卖证券业务净收入这一指标来看证券公司经纪业务收入排名靠前证券公司的情况。2010 年进入排名前 20 位的证券公司，2011 年仍然都处于前 20 位之内，只是座次发生了一些变化。

2010 年稳居第一的中信证券，被整合后的华泰证券超过。后者位居 2011 年证券公司经纪业务收入的第 1 位。银河证券也顺势从第 2 位降为第 3 位。国信证券和广发证券的排名互换，国信证券升高两位，从第 6 位上升到第 4 位，广发下降两位，从第 4 位下降到第 6 位。申银万国和海通证券的收入差距不大，分列第 7 位和第 8 位。国泰君安、中信建投、招商证券的排名没有发生变化。

从收入的变化幅度来说，排名前 40 位的证券公司无一例外都下降明显，其中中信证券下降幅度超过 50%。只有长江证券、东方证券、国海证券、平安证券、国金证券 5 家的下降幅度在 30% 以内，分别为 28.19%、24.14%、27.73%、27.27%、27.82%（见表 1-13）。

表 1-13　经纪业务收入排名前 40 位证券公司的收入和排名变化表

证券公司	代理买卖证券业务净收入（万元）			排名	
	2011 年	2010 年	变化幅度	2011 年	2010 年
华泰证券	359 093.91	551 578.52	-34.90%	1	3
中信证券	357 067.53	780 864.71	-54.27%	2	1
银河证券	356 744.17	564 245.25	-36.77%	3	2
国信证券	336 712.43	501 075.30	-32.80%	4	6
国泰君安	326 707.55	530 390.60	-38.40%	5	5
广发证券	306 324.93	543 038.10	-43.59%	6	4
申银万国	304 328.11	465 267.70	-34.59%	7	8
海通证券	304 143.16	486 381.77	-37.47%	8	7
中信建投	238 160.62	360 611.57	-33.96%	9	9
招商证券	226 931.54	357 876.68	-36.59%	10	10
齐鲁证券	214 069.14	331 818.87	-35.49%	11	11
光大证券	186 123.09	274 776.06	-32.26%	12	14
安信证券	173 153.54	287 147.20	-39.70%	13	12
中国中投证券	169 450.37	275 295.70	-38.45%	14	13
长江证券	125 868.85	175 287.19	-28.19%	15	18
华西证券	116 202.82	179 548.04	-35.28%	16	16
东方证券	115 510.26	152 266.36	-24.14%	17	20
方正证券	112 982.90	179 290.65	-36.98%	18	17
宏源证券	108 949.57	172 491.63	-36.84%	19	19

续表

证券公司	代理买卖证券业务净收入（万元）			排名	
	2011 年	2010 年	变化幅度	2011 年	2010 年
华泰联合	108 094.58	179 703.45	-39.85%	20	15
中信证券（浙江）	100 692.35	151 719.65	-33.63%	21	21
财达证券	81 973.59	143 007.42	-42.68%	22	22
兴业证券	81 188.42	123 463.67	-34.24%	23	23
国海证券	81 178.64	112 331.03	-27.73%	24	27
东吴证券	79 694.58	116 745.07	-31.74%	25	25
国元证券	79 228.27	122 628.95	-35.39%	26	24
平安证券	70 472.16	96 894.13	-27.27%	27	34
东北证券	68 806.40	110 994.67	-38.01%	28	28
东海证券	68 211.31	113 418.32	-39.86%	29	26
西部证券	66 196.28	109 606.77	-39.61%	30	29
信达证券	65 256.31	107 452.01	-39.27%	31	30
华安证券	64 910.90	102 077.27	-36.41%	32	33
东兴证券	63 074.79	92 499.58	-31.81%	33	39
中银国际	62 871.53	103 813.95	-39.44%	34	31
南京证券	61 869.34	94 532.14	-34.55%	35	35
浙商证券	61 629.83	92 750.35	-33.55%	36	37
中原证券	59 780.71	103 466.08	-42.22%	37	32
中信万通	59 147.86	86 757.45	-31.82%	38	44
长城证券	58 566.63	92 502.94	-36.69%	39	38
国金证券	57 850.70	80 145.03	-27.82%	40	45

资料来源：Wind 资讯、证券公司财务报表。

二、佣金率

2011 年，行业整体佣金率继续呈下滑趋势。2011 年全年，行业佣金率为 0.081%，相比 2010 年全年的 0.095%，下滑幅度为 14.74%。下滑幅度低于 2010 年的 18.80%。

10 年来，行业佣金率一直处于下滑状态，从 2002 年的 0.298% 下滑到 2011 年的 0.081%，下滑幅度高达 72.8%。一方面，是因为目前证券公司还不能普遍提供差异化的、满足客户需求的增值服务，仍然主要进行着同质化竞争；另一方面，如果当年市场行情较好，主动要求开户的人多，则佣金率的下滑不太明显。如 2007 年大牛市中佣金率的下滑为 3.27%；2009 年由于行情较好，下滑幅度也只有 7.14%；而 2010 年和 2011 年两年，恶劣的市场行情迫使证券公司大打佣金价格战，也就加剧了佣金率下滑的趋势。与此同时，近年来证券经纪人队伍迅速扩大，新设营业部放开，也都在很大程度上加剧了证券经纪业务的竞争，导致了佣金率的加速下滑（见图 1-6 和表 1-14）。

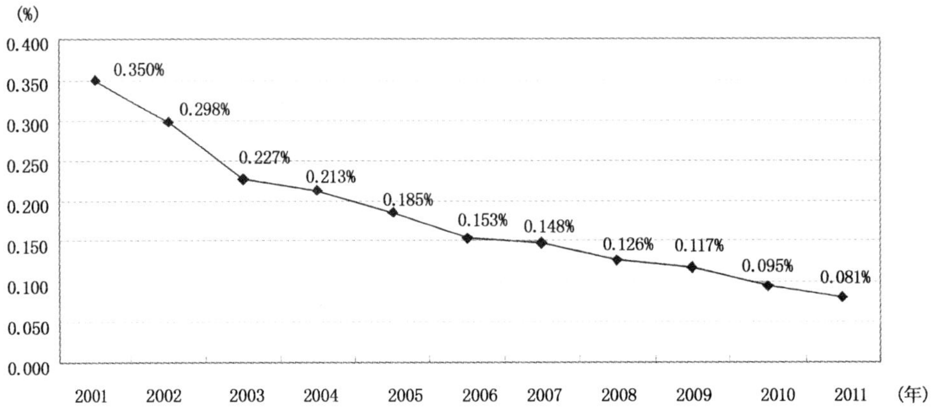

图 1-6　2001~2011 年行业佣金率的走势图

资料来源：中国证券业协会网站及根据国泰君安数据整理。

表 1-14　　2002~2011 年行业佣金率变化表　　（单位：%）

年　份	行业佣金率	相比前一年下滑幅度
2002 年	0.298	-14.86
2003 年	0.227	-23.83
2004 年	0.213	-6.17
2005 年	0.185	-13.15
2006 年	0.153	-17.30
2007 年	0.148	-3.27
2008 年	0.126	-14.86
2009 年	0.117	-7.14
2010 年	0.095	-18.80
2011 年	0.081	-14.74

资料来源：中国证券业协会网站及根据国泰君安数据整理。

三、网点数量

（一）行业整体网点数量与变化趋势

随着资本市场的发展，全国营业网点数量呈现稳步上升的趋势。2004 年，全国证券公司营业网点 2 909 家；2005 年增加 93 家达到 3 002 家；2006 年在此基础上又增加了 104 家，总数量达到 3 106 家；2007 年增加了 278 家，达到 3 384 家；2008 年减少了 11 家，总数为 3 373 家；2009 年以来，随着服务部升级，全国营业部增加了 422 家，达到 3 795 家；2010 年增加了 833 家，达到了 4 628 家；2011 年达到了 5 032 家（见图 1-7）。

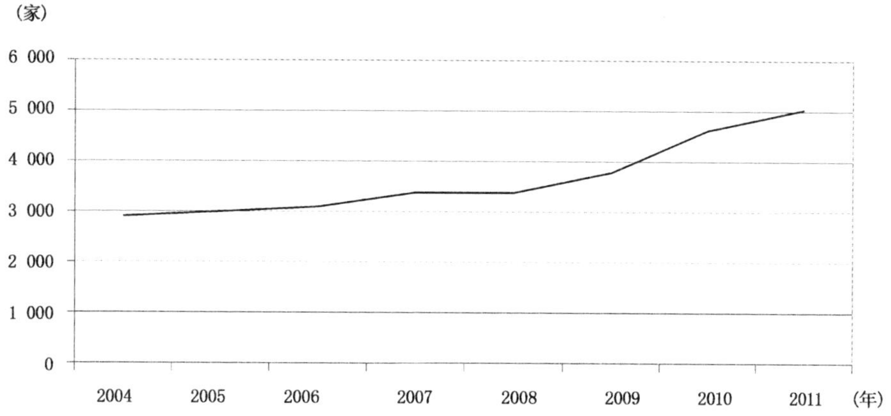

图 1－7　2004～2011 年全国营业网点数量趋势图

资料来源：中国证券业协会、Wind 资讯。

（二）证券公司网点数量排名与变化趋势

2010 年，由于服务部升级的缘故，因此，不少证券公司营业部数量增加较快。而 2011 年，证券公司营业部数量则增速平稳。除了华泰证券因为统计口径是整合了华泰联合的数据导致营业部数量大幅增加外，其余证券公司营业部数量的增加基本都在 20 家以内。

总体而言，证券公司网点数量与市场份额有一定的正相关性，营业部数量排名前 10 位的证券公司，基本也都是市场份额排名前 10 位的证券公司。但是不少证券公司的部均产出也很优秀，比如招商证券和国信证券就用并不多的营业部获得了前 10 位的市场份额（见表 1－15）。

表 1－15　2011 年营业部数量排名前 20 位的证券公司 2009～2011 年营业部数量变化趋势

（单位：家）

证券公司	2009 年	2010 年	2011 年	2011 年相比 2010 年增加的营业部数量
银河证券	187	198	224	26
华泰证券	106	130	213	83
广发证券	171	191	199	8
国泰君安	118	188	193	5
海通证券	171	187	193	6
齐鲁证券	126	151	155	4
申银万国	131	145	150	5
中信建投	108	123	130	7
光大证券	86	108	117	9
安信证券	112	114	117	3
中投证券	77	99	110	11

续表

证券公司	2009 年	2010 年	2011 年	2011 年相比 2010 年增加的营业部数量
长江证券	64	88	104	16
财达证券	50	99	102	3
方正证券	67	86	95	9
招商证券	73	76	91	15
宏源证券	53	81	84	3
华安证券	37	74	77	3
国元证券	50	64	76	12
国信证券	54	63	72	9
东北证券	54	66	70	4

资料来源：Wind 资讯。

（三）地区网点分布情况

2011 年，地区营业部家数最多的仍然是广东、上海、浙江、北京、江苏等地，贵州、海南、宁夏、青海、西藏等中西部地区的营业部家数较少。

2011 年相比 2010 年，广东、浙江、江苏、北京、湖北、福建等地的营业部家数增加较多，而新疆、甘肃、西藏等中西部地区的营业部数量没有增加（见表 1 - 16）。

表 1 - 16　　2010 ~ 2011 年各省份营业部数量变化趋势表　　（单位：家）

地区	2010 年	2011 年	2011 年相比 2010 年增加的营业部数量
广东	619	679	60
上海	479	482	3
浙江	329	373	44
江苏	298	335	37
北京	225	256	31
山东	234	252	18
福建	192	218	26
辽宁	210	212	2
四川	197	203	6
湖北	148	185	37
湖南	165	169	4
河北	147	156	9
安徽	133	149	16
河南	140	144	4
江西	122	123	1
黑龙江	118	117	-1

续表

地区	2010 年	2011 年	2011 年相比 2010 年增加的营业部数量
重庆	99	112	13
山西	86	110	24
陕西	90	105	15
天津	95	102	7
吉林	85	91	6
广西	82	90	8
云南	66	69	3
新疆	62	62	0
甘肃	60	60	0
内蒙古	52	59	7
贵州	32	44	12
海南	32	36	4
宁夏	18	22	4
青海	9	13	4
西藏	4	4	0

资料来源：中国证券业协会、Wind 资讯。

四、托管市值

在市场份额排名靠前的大证券公司中，银河证券 A 股托管总额（流通市值）近 3 年一直排名第 1 位，排名第 2 位和第 3 位的分别是中信证券和国泰君安。大证券公司中光大证券和中信建投的 A 股托管市值较小。

2011 年相比 2010 年，这 11 家中的大部分证券公司托管市值都有所下降，只有华泰证券的托管市值上升。另外，从排名的角度，这 11 家证券公司中，招商证券、华泰证券、中信建投的排名有所上升，广发证券、海通证券、国信证券、光大证券的排名下滑（见表 1－17 和表 1－18）。

表 1－17　2009～2011 年市场份额排名靠前的证券公司 A 股托管总额的变化　（单位：亿元）

证券公司	2009 年	2010 年	2011 年	2011 年比 2010 年变化
银河证券	24 538.7	22 222.7	17 754.2	-20.11%
中信证券	19 151.1	14 646.6	12 089.9	-17.46%
国泰君安	10 649.2	10 973.5	8 547.1	-22.11%
招商证券	8 413.0	9 605.1	7 472.0	-22.21%
华泰证券	4 216.5	6 606.0	7 319.5	10.80%
广发证券	7 359.4	9 925.1	7 080.8	-28.66%
海通证券	6 873.9	8 302.6	6 247.7	-24.75%
国信证券	5 045.6	7 789.6	5 993.2	-23.06%
申银万国	6 222.4	6 242.1	5 273.7	-15.51%
中信建投	3 415.1	4 520.2	3 551.8	-21.42%
光大证券	3 403.1	4 710.2	3 267.0	-30.64%

资料来源：中国证券登记结算有限责任公司。

表 1－18　　2011 年底两市 A 股托管总额前 50 位的主要参与人排名情况

名次	名称	上海托管总额（亿元）	比例（%）	名称	深圳托管总额（亿元）	比例（%）
1	银河证券	14 625.45	9.92	广发证券	3 986.20	6.07
2	中信证券	9 850.11	6.68	国泰君安证券	3 979.87	6.06
3	中银国际证券	8 862.94	6.01	华泰证券	3 706.03	5.64
4	中国建银投资证券	7 343.56	4.98	国信证券	3 488.85	5.31
5	东兴证券	6 290.99	4.26	银河证券	3 128.73	4.76
6	宏源证券	5 674.50	3.85	招商证券	3 050.49	4.64
7	交通银行	5 046.47	3.42	海通证券	2 743.07	4.18
8	国泰君安证券	4 567.26	3.1	中国工商银行	2 523.57	3.84
9	招商证券	4 421.46	3	中信证券	2 239.81	3.41
10	中国工商银行	3 907.87	2.65	中国建设银行	1 581.64	2.41
11	中国国际金融	3 895.90	2.64	平安证券	1 509.33	2.3
12	申银万国证券	3 866.52	2.62	中信建投证券	1 477.03	2.25
13	华泰证券	3 613.50	2.45	申银万国证券	1 407.13	2.14
14	海通证券	3 504.67	2.38	齐鲁证券	1 339.05	2.04
15	广发证券	3 094.61	2.1	光大证券	1 305.99	1.99
16	中国建设银行	2 558.47	1.73	中国建银投资证券	1 302.43	1.98
17	国信证券	2 504.39	1.7	安信证券	1 252.46	1.91
18	齐鲁证券	2 190.97	1.49	中国银行	1 244.47	1.89
19	中信建投证券	2 042.42	1.38	中信金通证券	838.88	1.28
20	光大证券	1 961.03	1.33	宏源证券	838.72	1.28
21	中国银行	1 937.72	1.31	中国农业银行	831.88	1.27
22	兴业证券	1 783.67	1.21	兴业证券	751.77	1.14
23	山西证券	1 389.85	0.94	交通银行	745.1	1.13
24	中国农业银行	1 277.47	0.87	长江证券	726.89	1.11
25	安信证券	1 268.23	0.86	中国国际金融	675.44	1.03
26	东方证券	1 256.71	0.85	东吴证券	653.82	1
27	华宝证券	1 225.02	0.83	方正证券	652.67	0.99
28	西南证券	1 048.34	0.71	国元证券	643.02	0.98
29	长江证券	991.79	0.67	中原证券	572.92	0.87
30	平安证券	901.16	0.61	民生证券	547.99	0.83
31	中信金通证券	854.81	0.58	山西证券	538.25	0.82
32	长城证券	799.62	0.54	财达证券	534.68	0.81
33	方正证券	787.66	0.53	华西证券	528.85	0.81
34	中航证券	756.33	0.51	东方证券	528.28	0.8

续表

名次	名称	上海托管总额（亿元）	比例（%）	名称	深圳托管总额（亿元）	比例（%）
35	上海证券	718.08	0.49	财通证券	489.74	0.75
36	中原证券	689.84	0.47	东北证券	455.34	0.69
37	国元证券	639.04	0.43	浙商证券	434.12	0.66
38	湘财证券	512.81	0.35	中航证券	427.36	0.65
39	中国民族证券	479.69	0.33	西部证券	426.61	0.65
40	华西证券	458.71	0.31	湘财证券	424.49	0.65
41	东吴证券	448.18	0.3	中信万通证券	422.93	0.64
42	国都证券	448.14	0.3	国海证券	405.59	0.62
43	英大证券	443.76	0.3	长城证券	381.82	0.58
44	汇丰银行托管	438.83	0.3	渤海证券	370.93	0.56
45	东北证券	428.25	0.29	东海证券	361.2	0.55
46	财达证券	409.87	0.28	第一创业证券	356.23	0.54
47	信达证券	404.68	0.27	国金证券	341.39	0.52
48	渤海证券	389.94	0.26	瑞银证券	302.09	0.46
49	华安证券	354.2	0.24	中银国际证券	295.76	0.45
50	东海证券	352.88	0.24	东莞证券	293.26	0.45

资料来源：中国证券登记结算有限责任公司。

五、从业人员情况

据中国证券业协会统计，2011年证券公司注册从业人数呈现增长态势，达到261 802人。其中，一般从业人员194 241人，证券经纪业务营销人员9 371人，证券经纪人37 456人，证券投资咨询业务（分析师）1 958人，证券投资咨询业务（投资顾问）18 231人，证券投资咨询业务（其他）545人。与2010年底209 246人相比，增长了52 556人，增长幅度达25.12%。

从证券从业人员取得执业证书类别构成来看，占据绝对多数的是取得一般证券业务证书的从业人员。2010年取得一般证券业务证书的从业人员占比达77.02%，2011年下降到74.19%；而取得证券经纪人证书的从业人员占比从12.07%提升到2011年的14.31%；取得证券投资咨询业务证书的从业人员从2010年的5.01%提升到2011年的7.92%；取得证券经纪业务营销证书的从业人员占比从2010年的5.89%下降到2011年的3.58%。

第二章 中国证券经纪业务2002～2011年发展概况及国际比较

第一节　中国证券经纪业务2002～2011年发展概况

2002～2011年是中国证券市场快速发展的10年，在股权分置改革等一系列制度变革的推动下，中国证券经纪业务也获得了长足的发展和进步，无论是上市公司家数、市场规模、投资者数量等都获得了显著增长。总体来看，过去10年是中国证券经纪业务迅速发展壮大的10年。

一、市场总体规模显著扩大

根据中国证监会的统计数据，2011年与2002年相比，A股上市公司家数从1 224家增加至2 342家，增幅达91.34%；股票发行总股本增加了514.4%，其中流通股本增加13倍多；股票市价总值增加了460%；流通市值增加超过13倍；年度股票成交金额增加了14倍。

以2011年底与2002年底的收盘点位比较，上证综指上涨了62%，2011年末报收于2199.42点，2007年10月16日曾创出6124.04点的历史最高点位；深证综指10年涨幅更是达到了122.93%，2011年底报收于866.65点，2008年1月15日曾创出1 584.4点的历史最高点（见表2－1）。

2005年4月29日启动的股权分置改革使国有股、法人股、流通股利益分置、价格分置的问题不复存在，也改变了A股市场流通市值相对总市值太小的格局。2002年底股票流通市值占总市值的比重仅为32.57%，而2011年底这一比例已经达到了76.79%（见图2－1）。

表 2－1　　2002～2011 年中国证券市场发展概况

年　　度	2002 年	2003 年	2004 年	2005 年	2006 年	2007 年	2008 年	2009 年	2010 年	2011 年
境内上市公司数（A、B 股）（家）	1 224	1 287	1 377	1 381	1 434	1 550	1 625	1 718	2 063	2 342
境内上市外资股（B 股）（家）	111	111	110	109	109	109	109	108	108	108
境外上市公司数（H 股）（家）	75	93	111	122	143	148	153	159	165	171
股票总发行股本（亿股）（含在境内上市公司发行的 H 股）	5 875	6 428	7 149	7 630	14 898	22 417	24 523	26 163	33 184	36 096
其中：流通股本（亿股）	2 037	2 268	2 577	2 915	5 638	10 332	12 579	19 760	25 642	28 850
股票市价总值（亿元）	38 329	42 458	37 056	32 430	89 404	327 141	121 366	243 939	265 423	214 758
其中：股票流通市值（亿元）	12 485	13 179	11 689	10 631	25 004	93 064	45 214	151 259	193 110	164 921
股票成交金额（亿元）	27 990	32 115	42 334	31 664	90 469	460 556	267 113	535 987	545 634	421 647
日均股票成交金额（亿元）	118	133	174	131	375	1 903	1 086	2 197	2 255	1 728
上证综合指数（收盘）	1 357.65	1 497.04	1 266.5	1 161.06	2 675.47	5 261.56	1 820.81	3 277.14	2 808.08	2 199.42
深证综合指数（收盘）	388.75	378.62	315.81	278.75	550.59	1 447.02	553.3	1 201.34	1 290.87	866.65
股票有效账户数（万户）						9 281	10 450	12 038	13 391	14 050
证券投资基金只数（只）	71	110	161	218	301	346	439	557	704	915
交易所上市证券投资基金成交金额（亿元）	1 167	683	452	773	1 910	8 620	5 831	10 250	8 996	6 365

资料来源：中国证监会网站。

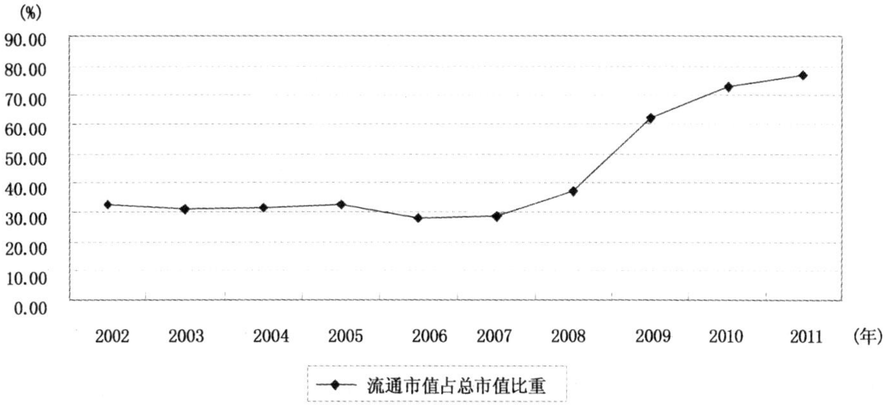

图 2－1　2002～2011 年股票流通市值占总市值比例

资料来源：中国证监会网站。

二、交易品种逐渐丰富，交易金额大幅增加

（一）交易品种日趋丰富

10 年间，随着中国多层次资本市场建设的逐步深入，尤其是中小板、创业板的推出，证券市场交易品种也日趋丰富，交易品种由单纯的股票、基金、债券发展到股票、基金、债券、权证、ETF 等多种产品，丰富了证券市场的交易品种，适应了投资者的不同需求。但总体上来看，交易品种仍不够丰富，未来进一步发展的空间较大。

（二）交易方式更为多样化

2010 年 3 月 31 日，融资融券业务正式推出，2010 年 4 月 17 日沪、深 300 股指期货合约在中国金融期货交易所平稳上市，标志着中国证券市场的重大变革，投资者也告别了只有上涨才能盈利的单边市时代，做多、做空均可能实现资产增值，套期保值也成为现实。

在投资者的具体交易方式上，目前多数投资者已经告别了现场柜台交易，取而代之的是网上交易。随着手机炒股软件的盛行，目前证券投资者又迎来股票交易从有线到无线的第二次飞跃，实现掌上炒股。

（三）市场交易金额大幅增加

随着中国证券市场规模的扩大，10 年来市场成交金额也大幅增加。以股票基金为例，2002 年全年成交额为 29 157 亿元，2011 年成交额达到了 428 016 亿元，增加 13 倍多。期间成交额最高的是 2010 年，股票基金成交额达到了 554 630 亿元（见图 2－2）。

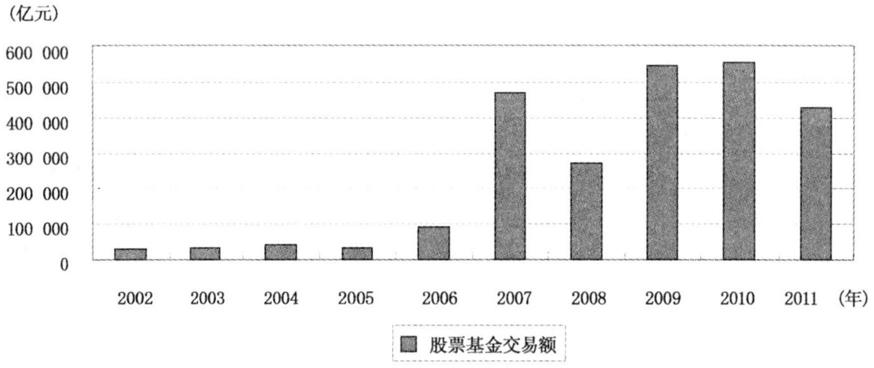

图 2－2　2002～2011 年股票基金交易额

资料来源：上海证券交易所、深圳证券交易所、Wind 资讯。

机构投资者交易额占比有所上升，但仍然偏小，个人投资者成交额占比仍占据主导地位。根据基金公司股票基金交易额占比可以看出，2003 年占比仅为 5.1%，2011 年为 6.92%，其中最高的 2008 年为 9.21%，虽然份额有所提升，但最高年度占比也未超过 10%（见图 2－3）。

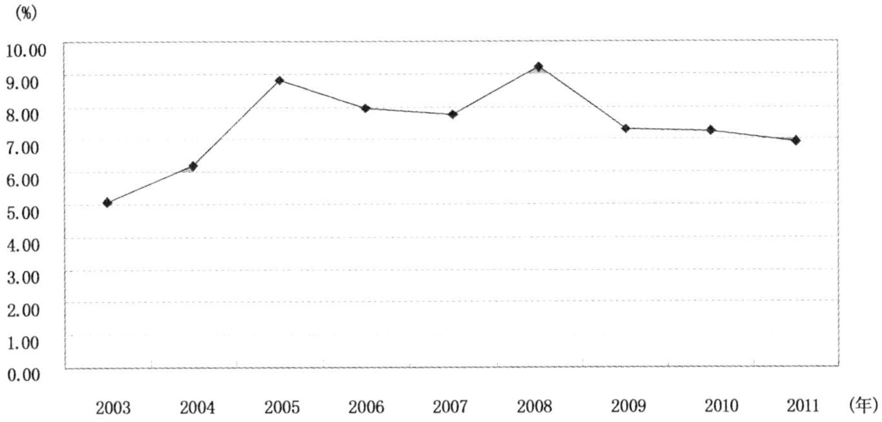

图 2－3　2003～2011 年基金公司股票交易额占比

资料来源：Wind 资讯。

三、投资者数量大幅增加，类型趋于丰富

（一）投资者规模不断扩大，东部沿海投资者占比过半

1. 投资者规模迅速壮大。过去 10 年也是投资者规模迅速壮大的 10 年。根据中国证券登记结算有限责任公司的数据，2002 年年末 A 股账户总数是 6 669 万户。2007 年随着 A 股市场行情的火爆，居民投资股市的积极性空前高涨，投资者规模出现爆发式增长，当年新增 A 股开户数超过 3 700 万户。截至 2011 年底，A 股账户总数达到了 16 295 万户，较 2002 年翻了一番多，增幅达到了 144%；B 股账户总数增长了 64%，而基金账户数更是增加 197 倍（见表 2－2 和表 2－3）。

表 2－2　　2002～2011 年 A 股期末账户数据　　（单位：户）

年度	个人	证券公司	基金	社保基金	一般机构	QFII	合计
2002	66 383 100						66 691 400
2003	67 713 500						68 035 300
2004	69 126 500						69 458 700
2005	69 941 162	113 575	505	61	225 912	58	70 281 273
2006	72 812 898	111 619	673	73	250 106	88	73 175 457
2007	110 060 585	107 947	745	93	360 173	104	110 529 647
2008	120 749 282	98 494	920	132	386 460	122	121 235 410
2009	137 277 240	98 776	1 139	154	440 314	175	137 817 798
2010	151 460 366	98 628	1 400	154	479 872	214	152 040 634
2011	162 334 232	96 843	3 341	180	495 869	239	162 947 417

资料来源：中国证券登记结算有限责任公司、Wind 资讯。

表 2－3　　2002～2011 年 B 股和基金期末账户数　　（单位：户）

年度	B 股期末				基金期末		
	个人	境外个人	境外机构	合计	个人	机构	合计
2002	1 523 700			1 539 500	187 200	200	187 400
2003	1 558 900			1 574 900	202 100	200	202 300
2004	1 585 400			1 602 300	1 090 400	5 900	1 096 300
2005	1 337 780	258 199	16 879	1 613 038	1 456 152	10 255	1 466 407
2006	1 366 410	260 293	18 678	1 645 561	3 703 221	15 789	3 719 010
2007	2 050 612	271 284	20 983	2 343 060	25 975 790	21 722	25 997 512
2008	2 107 234	272 917	23 158	2 403 489	28 316 673	24 544	28 341 217
2009	2 162 532	274 671	23 634	2 461 017	31 187 904	30 072	31 217 976
2010	2 198 415	276 040	25 023	2 499 656	34 005 738	36 748	34 042 486
2011	2 218 100	276 521	26 716	2 521 572	37 077 984	45 027	37 123 011

资料来源：中国证券登记结算有限责任公司、Wind 资讯。

2. 投资者开户地区分布变化趋势。由于缺乏更早期 A 股开户地区分布的对比，本文对比了 2005 年底和 2011 年底 A 股账户的地区分布情况，从中可以看到东部沿海地区居民占据了 A 股账户总数的半壁江山，且有进一步向东部沿海集中的趋势。

2002 年底，上海、广东、江苏、深圳、北京、浙江、山东 7 个地区 A 股开户总数为 3 763万户，占全部 A 股账户的比例为 49.84%。2011 年底，这 7 个地区的 A 股开户总数达到了 8 989 万，占比为 52.68%（见表 2－4）。

表 2－4　　2005 年与 2011 年 A 股投资者开户地区对比

地　区	2005 年底		2011 年底	
	开户总数（户）	开户总数比重（%）	开户总数（户）	开户总数比重（%）
上海	8 276 118	10.96	18 698 851	10.96
广东	6 742 078	8.93	16 079 761	9.42
江苏	6 540 987	8.66	13 342 559	7.82
深圳	4 513 946	5.98	12 013 012	7.04
北京	3 797 304	5.03	10 158 272	5.95
浙江	3 555 099	4.71	9 859 459	5.78
山东	4 202 462	5.57	9 736 662	5.71
四川	3 959 774	5.24	7 275 597	4.26
辽宁	4 102 661	5.43	6 767 673	3.97
湖北	2 773 339	3.67	6 333 617	3.71
河南	2 228 331	2.95	6 183 534	3.62

续表

地　区	2005 年底		2011 年底	
	开户总数（户）	开户总数比重（%）	开户总数（户）	开户总数比重（%）
福建	2 594 667	3.44	6 041 906	3.54
湖南	2 170 284	2.87	5 343 717	3.13
河北	1 692 010	2.24	4 206 502	2.47
黑龙江	1 981 590	2.62	3 768 518	2.21
陕西	1 727 613	2.29	3 372 127	1.98
安徽	1 556 065	2.06	3 340 147	1.96
江西	1 185 838	1.57	2 992 417	1.75
山西	1 238 988	1.64	2 861 429	1.68
广西	1 066 175	1.41	2 860 290	1.68
天津	1 574 295	2.09	2 725 487	1.60
吉林	1 383 899	1.83	2 689 080	1.58
重庆	1 481 103	1.96	2 656 382	1.56
新疆	985 073	1.30	2 217 029	1.30
云南	628 914	0.83	1 847 913	1.08
甘肃	604 070	0.80	1 706 652	1.00
内蒙古	523 392	0.69	1 629 923	0.96
海南	999 242	1.32	1 228 863	0.72
贵州	372 170	0.49	1 057 007	0.62
宁夏	223 125	0.30	690 450	0.40
青海	362 347	0.48	552 882	0.32
其他	392 552	0.52	308 597	0.18
西藏	63 707	0.08	62 456	0.04
合计	75 499 218	100.00	170 608 771	100.00

资料来源：中国证券登记结算有限责任公司、Wind 资讯。

（二）投资者类型不断丰富：年金、社保、QFII 等多种类型的投资者相继入市

10 年来，在投资者数量大幅增加的同时，其结构也在不断优化，机构投资者的规模逐渐壮大。2003 年社保基金和 QFII 相继获批入市，机构投资者的规模迅速扩容。2005 年底，包括证券公司、基金、社保基金、QFII、一般机构在内的各类机构投资者 A 股账户总数为 34 万户，2011 年底增加至近 60 万户，增幅达到了 76%。

四、证券经纪业务市场竞争格局演变趋势

（一）经纪业务股基份额市场集中度有所上升

2002 年前 10 大单一法人证券公司合计股基份额为 36.7%，2011 年则为 40.38%，10

年间市场集中度提高了3.68个百分点，其中最高的2008年，达到42.14%。总体来看，虽然10年来市场集中度有所提升，但整体集中度并不高。单个证券公司的表现更是如此，2002年股票基金份额最高的银河证券市场占比为6.76%；而到了2011年，银河证券股基份额仍然在单一法人证券公司中排名第一位，但份额仅有5.16%，较2002年大幅下降。未来经纪业务市场集中度仍有待进一步提升（见图2-4）。

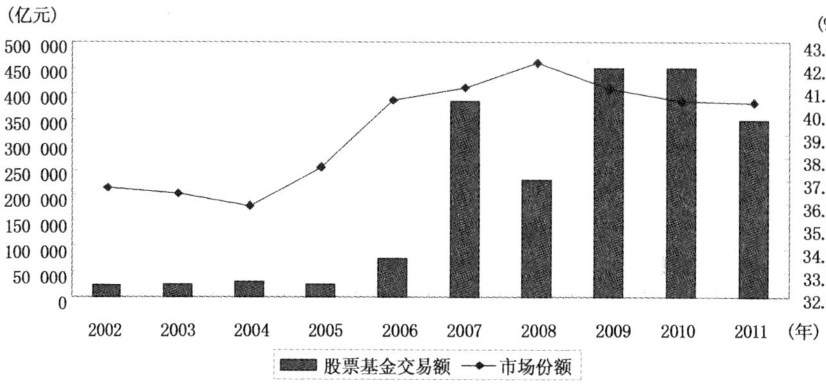

图2-4　2002~2011年前十大证券公司合计股票基金市场份额占比

资料来源：上海证券交易所、深圳证券交易所、Wind资讯。

（二）证券经纪业务收入变化趋势

观察近年来证券经纪业务收入的变化趋势，不难看出两大特点：一是证券经纪业务在证券公司收入构成中占据了50%以上的比例；二是近年来随着市场佣金率的大幅下滑，证券经纪业务收入下滑幅度远远大于市场股票基金交易额的下滑幅度。

1. 证券经纪业务收入占据证券公司“半壁江山”。2007~2011年，证券公司代理买卖证券业务净收入在营业收入中的占比一直在50%以上，其中最高的2008年占比达到了70.49%，其后虽然逐年下滑，但2011年占比仍然在50%左右，始终是证券公司收入的最重要来源。

2. 证券经纪业务收入下滑幅度大于市场交易量下滑幅度。最近几年来，随着营业部的增加、证券经纪人制度的实施等，证券经纪业务的竞争趋于白热化，导致市场佣金率大幅下滑，证券公司经纪业务收入下滑幅度远远大于市场交易量的下滑幅度。2007年市场股票基金成交额是46.9万亿元，全行业代理买卖证券业务净收入是1 756亿元，而2011年市场股票基金成交额是42.8万亿元，较2007年下降了8.74%，但全行业代理买卖证券业务净收入仅有689亿元，较2007年大幅下降了60.76%，下滑幅度远远超过交易量下滑幅度（见图2-5）。

五、行业佣金率变化趋势

（一）证券行业佣金政策变化

我国最早的证券交易佣金采用的是3.5‰的固定佣金比例，其市场化程度较低，佣金水平较高。2002年5月1日，《关于调整证券交易佣金收取标准的通知》正式实施，A

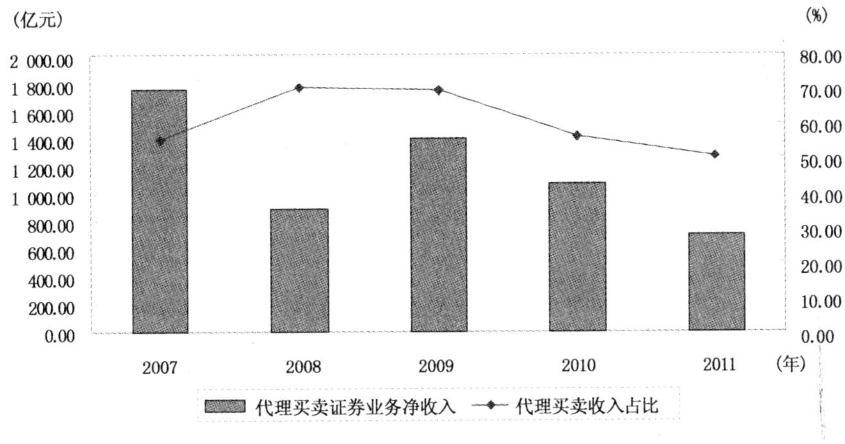

图 2－5　2007～2011 年证券公司代理买卖业务收入及在营业收入中占比

资料来源：中国证券业协会、Wind 资讯。

股、B 股、证券投资基金的交易佣金实行最高上限向下浮动，证券公司向客户收取的佣金不得高于证券交易金额的 3‰，也不得低于代收的证券交易监管费和证券交易所手续费。

2010 年 10 月 7 日，中国证券业协会发布了《关于进一步加强证券公司客户服务和证券交易佣金管理工作的通知》，规定证券公司要按照“同类客户同等收费”、“同等服务同等收费”的原则，制定证券交易佣金标准。证券公司向客户收取的证券交易佣金应当以证券经纪业务服务成本为基础。

（二）行业整体佣金率变化趋势

总体上来看，自《关于调整证券交易佣金收取标准的通知》实施以来，证券佣金率就呈现出持续下滑的态势。2011 年底的佣金率已经降至 0.081%，和 2002 年的 0.298% 相比下跌了 72.8%（见图 2－6）。

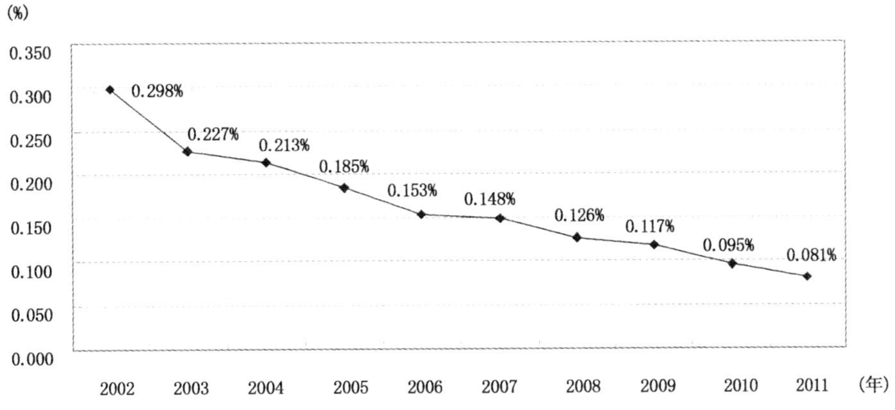

图 2－6　2002～2011 年证券佣金率走势

资料来源：中国证券业协会、Wind 资讯。

第二节　证券经纪业务发展的国际比较

一、国际投资银行模式及美国投资银行发展历程

国际上，投资银行大致可分为欧洲模式（综合银行）、美国模式（独立投资银行或银行控股）、亚洲模式（证券公司）。我国经纪业务与国际投资银行比较，首先欧洲模式不适合，因为欧洲多为综合性银行，同时经营商业银行和投资银行，密不可分；其次亚洲模式借鉴意义不大，因为日本近 20 年经济处于低谷区，金融业乏善可陈，所以本节重点以美国投资银行为比较对象。

美国投资银行业的发展历程大致为：19 世纪初起步；1933 年美国国会通过了《格拉斯－斯蒂格尔法案》，投资银行与商业银行分业经营；1975 年，美国证监会（SEC）放弃了对股票交易手续费的限制，实施佣金自由化；1999 年，美国国会通过了《金融服务现代化法》，扫除了商业银行从事投资银行的障碍和限制，商业银行纷纷重返投资银行领域，抢占投资银行业的盈利空间；2008 年，次贷危机爆发，五大投资银行中的 3 家——贝尔斯登被摩根大通收购、美林被美国银行收购、雷曼兄弟破产，另外 2 家高盛、摩根士丹利（大摩）转为银行控股，美国投资银行业进入银行控股时代（见图 2－7）。

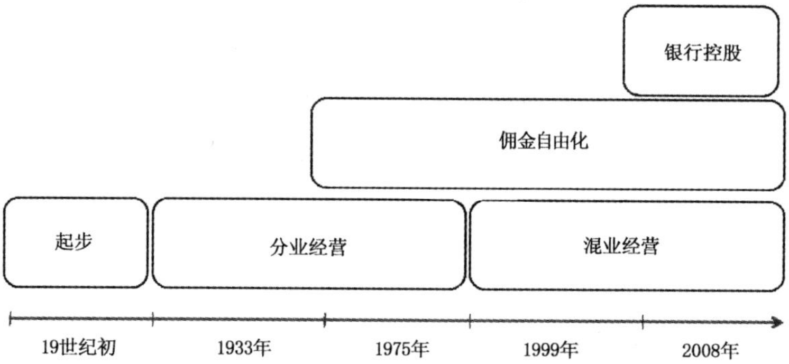

图 2－7　美国投资银行业发展历程

资料来源：国泰君安证券研究所。

二、美国佣金自由化后的行业发展

纵观美国投资银行业的发展历程，可以发现我国证券行业目前所面临的境况与美国 20 世纪 70 年代十分类似。1975 年后，美国证券交易市场一直采用的固定佣金制度开始松动，佣金率大幅降低，1976 年行业平均佣金率为 0.50% 左右，至 2001 年这一指标为 0.058%，下滑幅度超过 88%。交易佣金按笔收费，每笔交易佣金由动辄数百美元下滑至

10 美元左右，甚至每月交易超过一定笔数后，每笔只收 7 美元（见图 2-8）。

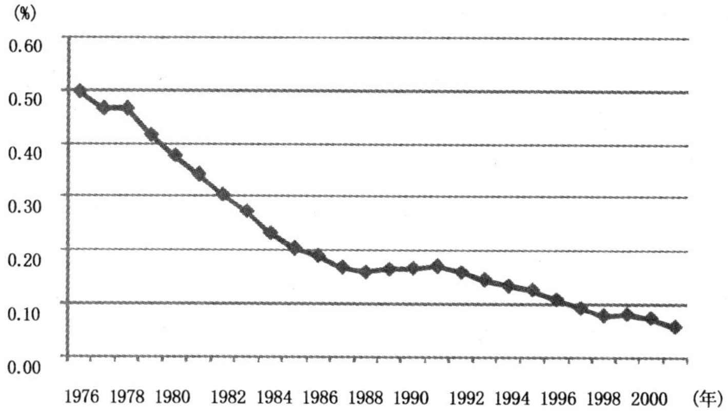

图 2-8 美国投资银行业经纪业务平均佣金率

资料来源：美国证监会（SEC）国泰君安证券研究所。

佣金率自由化后，美国投资银行业的股票交易手续费收入占比由 50% 以上到 1985 年降至营业收入的 20% 左右，2005 年后，更降至 10% 左右。2011 年，美国投资银行业收入中，佣金收入占 14.5%，承销收入占 12.2%，自营收入占 16.7%，咨询及资产管理收入占 27.6%，投资咨询收入占 13.1%，融资融券收入占 2.4%，股权投资收入占 3.65%，大宗商品等其他收入约占 10%。

值得注意的是，1976 年以来，美国投资银行业与证券相关的咨询、财务等其他收入比重急剧上升，由 1976 年的 13.61% 上升到 2006 年的 62.47%，2008 年金融危机之后有所回落，到 2011 年比例为 27.6%（见图 2-9）。

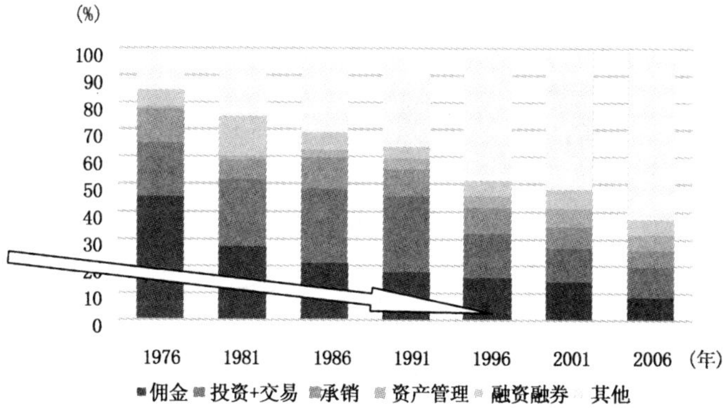

图 2-9 美国投资银行业收入结构变化趋势

资料来源：美国证券业协会（SIFMA）、国泰君安证券研究所。

我国证券行业目前正在经历着与美国 20 世纪 70 年代十分类似的境况，佣金率由 2007 年的 0.17% 持续下滑至 2011 年的 0.081%，经纪业务手续费收入占比也由 2007 年的 76% 持续降低至 2011 年的 50% 左右。美国证券行业 20 世纪 70 年代后的发展历程对我国具有十分重要的借鉴意义。

三、著名国际投资银行与我国证券公司的比较

20世纪70年代至20世纪末，美国投资银行业佣金收入的减少促进了行业转型，经营模式开始分化，以高盛、摩根士丹利为代表的多元化跨国大投资银行，以及以嘉信理财为代表的走低成本扩张的网络经纪商脱颖而出。

以高盛、摩根士丹利、嘉信理财三家公司为比较标的，比较国际知名投资银行与我国证券公司的差异，尤其是经纪业务方面。高盛（GS US Equity）：以二级市场自营业务和收购兼并中介业务为主，偏好高风险与高收益业务；摩根士丹利（MS US Equity，以下简称“大摩”）：追求明星文化，标榜蓝筹投资银行，专为大企业、大客户服务；嘉信理财（SCHW US Equity）：始终专注经纪业务，走低成本扩张路线（见图2－10）。

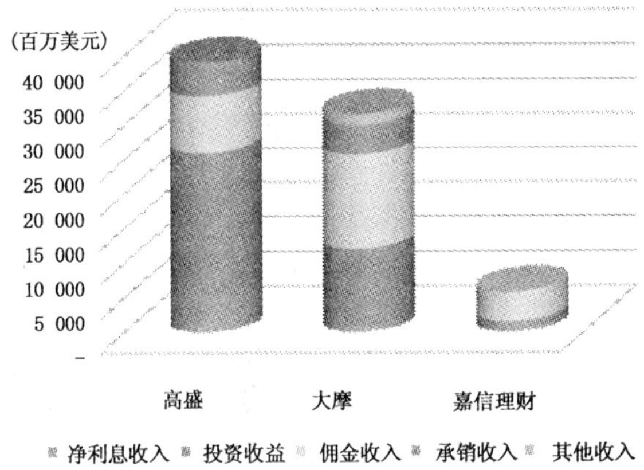

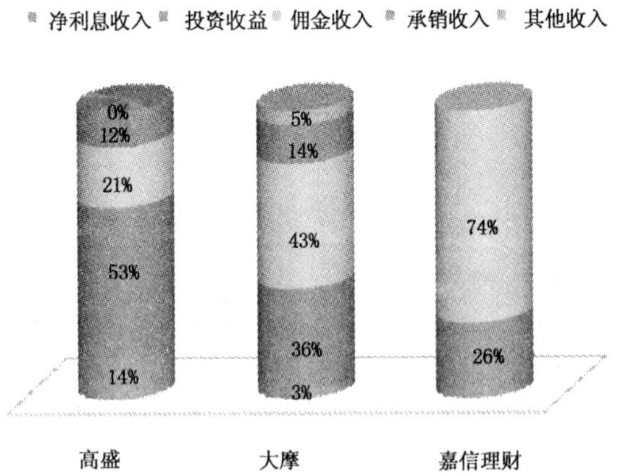

图2－10　高盛、大摩、嘉信理财3家公司收入结构

资料来源：各公司年报、国泰君安证券研究所。

为更清晰地比较我国证券公司与国际著名大投资银行的经纪业务，将高盛、大摩、嘉信理财的佣金收入与净利息收入单独提取出来，与我国证券行业全行业的佣金收入及净利

息收入相比较（见图2-11）。

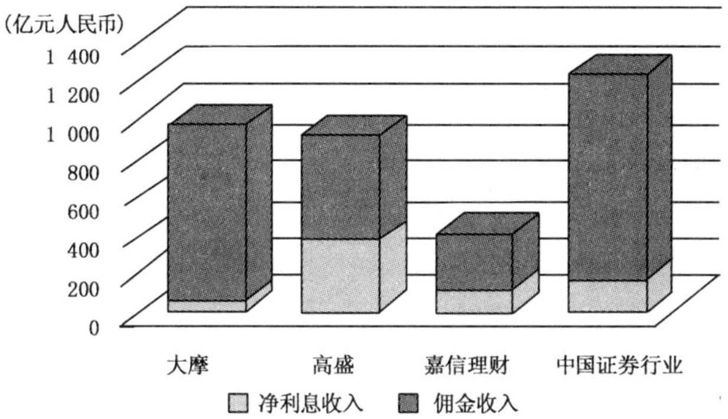

图2-11　我国证券经纪业务与国际大投资银行规模比较

资料来源：各公司年报、中国证券业协会、国泰君安证券研究所。

大摩作为全球最大的经纪业务商，其佣金收入、利息收入分别是我国证券全行业的85%和37%；高盛虽然以投资和承销著称，但其经纪业务的佣金收入也能达到我国证券全行业的51%，利息收入更是我国证券全行业的2.34倍。嘉信理财规模相对较小，佣金收入也可占据我国证券行业的27%。此外，我们将2010年嘉信理财与我国经纪业务前五强的证券公司（银河、国泰君安、华泰、海通、中信）比较，差距同样巨大（见图2-12）。

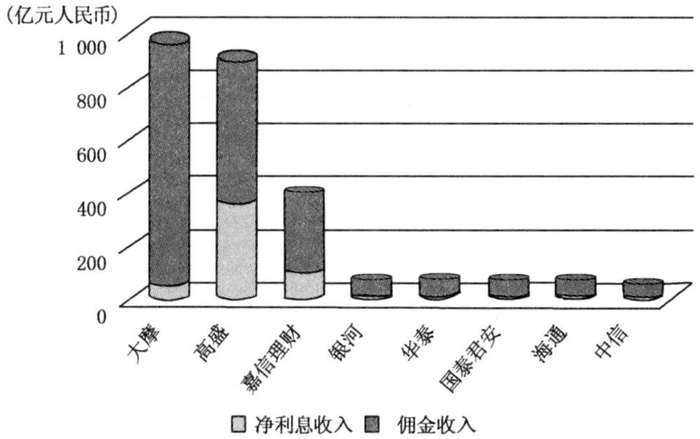

图2-12　嘉信理财与我国前五大证券公司比较

资料来源：各公司公告、中国证券业协会、国泰君安证券研究所。

从我国证券业前五强与大摩、高盛、嘉信理财的经纪业务比较可以看到，3家代表公司的收入规模均远高于我国证券公司。银河证券是我国经纪业务收入最高的证券公司，但就佣金收入而言，大摩为银河的16.1倍、高盛为银河的9.7倍、嘉信理财为银河的5.2倍。净利息收入更相差甚远。

三家代表公司在整体规模与影响力方面差异较大，高盛、大摩业务结构多样、盛名在外，嘉信理财业务相对单一。然而单就经纪业务而言，嘉信理财的借鉴意义也十分巨大。

四、我国证券行业与国际水平的差距

从前文比较可见，我国证券行业和证券公司与国际著名大投资银资银行间存在非常巨大的差距。下面，逐一分析产生巨大差距的原因。

（一）国际大型投资银行立足全球

高盛、大摩等国际大投资银行，业务规模远高于我国证券公司，立足全球、广泛开展国际业务、形成大型跨国集团是重要的原因之一（见图2-13和表2-5）。

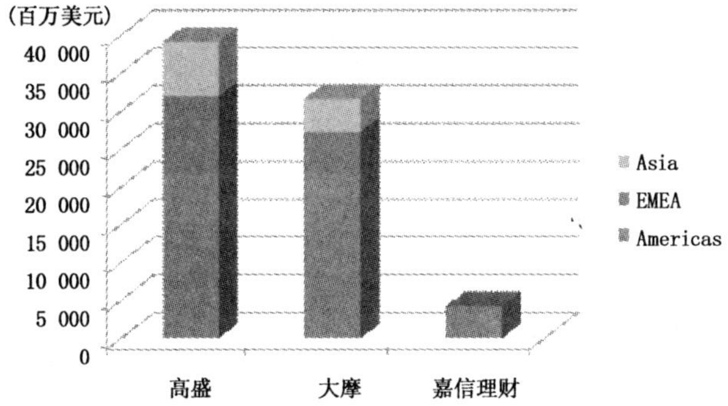

注：EMEA指欧洲、中东、非洲三地区的合称。

资料来源：各公司公告、国泰君安证券研究所。

图2-13　高盛、大摩、嘉信理财收入结构（按地区）

表2-5　**国际大型投资银行国际业务占比**　（单位:%）

年份	高盛	摩根士丹利	美林
2010	45	31	
2009	44	19	
2008	30	46	36
2007	49	57	34
2006	46	37	30
2005	42	35	29
2004	41	27	24
均值	42	36	30
国家数量	23	28	>40

资料来源：Bloomberg、国泰君安证券研究所。

从各公司国际业务收入占比来看，高盛、大摩均有40%左右的收入来源于国际业务。而我国证券公司业务主要集中于内地，国际化刚刚起步，香港子公司业务贡献较小，即使海通收购大福证券，国际业务占比在所有上市公司中最高，也仅占 8.68%。

（二）美国证券市场规模远大于我国

嘉信理财主要植根于美国，几乎无国际业务，但嘉信理财的业务规模同样远高于我国证券公司，其重要原因即在于美国证券市场规模远大于我国。2011 年美国纽约证券交易所和纳斯达克证券交易所合计，日均交易额约合 6 844 亿元人民币，同期沪、深证券交易所日均交易额仅为 1 744 亿元人民币（见图 2－14）。

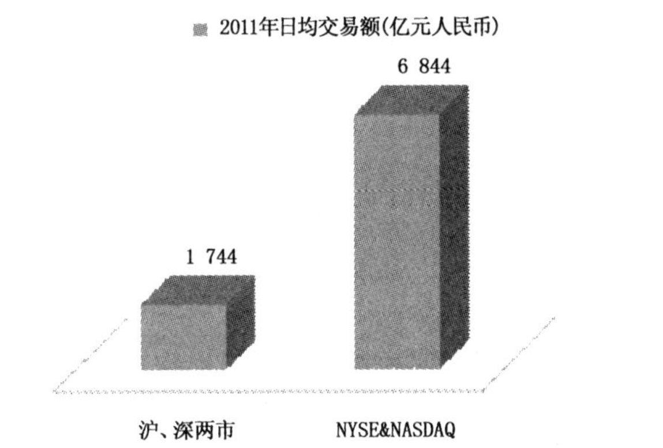

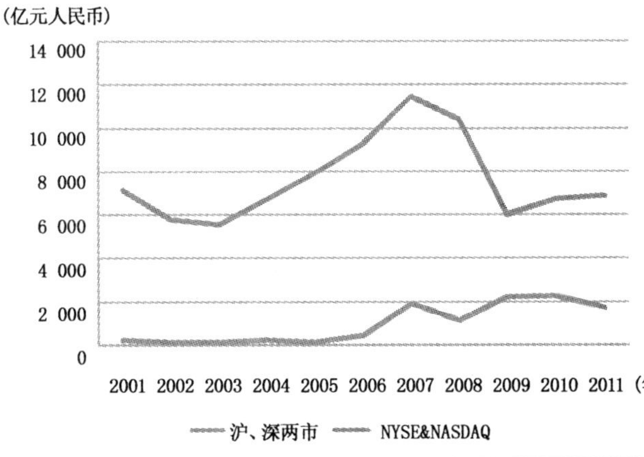

图 2－14　中美两国证券市场比较

资料来源：美国证券业协会（SIFMA），中国沪、深证券交易所，国泰君安证券研究所。

从中美两国证券交易的市场容量比较可见，美国纽约证券交易所与纳斯达克证券交易所的日均交易额为我国沪、深两市的 3～4 倍，除常规的二级市场股票交易外，美国的衍生品市场及 OTC 场外市场也同样规模巨大（见图 2－15）。

（三）软实力方面的差异

除了国际化、证券市场规模等客观因素，国际大投资银行之所以长盛不衰，在激烈的竞争、复杂的国际环境中立于不败之地，其核心竞争力等软实力才是关键所在。

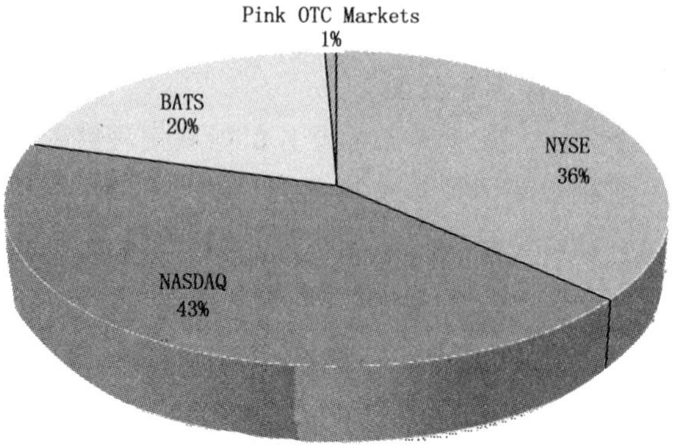

图 2-15　美国多层次证券市场结构

资料来源：美国证券业协会（SIFMA）、国泰君安证券研究所。

1. 市场细分，精准定位。20 世纪 70 年代后，美国投资银行业随着手续费收入的减少开展转型，不断分化，高盛、大摩选择了高端路线，嘉信理财依靠低成本扩张。无论选择高端还是低端，细分市场、在特定领域内越来越强才是其制胜之道。

2. 丰富产品，全面服务。这是国际大投资银行的另一重要特征。以大摩为例，其拥有超过 2 万名投资顾问，私人财富管理专家往往向客户们提供设计精密、度身定制的财务解决方案，在业内广受好评。而嘉信理财以网上交易闻名，其证券类型不但包括上市公司股票，也有非上市公司的私募股份、各种债券、各种基金，还有为工薪阶层设计的养老金、为教育或其他活动所做的终生理财服务等，可谓应有尽有。

3. 合理控制成本。嘉信理财的低成本战略世界闻名，在其崛起过程中功不可没。我国证券业正处于“熊市 + 佣金大幅下滑”的艰难境况中，嘉信的经验非常值得借鉴。如嘉信理财以网络代替实体营业部，大幅降低营运成本；嘉信每天的电话服务达 60 万条，但其中仅 10 万条是客服人员接听，其他均由自动语音系统处理，以此节省人工薪酬；20 世纪 90 年代初及之前，嘉信不提供任何咨询业务，如果有客户问及有关股票的事，嘉信职员所做的就是让客户自己去看标准普尔的股评服务和晨星基金排行榜。

第三章 2011年中国证券经纪业务发展特点及2012年前景展望

第一节 2011年中国证券经纪业务面临的问题

2011年，109家证券公司经纪业务佣金收入不容乐观，代理买卖证券业务净收入仅688.87亿元，同比减少36.50%；行业平均佣金率0.081%，同比下滑16%。

一、经纪业务难改“靠天吃饭”困境

我国证券行业发展20余年，始终没有摆脱“靠天吃饭”的困境，表现出显著的周期性特征。证券公司利润随经纪业务收入变动，经纪业务与大盘交易紧密相关，大盘交易又受经济环境、货币政策等影响。换言之，证券行业业绩变化受外部因素影响远大于自身。

图3-1为我国证券行业2009~2011年经纪业务净佣金收入与大盘股票基金交易额的月度变动，从图中可以清晰地看到两者间的同向变动，同时由于行业平均佣金率的不断下滑，两者的间距也出现了明显扩大（见图3-2）。

二、经纪业务收入占比下滑趋势难改

我国证券行业经纪业务佣金占比，自2007年以来持续降低，由2007年的76%降低至2011年的58%（剔除自营损益后比例），但50%以上的比例较之美国等发达国家投资银行经纪业务收入占比不足10%，仍然较高。这也体现了我国证券行业业务结构较为单一的特点（见图3-3）。

证券行业存在经纪、投资银行、自营、资产管理等多种业务类型，虽然在我国，经纪业务始终是占比最大的业务支柱，尤其传统零售经纪业务，但多元化经营、逐步摆脱单一

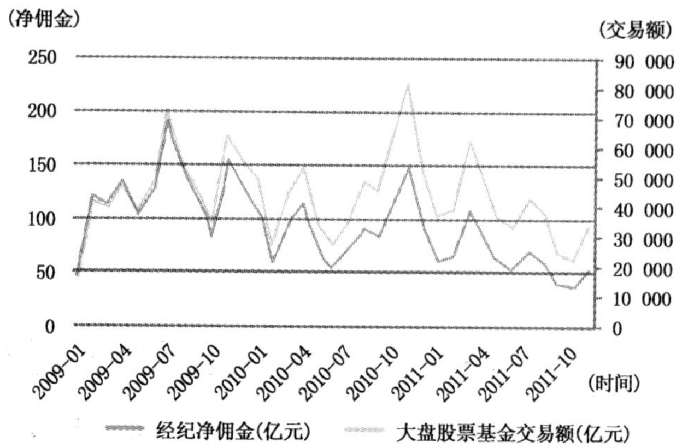

图 3－1　证券行业净佣金收入与大盘股票基金交易额同趋势变动

资料来源：沪、深证券交易所，中国证券业协会，国泰君安证券研究所。

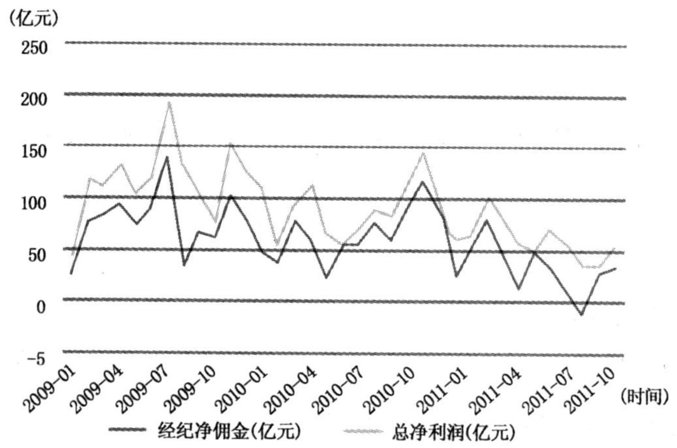

图 3－2　证券行业净利润与经纪业务净佣金同趋势变动

资料来源：沪、深证券交易所，中国证券业协会，国泰君安证券研究所。

业务依赖是大势所趋。目前投资银行业务收入已达到总收入的 20% 左右；自营波动较大，暂且不论；资产管理、融资融券、财富管理等业务也在逐步增长。可以预见，经纪业务在收入整体中的占比仍将呈下滑趋势。

三、佣金率仍具下滑风险

近年来，佣金率下滑之势已广为人知。从行业平均佣金率趋势看，2011 年，下滑趋势已有所减缓，基本稳定在 0.080% 的水平（见图 2－4）。参考美国佣金率下滑趋势及美国 0.058% 的平均佣金率水平，以及以下几个因素：（1）2011 年大盘日均股票基金交易额仅 1 744 亿元，各证券公司盈亏平衡佣金率相对处于较高水平；（2）市场不景气，各项业务收入均不佳，各证券公司成本压力较大，主动降佣动力不足；（3）客户交易活跃度低，新增开户、转户均较少，客户要求降佣的压力也不大。可以预见，一旦行情转暖、交

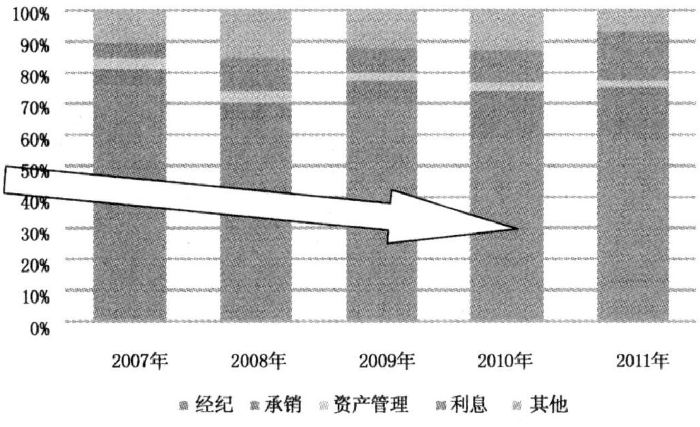

图 3－3　证券行业收入结构（剔除自营）

资料来源：中国证券业协会、国泰君安证券研究所。

易再度活跃，各证券公司盈亏平衡佣金率有所下降，再加之各种竞争压力，证券行业平均佣金率仍然具备继续下滑的风险。

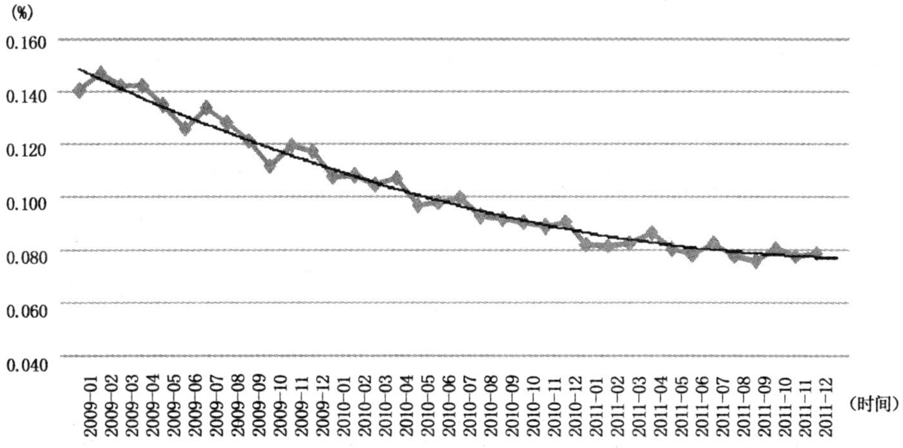

图 3－4　证券行业平均佣金率下滑趋势

资料来源：中国证券业协会、国泰君安证券研究所。

四、产品单一，客户粘性不足

我国证券业经纪业务仍处于通道阶段，产品单一，甚至无产品可言，难以满足客户多层次金融服务需求。证券公司目前在售金融产品仅公募基金或证券公司自有资产管理部门的集合理财产品，而公募基金及证券公司集合理财投资范围仅限证券市场、货币市场，收益率与证券市场紧密关联，在熊市行情下，收益率较低，甚至给客户带来损失，以致销售规模较小，难以成为支柱业务。然而，参考美国嘉信理财收入结构，金融产品销售长期维持总收入 20% 的水平。可见，我国证券业金融产品销售仍有较大开发空间。全面的金融产品服务体系应覆盖不同风险、收益的各类产品，可全面满足不同客户群体在不同市场环境下的各种理财需求（见图2－5）。而我国证券目前仅有股票投资类产品及货币基金（收益率较低），难以满足客户需求，故难以避免地降低了客户粘性，甚至造成客户流失。

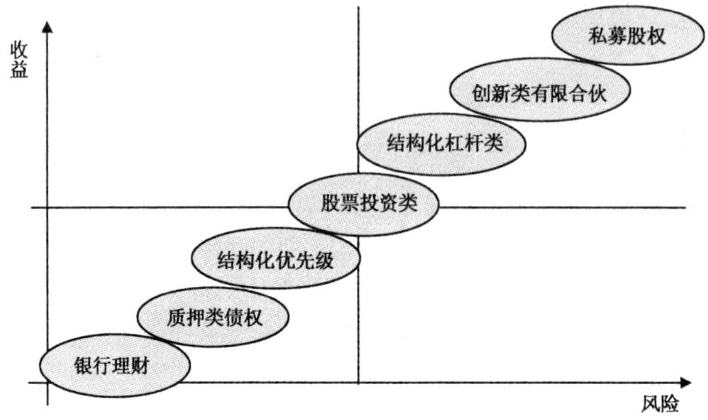

图2－5　建立完善的金融产品服务体系

资料来源：国泰君安证券研究所。

五、同质化严重，核心竞争力尚未形成

我国证券行业目前所经历的境况与美国投资银行业20世纪70年代十分类似，70年代美国佣金自由化后，佣金收入的减少促使投资银行转型，从而出现经营模式的分化。

目前，我国证券行业正处于艰难的转型过程中，但这一转型尚未完成。尽管，大力发展投资顾问业务、财富管理业务，在业内已形成共识，很多证券公司也已投入大量资源，发展投资顾问团队、营销团队、研究团队，加强IT系统建设等，努力改变同质化竞争、改善经纪业务收入结构，但真正的核心竞争力尚未形成，细分市场龙头也未真正出现。

第二节　我国证券经纪业务2012年前景展望

我国经纪业务所面临的众多问题，如业务结构单一、缺乏核心竞争力等，监管层、证券业内人士均已深刻认识，并一直在努力转型中，虽然阵痛仍将持续一段时间，但曙光已近在眼前。经纪业务的重大突破，未来可能出现在以下几个方面：

一、多层次资本市场建设有助经纪业务突破

2011年底，中国证监会主席郭树清在第九届中小企业融资论坛上表示，中国证监会下一步将从加快多层次资本市场体系建设、大力培育多元化投资群体、打击内幕交易等六方面推进资本市场的改革创新和健康发展。不远的未来，一个以新三板为主体的全国性场外交易市场和一个产品丰富、交易健康的金融衍生品市场将会出现。

根据海外经验，场外市场在整个多层次资本市场体系中处于基石地位，场外市场的规模和活跃程度往往超过了主板和创业板市场。以美国 OTC 市场为例，挂牌公司最高达6 418家、日均交易量 17.8 亿股。而我国，新三板挂牌企业仅 150 余家，总市值约 100 亿元，流通市值约 44 亿元。考虑到中关村拥有高新技术企业近 2 万家，全国还有 80 多个高新科技园区，如均纳入新三板市场，未来新三板的扩容空间将非常巨大。新三板扩容后，挂牌企业交易为经纪业务部门带来的佣金收入将十分可观。

金融衍生品市场的作用同样重要。金融的活力来自创新，各种各样的衍生品正是这一金融创新的体现。我国目前金融衍生品仅商品期货、股指期货两种，而商品期货仅铜、橡胶、大豆等 20 余个品种，股指期货仅沪、深 300 一种。与欧美发达国家相比，无论种类、品种、交易活跃度都远远不及（见表 2－1）。金融衍生品具有高杠杆、高风险的特性，交易不当将有可能导致灾难性风险，但金融衍生品除了投机性，还有套期保值、套利、资产管理等多种功能。2012 年 2 月，国债期货在中国金融期货交易所开始仿真交易，白银、焦煤、玻璃、原油等品种的商品期货在 2012 年也有望推出。我国金融衍生品市场的丰富与扩大不可逆转，这将是我国证券行业的一大机遇。

表 2－1　　国际上金融衍生品种类

对象	原生资产	金融衍生产品
利率	短期存款	利率期货、利率远期、利率期权、利率掉期合约等
	长期债券	债券期货、债券期权合约等
股票	股票	股票期货、股票期权合约等
	股票指数	股票指数期货、股票指数期权合约等
货币	各类现汇	货币远期、货币期、货币期权、货币掉期合约等
商品	各类实物商品	商品远期、商品期货，商品期权、商品掉期合约等

二、机构经纪、高端服务蓬勃发展

截至 2011 年底，我国个人可投资资产总额已达 62 万亿元，我国专业投资机构、高端个人的投资需求都十分旺盛。取得这份收入需要专业化的研究咨询服务。正如美国证券市场，嘉信理财单笔交易仅几美元，而高盛、大摩动辄数百美元，原因即在于其专业化的研究咨询能力。我国证券经纪业务目前尚未分化，散户占佣金贡献的 90% 左右，通道业务占据主流。未来随着高净值客户、专业机构投资者需求的提高、险资改道证券公司、养老金入市，我们相信机构经纪、高端服务必将大有作为。

目前，我国 QFII 总额度仅 216 亿美元（约合人民币 1 360 亿元），持有 A 股市值近540 亿元人民币，QFII 持股仅占 A 股总市值的 0.32%。参考美国证券市场经验，外资市值从 1988 年的 2.79 万亿美元上升到 2010 年的 15.43 万亿美元，即使经历了 2000 年以及2008 年两次金融危机，仍然增长了 4.53 倍，年均增长率为 8.08%。外国投资者持有美国证券的金额也明显提升；2009 年境外投资者共持有 6.11 万亿美元的证券市值，较 1976年的 619.41 亿美元增长了近 100 倍，年均增长率为 15%。

展望未来，我国资本市场中，机构投资者规模的扩大具有必然性，而境内外投资者的大规模增加，则为我国证券经纪业务突破下降通道提供了又一机遇。近年来，许多证券公司投入大量资源加强研究所建设，然而，是跟风建设、表面光鲜，还是真正踏实地提高研究服务实力，尚难以判断。未来，机构业务蓬勃发展毋庸置疑，但怎样才能笑到最后，还需要市场来检验。

三、"融资融券＋投资顾问＋财富管理"的多元化发展

1976年以来，美国投资银行业与证券相关的咨询、财务等其他收入比重急剧上升，由1976年的13.61%上升到2006年的62.47%。而我国证券经纪业务收入仍然以传统零售经纪净佣金为主，机构业务（基金、保险、私募等）、咨询、财富管理等占比很小，业务相对单一，且同质化严重。这也是我国证券业深陷低端价格战泥潭的根本原因。

多元化发展才是我国证券经纪业务未来的发展方向，包括植根于经纪业务的信用交易（融资融券）以及投资顾问业务和财富管理。价格战始终是低端竞争手段，且价格竞争具有底线，而服务品质的竞争却是无限的。如在美国平均佣金率已降至0.05%的现在，高盛、大摩单笔交易收费仍可达到动辄数百美元，正是服务品质的体现。

四、盘活各类资源、鼓励创新

多元化发展是我国证券经纪业务的方向，但多元化除了上述已明确的投资顾问、财富管理等，还应该有多种多样的发展路径，百花齐放。在政策允许的范围内，证券业从业人员都应放开思想，探索出多样化的业务类型。

（一）盘活证券资产

近年来，随着机构投资者的发展壮大，以及IPO后企业法人股东持股不断提升，至2011年底，我国证券市场总市值31.0万亿元，机构持股市值约13.0万亿元，占市场总市值的42%，其中一般法人（即上市公司大股东）持股市值约10.5万亿元（见图2－6）。而同期，证券公司托管资产证券仅22.5万亿元，换言之，约有8.5万亿元的证券尚未托管于证券公司。此外，一般法人所持有的10万多亿元证券资产或处于限售期，或出于其他考虑，换手率极低，如何盘活这部分资产，也值得所有证券业从业人员思考。

（二）盘活账面保证金

证券公司客户账户中长期保留一定金额的资金，2011年底，100余家证券公司账面客户保证金余额合计6 800余亿元。最近3年，这一指标最高峰为1.5万亿元（见图2－7）。万亿元资金的闲置，无论对客户还是证券公司都是巨大的资源浪费，尤其在目前市场环境下，银行理财、信托产品、黄金、外汇各种投资渠道相对丰富，大量证券保证金的闲置、无收益很容易导致客户资源的流失。虽然目前已试点客户保证金管理，但覆盖面较小，且相对单一。如何进一步挖掘这一资源，也是值得所有证券业从业人员思考的问题。

（三）盘活客户资源

金融服务行业，最大的财富即其积累的客户资源，对于证券行业而言，经纪业务多年

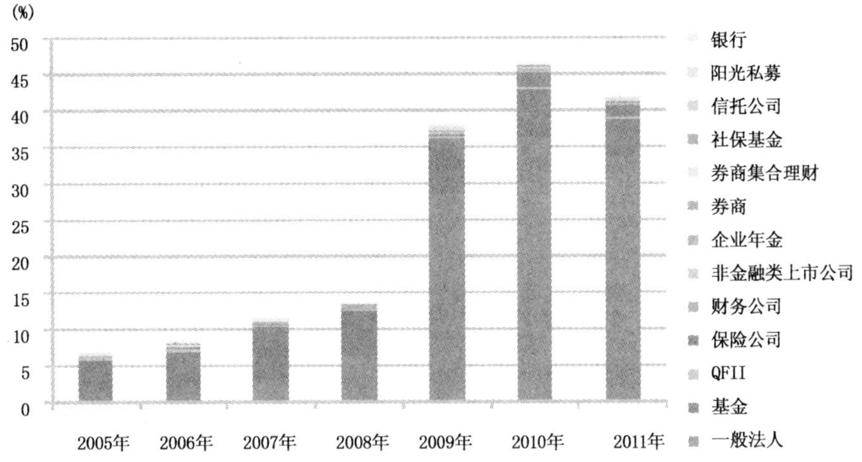

图 2－6　历年机构持股市值占总市值比例变化

资料来源：Wind 资讯，国泰君安证券研究所。

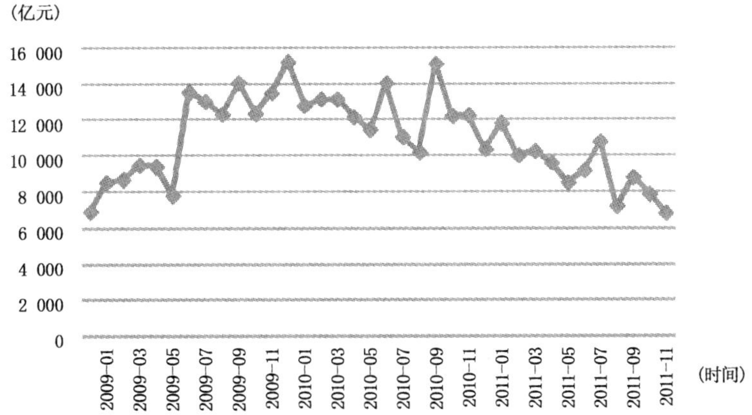

图 2－7　我国证券公司客户保证金余额

资料来源：中国证券业协会、国泰君安证券研究所。

积累的庞大客户群体，才是一家公司最大的资源。截至 2011 年底，我国共有 1.63 亿户 A 股账户（见图 2－8）。这一数字一方面显示了我国经纪业务尚有巨大的开发空间，而另一方面，2011 年底，有效客户数为 1.40 亿户，2 300 万户的无效客户如何盘活？如何在更大程度上满足 1.63 亿户客户投资需求的基础上开发出证券行业新的利润增长点？这背后隐藏的空间同样十分巨大。

此外，参照欧美经验，国际大型投资银行多与银行有千丝万缕的联系，受业务属性影响，证券与银行、保险加强战略合作，可以形成强强联手的双赢甚至多赢局面。目前，平安证券、中信证券、光大证券都已形成集银行、证券、保险、信托、资产管理为一体的多元化的金融控股集团，通过整合集团内各项资源，达到优势共享的规模化效应。未来或将放开银行、保险参股证券公司的政策限制，通过参股形式，强化证券公司与银行、保险的

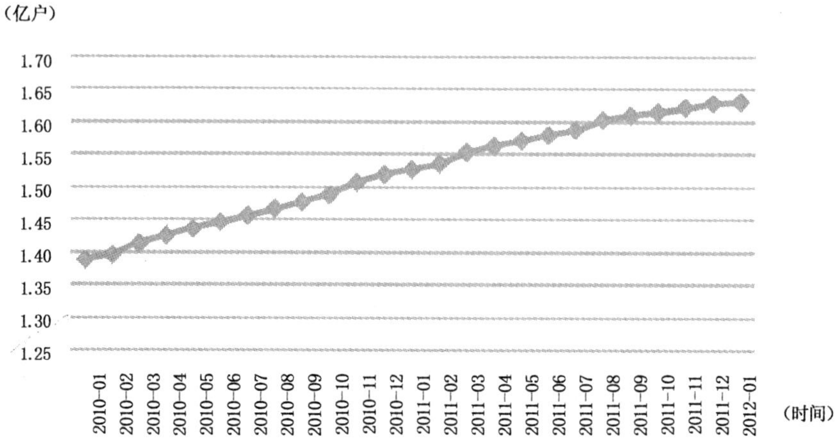

图2-8　我国A股账户数

资料来源：中国证券登记结算有限责任公司、国泰君安证券研究所。

战略合作，实现分业监管模式下的混业经营，从而全面整合金融行业内部资源。

总而言之，经纪业务不但是证券公司收入的“半壁江山”，是证券公司突破发展的基石，更是证券公司创新业务的“温床”。目前，证券经纪业务正处于危机中，但危中有机，究竟如何破旧立新，从困境中突围而出，尚需全行业付出艰辛的努力。

分报告之三：

2011 年中国投资银行业务发展回顾与展望

第一章

2011年中国投资银行业务的总体情况

第一节　证券公司主承销业务情况

2011年，我国证券市场股权融资相比2010年有明显的下降，A股市场通过IPO、增发、配股和权证行权累计境内融资5 073.07亿元，与2010年的累计融资额8 954.99亿元相比，同比下降了43.35%（见图1－1）①。

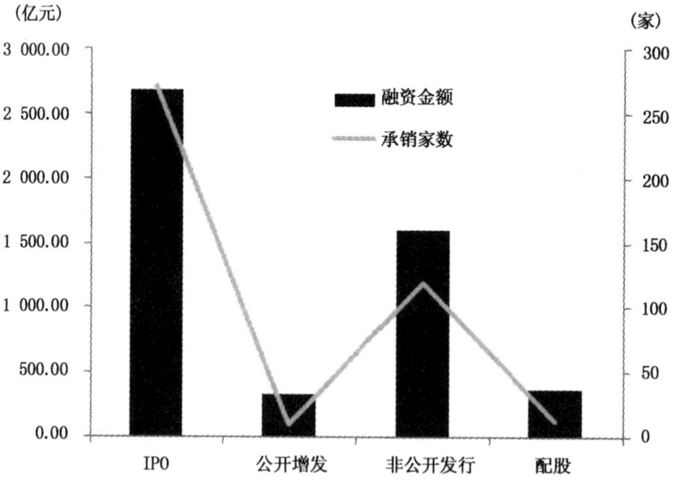

图1－1　2011年首发和上市公司再融资情况图

2011年承销市场具体情况如下：

① 本部分数据若无特别说明，均来自中国证监会、中国证券业协会、证券交易所和Wind数据库。

一、首次公开发行

2011 年共完成首发项目 279 家，募集资金 2 825. 07 亿元，平均每家 10. 132 亿元；与 2010 年相比，募集资金减少 2 057. 56 亿元。

2011 年首发项目融资额最大的公司是中国水电，募集资金 135 亿元。2011 年募集资金排前 5 名的其他 4 家公司是：华锐风电（94. 59 亿元）、庞大集团（63 亿元）、方正证券（58. 5 亿元）和森马服饰（46. 9 亿元）。以上 4 家企业在上海证券交易所发行上市，1 家企业在深圳证券交易所发行上市。中小企业板融资金额最多的是森马服饰，募集资金 46. 9 亿元。超过 30 亿元的公司有 1 家。创业板融资金额超过 20 亿元的公司有 2 家：开山股份（22. 68 亿元）、通裕重工（22. 5 亿元）。

二、公开增发

2011 年共完成公开发行增发项目 10 家，募集资金 132. 05 亿元，平均每家募集资金 13. 21 亿元；与 2010 年相比，发行家数相同，募集资金减少 245. 09 亿元。

2011 年，共有长安汽车、威海广泰、中天科技和长江证券 4 家公开增发项目出现包销，其中包销比例最大的是中天科技，达到 58. 31%；包销金额最大的是长江证券，达到 13. 95 亿元。在二级市场处于弱势情况下，主承销商承做公开增发项目时，面临较大的包销风险。

三、非公开发行

2011 年共完成非公开发行项目 173 家，共计募集资金 1 664. 50 亿元，平均每家融资 9. 62 亿元；与 2010 年相比，发行家数增加 62 家，募集资金减少 429. 65 亿元。融资量最大的前 5 家项目是：华夏银行（202. 09 亿元）、广发证券（121. 79 亿元）、上港集团（79. 22 亿元）、大唐发电（67. 40 亿元）和山煤国际（55. 00 亿元）。

四、配股

2011 年共有 14 家公司实施配股，总计募集资金 421. 96 亿元，平均每家 30. 14 亿元；与 2010 年相比，发行家数减少 6 家，募集资金减少 1 065. 66 亿元。募集资金量最大的前 5 家公司分别为中信银行（175. 61 亿元）、武钢股份（83. 46 亿元）、天威保变（24. 48 亿元）、中孚实业（24. 29 亿元）和中远航运（21. 13 亿元）。

第二节　证券公司主承销排名

2011 年，共有 64 家证券公司完成 1 家以上的主承销项目。

一、按承销金额排名

按承销金额排名，2011 年主承销项目情况见表 1－1。

表 1－1　　2011 年按承销金额排名情况　　（单位：万元）

序号	公司	股票主承销金额
1	中信证券	7 118 492.83
2	国信证券	4 651 062.28
3	平安证券	3 384 285.44
4	中金公司	2 868 413.41
5	安信证券	2 717 445.85
6	中信建投	2 694 238.30
7	国泰君安	2 647 161.99
8	广发证券	2 404 235.89
9	招商证券	2 263 278.13
10	海通证券	1 842 433.64
11	中银国际	1 358 954.10
12	瑞银证券	1 205 527.75
13	光大证券	1 180 716.73
14	民生证券	1 171 919.89
15	银河证券	1 159 553.59
16	西南证券	1 072 984.37
17	华泰证券（华泰联合证券）	1 043 597.00
18	山西证券（中德证券）	935 570.00
19	东方证券	784 246.20
20	中投证券	674 374.70
21	国金证券	571 714.29
22	兴业证券	520 207.95
23	国元证券	500 867.00
24	宏源证券	461 872.75
25	国联证券（华英证券）	443 654.54
26	中航证券	437 271.00
27	浙商证券	426 450.27
28	东吴证券	418 117.00
29	第一创业（第一创业摩根大通证券）	403 707.92
30	齐鲁证券	390 025.68
31	申银万国	363 643.00
32	东兴证券	342 980.00

续表

序　号	公　司	股票主承销金额
33	国都证券	330 026.44
34	广州证券	296 983.72
35	红塔证券	294 784.30
36	东莞证券	291 462.81
37	财通证券	288 350.00
38	太平洋证券	284 345.32
39	华龙证券	200 980.00
40	国海证券	196 900.00
41	渤海证券	192 160.00
42	长江证券（长江保荐证券）	156 355.00
43	东海证券	147 340.82
44	长城证券	145 549.70
45	民族证券	143 966.00
46	方正证券（瑞信方正证券）	140 000.00
47	西部证券	138 822.00
48	世纪证券	131 701.01
49	南京证券	124 600.00
50	信达证券	116 722.00
51	日信证券	104 574.00
52	新时代证券	96 927.00
53	东北证券	90 174.06
54	万联证券	84 478.40
55	华鑫证券（摩根士丹利华鑫证券）	82 920.00
56	恒泰证券	82 608.00
57	华融证券	68 499.74
58	首创证券	63 000.00
59	华西证券	49 950.00
60	国盛证券	45 708.40
61	金元证券	45 571.61
62	中原证券	43 940.00
63	上海证券（海际大和证券）	32 585.00
64	中山证券	29 000.00

注：排名中华泰证券与华泰联合证券、山西证券与中德证券、国联证券与华英证券、第一创业证券与第一创业摩根大通证券、长江证券与长江承销保荐证券、方正证券与瑞信方正证券、华鑫证券与摩根士丹利华鑫证券、上海证券与海际大和证券合并计算。以上数据不含可转债类。

二、按承销家数排名

按承销家数排名，2011 年主承销项目情况见表 1 – 2。

表 1 – 2　　2011 年按承销家数排名情况　　（单位：家）

序　号	公　司	股票主承销家数
1	平安证券	42
2	国信证券	41
3	海通证券	22
4	招商证券	19
5	广发证券	18
6	安信证券	17
7	中信证券	15
8	光大证券	15
9	民生证券	15
10	中信建投	14
11	华泰证券（华泰联合证券）	14
12	中金公司	13
13	国泰君安	11
14	西南证券	11
15	中投证券	9
16	兴业证券	9
17	东方证券	7
18	国金证券	7
19	宏源证券	7
20	齐鲁证券	7
21	国元证券	6
22	申银万国	6
23	瑞银证券	5
24	山西证券（中德证券）	5
25	中航证券	5
26	浙商证券	5
27	东吴证券	5
28	第一创业（第一创业摩根大通证券）	5
29	华龙证券	5
30	中银国际	4
31	银河证券	4
32	国联证券（华英证券）	4
33	东兴证券	4

续表

序　号	公　司	股票主承销家数
34	东莞证券	4
35	太平洋证券	4
36	长江证券（长江保荐证券）	4
37	长城证券	4
38	广州证券	4
39	国都证券	3
40	红塔证券	3
41	财通证券	3
42	渤海证券	3
43	东海证券	3
44	民族证券	3
45	信达证券	3
46	国海证券	2
47	西部证券	2
48	世纪证券	2
49	南京证券	2
50	日信证券	2
51	新时代证券	2
52	万联证券	2
53	金元证券	2
54	方正证券（瑞信方正证券）	1
55	东北证券	1
56	华鑫证券（摩根士丹利华鑫证券）	1
57	恒泰证券	1
58	华融证券	1
59	首创证券	1
60	华西证券	1
61	国盛证券	1
62	中原证券	1
63	上海证券（海际大和证券）	1
64	中山证券	1

注：（1）排名中华泰证券与华泰联合证券、山西证券与中德证券、第一创业证券与第一创业摩根大通证券、国联证券与华英证券、长江证券与长江保荐证券、方正证券与瑞信方正证券、华鑫证券与摩根士丹利华鑫证券、上海证券与海际大和证券合并计算；（2）联合保荐或主承销家数各按一家计算。

三、证券公司主承销业务的特点

近两年以来，证券公司的主承销业务呈现出以下几个特点：

（一）投资银行业务结构不断变

一方面，专注于大项目的保荐机构业绩呈现了比较明显的下滑趋势。以中金公司为例，据统计，2009年，中金公司以10.9亿元的IPO承销收入位居各证券公司之首，市场份额为20.64%。但随着创业板的推出，中金公司在新兴一级市场的弱势开始显现。2010年中金公司的IPO承销收入降至7亿元，市场份额为4.13%。2011年IPO承销收入降至1.68亿元，市场份额下滑到1.27%。另一方面，该类保荐机构已经开始着手改变，纷纷组建中小企业IPO团队，将业务发展定位成为成长型企业融资服务。

（二）中小项目投资银行优势凸显

中小板和创业板的启动，带来了中国资本市场的全面扩容。大扩容的同时，IPO发行格局也悄然发生变化，由以大项目为主导转为以中小项目为主导。发行数量上，主板项目占比呈不断下降趋势，由2006年的21.13%降至2010年的8.02%；2010年仅有25个IPO项目在上海证券交易所上市，远低于中小板的200个和创业板的115个。在中小项目主导下，IPO项目的平均单笔融资额由2007年的37.80亿元降到2009年的16.96亿元和2010年的14.58亿元，这一数据在2011年进一步下降到9.82亿元。

（三）发行格局的转变直接导致了投资银行格局的变化

2007年，包括中金公司、中信证券、瑞银证券、高盛高华在内的多家投资银行，由于保荐多家大型国有企业上市而在当年的承销保荐收入排名中名列前茅；但是，这些投资银行在2010年和2011年承销与保荐的行业收入排名中均出现了不同程度的下降。相反，以平安证券、国信证券、华泰联合和招商证券为代表的多家投资银行长期紧跟中小项目，成为这种变化的最大受益者。

以中小项目为主导的投资银行格局，不仅导致投资银行格局发生变化，也促使投资银行调整组织架构。在以往以大项目为主导的时代，一流投资银行多以行业来组织业务，成立行业组，分享大行业的机遇，而中小项目多属细分领域，新经济、新模式层出不穷，行业组已难以适应全新的变化，因此许多投资银行纷纷以区域为中心来组织业务。

第三节　2011年公司债券发行情况

一、可转换公司债券和可分离交易的公司债券

2011年共发行9家可转换公司债券，共计募集资金413.2亿元，平均每家45.91亿元；与2010年相比，发行家数增加1家，募集资金减少304.1亿元。其中募集资金量最大的公司是石化转债（230亿元）。2011年可分离交易债券品种处于停滞状态，全年无发行。

二、公司债券发行情况

2011 年共完成公司债券项目 83 家，发行总额 1 291.20 亿元，平均每家 15.56 亿元；2011 年公司债券发行额最大的公司债是海螺 01，发行额 135.00 亿元。2011 年发行额排在前 5 名的其他 4 家公司债券是：上港 01（50.00 亿元）、唐新 01（42.00 亿元）、冀能债（40.00 亿元）和南钢债（40.00 亿元）。承销家数排名第 1 位的是广发证券，共承销 10 家；承销金额排名第 1 位的是平安证券，共发行 158.00 亿元。

三、其他企业债券发行情况

2011 年其他企业债券（指中央和地方企业发行债券，由国家发展和改革委员会核准）共计发行债券 3 553.94 亿元。

从以上统计情况来看，目前企业债券融资仍以银行主导的间接融资模式为主。2011 年，中国新增人民币贷款 7.47 万亿元；而同期通过债券直接融资额仅为 8 688.6 亿元，间接融资总额为直接融资总额的 8.60 倍。债券市场直接融资的比例较低，不利于分散风险，债券直接融资的比重有待进一步提高。

2011 年证券公司债券主承销金额排名情况见表 1－3。

表 1－3　　2011 年证券公司债券主承销金额排名　　（单位：万元）

序　号	公　司	债券主承销金额
1	中信证券	5 678 724.00
2	国泰君安	5 269 550.00
3	银河证券	3 286 900.00
4	平安证券	2 969 333.33
5	瑞银证券	2 943 850.00
6	中信建投	2 612 100.00
7	中投证券	2 605 000.00
8	广发证券	2 251 300.00
9	宏源证券	1 994 000.00
10	中金公司	1 868 171.80
11	中银国际	1 655 000.00
12	招商证券	1 567 233.33
13	华林证券	1 565 000.00
14	申银万国	1 306 500.00
15	国开证券	1 013 900.00
16	方正证券（瑞信方正证券）	963 333.33
17	北京高华（高盛高华证券）	920 000.00
18	太平洋证券	810 000.00
19	西南证券	791 000.00
20	第一创业（第一创业摩根大通证券）	782 000.00

续表

序　号	公　司	债券主承销金额
21	光大证券	779 900.00
22	安信证券	774 700.00
23	齐鲁证券	602 000.00
24	德邦证券	590 000.00
25	信达证券	560 000.00
26	兴业证券	513 333.33
27	国海证券	506 500.00
28	国信证券	493 000.00
29	海通证券	455 800.00
30	财富证券（财富里昂证券）	380 000.00
31	长江证券（长江保荐和证券）	357 520.00
32	华泰证券（华泰联合证券）	328 645.00
33	渤海证券	324 498.00
34	东方证券	321 000.00
35	华龙证券	315 000.00
36	西部证券	302 000.00
37	国都证券	209 000.00
38	东吴证券	200 000.00
39	民生证券	172 000.00
40	中航证券	153 000.00
41	浙商证券	150 000.00
42	万联证券	140 000.00
43	英大证券	128 000.00
44	广州证券	110 000.00
45	山西证券（中德证券）	105 000.00
46	红塔证券	100 000.00
47	恒泰证券	100 000.00
48	新时代证券	90 000.00
49	中原证券	80 000.00
50	财通证券	75 000.00
51	国联证券（华英证券）	70 000.00
52	民族证券	67 600.00
53	南京证券	60 000.00
54	东莞证券	55 000.00
55	国盛证券	40 000.00
56	国元证券	22 000.00

注：排名中方正证券与瑞信方正证券、北京高华证券与高盛高华证券、第一创业证券与第一创业摩根大通证券、财富证券与财富里昂证券、长江证券与长江保荐证券、华泰证券与华泰联合证券、山西证券与中德证券、国联证券与华英证券合并计算。

2011 年证券公司债券主承销家数排名情况见表 1－4。

表 1－4　2011 年证券公司债券主承销家数排名　（单位：家）

序　号	公　司	债券主承销家数
1	中信证券	35
2	国泰君安	27
3	银河证券	19
4	广发证券	19
5	平安证券	18
6	中信建投	18
7	宏源证券	17
8	华林证券	15
9	瑞银证券	12
10	中金公司	12
11	招商证券	12
12	中银国际	10
13	中投证券	7
14	太平洋证券	7
15	西南证券	7
16	第一创业（第一创业摩根大通证券）	7
17	齐鲁证券	7
18	海通证券	7
19	国开证券	6
20	光大证券	6
21	安信证券	6
22	国海证券	6
23	国信证券	6
24	华泰证券（华泰联合证券）	6
25	方正证券（瑞信方正证券）	5
26	德邦证券	5
27	兴业证券	5
28	申银万国	4
29	财富证券（财富里昂证券）	4
30	长江证券（长江保荐证券）	4
31	渤海证券	4
32	东方证券	4
33	信达证券	3
34	西部证券	3
35	民生证券	3

续表

序　号	公　司	债券主承销家数
36	华龙证券	2
37	国都证券	2
38	东吴证券	2
39	中航证券	2
40	浙商证券	2
41	英大证券	2
42	广州证券	2
43	山西证券（中德证券）	2
44	国联证券（华英证券）	2
45	北京高华（高盛高华证券）	1
46	万联证券	1
47	红塔证券	1
48	恒泰证券	1
49	新时代证券	1
50	中原证券	1
51	财通证券	1
52	民族证券	1
53	南京证券	1
54	东莞证券	1
55	国盛证券	1
56	国元证券	1
57	东兴证券	1

注：排名中第一创业证券与第一创业摩根大通证券、华泰证券与华泰联合证券、方正证券与瑞信方正证券、财富证券与财富里昂证券、长江证券与长江保荐证券、山西证券与中德证券、国联证券与华英证券、北京高华证券与高盛高华证券合并计算。

第四节　2011年并购业务情况[①]

2011年，共有57家项目通过并购重组审核委员会审核，交易规模达到2 140.64亿元；最大3个项目分别是上海汽车定向增发、深发展定向增发、友谊股份定向增发和吸收合并项目，涉及金额分别达到291.19亿元、290.80亿元和194.68亿元。

① 以通过中国证监会并购重组审核委员会审核为统计口径。

目前国内证券公司参与并购业务主要还是集中在“重大资产重组”这一通道业务上，在寻找并购机会、方案设计、估值定价、撮合交易等方面的竞争力有待提高。由于近几年IPO项目及主承销项目占据市场主导地位，并购业务相对而言收费较少，加之市场化并购业务机会不多，缺乏创新动力，国内证券公司目前普遍对并购业务重视不够，并购业务发展较为缓慢（见表1－5）。

表1－5　证券公司并购金额及并购家数

公司	并购金额（亿元）	并购家数
中信证券	446.62	4
国泰君安	302.63	1.5
海通证券	268.12	6
华泰联合	195.62	6
中金公司	183.57	3
中信建投	163.36	6
中银国际	111.33	3.5
西南证券	90.2	7
广发证券	67.81	2
招商证券	35.79	2
湘财证券	28.24	1
平安证券	27.01	2
信达证券	25.78	1
长江证券	25.35	1
南京证券	25.18	1
宏源证券	23.35	1
光大证券	23.1	1
兴业证券	21.97	1
红塔证券	21.76	1
国金证券	16.92	1
德邦证券	15.95	1
申银万国	8.87	1
首创证券	8.3	1
海际大和	2.1	1
国元证券	1.71	1
中信证券	446.62	4
国泰君安	302.63	1.5
海通证券	268.12	6
华泰联合	195.62	6
合计	2 140.64	57

注：路桥建设吸收合并、公开发行项目由国泰君安和中银国际联合主承销，金额按各占50%计算，家数各按0.5家计算。

第五节　2011年三板市场发展情况

一、三板市场发展概况（见表1-6）

表1-6　三板市场发展概况

日期	事件进展
三板市场的前身——STAQ、NET以及“老三板”	
1992年7月和1993年4月	中国证券市场研究中心和中国证券交易系统有限公司先后在北京成立了STAQ系统和NET系统。不管是STAQ还是NET，都以交易法人股为主，因此，它们一度也被称为“法人股流通市场”。邓小平南方视察谈话以及党的“十四大”以后，产权交易市场进入发展的高潮时期。至1997年1月，据不完全统计，当时全国就有100多个地方场外股票交易市场。这给中国的金融系统安全带来了极大的隐患。1997年11月，中央金融工作会议决定关闭非法股票交易市场。1998年在整顿金融秩序、防范金融风险的要求下，《国务院办公厅转发证监会关于清理整顿场外非法股票交易方案的通知》，将非上市公司股票、权证交易视为“场外非法股票交易”，予以明令禁止，随后STAQ、NET系统也相继关闭。
2000年	2000年是中国产权交易市场出现转机的一年，许多地方恢复、规范、重建了产权交易所，很多地方政府重新肯定“非上市股份有限公司股权登记托管业务”；具有产权交易性质并更具有创新能力的技术产权交易市场在各地蓬勃兴起，这些交易机构全部都是由当地政府部门牵头发起设立的，如上海、北京、深圳、成都、西安、重庆。很多地方的产权交易所出现了联合、整合的趋势。
2001年	中国证券业协会为解决原STAQ、NET系统挂牌公司的股份流通问题，开展了代办股份转让系统——证券公司以其自有或租用的业务设施，为非上市公司提供的股份转让服务业务。代办股份转让系统规模很小，股票来源基本是原NET和STAQ系统挂牌的不具备上市条件的公司和从沪、深股市退市的公司。
2001年7月16日	为了解决主板退市问题（包括水仙、粤金曼和中浩等）以及原STAQ、NET系统内法人股历史遗留问题，“代办股份转让系统”正式成立，后被称为“老三板”（首批挂牌交易的公司包括大自然、长白、清远建北、海国实、京中兴和华凯）。
三板市场的今生——“新三板”	
2006年初	由于“老三板”挂牌的股票品种少，且多数质量较低，再次转到主板上市难度也很大，因此长期被冷落。为了改变我国资本市场柜台交易落后局面，同时为更多高科技成长型企业提供股份流动的机会，2006年初北京中关村科技园区建立新的股份转让系统，因与“老三板”标的明显不同，被形象地称为“新三板”。“新三板”与“老三板”最大的不同是配对成交，现在设置30%幅度，超过此幅度要公开买卖双方信息。
2009年7月	目前的“新三板”市场格局是在2009年7月《证券公司代办股份转让系统中关村科技园区非上市股份有限公司报价转让试点办法》正式实施后形成的。

二、三板市场交易情况

截至2011年底，在代办股份转让系统挂牌的公司有75家，股票58只，投资者开户数12万人，市值83亿元人民币。其中，A股流通市值为35亿元人民币，B股流通市值为2 500万美元。

三板市场交易制度与原PT公司类似，以集合竞价方式进行集中配对成交，涨跌停板限制为5%。盈利而且净资产为正值的股票每周交易5次，其余每周交易3次（逢周一、周三、周五）。

三板行情几乎完全克隆了PT股票的走势特点：不是连续涨停，就是连续跌停，波动幅度相当大，在特殊的交易制度下确实存在较大的投资风险。在2002年“红5月”井喷行情中，水仙电器从1.99元一口气冲上7.99元的天价，投机气氛甚为浓烈。2002年6月5日中国证券业协会发布的《关于进一步加强风险揭示工作的通知》成为三板行情的终结者，三板市场从此进入漫长的下跌阶段。2011年三板行情更为清淡，受利好政策迟迟未能兑现、转板公司进展缓慢以及全流通政策等因素的影响，投资者明显已失去耐心，行情单边下跌。5家三板股票创下上市以来的新低，其余股票也接近上市以来的最低点，成交极度清淡。2011年5月27日，清远建北创下日成交量新低点，当天成交量只有9 500股，换手率不足万分之一。

与2010年三板公司的重组热潮相比，2011年三板公司重组几乎停顿。在有关转板、全流通政策明朗之前，三板公司重组不太可能取得实质性的进展，因此大自然与建北等公司的转板进展备受关注。而多数三板公司与投资者一样处于一种观望的状态之中。首家冲击主板公司的成功与否将对整个三板构成重大影响。

第二章

中国投资银行业务 2002～2011 年发展概况及国际比较

第一节　中国投资银行业务 2002～2011 年发展特点分析

一、我国投资银行业务近 10 年发展的特点

2002～2011 年，随着中小企业板、创业板的推出，多层次资本市场的建立，特别是保荐制实施、股权分置改革以及发行制度的改革，中国投资银行业务经历了历史性的变革，并呈现以下几个特点：

（一）发行制度由通道制变为保荐制

2003 年 12 月底，中国证监会发布《证券发行上市保荐制度暂行办法》及其他保荐制度相关规定，发行制度由通道制过渡到保荐制，这是我国证券发行制度的一次革命性变革。2004～2011 年，市场共完成保荐项目 1 984 家（其中 IPO 项目 1 121 家），募集资金 35 477.97 亿元（其中 IPO 募集资金 17 410.70 亿元）。保荐代表人数由 2004 年的 611 人增加到 2011 年底的 2 000 余人。

（二）多层次资本市场基本建立

2004 年 5 月，深圳证券交易所推出中小企业板，打开了中小企业利用资本市场融资的大门。截至 2011 年底，市场共有 651 家公司在中小企业板上市，累计募集资金 4 482.94亿元。2009 年 10 月，创业板正式开板，为数量众多的自主创新和成长型创业企

业提供资本市场服务。截至2011年底，市场共有284家公司在创业板上市，累计募集资金1 974.58亿元。

（三）市场规模不断扩大

市场年度主承销项目家数由126家增加至2011年的422家，增幅达到2.35倍；募集资金由807.45亿元增加至5 403.71亿元，增幅达到5.69倍。

（四）融资品种不断丰富

2011年，融资市场从主板扩展到中小企业板和创业板，融资品种则覆盖IPO、配股、公开发行、非公开发行、可转换公司债券以及其他公司债等品种。

（五）发行体制不断完善

2002年以来，以发行定价改革为核心，确定了定价依据由固定价格向询价制转变，发行制度进一步透明、公平和更有效率。证券发行定价制度针对不同的上市主体建立了一套相对完善的IPO定价博弈机制，在发行人、主承销商、投资者都能参与定价意见的基础上，形成IPO价格。

二、2002~2011年主承销家数和募集资金情况

（一）2002~2011年市场总体发行家数和募集资金情况

2002~2005年，市场承销家数和金额均处于较低水平，特别是2005年因股权分置改革新股发行停滞，全年仅发行18家，募集资金324.32亿元。2006年“新老划断”以来，发行市场经历了“飞跃”，市场主承销项目和发行家数大幅增长，其中发行家数最多的是2010年，达到489家，募集资金达到9 633.88亿元（见表2－1、图2－1和图2－2）。

表2－1　2002~2011年发行家数和募集资金统计表

年度	2002年	2003年	2004年	2005年	2006年
发行家数（家）	126	123	144	18	146
募集资金（亿元）	807.45	814.13	821.42	324.32	2 873.5
年度	2007年	2008年	2009年	2010年	2011年
发行家数（家）	302	228	235	489	422
募集资金（亿元）	8 435.48	4 161.78	3 823.88	9 633.88	5 403.71

注：包含可转债和可分离交易债数据。

（二）2002~2011年IPO发行家数和募集资金情况

2002~2011年，IPO发行家数呈增长趋势（2005年除外），2010年和2011年分别达到340家和279家，是2002年的4.86倍和3.99倍；募集资金分别达到4 957.66亿元和

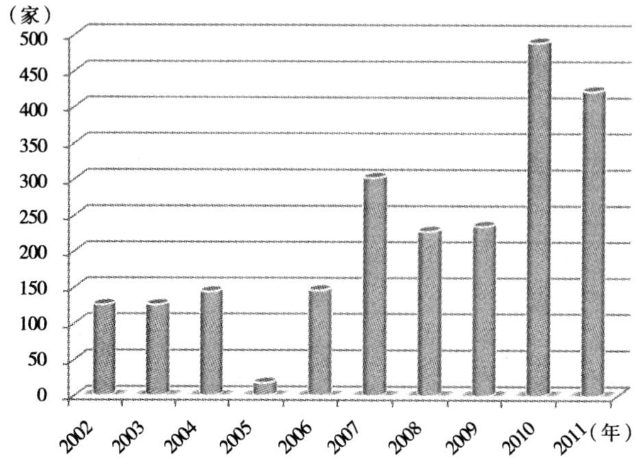

图 2－1　2002～2011 年发行家数

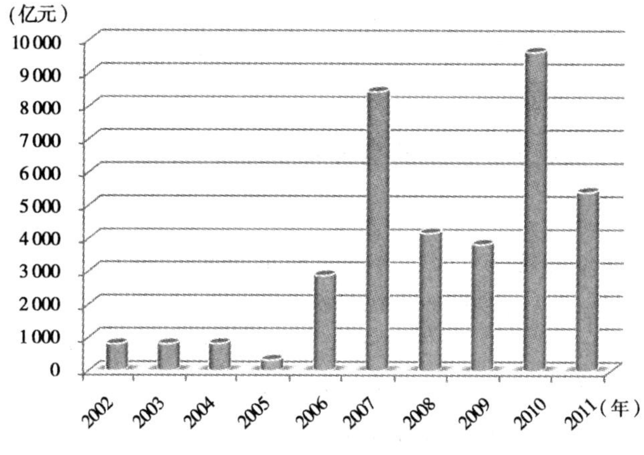

图 2－2　2002～2011 年募集资金

2 825.07亿元，是2002 年的 9.55 倍和 5.44 倍（见表 2－2）。

表 2－2　　2002～2011 年 IPO 发行家数和募集资金统计表

年度	2002 年	2003 年	2004 年	2005 年	2006 年
发行家数（家）	70	67	97	15	76
募集资金（亿元）	519.15	460.28	346.63	57.63	1 693.65
年度	2007 年	2008 年	2009 年	2010 年	2011 年
发行家数（家）	118	75	129	340	279
募集资金（亿元）	4 458.88	1 026.55	2 188.95	4 957.66	2 825.07

（三）2002～2011 年公开增发情况

近 10 年公开增发家数由 2002 年的 31 家减少到 2011 年的 10 家。发行数量减少的主要原因是随着非公开发行项目的增加，上市公司对再融资的选择方式增加，非公开发行成为上市公司融资的主要方式（见表 2－3）。

表 2－3　　2002～2011 年公开增发家数和募集资金统计表

年度	2002 年	2003 年	2004 年	2005 年	2006 年
发行家数（家）	31	15	12	3	7
募集资金（亿元）	193.12	100.45	161.47	266.69	111.32
年度	2007 年	2008 年	2009 年	2010 年	2011 年
发行家数（家）	30	26	14	10	10
募集资金（亿元）	802.94	516.44	261.69	377.14	132.05

（四）2002～2011 年配股发行情况

配股发行家数由 2002 年的 20 家减少到 2011 年的 13 家，平均每家募集资金有较大的增长，2011 年平均每家配股募集资金 28.66 亿元，而 2002 年平均每家配股募集资金是 2.68 亿元。2010 年由于有 7 家银行配股项目，平均每家募集资金 74.38 亿元（见表2－4）。

表 2－4　　2002～2011 年配股发行家数和募集资金统计表

年度	2002 年	2003 年	2004 年	2005 年	2006 年
发行家数（家）	20	25	23	0	3
募集资金（亿元）	53.68	67.85	104.29	0	12.06
年度	2007 年	2008 年	2009 年	2010 年	2011 年
发行家数（家）	7	8	10	20	13
募集资金（亿元）	232.55	139.69	105.97	1 487.62	372.56

（五）2002～2011 年非公开发行情况

自 2006 年中国证监会颁布《上市公司证券发行管理办法》（证监会令第 30 号），非公开发行成为上市公司融资的主要方式。2009～2011 年，募集资金分别占到上市公司再融资金额比例为 72.82%、44.78% 和 58.67%（见表 2－5）。

表 2－5　　2002～2011 年非公开发行家数和募集资金统计表

年度	2002 年	2003 年	2004 年	2005 年	2006 年
发行家数（家）	0	0	0	0	49
募集资金（亿元）	0	0	0	0	910.60
年度	2007 年	2008 年	2009 年	2010 年	2011 年
发行家数（家）	132	103	75	111	173
募集资金（亿元）	2 647.84	1 769.05	1 190.67	2 094.15	1 664.50

（六）2002～2011 年可转换公司债券发行情况

可转换公司债券自 2002 年阳光股份发行首家可转债项目以来，在 2003 年、2004 年二级市场低迷的情况下受到投资者的欢迎。但随着上市公司对其他融资类品种的选择，该类融资品种的发行家数和融资金额一直处于较低水平（见表2－6）。

表2－6　　2002～2011年可转换公司债券发行家数和募集资金统计表

年度	2002年	2003年	2004年	2005年	2006年
发行家数（家）	5	16	12	0	8
募集资金（亿元）	41.5	185.5	209.03	0	46.87
年度	2007年	2008年	2009年	2010年	2011年
发行家数（家）	9	5	6	8	9
募集资金（亿元）	104.48	77.2	46.61	717.3	413.2

（七）2002～2011年分离交易的可转换公司债券发行情况

该类品种在2006～2009年共计发行过21家，总计募集资金950.65亿元。因上市公司对其他融资品种的选择，自2010年以来没有发行分离交易的可转换公司债券（见表2－7）。

表2－7　　2002～2011年分离交易的可转换公司债券发行情况表

年度	2002年	2003年	2004年	2005年	2006年
发行家数（家）	0	0	0	0	3
募集资金（亿元）	0	0	0	0	99
年度	2007年	2008年	2009年	2010年	2011年
发行家数（家）	6	11	1	0	0
募集资金（亿元）	188.8	632.85	30	0	0

第二节　投资银行业务发展的国际比较

一、国内外投资银行业务差异

目前，国内投资银行与海外国际性的投资银行相比，在业务模式上存在明显的差距，具体情况见表2－8。

表2－8　　国内外投资银行业务模式比较

投资银行	业务模式
海外投资银行业务	已经围绕着自身发展优势建立起了多元化、立体化的全价值链服务体系
我国的投资银行业务	服务大多围绕提供上市通道一个主题，金融知识技能和资本并没有得到充分发挥

从业人员方面，2011 年中国证券公司投资银行部门总收入排名前 5 位中，投资银行部门从业人数都在 200 人以上，人均创收平安证券最高，为 103 万美元，具体情况见表 2－9。

表 2－9　　国内证券公司投资银行部门人均创收情况

机构名称	收入（百万美元）	从业人数（人）	人均创收（百万美元）
平安证券	267.11	260	1.03
国信证券	203.46	505	0.40
招商证券	134.74	253	0.53
中信证券	115.85	619	0.19
海通证券	112.52	230	0.49

对比国际投资银行 2010 年的情况，2010 年全球投资银行的投资银行部门总收入排名前 5 位的投资银行之中，投资银行从业人数均在 2 000 人以上，人均创收高盛集团最高，为 212 万美元，具体情况见表 2－10。

表 2－10　　海外投资银行人均创收情况

机构名称	收入（百万美元）	从业人数（人）	人均创收（百万美元）
摩根大通	5 200	8 524	0.61
高盛集团	4 810	2 274	2.12
美银美林	4 600	9 338	0.49
摩根士丹利	3 800	4 056	0.94
德意志银行	3 500	5 821	0.60

通过对比可以看出，国际投资银行部的收入和从业人数均远高于国内证券公司投资银行部，投资银行部人均创收方面，国际投资银行略高于国内证券公司。

业务结构方面，选取国际投资银行高盛集团和本土证券公司中信证券，就国内外投资银行 2010 年的收入结构进行比较，具体情况见表 2－11。

表 2－11　　高盛集团和中信证券业务结构对比

	高盛集团		中信证券	
投资银行业务项目	2010 年收入（百万美元）	占比（%）	2010 年收入（百万美元）	占比（%）
财务咨询	2 062	42.87	16	3.29
股票承销	1 462	30.40	381	78.23
债券承销	1 286	26.74	90	18.48
总承销额	2 748	57.13	471	96.71
总投资银行收入	4 810	100.00	487	100.00

从总量上来讲，2010 年中国证券市场承销及财务顾问收入总量为 272 亿元人民币，还达不到高盛集团的投资银行收入。可见，从收入的总量上来讲，我国证券公司与国际投

资银行相比具有明显的差距。

从业务结构上来讲，以中信证券为代表的我国本土投资银行的投资银行收入中，股票承销占据了绝大多数。与以高盛集团为代表的国际投资银行相比，财务咨询和债券承销所占的比例明显偏低。可见，未来中国证券公司需要在投资银行业务的多元化上加大投入，大力开拓债券承销，特别是财务咨询方面的业务，缩小与国际同行之间的差距。

二、股票发行市场的国际比较

纵观2011年中国股票及相关证券发行市场，与世界其他发达国家和地区相比，具有以下一些特点。

第一，从行业构成上来讲，2011年全球发达国家和地区大多以金融行业融资额排名第1位，2011年金融行业融资额为1 753亿美元，较2010年下降36.26%，融资数为892单，依然排名各行业融资之首；而2011年中国工业行业则以融资额203.8亿元位于第1名。此外，股票及相关证券融资排名前3位的行业与全球范围相比，也有较大的不同。全球范围内融资额排名前3位的行业分别为：金融、石油天然气和基础材料（见图2－3）。以美国为例，2011年，金融行业依然是最活跃的融资行业，占总融资额的36.93%；其次是石油和天然气行业，占融资总额的15.29%；消费服务则位居第3名，占总融资额的8.98%。而中国融资额排名前3位的行业分别为：工业、基础材料和消费产品（见图2－4）。从参与股权融资发行人的行业构成来看，我国的产业结构与世界先进国家相比尚存在一定的差距。现阶段我国进行股权融资的企业主要集中在工业等第二产业；而在先进国家股权融资最为发达的金融行业在我国目前仍然处于起步和上升阶段，融资额排名列整个所有行业中的第4位。可以预计，随着我国产业结构的升级，会有越来越多第三产业的企业加入股权融资的行列。

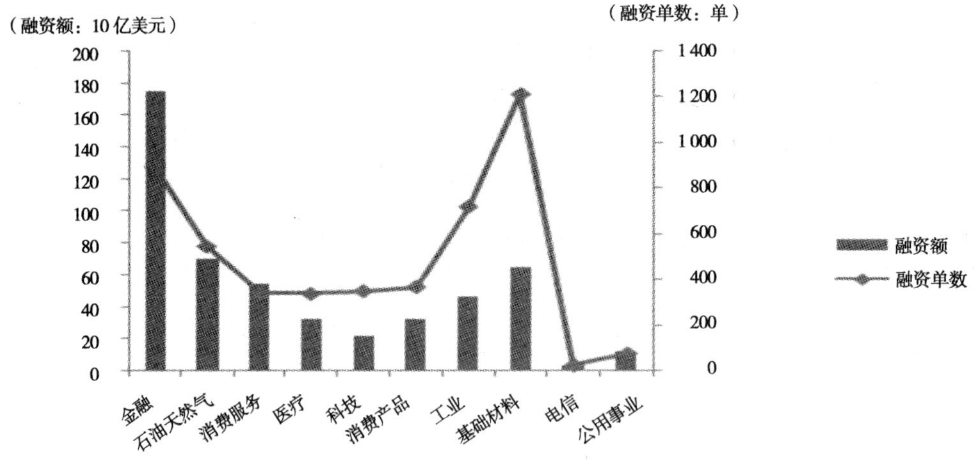

图2－3　2011年全球股票及相关证券融资额和融资单数

资料来源：Bloomberg。

第二，中国股票及相关证券融资市场位居亚太地区融资额之首。2011年中国股票相关融资额为5 403.71亿元，占亚太地区的48.83%。在世界范围内，2011年中国超过日

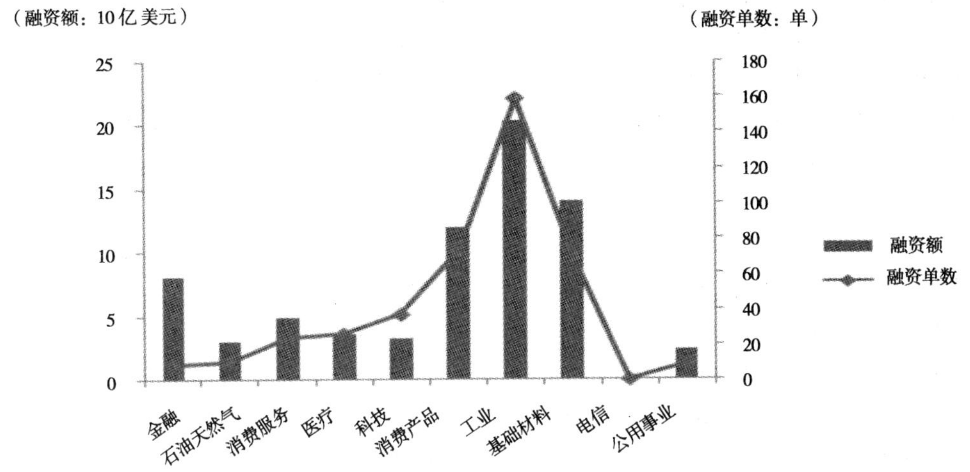

图 2－4　2011 年中国股票及相关证券融资额和融资单数

资料来源：Bloomberg。

本股票相关融资额，但与美国的 1 835 亿美元相比还有较大的差距，仅占其股票相关融资额的 45.34%。由此可见，我国股票相关融资市场融资额在亚太乃至世界范围内都具有领先的总量，但相比于 2011 年股票相关融资额排名第 1 位的美国，还有明显的差距。

从发行市场看，美国在 2011 年的股票相关融资量为 1 835 亿美元，超过了 2010 年排名第 1 位的亚太地区（不含日本），占据第 1 位。亚太地区（不含日本）2011 年股票相关融资量 1 704 亿美元，排名第 2 位。欧洲、中东以及非洲地区（EMEA）以 1 393 亿美元的融资量排名第 3 位。2011 年融资量较 2010 年有显著下降，降幅最小的是美国，为 9.87%（见表 2－12）。

表 2－12　　国际市场股票融资情况

区域	2011 年		2010 年		2011 年相比 2010 年融资额增长率（%）
	融资额（含超额配售）（百万美元）	融资单数（单）	融资额（含超额配售）（百万美元）	融资单数（单）	
美国	183 455.18	1 560	203 551.10	754	－9.87
亚太地区	170 368.20	2 140	311 889.10	1 847	－45.38
EMEA	139 335.36	842	177 925.10	832	－21.69
日本	22 759.03	143	58 273.19	107	－60.94
其他市场	44 581.97	535	112 086.40	943	－60.23
合计	560 499.74	5 220	863 724.90	4 483	－35.11

资料来源：Bloomberg。

第三，在 2011 年全球经济增速明显放缓、各国股票相关融资额明显收缩的背景下，中国股票相关融资额为 5 403.71 亿元，比 2010 年下降了 43.91%。根据 Wind 资讯统计，2011 年中国证券市场股票及相关证券融资单数 422 单，较 2010 年的 489 单下降 67 单。与世界其他地区相比，我国股票相关融资即一级市场对抗系统性风险能力水平一般，股票相关融资额下降幅度处于中等偏上的水平。

据 Bloomberg 统计，2011 年美国股票市场融资单数较 2010 年有大幅上升，从 754 单上升至 1 560 单，但总融资额下降了 9.87%，显示出平均融资规模在 2010 年下降之后，又一次大幅下降的趋势。2011 年 IPO 融资额为 441 亿美元，比 2010 年的 372 亿美元上升了 18.55%。

欧洲、中东及非洲地区（EMEA）股票及关联债权融资额从 2010 年的 1 780 亿美元下降至 2011 年的 1 393 亿美元，融资单数从 2010 年的 832 家上升至 842 家。

亚太地区（日本除外）2011 年股票及相关证券发行量从 2010 年的 3 119 亿美元下降至 1 704 亿美元，同比下降 45.37%。融资单数则从 1 847 单上升至 2 140 单。

2011 年日本市场股票相关融资额为 228 亿美元，较 2010 年下降 60.89%。与股票融资额的下降相反，日本市场 2011 年融资单数为 143 单，比 2010 年增加了 36 单，体现了该市场平均融资规模的明显下降。

第四，与世界其他国家和地区不同，中国 2011 年股票相关融资承销投资银行的市场份额相对比较分散。前 10 名承销商共占市场份额的 59.7%，除了亚太地区的其他国家外，世界上其他主要国家和地区排名前 10 位承销商的市场份额均高于这一水平。全球范围内，高盛集团以 503 亿美元的承销额位列第 1 名，市场份额 9%；摩根士丹利从 2010 年第 1 名的位置下降 1 位，排名第 2 位，承销金额为 471 亿美元，市场份额为 8.4%。美国投资银行在全球股票融资前十大承销商排名中依然占据 5 位，这 5 家美国投资银行的合计市场份额从 2010 年的 35.5% 上升至 2011 年的 38.0%。据 Bloomberg 统计，2011 年全球股票及相关证券发行的平均承销费率约为 4.07%，排名前 10 位的承销商占据了市场份额的 61.88%，具体情况见表 2－13。

表 2－13　　全球股票融资前十大承销商

承销商	市场份额（%）	金额（百万美元）	费率（%）	发行数（单）
高盛集团	9	50 304.33	2.855	202
摩根士丹利	8.4	47 112.86	3.436	273
美国银行美林	7.5	41 843.19	3.442	235
摩根大通	7.3	41 135.82	3.357	261
瑞士信贷集团	6.5	36 222.08	2.932	188
德意志银行	6.2	35 000.18	3.253	203
花旗集团	5.8	32 262.12	2.811	210
瑞士银行	5.3	29 595.35	2.695	185
巴克莱资本	4.1	23 012.33	3.252	155
野村证券	1.8	10 346.61	4.283	58
前 10 家合计	61.88	346 834.87	—	1 970
全球合计	100.0	560 499.74	—	5 220

资料来源：Bloomberg。

2011 年，摩根大通跃居股票及相关证券发行承销额第 1 位，累计承销 234 亿美元，占美国承销市场总额的 12.8%；美国银行美林位列第 2 名，累计承销 206 亿美元，占美国承销市场总额的 11.2%。前 10 名的承销商占据了市场份额的 89.8%（见表 2－14）。

表 2－14　全球股票及相关证券发行承销情况（前 10 位）

承销商	市场份额（%）	金额（百万美元）	费率（%）	发行数（单）
摩根大通	12.8	23 431.37	3.585	160
美国银行美林	11.2	20 558.51	3.907	164
摩根士丹利	10.9	20 037.15	3.834	143
高盛集团	10.6	19 419.86	2.824	108
花旗集团	10.2	18 665.20	2.988	140
巴克莱资本	9	16 516.19	3.271	114
瑞士信贷集团	8.6	15 707.35	2.935	81
德意志银行	6.5	11 939.09	3.559	99
瑞士银行	5.4	9 817.01	2.677	64
富国银行	4.6	8 475.78	3.877	97
合计	89.8	164 567.51	—	1 170

资料来源：Bloomberg。

2011 年，高盛集团以 160 亿美元的承销金额成为 EMEA 股票及相关证券发行承销额第 1 名的投资银行，占 EMEA 市场承销总额的 11.4%；德意志银行位列第 2 名，累计承销 151 亿美元，占 EMEA 市场承销总额的 10.9%。前 10 名的承销商占据了市场份额的 70.4%（见表 2－15）。

表 2－15　2011 年 EMEA 地区市场前 10 名承销商情况

承销商	市场份额（%）	金额（百万美元）	费率（%）	发行数（单）
高盛集团	11.4	15 951.85	2.638	38
德意志银行	10.9	15 135.67	2.862	51
摩根士丹利	8.5	11 838.46	2.287	38
瑞士信贷集团	7.9	10 962.39	1.741	44
美国银行美林	7.5	10 436.52	2.022	30
摩根大通	6.5	9 126.44	1.820	45
瑞士银行	5.5	7 634.02	1.655	37
花旗集团	5	6 981.92	2.158	23
法国巴黎银行	3.6	5 039.05	1.628	22
巴克莱资本	3.6	4 948.74	2.748	27
合计	70.4	98 055.06	—	355

资料来源：Bloomberg。

亚太地区（日本除外）股票发行市场中，高盛集团是2011年亚太地区股票及关联证券发行承销额第1位的投资银行，累计承销127亿美元，占亚太地区承销总额的7.4%。第2位是瑞士银行，累计承销115亿美元，占亚太地区承销总额的6.7%（见表2－16）。

表2－16　2011年亚太地区（日本除外）市场前10名承销商情况

承销商	市场份额（%）	金额（百万美元）	费率（%）	发行数（单）
高盛集团	7.4	12 692.14	2.649	48
瑞士银行	6.7	11 487.50	2.822	77
摩根士丹利	6.7	11 399.25	2.947	61
德意志银行	4.3	7 255.33	2.901	45
摩根大通	4.2	7 201.70	2.712	48
瑞士信贷集团	4	6 879.24	3.001	42
美国银行美林	4	6 742.57	1.573	32
中国国际金融	3.7	6 222.95	2.654	23
花旗集团	3.3	5 660.49	2.374	41
中国平安	2.6	4 466.82	5.538	33
合计	46.9	80 007.99	—	450

资料来源：Bloomberg。

日本2011年前10名承销商更是占据了股票相关融资市场份额的97.4%，野村证券连续第9年名列第1位，市场份额为28.1%，承销额为64亿美元，承销单数为42单（见表2－17）。

表2－17　2011年日本市场前10名承销商情况

承销商	市场份额（%）	金额（百万美元）	费率（%）	发行数（单）
野村证券	28.1	6 388.541	4.281	42
大和证券	25.5	5 803.786	4.685	32
美国银行美林	11.1	2 533.977	4.191	2
瑞穗金融集团	9.6	2 186.184	4.226	16
摩根士丹利	7.2	1 631.52	4.135	16
三井住友金融集团	6.5	1 487.337	4.102	16
高盛集团	6.4	1 458.751	4.224	3
瑞士银行	1.5	337.8887	3.438	4
德意志银行	0.9	198.7212	3.140	3
凯基证券	0.6	146.6901	—	1
合计	97.4	22 173.40	—	135

资料来源：Bloomberg。

在中国股票与相关证券发行市场中，国信证券名列第1位，市场份额为8.9%，承销金额为74亿美元；中信证券名列第2位，承销金额为70亿美元，市场份额为8.4%（见表2－18）。

表2－18　2011年中国市场前10名承销商情况

承销商	市场份额（%）	金额（百万美元）	费率（%）	发行数（单）
国信证券	8.9	7 389.964	2.753	41
中信证券	8.4	6 970.449	1.662	15
平安证券	6.7	5 547.857	4.815	42
中金公司	6.6	5 490.774	0.619	10
国泰君安	6.1	5 022.700	0.831	13
中信建投	5.4	4 481.077	1.515	15
招商证券	5.1	4 201.927	3.207	22
安信证券	4.6	3 836.833	2.121	16
广发证券	4.0	3 352.088	2.063	18
瑞银证券	4.0	3 332.189	1.966	9
合计	59.7	49 625.859	—	201

资料来源：Wind资讯。

从前10名承销商2011年市场集中度的数据可以看出，中国的股票相关融资承销市场相对于其他发达地区竞争更为激烈，承销商之间的差距相对较小。

第五，从发行结构上来讲，国内股票及相关证券融资市场融资额中，IPO占据了绝大多数。2011年中国股票及相关证券发行市场，IPO募集资金规模占股权融资总额的49.61%，公开增发及非公开发行占35.85%，配股占6.89%，可转债占7.65%。而2011年全球股票及相关证券市场则以再融资为主，发行量为3 295亿美元，较2010年下降34.26%，占股票及相关证券市场发行总量的58.79%；IPO的发行量为1 876亿美元，较2010年下降30.61%，占股票及相关证券市场发行总量的33.47%；可转债的发行量为434亿美元，较2010年下降52.88%，占股票及相关证券市场发行总量的7.74%（见表2－19）。

表2－19　2011年全球股票及相关证券市场发行结构

融资分类	2011年		2010年		2011年相比2010年融资额增长率（%）
	融资额（含超额配售）（10亿美元）	融资单数（单）	融资额（含超额配售）（10亿美元）	融资单数（单）	
IPO	187.64	1 720	270.42	1 155	－30.61
再融资	329.46	3 175	501.17	3 038	－34.26
可转债	43.40	325	92.13	290	－52.89
合计	560.50	5 220	863.72	4 483	－35.11

资料来源：Bloomberg。

最后，国际投资银行在中国股票相关融资市场上份额很小。放眼世界其他地区，除了日本2011年股票及相关融资市场上份额最大的前2名是日本本土证券公司外，在美国、EMEA和亚太等地区股票相关融资承销金额名列前茅的无不是国际知名的投资银行，如高盛集团、摩根士丹利等等。而在中国2011年股票相关融资承销金额排名前10位的证券公司之中，只有瑞银证券1家有合资背景的证券公司排名第10位，前9名则是清一色的中国本土证券公司。究其原因，首先是中国未对国际投资银行完全放开本国的A股承销业务。国际投资银行要参与A股的承销，必须在中国与具备承销资格的证券公司合资成立证券公司作为承销机构，且外资的比例必须在33%以下。这些规定在很大程度上影响了国际投资银行在中国资金和人才上的投入力度。另外，由于中国政策因素使得投资银行业务不断向资本实力强、具有本地关系资源和行业知识的证券公司倾斜，导致国际投资银行在中国的分支机构普遍在A股股票及相关证券的承销中落后于中国本土证券公司。

三、债券发行市场的国际比较

2011年，我国公司债券（发行主体为上市公司，由中国证监会监管）市场的债券发行量为820亿美元，相对股票及相关证券融资额的比例为0.99。相对于美国、日本等世界发达国家，这一比例显著偏低。2011年美国公司债券发行量与股票及相关证券发行量的比例为6.49，在日本这一比例为4.55。由此可见，我国公司债券市场相对世界发达国家仍然处于起步阶段，与股权融资相比，还有较大的发展空间。

2011年，全球公司债券市场发行量为3.22万亿美元，比2010年的3.20万亿美元增长了0.61%。其中全球高收益债券市场发行量为0.31万亿美元，比2010年的0.37万亿美元下降了16.22%。从图2－5中可以看出，全球公司债券市场融资额2010年较2009年明显下降，2011年与2010年基本持平；融资单数2010年较2009年有所增加，显示了公司债融资项目平均规模缩小，2011年较2010年又有所下降，说明项目规模较2010年又有所增加。

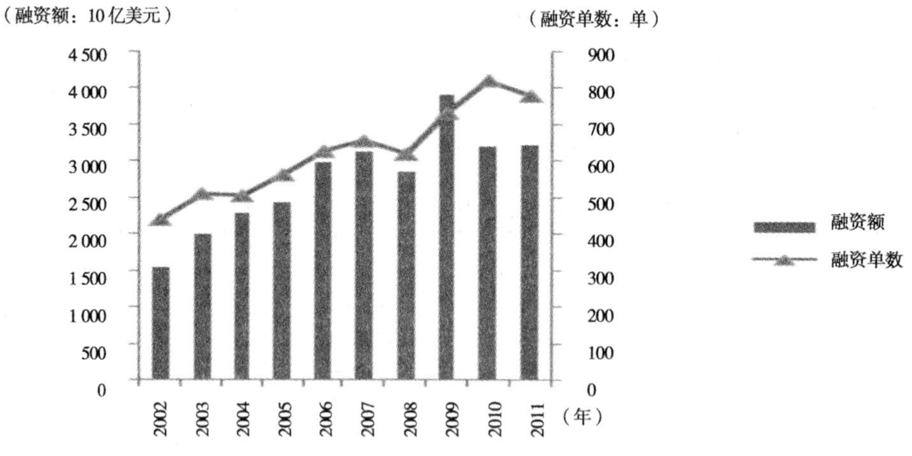

图2－5　全球公司债券市场融资情况

资料来源：Bloomberg。

全球高收益债券2008年以来呈现了飞跃式的增长，2011年比2010年融资额和融资单数稍有回落，但依然保持了较高的水平。可见高收益债券在全球资本市场中正在受到越来越多的关注（见图2－6）。

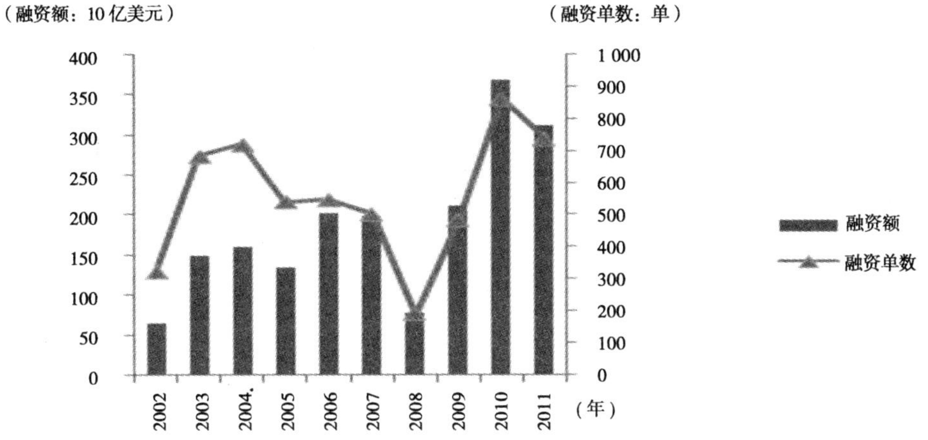

图2－6　全球高收益债券市场融资情况

在前10名主承销商的市场集中度方面，与股票及相关证券承销市场相类似，中国债券承销市场中份额排名前10位的承销商所占份额为60.0%。2011年中国公司债券（发行主体为上市公司，由中国证监会监管）市场的债券发行量为820亿美元，发行数量为216单。承销商中中信证券的融资金额最高，为195亿美元，市场份额为14.3%（见表2－20）。

表2－20　　2011年中国债券承销市场前10名承销商情况

承销商	市场份额（%）	金额（百万美元）	发行数（单）
中信证券	14.3	19 500.71	38
中金公司	10.1	13 729.51	17
中银国际	7.8	10 613.43	21
国泰君安	6.0	8 203.28	23
中信建投	5.0	6 874.27	28
银河证券	4.0	5 527.34	23
瑞银证券	3.5	4 746.94	20
高盛高华	3.4	4 589.53	5
平安证券	3.1	4 231.95	18
广发证券	2.9	3 940.36	23
合计	60.0	81 957.32	216

资料来源：Wind资讯。

中国的这一比例虽略高于全球范围的平均水平，却显著低于美国、欧洲和日本等前10名债券承销商的集中程度。

2011年，美国公司债券发行市场承销商排名第1位的是摩根大通，累计承销额约为1 595亿美元，市场份额为13.4%，融资单数为752单（见表2－21）。

表 2－21　　2011 年美国公司债券发行市场承销商情况

承销商	市场份额（%）	金额（百万美元）	费率（%）	发行数（单）
摩根大通	13.4	159 482.21	0.523	752
美国银行美林	11.8	140 414.99	0.613	2 454
花旗集团	9.2	110 212.82	0.560	783
高盛集团	8	95 703.08	0.501	422
摩根士丹利	7.8	93 271.10	0.534	1 984
巴克莱资本	7.5	89 688.08	0.521	492
德意志银行	6.5	77 575.46	0.522	422
瑞士信贷集团	4.8	56 773.15	0.510	315
富国银行	4.2	49 460.30	0.736	1 722
瑞士银行	4	48 177.75	0.601	823
合计	77.2	920 758.94	—	10 169

资料来源：Bloomberg。

2011 年，美国高收益债券发行市场承销商排名第 1 位的同样是摩根大通，累计承销金额约为 314 亿美元，市场份额为 12.9%，融资单数为 184 单（见表 2－22）。

表 2－22　　2011 年美国高收益债券发行市场承销商情况

承销商	市场份额（%）	金额（百万美元）	费率（%）	发行数（单）
摩根大通	12.9	31 366.84	1.455	184
美国银行美林	11.9	28 934.63	1.622	218
德意志银行	9	21 929.24	1.362	125
瑞士信贷集团	8.9	21 814.28	1.599	134
花旗集团	8.8	21 355.69	1.366	134
高盛集团	7.2	17 659.08	1.269	110
巴克莱资本	7.1	17 367.53	1.349	124
摩根士丹利	6.8	16 637.60	1.599	107
富国银行	4.3	10 592.93	1.694	97
苏格兰皇家银行	3.4	8 260.36	1.068	64
合计	80.3	195 918.18	—	1 297

资料来源：Bloomberg。

美国公司债券发行市场发行金额在 2010 年略微下降后，2011 年基本维持了 2010 年的金额水平，同时发行单数略微增加，显示了美国公司债券发行平均规模有所降低（见图 2－7）。

2011 年美国高收益债券融资额从 2010 年的 2 877 亿美元下降至 2 438 亿美元，降幅为 15.26%（见图 2－8）。

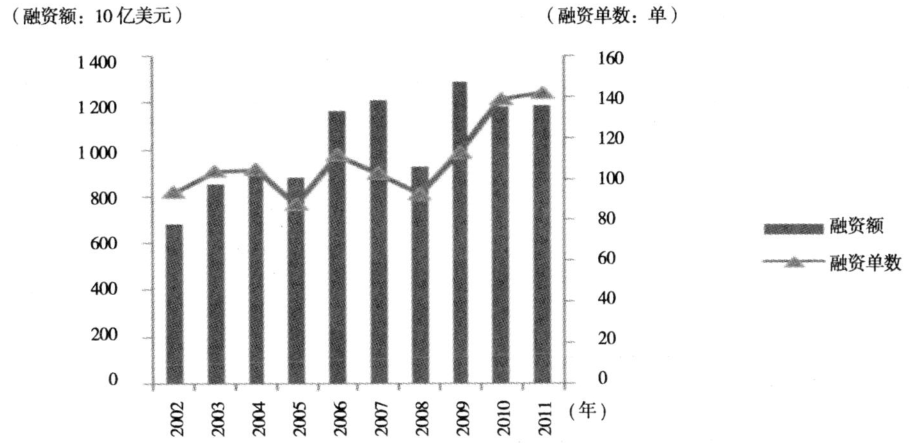

图 2－7　美国市场公司债券年度融资额和融资单数变化

资料来源：Bloomberg。

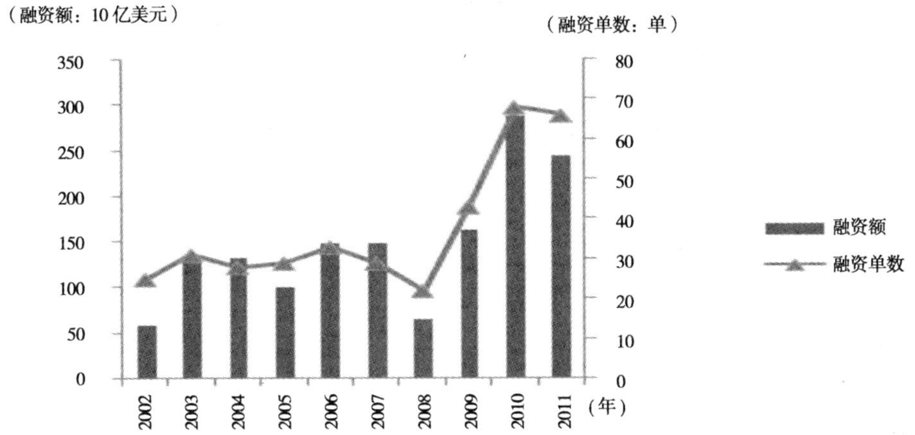

图 2－8　美国高收益债券年度融资额和融资单数变化

资料来源：Bloomberg。

欧洲公司 2011 年债券市场融资额 1.75 万亿美元，发行数量为 10 441 单。德意志银行和法国巴黎银行分别占据 2011 年欧洲公司债券发行市场承销商排名的第 1 位和第 2 位，承销额分别为 1 133 亿美元和 1 005 亿美元，市场份额分别为 6.5% 和 5.8%（见表 2－23）。

表 2－23　　2011 年欧洲公司债券市场承销商情况

承销商	市场份额（%）	金额（百万美元）	费率（%）	发行数（单）
德意志银行	6.5	113 273.18	0.334	639
法国巴黎银行	5.8	100 540.68	0.214	429
巴克莱资本	4.7	82 526.95	0.470	450
汇丰银行	4.5	78 682.46	0.210	463

续表

承销商	市场份额（%）	金额（百万美元）	费率（%）	发行数（单）
意大利裕信银行	4.4	76 923.11	0.132	260
东方汇理	3.6	62 356.30	0.205	238
瑞士银行	3.4	60 209.52	0.181	355
苏格兰皇家银行	3.3	57 372.91	0.250	325
花旗集团	3.2	55 303.46	0.151	325
法储银	3.2	55 210.71	0.200	224
合计	42.6	742 399.28	—	3 708

资料来源：Bloomberg。

日本公司债券市场2011年的债券发行量为1 037亿美元，发行数量为794单。摩根士丹利的融资金额最高，为18.73亿美元，市场份额为22.7%（见表2－24）。

表2－24　2011年日本公司债券市场承销商情况

承销商	市场份额（%）	金额（百万美元）	费率（%）	发行数（单）
摩根士丹利	22.7	1 873.15	0.390	157
瑞穗金融集团	20.1	1 660.68	0.367	146
野村证券	19.1	1 579.17	0.369	148
三井住友金融集团	17.4	1 436.11	0.379	123
大和证券	13.5	1 118.47	0.363	135
高盛集团	2.7	220.60	0.296	17
花旗集团	1.4	119.31	0.503	15
美国银行美林	1.1	93.07	0.310	15
东海东京证券	0.5	41.60	0.371	10
摩根大通	0.4	35.33	0.343	7
合计	98.9	102 526.20	—	773

资料来源：Bloomberg。

通过债券市场的国际比较，可以看出，目前，我国债券市场的问题主要表现在以下几方面：

第一，市场规模小，交易不活跃。我国公司债券融资规模与股权融资规模的比例明显低于发达国家的水平，市场规模小已经成为制约债券市场进一步发展的瓶颈。另外，交易不活跃是我国公司债券市场面临的另一个突出问题。二级市场的滞后必然反过来影响一级市场的发行，从而制约整个企业债券市场的总体发展。

第二，品种单一，定价不合理。我国无担保债券和浮动利率债券出现较晚，发行量也很少，暂未出现国外成熟债券市场所通行的信用债券和资产抵押债券。企业债券品种单一造成了企业债券对供需双方吸引力的不足。另外，利率没有市场化。从目前情况看，反映中国债券市场供求和竞争关系的债券利率机制尚未形成，固定利率债券占绝大部分，在通货膨胀持续不断的情况下，投资者很难接受实际利率为负数的现实。

四、并购交易活动的国际比较

2011 年，中国并购市场在经济的强劲发展和产业整合加速的大环境下，实现了火爆增长的态势，并购活跃度和并购金额创下 6 年以来的历史新高。2011 年中国并购市场共完成 1 157 起并购交易，披露价格的 985 起并购交易总金额达到 669.18 亿美元。与 2010 年完成的 622 起案例相比，同比增长高达 86.01%，并购金额同比增长 92.3%。

虽然 2011 年我国并购业务实现了翻番增长、跨越式发展，但从总量上来讲依然十分有限。2011 年中国披露金额的 985 家并购业务总金额 669.18 亿美元，在亚太地区仅占 10%，与 IPO 总金额占比 50% 以上形成了鲜明的对照。世界范围内，中国的并购总金额仅占到全球并购总金额的 3%，甚至仅达到高盛集团在全球范围内并购财务顾问涉及融资额的 11.95%。可见，我国并购市场总量上还十分有限，未来发展的潜力非常巨大。

行业分布方面，2011 年，中国能源及矿产、房地产、机械制造、生物技术/医疗健康等行业并购引领并购浪潮。能源及矿产行业依旧稳居并购市场行业第一名的宝座。2011 年能源及矿产行业完成的并购交易数量为 153 起，占并购总量的 13.2%；并购交易金额高达 219.83 亿美元，占并购总额的 32.8%。2011 年中国并购市场完成的十大并购交易中，资源性行业的并购事件占据 5 席。其中，中国中化集团公司以 30.70 亿美元收购挪威国家石油公司，是能源及矿产行业最大规模并购交易。

全球范围，从已实施并购的行业分布来看，并购资本流出行业依次为私募股票、投资公司、集成电话、医疗药品和石油公司——综合。私募股票行业资本流出最多，占全球所有并购交易资本流出的 31%；排名第 2 位和第 3 位的分别是投资公司和集成电话，分别占到并购活动资本流出的 26% 和 16%（见图 2－9）。

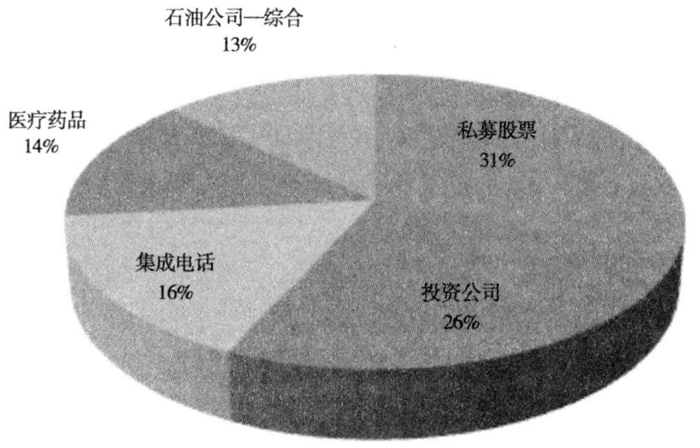

图 2－9　2011 年全球并购交易资本流出的行业分布

资料来源：Bloomberg。

已实施并购资本流入最多的行业依次为石油公司—开发与生产、蜂窝电信、集成电话、电力—集成和电信服务。并购行业中资本流入最多的行业为石油公司—开发与生产，占并购活动总资本流入的 31%；排名第 2 位和第 3 位的分别是蜂窝电信和集成电话，分别占到并购活动资本流入的 19% 和 18%（见图 2－10）。

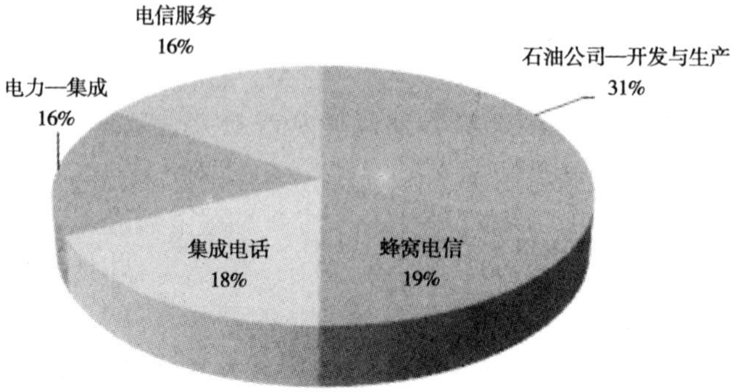

图 2－10 2011 年全球并购交易资本流入的行业分布

资料来源：Bloomberg。

可见无论是国内还是国际上，2011 年都有大量的并购资本涌入资源行业，显示随着资源稀缺性的增加，越来越多的国内外产业和金融资本将资源资产作为投资和避险的重要选择。

中国已实施并购交易的投资银行财务顾问排名中，中金公司和广发证券分别占据第 1 名和第 2 名的位置。其中，2011 年中金公司涉及已实施并购金额为 113 亿美元，市场份额为 9.3%；广发证券涉及并购金额为 99 亿美元，市场份额为 8.2%（见表 2－25）。

表 2－25　　2011 年中国已实施并购交易的投资银行财务顾问情况

投资银行名称	市场份额（%）	总额（百万美元）	交易数目
中金公司	9.3	11 317.6	22
广发证券	8.2	9 949.4	3
中投证券	7.9	9 632.4	2
高盛集团	7.3	8 848.9	13
中信证券	6.3	7 720.9	8
瑞士银行	6.3	7 673.8	14
巴克莱资本	5.8	7 103.5	7
华泰证券	5.5	6 719.5	12
摩根士丹利	5.5	6 641.1	11
瑞士信贷	5.2	6 278.6	7
合计	67.3	81 885.7	99

资料来源：Thomson Reuters。

全球已实施并购交易的投资银行财务顾问排名中，高盛集团和摩根士丹利分别占据第 1 名和第 2 名的位置。其中，2011 年高盛集团涉及已实施并购金额为 5 598 亿美元，市场份额为 21.8%；摩根士丹利涉及并购金额为 5 100 亿美元，市场份额为 19.9%（见表 2 - 26）。

表 2 - 26

投资银行名称	市场份额（%）	总额（百万美元）	交易数目
高盛集团	21.8	559 788.24	333
摩根士丹利	19.9	510 014.59	338
摩根大通	19.1	488 281.19	297
瑞士信贷	13.7	349 820.87	236
花旗集团	12.3	316 124.83	195
瑞士银行	11.6	297 712.97	216
德意志银行	11.3	290 193.95	203
巴克莱资本	10.8	277 788.90	152
美国银行美林	10.7	274 185.87	221
瑞德集团	8.3	213 008.66	176
合计	139.5	3 576 920.07	2 367

注：由于部分并购项目由多家投资银行同时担任财务顾问，因此纳入各投资银行名下的并购金额、市场份额及并购次数的合计数比 2011 年全球已实施并购交易市场的并购金额、市场份额及并购次数的合计数大。

资料来源：Bloomberg。

通过以上对比可知，与股权和债权融资市场相比，目前中国收购与兼并市场重要的财务顾问中，外资投资银行占据了很大的比重，其中主要的原因是中国并购中跨国并购占据了较大比重。2011 年，中国市场跨国并购再创佳绩，无论在海外并购市场还是外资并购市场都表现活跃。跨国并购强势增长是海外并购和外资并购双方强力拉动的结果。跨国并购中，海外并购的交易量激增尤为显著。海外并购的火爆与国内外的经济环境和政策导向密不可分。在全球经济阴霾不散的大环境下，中国企业抓住机遇在全球并购市场独占鳌头，并购的活跃度显著上升。2011 年，中国企业共完成 110 起海外并购交易，与 2010 年海外并购 57 起相比，同比增长 93.0%；披露的并购金额达到 280.99 亿美元，同比增长达 112.9%。

同时，外资并购的交易数量和金额也呈现上升的态势。2011 年，中国并购市场共完成外资并购案例 66 起，与 2010 年外资并购 44 起相比，同比增长 50.0%；披露金额的 41 起案例并购金额为 68.60 亿美元，同比增长高达 209.2%。外资并购中，雀巢公司以 16.15 亿美元的价格收购徐福记国际集团 60.0% 股权的交易拉升了整个外资并购市场整体并购金额。

目前，中国本土证券公司作为跨国并购财务顾问的业务能力和规模与国际投资银行相比还存在明显差距，中国本土证券公司参与国际并购任重而道远。

第三章

2011 年中国投资银行业务面临的问题及 2012 年前景展望

第一节　2011 年中国投资银行业务发展中面临的问题

20 多年以来，中国的投资银行业从无到有，取得了长足的进步，并对推动中国的经济发展发挥了巨大作用：促进企业的产权进一步明晰、协助企业建立现代法人治理结构、优化社会资源配置、推动高新技术产业化发展和技术进步。在取得这些成绩的同时，对比国外百年历史的同业，中国投资银行业也存在着一些问题，就这些问题进行深入分析并加以解决对中国投资银行业的发展将大有益处。

一、投资银行业务品种单一，经营缺乏特色

在成熟的资本市场中，投资银行已由单纯的提供一个平台为供求双方服务发展到更多地参与到经济活动中来，投资银行的功能也由单纯的中介机构向投资理财顾问的角色转变，形成以并购咨询、资产证券化、项目融资、资产管理、风险投资等为核心的新一代业务，投资银行具有了更多的主动创造性。虽然我国投资银行已经开始尝试资产证券化、直接投资等创新业务，但大部分投资银行业务仍然以证券承销保荐业务为主。体制、能力和市场环境的制约在一定程度上影响了投资银行创新的动力和投入，各投资银行创新业务还处于发展的初步阶段。

业务范围狭窄带来的突出问题是抵御市场风险的能力不足，承销业务目前仍然难以摆脱“靠天吃饭”的被动局面。如果市场持续低迷和交易日渐萎缩，投资银行将被迫承受证券市场下跌所带来的沉重的系统沽空压力，承销业务将持续减少。同时投资银行还必须花费大量时间和精力去预防或应付不时爆发的各类业务风险：业务品种单一导致投资银行

业务和产品过度的同质化经营、低水平竞争；投资银行经营成本和经营风险增加，面临较大的生存压力。

二、投资银行风险管理及内控机制有待完善

我国投资银行业的创新业务已经到了厚积薄发的临界点。直接投资等业务已由试点转常规，部分国内公司也介入了市值管理、风险投资顾问等业务，未来创新效应将在投资银行全面显现，对投资银行业务的推动不容小视。

各项创新业务的推出也对我国投资银行的风险监控提出了更高的要求。创新业务本身具有不同于传统业务的风险特征，风险控制难度加大。加之我国投资银行风险意识普遍淡薄，现有的风险管理体系尚不具备处理复合型投资银行业务结构的能力，仍需逐步摸索完善。投资银行应在经营方式创新、业务创新的同时积极制定行之有效的风险控制方案并建立各业务品种的风险隔离制度。

与此同时，我国各投资银行保荐业务的内控管理机制也有待提高。目前我国部分保荐机构的内部控制制度不完善，没有建立严格的质量控制制度和程序，内核和内控部门独立性不够、资源配备不足，业务流程各环节缺乏监督和制约，导致大量的初始申报文件质量粗糙，对拟上市公司的信息披露不充分、不完整。各投资银行应当根据自身业务特点制定有效的业务管理办法、操作规程、工作细则等，并严格执行这些管理规范，加强权限和流程的内部控制，以完善内控管理机制，提高保荐质量，降低保荐风险。

三、投资银行的资本约束环境限制了创新业务的发展

国内投资银行业务长期受制于证券公司净资本规模约束，在建立如并购基金、另类投资基金、证券承销包销准备金等方面，存在一定的受限情况，不利于投资银行业务由承销保荐为主的被动性卖方业务向主动性的买方业务进行转变，不利于国内投资银行业务扩大收入范围，夯实发展基础。另外，较强的资本约束政策，也使证券公司更愿意发展非资本消耗性的中介通道类卖方业务，而不是根据各自不同的主体优势为客户提供差别性的投资银行服务，并在此基础上打造各自投资银行业务的核心竞争力。从长远看，只有拓宽各证券公司的融资渠道，提升国内投资银行业务的资本杠杆率，才能为投资银行业务各从业主体提供良性的市场竞争条件，才能加强各从业主体通过创新服务进行差别性竞争的主观愿望，也才能使证券公司做优做强符合投资银行业务“风险收益对称”的本质特征。

四、投资银行人才结构单一，专业服务水平有待提高

目前我国投资银行以提供通道性质的服务为主，人才结构单一，创新能力、专业服务水平明显不足，服务的广度和深度难以满足我国实体经济多样化的投融资需求和投资银行业务多样性的要求。

投资银行行业是知识密集、人才集聚的行业。我国投资银行业缺乏长期性的激励约束机制，导致投资银行业经营行为、激励行为短期化，不注重战略投入，难以吸引和留住高端人才。

第二节　中国投资银行业务2012年前景展望

随着发行体制改革不断深化、保荐制度不断完善、多层次资本市场体系逐步确立，中国投资银行业的外部环境、竞争格局、生存方式都在发生重大变化。

一、从外部环境来看，投资银行业的监管制度将进一步市场化

从1990年沪、深证券交易所相继成立到1999年《中华人民共和国证券法》的实施，我国发行制度经历了近10年的“额度制”；2000年以后的10年间，我国发行制度进入“核准制”时代，由计划色彩浓厚的额度分配转为强制性信息披露和合规性审核，是股票发行制度由计划体制向市场机制转变的一项重大改革。

在核准制下，从2001年开始实施的“通道制”到2004年实施的“保荐制”，承销商的责任进一步增强，保荐业务获得了长足的发展，投资银行业务的市场集中度有所提高。

20多年来，我国发行制度市场化改革进程从未停止，在更为市场化的外部环境中，投资银行业将会迎来更大的业务空间和创新空间。

二、从竞争格局来看，投资银行业的市场集中度将进一步提高

（一）从国际投资银行业发展规律来看，我国投资银行业市场集中度将进一步提高

目前我国证券行业的资产规模尚不足高盛的1/3，利润规模仅相当于摩根士丹利一家公司。可以预计，随着国内市场环境的逐步宽松和多元化业务平台的逐步建立，我国未来同样会出现中国的“高盛”和“摩根士丹利”。

（二）从我国金融业的内部构成来看，我国投资银行业市场集中度将进一步提高

目前我国金融业总资产为100万亿元，其中，银行业占90%，保险业占5%，证券业仅占2%；前五大机构总资产占全行业的比重，银行业为52%，保险业为70%，证券业为26%。我国证券业在整体规模和个体规模上都明显落后于银行业和保险业，资本规模和市场集中度有待提高。

（三）从投资银行业内在发展需求来看，我国投资银行业市场集中度将进一步提高

在推行发行体制改革的过程中，中小投资银行必然会由于缺乏足够的规模和抗风险能力被市场所淘汰，我国投资银行业和市场集中度必将进一步提高，投资银行的抗风险能力和规模将得到提升。

三、从市场主体来看，投资银行业的核心竞争力将进一步增强

我国投资银行业的市场化改革将引导投资银行业务回归投资银行本质，不仅要做好保

荐投资银行，而且要变为销售投资银行；不仅要做好股票投资银行，还要成为承担债券、并购重组等业务的多产品投资银行；不仅要把项目做好，更要为客户提供全价值链服务；不仅要立足国内，还要放眼国际。从目前市场发展趋势来看，有以下几个方面值得关注。

（一）“保荐”型投资银行向“保荐+销售”型投资银行转变

未来，投资银行业务的核心竞争力不仅有高质量的保荐能力，还要具备高水平的销售能力。这一方面要求投资银行在项目选择上回归价值发现的本质，判断企业价值、帮助企业实现价值、同时实现自身价值；另一方面要求投资银行具备强大的销售能力和市场信誉，使投资银行的品牌成为销售的保障。

（二）“股票”型投资银行向“产品”型投资银行转变

我国投资银行业务正在朝多元化方向发展，逐步形成传统型（承销保荐业务）、创新型（并购重组业务、风险投资顾问）和延伸型（直接投资、市值管理）的多层次业务格局。投资银行业务广阔的市场空间与国内投资银行业务一股独大，债券、并购重组、投资顾问等业务发展严重滞后的现状要求投资银行必须向业务多元化、产品创新化转变，具备为客户提供多产品、全方位服务的能力。

（三）“以项目为中心”的投资银行向“以客户为中心”的投资银行转变

目前我国投资银行业的经营理念还停留在以项目为中心，从开发项目到完成项目进而实现价值。从投资银行的本质看，投资银行的核心竞争力在于为客户提供多样化、多层次的产品和适合其需求的服务。有客户就有机会，有机会就会带来项目。投资银行应从“以项目为中心”的价值理念转为“以客户为中心”，深入挖掘客户需求，进而创造价值。

（四）“本土化”投资银行向“国际化”投资银行转变

目前我国的投资银行基本上以国内市场为主，这主要受制于我国投资银行的实力。加入WTO后，按照对等原则，中国投资银行业也可以进入其他缔约国金融市场并享受该国资本的同等待遇，中国投资银行业获得了更多新的发展机遇，应该放眼世界，用全球化的眼光经营我国的投资银行。开拓国际业务一方面有利于中国投资银行的国际接轨，另一方面也可以增强自己的业务能力。

我国投资银行开拓国际业务可从以下两方面开始：一方面，在海外设立分支机构，从组织建设上保证其国际业务的顺利开展。目前中信、国泰君安、国信、招商、光大、广发、海通等均在香港设立了子公司。另一方面，寻求与海外证券公司的深层次合作，主要应是学习和熟悉海外市场，向国际惯例靠拢，为全面参与全球一体化的资本市场的竞争积累经验、培养人才。如先在中国企业的海外融资、兼并收购等业务上提供服务，再逐步参与国际资本市场的竞争。

（五）投资银行的人才结构和风险管理由“单一”向“复合”转变

随着我国投资银行业务的多元化和创新产品的多样化，投资银行越来越需要具备综合业务能力的复合型人才以及具备各项专业能力的复合型团队。同时，投资银行业务风险也将呈现多样化特征，跨业务领域和跨产品线的综合风险将越来越突出。投资银行需建立支持多样化业务的复合型风险管理体系。

四、从内部控制来看，投资银行的内部控制将进一步规范化

信息披露是证券市场的基石，关系到投资银行产品的质量，关系到投资者的利益及投资银行自身的巨额损失风险，乃至关系到投资者对中国证券市场的整体信心。证券市场的基本功能在于增进经济资源的市场化配置，存在虚假记载、误导性陈述、重大遗漏的投资银行产品会使证券市场的经济资源市场化配置功能削弱乃至失效。投资银行的内部控制就是要通过开展自身内部控制活动、加强自律与合规管理，为投资银行向市场提供真实、准确、完整、及时信息披露的投资银行产品提供保障。

从国际成熟证券市场来看，投资银行内部控制的发展经历了内部牵制、内部控制制度、内部控制结构与内部控制整体框架四个阶段。对投资银行产品的内部控制首先要强调控制目标，即合理披露投资银行产品相关主体经营的效果和效率、财务报告的可靠性和经营的合规性等。在目前“保荐”型投资银行、“以项目为中心”的背景下，我国投资银行对投资银行产品质量的内部控制大多还处于内部控制的初始阶段。未来，在证券市场进一步改革开放过程中，投资银行内部控制流程、控制制度、控制体系的进一步健全完善将关系到投资银行的品牌树立，甚至成为投资银行的生命线。

投资银行内部控制必须规范化，必须建立投资银行项目管理制度，完善各类投资银行项目的业务流程、作业标准和风险控制措施，加强项目的承揽立项、尽职调查、改制辅导、文件制作、内部审核、发行上市和保荐回访等环节的管理，加强项目核算和内部考核，完善项目工作底稿和档案管理制度。

附录一：

2011 年与投资银行业务相关的政策法规

与投资银行业务相关的政策法规见表 1－1。

表 1－1　　2011 年中国证监会颁布的政策法规

政策法规名称	发布日期	发布机构	主要内容
证监会公告［2011］1 号	2011 年 1 月 10 日	中国证监会	为了正确理解与适用《上市公司收购管理办法》第六十二条第一款第（二）项的有关规定，中国证监会制定了《〈上市公司收购管理办法〉第六十二条有关上市公司严重财务困难的适用意见——证券期货法律适用意见第 7 号》。
证监会公告［2011］2 号	2011 年 1 月 17 日	中国证监会	为了正确理解与适用《上市公司收购管理办法》有关要约豁免申请的规定，中国证监会制定了《〈上市公司收购管理办法〉第六十二条、第六十三条有关要约豁免申请的条款发生竞合时的适用意见——证券期货法律适用意见第 8 号》。
证监会公告［2011］3 号	2011 年 1 月 17 日	中国证监会	为了正确理解与适用《上市公司收购管理办法》第七十四条有关收购人在收购完成后 12 个月内不得转让其持有的被收购公司股份的规定，中国证监会制定了《〈上市公司收购管理办法〉第七十四条有关通过集中竞价交易方式增持上市公司股份的收购完成时点认定的适用意见——证券期货法律适用意见第 9 号》。
证监会公告［2011］4 号	2011 年 1 月 17 日	中国证监会	为了正确理解与适用《上市公司重大资产重组管理办法》第三条有关“任何单位和个人不得利用重大资产重组损害上市公司及其股东的合法权益”的规定，规范上市公司重大资产重组行为，中国证监会制定了《〈上市公司重大资产重组管理办法〉第三条有关拟购买资产存在资金占用问题的适用意见——证券期货法律适用意见第 10 号》。
证监会公告［2011］7 号	2011 年 2 月 16 日	中国证监会	2010 年 7 月 4 日，国务院发布了《关于第五批取消和下放管理层级行政审批项目的决定》（国发［2010］21 号，以下简称《决定》）。为贯彻落实《决定》的精神，做好有关行政审批项目取消后的后续管理和衔接工作，现就有关事项公告如下： 一、对于《决定》中取消的“外国证券类机构驻华代表机构地址变更审批”项目，中国证监会及派出机构不再审批。 二、与被取消行政审批项目相关的后续管理方式和衔接工作如下：外国证券类机构驻华代表机构（以下简称“外资代表处”）变更地址的，应在完成工商地址变更登记后的 5 个工作日内向外资代表处所在地的中国证监会派出机构提交《外国证券类机构驻华代表机构地址变更备案书》。

续表

政策法规名称	发布日期	发布机构	主要内容
《关于保荐项目尽职调查情况问核程序的审核指引》	2011 年 4 月 7 日	中国证监会	建立问核机制，进一步落实保荐责任。问核机制中询问的问题涵盖了审核过程中关注的 41 个方面问题，包括投资者投资判断时关注的重要事项，如发行人行业排名和行业数据、主要供应商和经销商情况、环保情况、拥有或使用商标和专利等知识产权情况等。
证监会公告［2011］11 号	2011 年 4 月 29 日	中国证监会	公布《信息披露违法行为行政责任认定规则》，自公布之日起施行。
证监会公告［2011］14 号	2011 年 5 月 26 日	中国证监会	根据《证券法》和《中国证券监督管理委员会发行审核委员会办法》（证监会令第 62 号）的规定，经中国证券监督管理委员会第 298 次主席办公会审议决定，聘任 25 人为中国证券监督管理委员会第十三届主板发行审核委员会委员。
证监会公告［2011］17 号	2011 年 8 月 1 日	中国证监会	为了正确理解与适用《上市公司重大资产重组管理办法》第十三条、第四十三条的规定，中国证监会制定了《〈上市公司重大资产重组管理办法〉第十三条、第四十三条的适用意见——证券期货法律适用意见第 12 号》。
证监会公告［2011］19 号	2011 年 8 月 24 日	中国证监会	根据《证券法》和《中国证券监督管理委员会发行审核委员会办法》（证监会令第 62 号）的规定，经中国证券监督管理委员会第 302 次主席办公会审议决定，聘任 35 人为中国证券监督管理委员会第三届创业板发行审核委员会委员。
证监会公告［2011］25 号	2011 年 9 月 19 日	中国证监会	公布《创业板专家咨询委员会工作规则（试行）》。
证监会公告［2011］29 号	2011 年 10 月 20 日	中国证监会	为了促进创业板上市公司持续规范发展，进一步支持自主创新和其他成长型创业企业利用资本市场做优做强，多渠道破解中小企业融资难题，现将创业板上市公司非公开发行公司债券的有关事项公告如下，请各保荐机构、创业板上市公司遵照执行： 一、创业板上市公司申请非公开发行公司债券，执行《公司债券发行试点办法》（证监会令第 49 号）的有关规定，符合规定的公司可依照程序向中国证监会报送申请文件。 二、创业板上市公司非公开发行公司债券的转让执行深圳证券交易所的有关业务规则。
证监会公告［2011］40 号	2011 年 12 月 28 日	中国证监会	公布《中国证券监督管理委员会上市公司并购重组审核委员会工作规程》（2011 年修订）。
证监会公告［2011］41 号	2011 年 12 月 30 日	中国证监会	为增强上市公司 2011 年年度报告的真实性、准确性、完整性和及时性，提高上市公司信息披露质量，维护资本市场“三公”原则，各上市公司及相关会计师事务所应当严格遵照本公告的要求，切实做好 2011 年年报编制、审计和披露工作。
证券公司直接投资监管指引	2011 年 7 月 8 日	中国证监会机构监管部	对证券公司从事直接投资业务进行规范。

附录二：

2011 年证券市场与投资银行业务相关的主要事件

一、绿大地董事长因欺诈发行股票罪被捕

2011 年 3 月 21 日，中国证监会有关部门负责人证实，绿大地董事长何学葵因涉嫌欺诈发行股票罪，已被当地公安机关逮捕。

二、实施保荐项目问核制，强化中介机构职责

2011 年 4 月 7 日，为强化监督保荐机构和保荐代表人做好尽职调查工作，提高保荐工作质量，中国证监会发布《关于保荐项目尽职调查情况问核程序的审核指引》，建立问核机制，进一步落实保荐责任。问核机制中询问的问题涵盖了审核过程中关注的 41 个方面问题，包括投资者投资判断时关注的重要事项，如发行人行业排名和行业数据、主要供应商和经销商情况、环保情况、拥有或使用商标和专利等知识产权情况等。问核机制要求保荐机构进行独立调查，并采取走访、由有权机关出具确认或证明文件、通过央行企业征信系统查询等多种方式进行有效的核查，确认发行人符合法定发行条件，信息披露真实、准确、完整。

保荐项目问核机制的实施将进一步完善保荐制度，促进保荐机构和保荐代表人切实履行保荐职责，促进市场各参与主体归位尽责，完善市场化约束机制，强化市场诚信文化建设，为证券发行制度的后续改革奠定更为坚实的基础。

三、我国资本市场迎来首家发行中止的公司——八菱科技

2011 年 6 月 7 日，首发申请成功获批的八菱科技在进行路演推介的过程中由于询价机构数量不足 20 家，被迫中止发行，成为中国资本市场首家 IPO 发行中止的公司。八菱科技的发行中止被市场称为新股发行改革以来的标志事件，IPO 新股估值开始回归理性。

四、中国证监会发布《证券公司直接投资业务监管指引》

2011 年 7 月 8 日，中国证监会发布了《证券公司直接投资业务监管指引》（以下简称《指引》），在总结试点经验的基础上，对规范证券公司直接投资业务提出了明确监管要求。《指引》在证券公司和旗下直接投资子公司之间设立了防火墙，规定担任拟上市企业的辅导机构、财务顾问、保荐机构或者主承销商自签订有关协议或者实质开展相关业务之日起，公司的直接投资子公司、直接投资基金、产业基金及基金管理机构不得再对该拟上市企业进行投资。就此，直接投资晚于保荐的“保荐 + 直接投资”模式正式被叫停。《指引》还对直接投资子公司从业人员资质、投资决策流程、经营管理等重要方面进行了明

确规定。

《指引》将证券公司直接投资业务纳入常规监管，标志着直接投资业务从试点业务转为证券公司常规业务，为证券业发展壮大带来了新的机遇，但同时也对证券公司开展直接投资业务提出了更高的监管要求。

2011 年 11 月 26 日，中国证券业协会发布通知，要求证券公司“直接投资 + 保荐”股份新增 6 个月锁定期。

五、发行日程和发行窗口将更加灵活

2011 年 7 月 13 日，中国证监会表态，今后 IPO 可在获得批文后 6 个月内由“承销商和发行人就发行日程和发行窗口的选择作更加灵活的安排”。

六、强化保荐机构和保荐人的外部监督

2011 年 7 月 22 日，中国证监会宣布保荐信用监管系统正式上线，强化对保荐机构和保荐人的外部监督。

七、修改上市公司重大资产重组与配套融资有关规定

2011 年 8 月 1 日，中国证监会发布《关于修改上市公司重大资产重组与配套融资相关规定的决定》，自 2011 年 9 月 1 日起施行。该决定作出了九大修改，对借壳上市、发行股份购买资产和并购重组配套融资三个方面作出了新的调整。

根据该决定，上市公司向收购人购买的资产总额，占上市公司控制权发生变更的前一个会计年度期末资产总额的比例达到 100% 以上的，除原有要求外，还需增加“上市公司购买的资产对应的经营实体持续经营时间应当在 3 年以上，最近两个会计年度净利润均为正数且累计超过人民币 2 000 万元”两大条件。借壳重组与首次公开发行标准已非常接近。

新规对于 2008 年 3 月审核通过的《上市公司重大资产重组管理办法》进行修订，是为了贯彻落实《国务院关于促进企业兼并重组的意见》的有关规定，支持企业利用资本市场开展兼并重组，促进行业整合和产业升级，进一步规范、引导借壳上市活动，完善上市公司发行股份购买资产的制度规定，鼓励上市公司以股权、现金及其他金融创新方式作为兼并重组的支付手段，拓宽兼并重组融资渠道，提高兼并重组效率。

八、主板、创业板发行审核委员会顺利换届

2011 年 5 月 26 日，中国证监会第十三届主板发行审核委员会正式成立，25 名委员中有 13 名是留任的上届委员，12 名为新聘委员。2011 年 8 月 26 日，中国证监会第三届创业板发行审核委员会正式成立，新一届发行审核委员会仍由 35 名委员组成，约半数委员为上届留任续聘，这是 2009 年创业板发行审核委员会成立后的首次换届。

九、创业板非公开发行公司债券启动

2011 年 10 月 20 日，中国证监会发布［2011］29 号公告，允许符合条件的创业板上市公司非公开发行公司债券。创业板上市公司申请非公开发行公司债券，执行《公司债

券发行试点办法》（证监会令第49号）的有关规定，发行对象数量不超过10名。

启动创业板公司非公开发行债券工作，充分考虑了创业板上市公司资产规模相对较小的特点，适应其持续融资需求，有利于促进创业板上市公司持续规范发展，帮助其在股东持股比例不变的前提下，优化资产结构。允许创业板公司非公开发行公司债券，还可以引导创业板上市公司均衡使用多种资本市场工具，抑制其在首次公开发行时“一次募足”的冲动。

十、中国证监会督促上市公司明确现金分红政策，增强红利分配透明度

2011年11月9日，中国证监会负责人在媒体通气会上表示，中国证监会将出台政策，要求拟上市公司和已上市公司明确红利回报规划，包括现金回报方案和分配决策机制，这一政策将在IPO公司中首先执行。中国证监会将要求所有上市公司完善分红政策及其决策机制，综合分析企业经营发展实际、股东要求和意愿、社会资金成本、外部融资环境等因素，科学决定公司分红政策，增强红利分配的透明度，不得随意调整已确定的分红政策。中国证监会将立即从首次公开发行股票开始，在公司招股说明书中细化回报规则、分红政策和分红计划，并作为重大事项加以提示。

十一、中国证监会开出最严保荐代表人罚单，向平安证券出示警示函

2011年11月29日，中国证监会发布《行政监管措施决定书》，因在胜景山河首次公开发行并上市项目中，尽职调查工作不完善，对胜景山河经销商、关联方等事项核查不充分，对保荐机构平安证券采取出具警示函的措施，对林辉、周凌云采取撤销保荐代表人资格的措施。

十二、中国证监会首次解聘并购重组委员会委员

2011年12月1日，中国证监会宣布，对第三届并购重组委员会委员、北京天健兴业资产评估有限公司总经理吴建敏予以解聘。这是中国证监会根据相关规定，首次对违规持股的并购重组审核委员会委员开出“解聘”这一最重处罚措施。吴建敏委员在借用他人账户持有ST圣方股票的情况下，未主动申请回避，于2010年3月3日参与审核了ST圣方并购重组方案。而根据中国证监会相关规定，持有相关公司股票的委员，须回避参加并购重组审核。吴建敏的行为涉嫌违规持股，严重违反了中国证监会的相关规定。

这是中国证监会历史上首次公开解聘并购重组委员会委员，显示中国证监会对内幕交易的零容忍。

分报告之四：

2011年中国证券公司资产管理业务发展回顾与展望

第一章 2011年中国证券公司资产管理业务的总体情况

第一节　2011年中国证券公司资产管理业务的发展环境

证券公司资产管理业务的发展与国民经济增长、居民财富的积累、高净值[①]人士数量增长及其拥有财富数量的增长均密切相关。2011年，我国GDP仍保持9%以上的高速增长态势，居民可支配收入因此保持着稳定增长的态势，高净值人士的数量及其拥有财富的数量也都保持着增长态势，这为2011年国内证券公司资产管理业务的继续发展奠定了基础。另外，2011年国内通胀高企，这有助于把居民存款转向证券资产管理业。2011年证券资产管理业发展的主要不利因素是A股市场的持续低迷。

由于缺少定向理财产品和专向理财产品的数据，本章主要总结了我国证券公司资产管理业务中集合理财产品的发展状况。

一、经济增长和居民财富积累是源泉

经济增长和由此导致的居民财富积累是证券公司资产管理业务发展的源泉。经济持续增长导致居民收入持续增加，在满足基本生活所需后，居民的理财意愿会逐渐增强，专业理财业的理财规模才会逐渐增长。以美国为例，1995~2010年，美国的GDP基本上持续小幅增长，由此导致美国的人均可支配收入持续增长（见图1-1），随着可支配收入的增加，资产管理业的总产管理规模也持续增长（见图1-2）。

2011年，我国经济仍保持9%以上的高速增长状态（见图1-3），居民可支配收入也因此保持着稳定增长的态势（见图1-4），这为我国证券资产管理业2011年的发展奠定

① 财产超过1 000万元。

了坚实的基础。

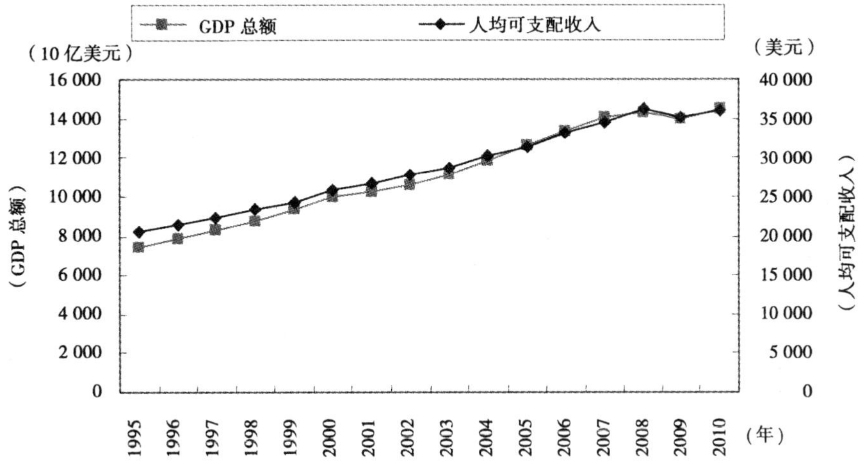

图 1－1　1995～2010 年美国 GDP 总额及人均可支配收入

资料来源：美国商务部经济分析局和美国投资公司协会。

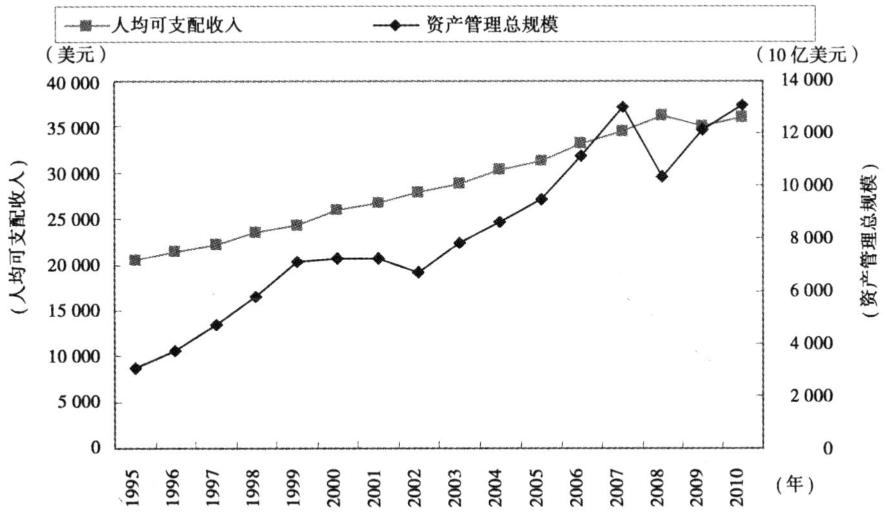

图 1－2　1995～2010 年美国人均可支配收入与资产管理总规模

资料来源：美国商务部经济分析局和美国投资公司协会。

二、高净值人士数量增长及其拥有财富数量的增长是重要动力

与一般居民相比，高净值人士具有更多的可供专业理财业理财的财富，也具有更大的理财意愿，因此，高净值人士数量的增长及其财富的增长是推动证券公司资产管理业务发展的重要因素。

据招商银行研究，2011 年，中国高净值人士的数量达 58.5 万人，比 2010 年增加 16.3%（见图 1－5），其掌握的可投资资产规模达 17.7 万亿元，比 2010 年增长 18%（见

图 1－6）。这为 2011 年中国证券公司资产管理业务的发展提供了又一有利条件。

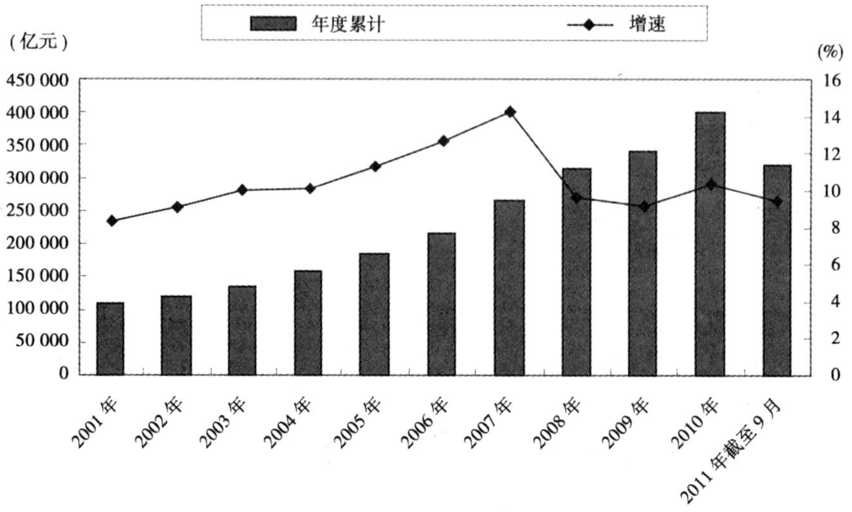

图 1－3　2001～2011 年前 3 季度中国 GDP 总量及其增速

资料来源：国家统计局。

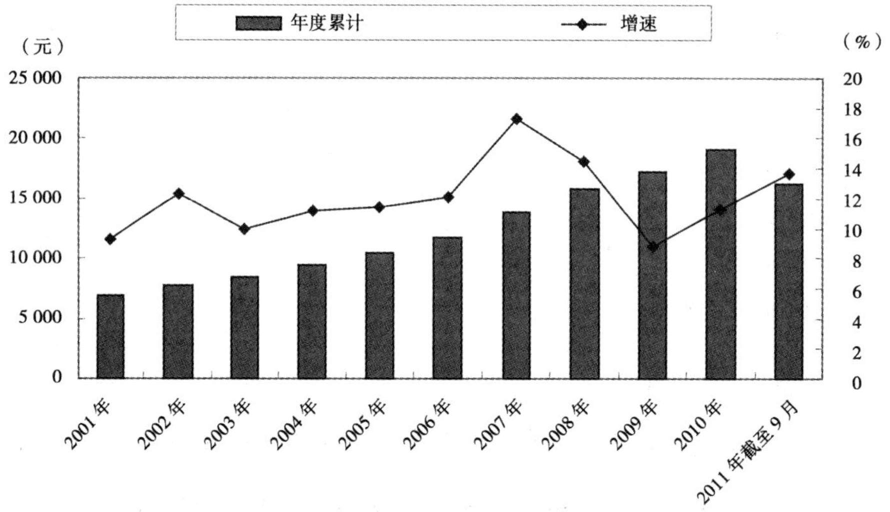

图 1－4　2001～2011 年前 3 季度中国城镇居民人均可支配收入及其增速

资料来源：国家统计局。

三、高通胀为银行存款转入证券理财业提供了动力

2011 年，在各种因素综合作用下，国内通胀率高企，最高的月份超过了 6%（见图 1－7）。

高通胀率使存款的实际利率为负（见图 1－8），为存款从银行转向资产管理业提供了动力。事实上，2011 年银行存款的增速确实在下降（见图 1－9），负利率是一个重要原因。

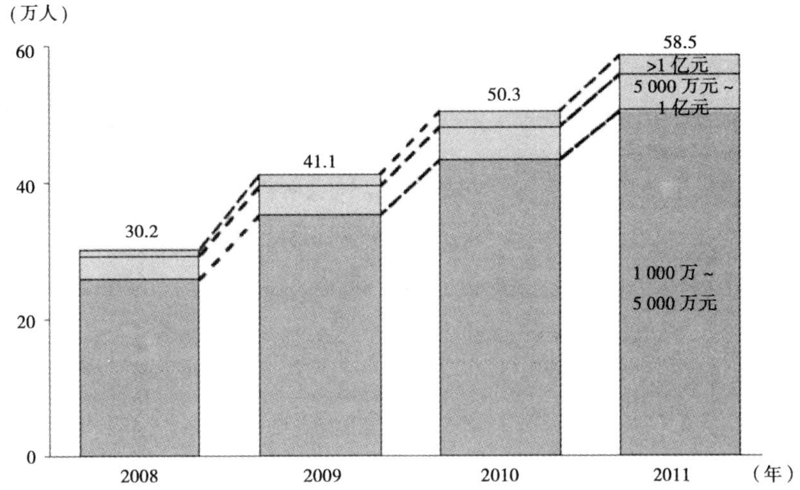

图1－5　2008～2011年中国高净值人士数量及其构成

资料来源：招商银行：《2011中国私人财富报告》。

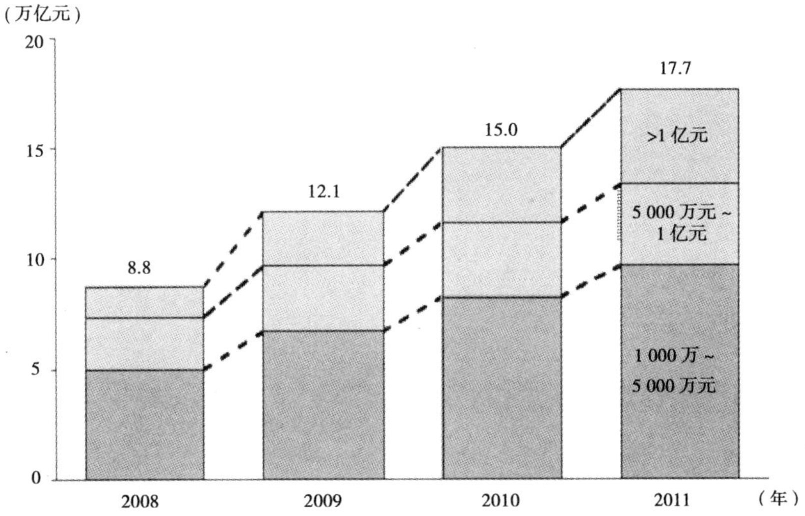

图1－6　2008～2011年中国高净值人士可投资资产规模及其构成

资料来源：招商银行：《2011中国私人财富报告》。

四、A股市场低迷制约证券公司资产管理业务发展

2011年，A股市场基本呈单边下跌走势，上证综指从年初的2852点下跌到年底的2199点，下跌幅度达23%；深证综指从12714点下跌到8918点，跌幅达30%（见图1－10）。

2011年股市的长时间低迷造成证券公司理财产品大面积亏损，且不少产品亏损幅度较大，持有人与管理人之间的纠纷不断。大部分机构的理财产品规模缩水，新产品发行困难。证券公司资产管理业经历了较为困难的一年。

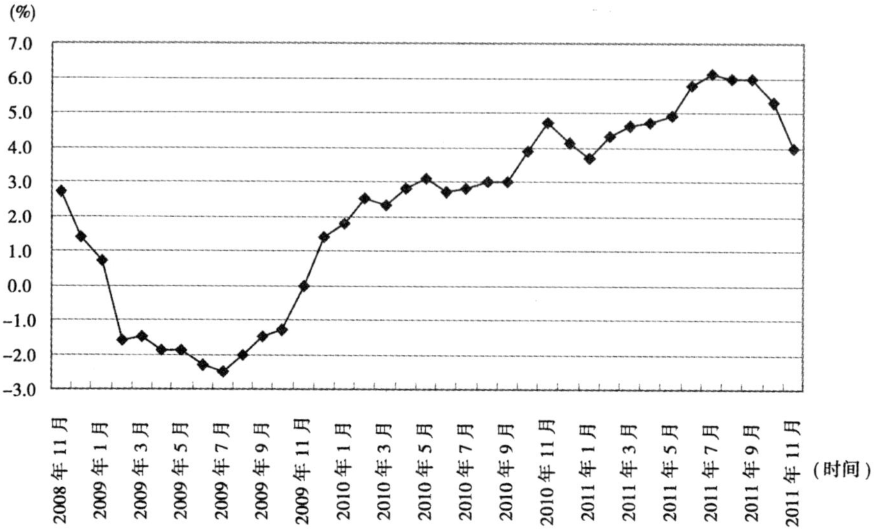

图 1－7　2008 年 11 月 ~2011 年 11 月 CPI 指数

资料来源：国家统计局。

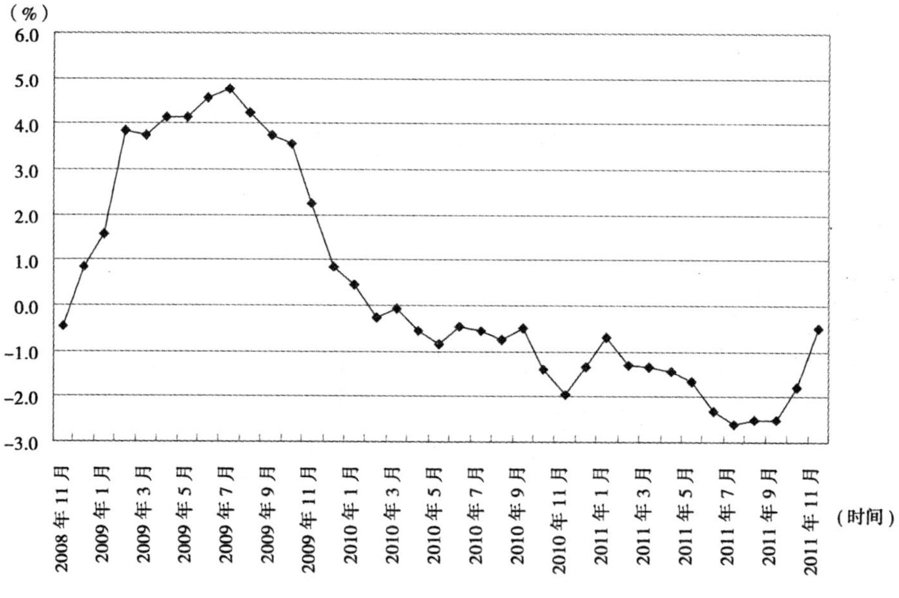

图 1－8　2008 年 11 月 ~2011 年 11 月 1 年期实际存款利率

资料来源：国家统计局。

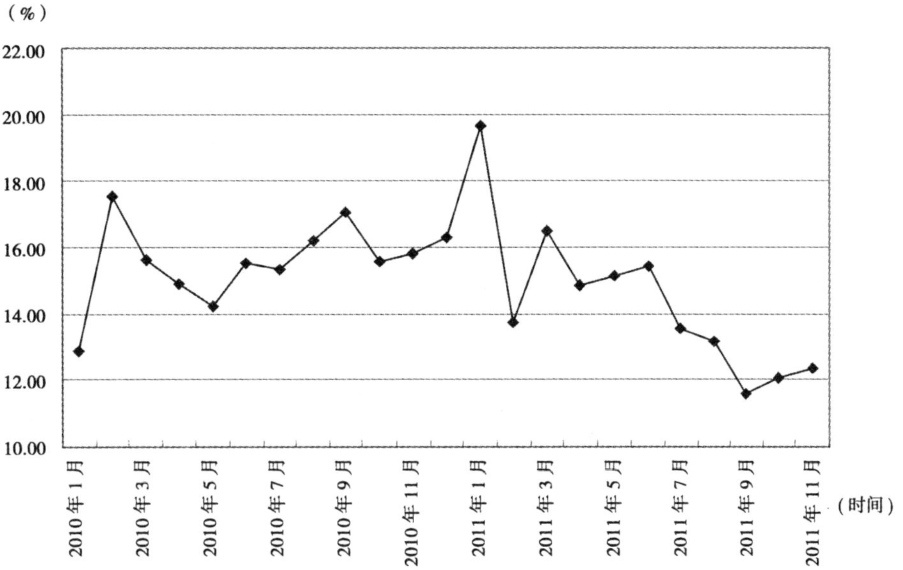

图 1－9　2010 年 1 月 ~2011 年 11 月储蓄存款增速

资料来源：国家统计局。

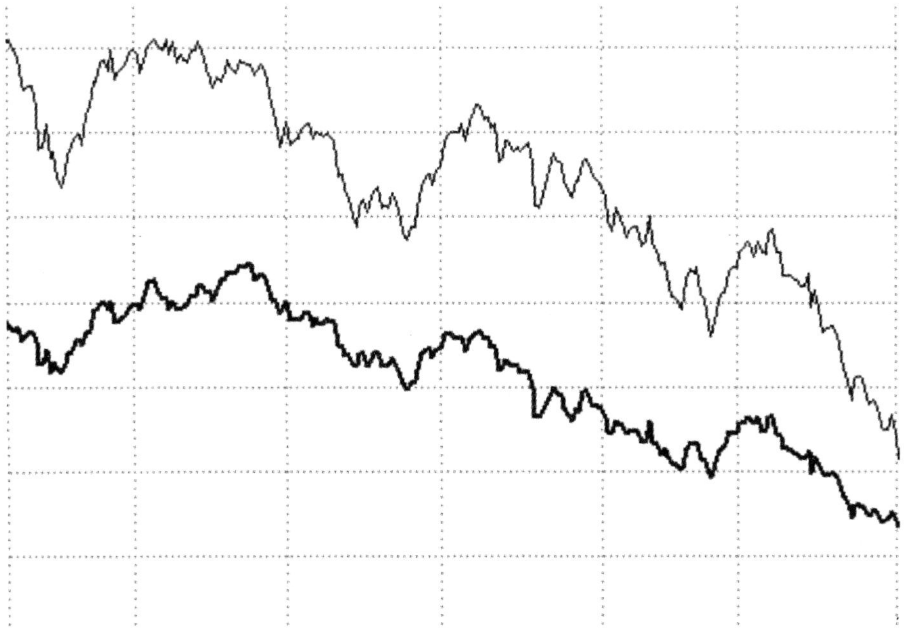

图 1－10　2011 年全年上证综指（浅）和深证综指（深）走势

资料来源：Wind 资讯。

第二节　2011 年中国证券公司资产管理业务的发展情况

一、证券公司理财产品新发行：数量增加，单只规模缩水

2011 年，全国各证券公司新发行集合理财产品共 108 只，其中，股票型 7 只，混合型 81 只，QDII 2 只，债券型 11 只，货币型 2 只，其他型 5 只。从新发行的产品数量上看，2011 年的新发行量为历年来最大（见图 1－11），但从单只规模上看，由于 A 股市场持续低迷，规模持续下滑（见图 1－12）。

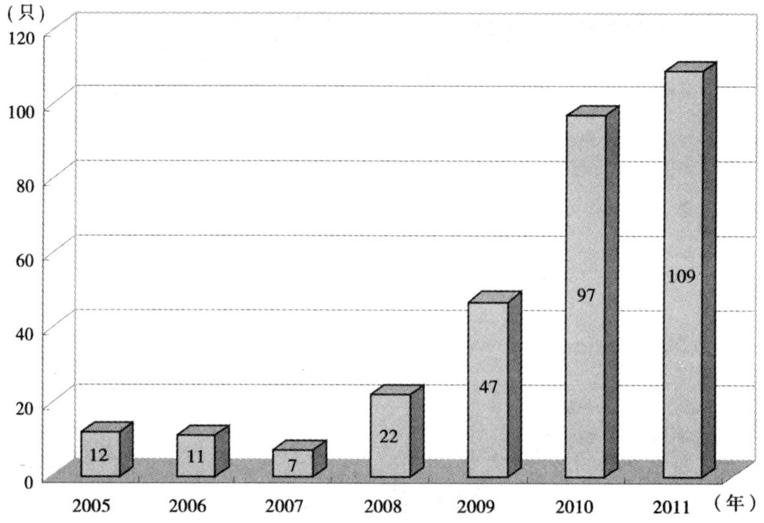

图 1－11　2005～2011 年证券公司集合理财产品新发行情况

资料来源：Wind 资讯。

二、2011 年证券公司资产规模持续缩水

虽然从总体上看，近几年证券公司集合理财规模在持续增长（见图 1－13），但 2011 年由于股市持续低迷，在每月基本上都有新产品发行的情况下，证券公司集合理财的规模仍基本逐渐下降（见图 1－14）。

三、证券公司集合理财产品以混合型为主

截至 2011 年底，国内证券公司已有 60 家开展证券资产管理业务，合计管理产品数量 284 只，若剔除获批未发行产品，实际产品数量为 275 只，资产份额为 1 439.46 亿份，资

产规模为 1 282.65 亿元。若按投资类型划分，275 只产品绝大多数为混合型产品（占比 76%）按所管理的资产规模排序，前 10 家证券公司见表 1－1。

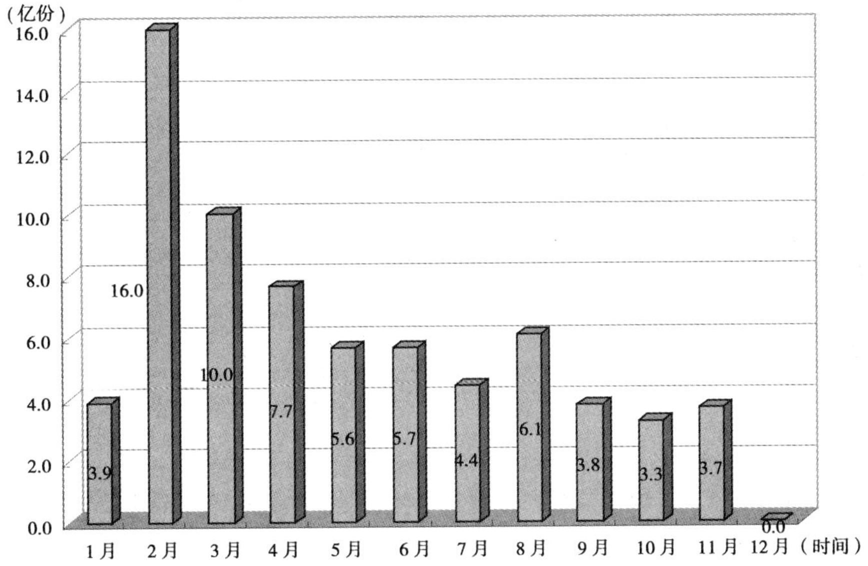

注：12 月 3 只集合理财产品获批后未发行，故规模为 0。

图 1－12　2011 年各月证券公司集合理财产品单只的平均发行规模

资料来源：Wind 资讯。

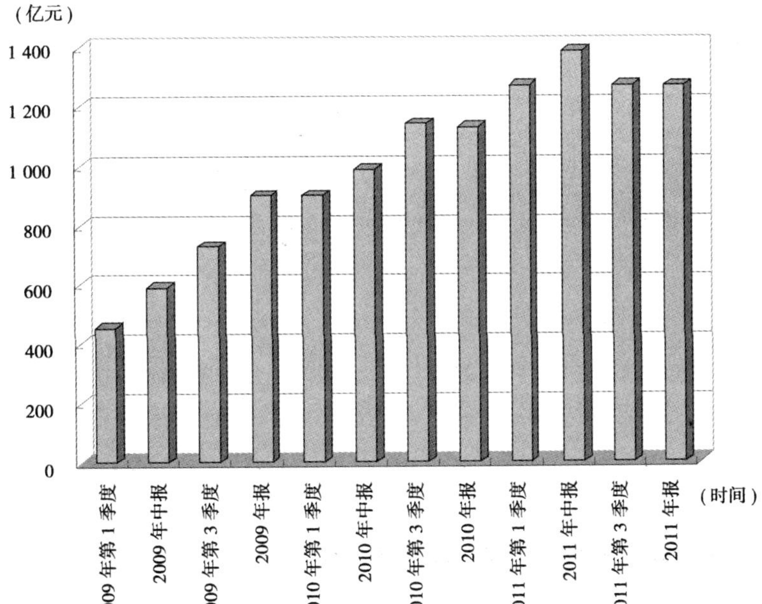

图 1－13　2009～2011 年各季（累计）证券公司集合理财规模情况

资料来源：Wind 资讯。

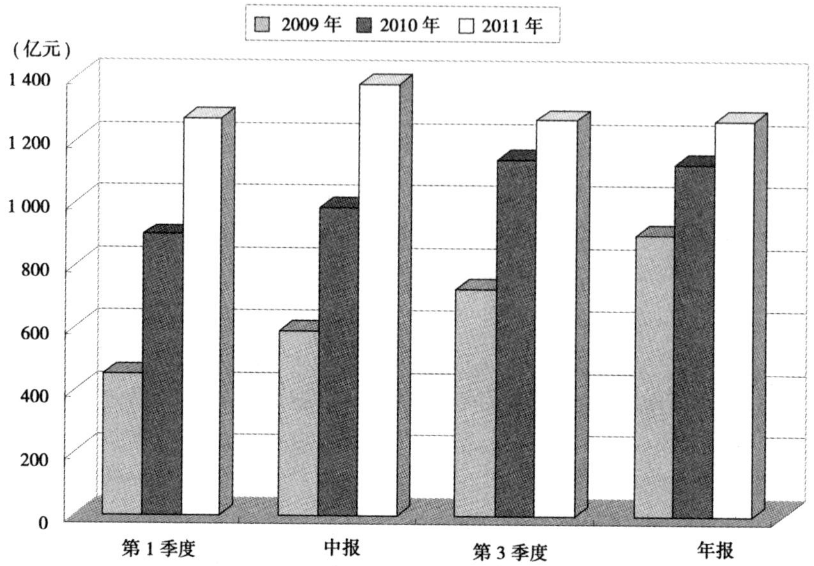

图1－14　2009～2011年各季（累计）证券公司资产管理规模对比

资料来源：Wind资讯。

表1－1　　截至2011年底资产管理规模前十大证券公司及其资产管理规模情况

管理人	产品数量	份额合计（亿份）	资产净值合计（亿元）
中信证券	16	155.60	144.11
国泰君安证券	21	143.81	134.09
东方证券资产	18	97.35	95.11
光大证券	14	92.24	82.83
广发证券	6	91.32	79.18
东海证券	10	87.33	75.47
招商证券	8	68.67	63.57
华泰证券	14	64.91	58.59
长江证券	12	57.66	52.49
兴业证券	7	38.81	37.19

资料来源：Wind资讯。

四、2011年证券公司资产管理产品普遍亏损

截至2011年底，已投资运营的各类型证券公司理财产品共275只。其中，实现正收益的有47只（见表1－2），占17.1%；有7只收益为0，占2.5%；其余的全为亏损，占80.4%。2010年证券公司理财产品的亏损面只有30%，2011年亏损面扩大的主要原因在于A股市场的持续低迷。

表 1－2　　2011 年投资收益率前十大证券公司理财产品及其收益率

产品简称	收益率（%）	投资类型
国泰君安君享稳健	5.98	混合债券型一级基金
中银国际中国红货币宝	4.33	货币市场型基金
国泰君安君得利 2 号货币	4.13	货币市场型基金
国泰君安君得利 1 号货币	4.13	货币市场型基金
招商现金牛货币	3.90	货币市场型基金
创业 1 号安心回报	3.25	混合债券型一级基金
国泰君安君享量化	3.25	平衡混合型基金
招商智远稳健 4 号	3.20	偏债混合型基金
国泰君安君享套利 1 号	2.40	平衡混合型基金
南京神州 2 号	2.25	混合债券型一级基金

资料来源：Wind 资讯。

在 2011 年实现正收益的 47 只产品中，超过一半以上的产品为混合型，股票型只占 4%（见图 1－15），显示 2011 年要实现股票投资正收益较困难。

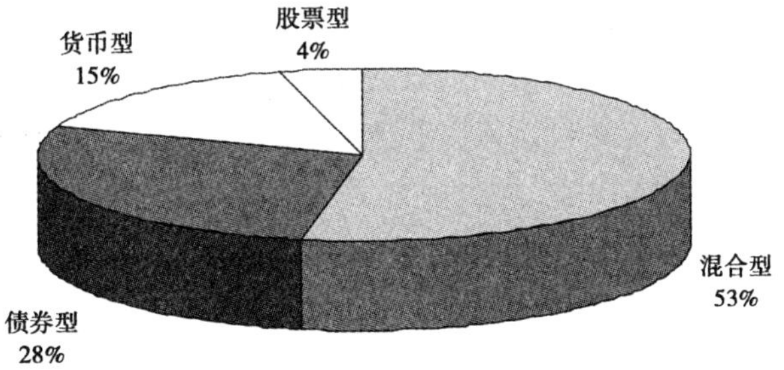

图 1－15　2011 年实现正收益的 47 只产品中各类型产品的占比

资料来源：Wind 资讯。

若按投资类型进行分类分析，混合型产品共 208 只，其中 25 只在 2011 年实现了正收益，占比 12%。收益率最大的是“国泰君安君享量化”，收益率为 3.25%（表 1－3）。

表 1－3　　2011 年混合型产品中收益率排名前 10 位的产品

产品简称	收益率（%）	最新规模（估算）（亿元）	成立日期	投资类型	所属概念	管理公司
国泰君安君享量化	3.25	2.3455	2011－3－14	平衡混合型基金	混合型	国泰君安
招商智远稳健 4 号	3.20	1.0434	2010－12－24	偏债混合型基金	混合型	招商证券
国泰君安君享套利 1 号	2.40	1.1815	2011－7－19	平衡混合型基金	混合型	国泰君安
国泰君安君享套利 6 号	2.10	1.4149	2011－9－14	平衡混合型基金	混合型	国泰君安
国泰君安君享套利 3 号	2.10	0.6854	2011－8－17	平衡混合型基金	混合型	国泰君安
国泰君安君享套利 5 号	1.90	1.6412	2011－8－29	平衡混合型基金	混合型	国泰君安

续表

产品简称	收益率（%）	最新规模（估算）（亿元）	成立日期	投资类型	所属概念	管理公司
光大阳光避险增值	1.88	6.5494	2011－8－25	偏债混合型基金	混合型	光大证券
国泰君安君享套利2号	1.70	2.5359	2011－7－27	平衡混合型基金	混合型	国泰君安
中信贵宾3号	1.66	2.2300	2011－4－15	平衡混合型基金	混合型	中信证券
创业金益求金	1.31	1.0231	2011－1－21	偏债混合型基金	混合型	第一创业

资料来源：Wind资讯。

股票型产品共10只，其中有3只产品在2011年取得了正收益。收益率最大的是“中信卓越成长”，收益率为0.69%（见表1－4）。

表1－4　　2011年股票型产品收益率排名

产品简称	收益率（%）	最新规模（估算）（亿元）	成立日期	投资类型	所属概念	管理公司
中信卓越成长	0.69	17.91	2011－5－19	普通股票型基金	股票型	中信证券
中信红利价值	0.38	5.56	2011－8－25	普通股票型基金	股票型	中信证券
国泰君安君得发	0.00	8.13	2011－12－29	普通股票型基金	股票型	国泰君安
高华证券盛享1号	－3.45	1.44	2011－12－8	普通股票型基金	股票型	高华证券
宏源新兴成长	－13.09	2.55	2011－7－1	普通股票型基金	股票型	宏源证券
国联金如意3号	－14.07	1.38	2011－8－15	普通股票型基金	股票型	国联证券
银河99指数	－15.63	3.50	2010－12－21	被动指数型基金	股票型	银河证券
国泰君安上证央企50	－19.23	1.02	2010－7－15	被动指数型基金	FOF	国泰君安
中金消费指数	－20.58	1.90	2010－12－29	被动指数型基金	股票型	中金公司
东兴金牛1号	－34.88	1.16	2011－4－1	普通股票型基金	股票型	东兴证券

资料来源：Wind资讯。

债券型产品共34只，其中有12只在2011年取得了正收益。收益率最大的是“国泰君安君享稳健”，收益率为5.98%（见表1－5）。

表1－5　　2011年债券型产品收益率排名

产品简称	收益率（%）	最新规模（估算）（亿元）	成立日期	投资类型	所属概念	管理公司
国泰君安君享稳健	5.98	4.0441	2011－1－14	混合债券型一级基金	债券型	国泰君安
创业1号安心回报	3.25	1.5051	2009－4－17	混合债券型一级基金	债券型	第一创业
南京神州2号	2.25	2.0518	2009－11－5	混合债券型一级基金	债券型	南京证券
国泰君安君得惠二号	1.60	5.8982	2011－9－22	混合债券型一级基金	债券型	国泰君安

续表

产品简称	收益率（%）	最新规模（估算）（亿元）	成立日期	投资类型	所属概念	管理公司
兴业证券金麒麟1号	0.69	3.9804	2009-3-27	混合债券型一级基金	债券型	兴业证券
华泰紫金策略避险	0.59	7.5487	2011-10-24	混合债券型二级基金	债券型	华泰证券
恒泰稳健回报	0.59	6.4967	2011-11-28	混合债券型二级基金	债券型	恒泰证券
海通海蓝宝益	0.55	4.4394	2011-11-18	混合债券型一级基金	债券型	海通证券
光大阳光稳健添利	0.46	1.7137	2011-11-10	混合债券型一级基金	债券型	光大证券
国泰君安君得惠债券	0.39	5.2067	2009-9-24	混合债券型一级基金	债券型	国泰君安
国海金贝壳5号	0.16	3.0367	2011-9-1	混合债券型一级基金	债券型	国海证券
中金一号	0.14	1.1268	2010-1-13	混合债券型二级基金	债券型	中金公司
长江超越理财稳健增利	-0.08	1.1142	2009-12-2	混合债券型二级基金	债券型	长江证券
长江超越理财增强债券	-0.90	3.6170	2008-12-18	混合债券型二级基金	债券型	长江证券
安信理财1号	-1.10	4.4153	2009-5-22	混合债券型一级基金	债券型	安信证券
平安年年红债券宝	-1.87	1.0416	2009-1-21	混合债券型二级基金	债券型	平安证券
光大阳光5号	-2.23	2.8918	2009-1-21	混合债券型二级基金	债券型	光大证券
中金增强型债券	-2.55	2.5520	2009-2-26	混合债券型一级基金	债券型	中金公司
国海债券1号	-2.57	3.0003	2009-9-7	混合债券型二级基金	债券型	国海证券
国信金理财收益增强	-2.97	1.1612	2010-1-5	混合债券型二级基金	债券型	国信证券
中信债券优化	-3.62	14.7552	2009-1-6	混合债券型二级基金	债券型	中信证券
上海证券理财2号	-3.93	1.3038	2009-7-10	混合债券型二级基金	债券型	上海证券
方正金泉友1号	-4.52	5.9009	2010-5-26	混合债券型二级基金	债券型	方正证券
国联金如意1号	-4.65	1.1899	2010-2-8	混合债券型二级基金	债券型	国联证券
长江超越理财可转债	-4.78	11.7975	2011-3-23	混合债券型二级基金	债券型	长江证券
华安理财1号	-6.44	5.2238	2010-6-23	混合债券型二级基金	债券型	华安证券
中信稳健收益	-8.16	5.1097	2009-5-8	混合债券型二级基金	债券型	中信证券
海通季季红	-8.92	1.2019	2009-1-19	混合债券型二级基金	债券型	海通证券
国元黄山1号	-9.46	3.8899	2006-10-9	混合债券型二级基金	债券型	国元证券
华泰紫金鼎步步为盈	-9.69	2.0281	2008-10-27	混合债券型二级基金	债券型	华泰证券
国都1号安心受益	-11.01	2.2436	2006-12-22	混合债券型一级基金	债券型	国都证券
中投汇盈债券优选	-11.96	1.3147	2009-5-18	混合债券型二级基金	债券型	中投证券
华泰紫金1号	-13.11	2.5330	2005-12-6	混合债券型二级基金	债券型	华泰证券
华泰紫金优债精选	-13.39	3.9181	2009-5-12	混合债券型二级基金	债券型	华泰证券

资料来源：Wind资讯。

货币型产品共7只，2011年有6只产品取得正收益，1只收益率为0（见表1－6），这显示出货币型产品在2011年货币紧缩背景下的优势。

表1－6　2011年货币型产品收益率排名

产品简称	收益率（%）	最新规模（估算）（亿元）	成立日期	投资类型	所属概念	管理公司
中银国际中国红货币宝	4.33	7.5503	2010－5－24	货币市场型基金	货币市场型	中银国际
国泰君安君得利2号货币	4.13	28.2595	2010－12－23	货币市场型基金	货币市场型	国泰君安
国泰君安君得利1号货币	4.13	35.4766	2005－10－11	货币市场型基金	货币市场型	国泰君安
招商现金牛货币	3.90	12.2504	2006－1－16	货币市场型基金	货币市场型	招商证券
华泰紫金现金管家	1.93	21.2808	2009－8－25	货币市场型基金	货币市场型	华泰证券
齐鲁锦泉	1.40	1.5208	2011－9－28	货币市场型基金	货币市场型	齐鲁证券
信达现金宝	0.00	1.7966	2011－11－8	货币市场型基金	货币市场型	信达证券

资料来源：Wind资讯。

QDII产品共4只，2011年全部亏损（见表1－7）。2011年欧债危机冲击了全球股市，给QDII产品的盈利造成了压力。

表1－7　2011年QDII型产品收益率排名

产品简称	收益率（%）	最新规模（估算）（亿元）	成立日期	投资类型	所属概念	管理公司
华泰紫金龙大中华	－22.10	1.0605	2011－2－15	QDII基金	QDII	华泰证券
光大全球灵活配置	－12.00	1.3196	2011－5－30	QDII基金	QDII	光大证券
中金大中华股票配置	－15.03	1.0338	2008－2－28	QDII基金	QDII	中金公司
国泰君安君富香江	－27.42	1.3237	2010－9－30	QDII基金	QDII	国泰君安

资料来源：Wind资讯。

第二章 证券公司资产管理业务的比较分析

第一节 我国证券公司资产管理业务的特点

一、证券公司集合理财产品数量、规模分析及其特点

（一）证券公司集合理财产品成立至今情况

自从2005年3月28日首只证券公司集合理财产品——“广发理财2号”成立以来，截止到2011年12月31日，已经有60家证券公司先后发行了313只集合理财产品。除去到期的26只，以及处于推广期的13只集合理财产品，完成设立并处于存续期的集合理财产品共275只，按成立时的资产规模计算，总规模约达2 623.67亿元，平均单只集合理财产品成立规模约9.54亿元。

（二）每年新发行产品情况及特点

从2005年证券公司集合理财产品开始发行新产品开始，产品数量急剧增加，从2005年12只发展到2011年108只，6年时间增长了8倍。尤其是从2008年开始，新产品发行速度大幅提升，同比2007年增长214.29%，随后的两年也保持了3位数的高速增长，2009年同比增长113.64%，2010年同比增长106.38%。在经过3年的高速增长之后，大量同质化严重的产品充斥着整个市场，加上股市行情的低迷，2011年证券公司集合理财产品发行数量增速大幅下降，同比2010年仅增长11.34%（见图2-1）。

从产品成立的规模来看，证券公司集合理财产品的发行份额从2005年139.52亿份到2011年642.87亿份，6年间增长了约3.6倍。尤其是从2009年开始，每年证券公司集合理财产品发行总规模均在600亿份以上，相比2008年226.55亿份以及2008年之前不到200亿份的发行规模增长了2倍以上（见图2-2）。

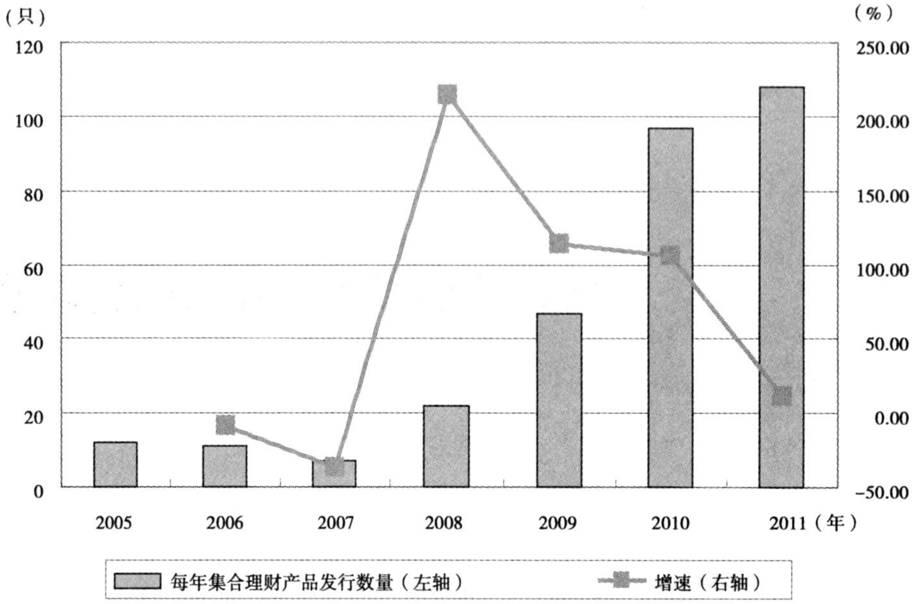

图 2－1　各年证券公司集合理财产品发行数量和增速

资料来源：Wind 资讯。

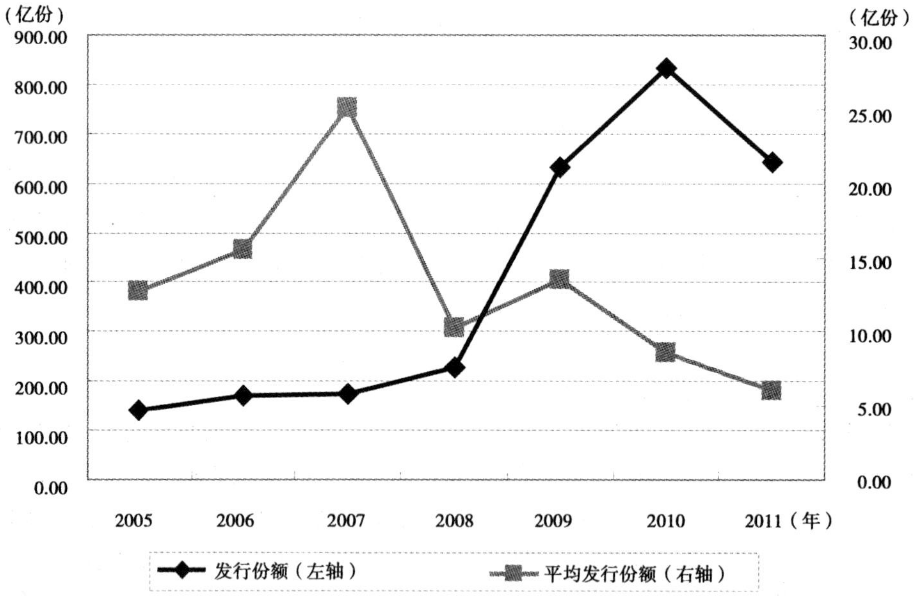

图 2－2　各年证券公司集合理财产品发行份额

资料来源：Wind 资讯。

但是从平均发行份额来看，却呈现出较为明显的下降趋势。平均发行份额从 2007 年的最高 25.08 亿份下降到 2011 年的 6.01 亿份，下降幅度约 76%。

出现这种总规模与平均规模明显背离的原因就在于新产品数量发行太多。近 3 年来各大证券公司都在积极申请资产管理业务资格并积极申报产品，因此出现了较多的产品，而产品同质化严重，导致竞争加剧。

（三）证券公司集合理财产品发行结构及特点

1. 按计划类型分类及其特点。从全部313只证券公司集合理财产品来看，80%以上属于非限定性集合理财产品。限定性集合理财产品的数量不足全部证券公司集合理财产品总量的20%，其主要原因在于限定性集合理财产品的约定偏于保守（见图2-3）。

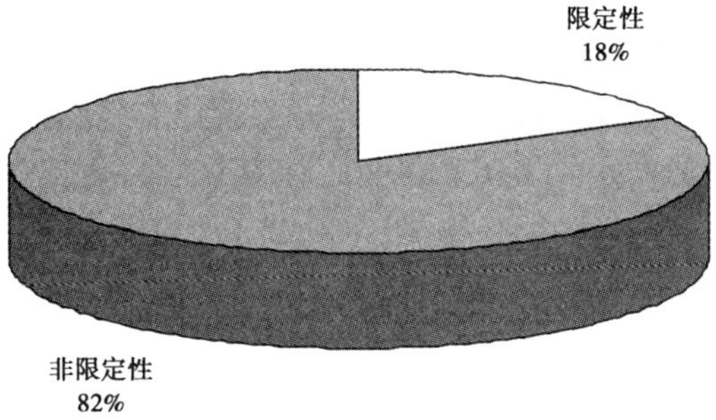

图2-3　截至2011年证券公司集合产品数量占比（累计）

资料来源：Wind资讯。

根据限定性集合理财产品的投资范围规定，限定性集合理财的资产应当主要用于投资国债、国家重点建设债券、债券型证券投资基金、在证券交易所上市的企业债券以及其他信用高且流动性强的固定收益类金融产品；投资于股票和股票型证券投资基金的资产不得超过该计划资产净值的20%，并应当遵循分散投资风险的原则。

2. 按所属概念分类及其特点。若将证券公司集合理财产品按所属概念分类，截至2011年底，超过50%的证券公司集合理财产品属于混合型（54.43%），混合型产品仍然占据半壁江山，其次是FOF占15.74%，债券型占14.75%，股票型占10.49%，货币市场型占2.95%，QDII占1.64%（见图2-4）。

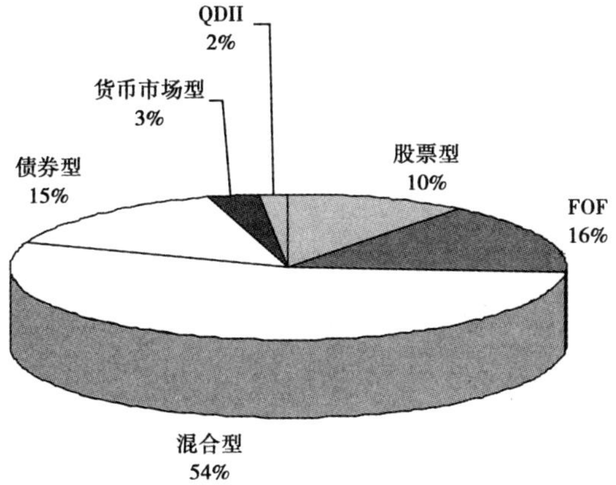

图2-4　截至2011年证券公司集合计划按所属概念分类（累计）

资料来源：Wind资讯。

3. 每年新发行产品结构情况。从每年发行的新产品结构来看，混合型证券公司集合理财产品占比最多，除了2005年和2008年发行的集合理财产品混合型占比在50%以下之外，其余5年新发行混合型集合理财产品占当年新发行产品总数比重均在50%以上，其中最极端情况发生在2007年，全年发行的7只集合理财产品全部是混合型。

混合型产品如此受到青睐的原因在于其产品设计的灵活性。混合型产品的优势主要在于仓位可以非常灵活。在震荡市中，如市场持续下挫，该类产品可以果断减仓至0，并投资固定收益类产品，减少损失。而在行情走强时，该类产品的股票仓位也可以达到95%的上限，享受牛市的收益。由于该类型产品在耐力和爆发力上都有所兼顾，同时将追求绝对收益的特性发挥得淋漓尽致，因此最受投资者的青睐。

与此同时，债券型证券公司集合理财产品和货币市场型证券公司集合理财产品的发行数量呈现出明显的下降趋势。债券型集合理财产品占当年发行总产品的比重在2008年出现拐点，2008年之前（剔除2007年），债券型集合理财产品发行比重呈现上升趋势。在2008年达到拐点之后，从2008年最高比重约27.2%下降至2011年9.26%（见图2－5）。

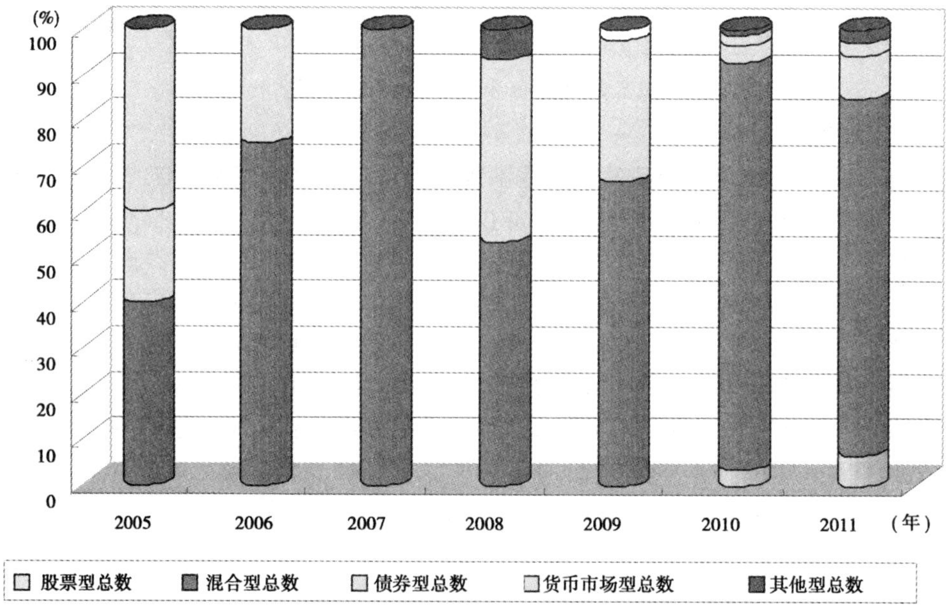

图2－5 各年发行新产品结构一览

资料来源：Wind资讯。

2008年出现明显的拐点，原因在于2008年上证指数全年跌幅达65.39%，因此出于避险情绪的考虑，债券型集合理财产品更受欢迎。

而货币市场型证券公司集合理财产品除了2005年占比达到约17%之外，其余年份占比均不足3%。2006年、2007年、2008年3年均未发行一只货币市场型证券公司集合理财产品。据此推断，证券公司和投资者均更偏好风险和收益更大的混合型和股票型证券公司集合理财产品，而越来越少发行货币市场型证券公司集合理财产品。

二、收入分析及其特点

（一）近三年证券公司收入前20名情况及其特点

从2008年以来，排名前20位的证券公司受托客户资产管理业务净收入总和增长幅度较快，2010年较2009年同比增长45.04%，净收入规模达203 630万元（见图2-6）。

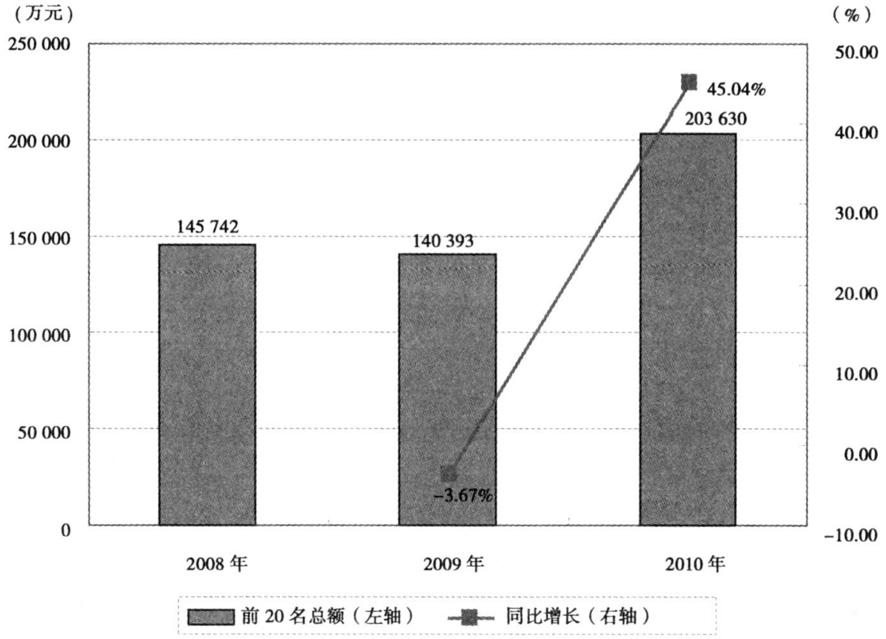

图2-6 排名前20位证券公司受托客户资产管理业务净收入总和

资料来源：中国证券业协会。

将证券公司受托客户资产管理业务净收入第1名与第20名对比，绝对差额虽然在提升，但相对比（第1名/第20名）呈现出下降的趋势，从2008年的28.6倍下降到2010年的9.15倍。说明随着产品的增多，行业内部竞争加剧（见图2-7）。

从行业集中度来看，证券公司受托客户资产管理业务净收入前3名、前5名、前10名的证券公司，收入绝对数额在2009年出现一定程度下滑后，2010年恢复上涨趋势。

但是，证券公司受托客户资产管理业务净收入前3名、前5名、前10名收入占前20名比重呈现出逐年下滑的态势：前3名收入占前20名收入比重从2008年的42.70%下滑到2010年的31.58%；前5名收入占前20名收入比重从2008年的64.47%下滑到2010年的47.39%；前10名收入占前20名收入比重从2008年的91.78%下滑到2010年的73.74%（见图2-8）。

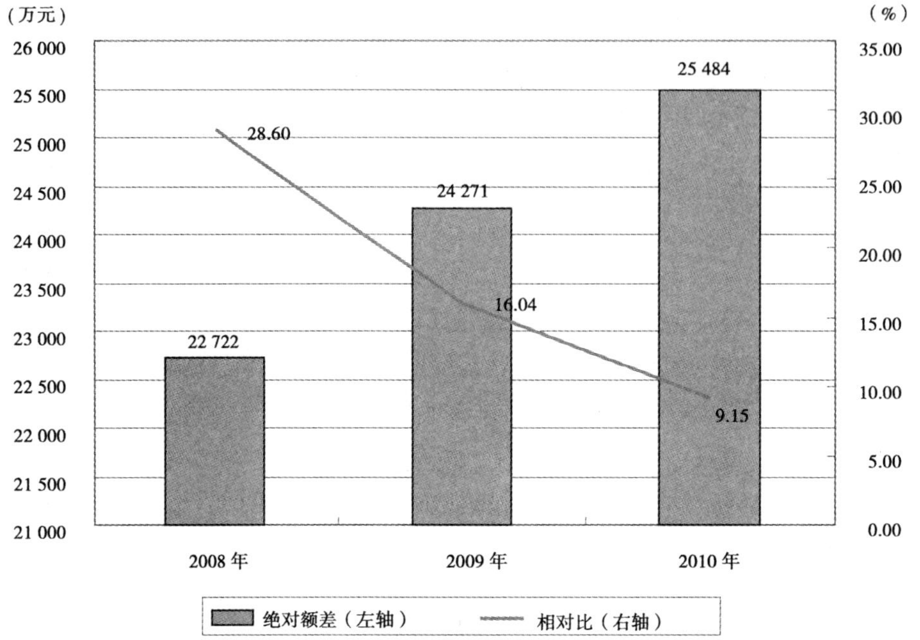

图 2－7　证券公司受托客户资产管理业务净收入第 1 名与第 20 名对比

资料来源：中国证券业协会，东海证券有限责任公司整理。

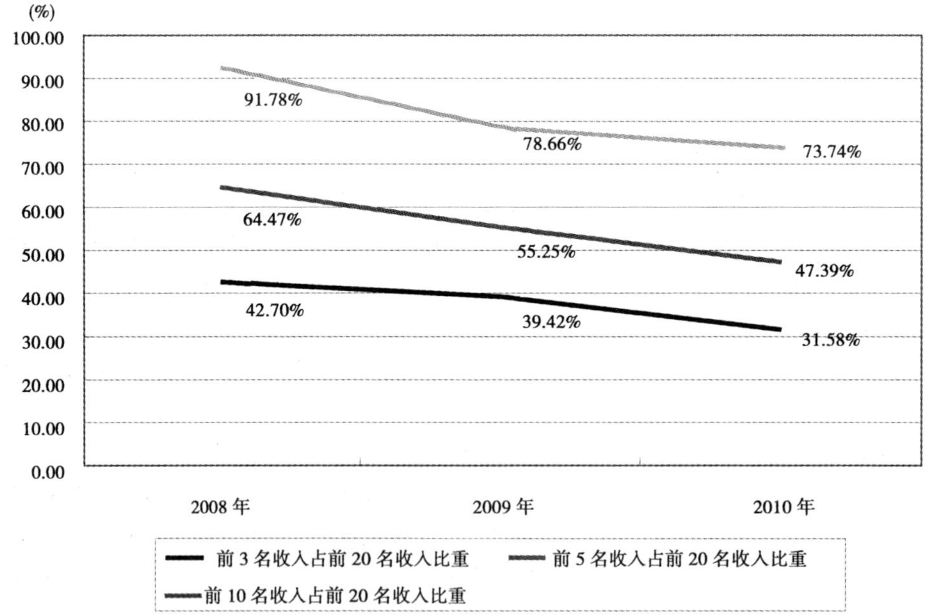

图 2－8　收入占比情况对比

资料来源：中国证券业协会。

行业集中度呈现出逐步分化的趋势，表明随着更多的证券公司发行集合理财产品，市场竞争更为激烈（见图 2－9）。

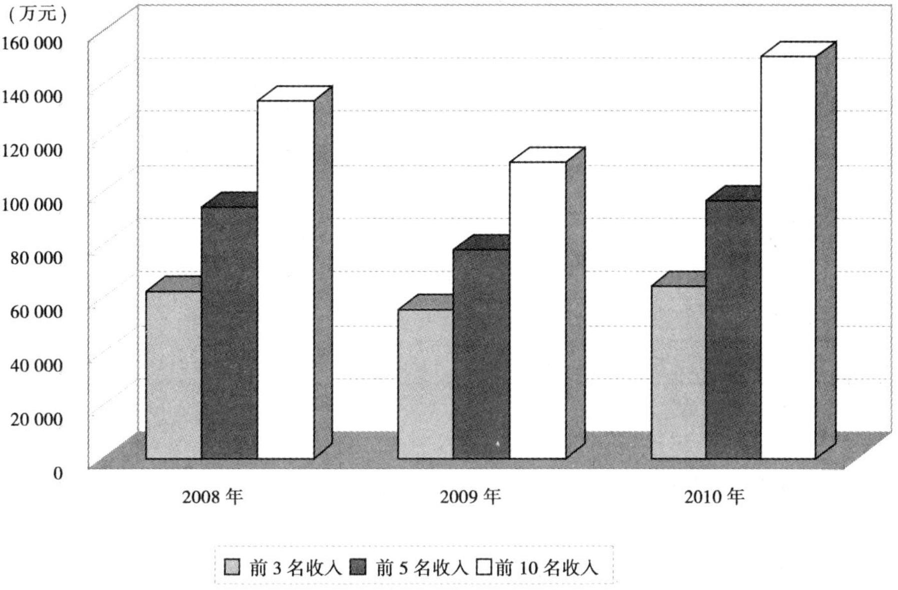

图 2－9　行业集中度情况

资料来源：中国证券业协会。

从排名情况来看，连续 3 年均排名前 5 位的证券公司 0 家，连续 3 年排名前 10 位的证券公司有 5 家，表明证券公司的业绩管理水平不够稳定，受托客户资产管理业务净收入波动较大（见表 2－1）。

表 2－1　　证券公司受托客户资产管理业务净收入前 20 位排名　　（单位：万元）

2010 年			2009 年			2008 年		
位次	证券公司	收入	位次	证券公司	收入	位次	证券公司	收入
1	东海证券	28 609	1	东方证券	25 885	1	东方证券	23 544. 89
2	光大证券	18 797	2	华泰证券	14 853	2	中金公司	20 149. 11
3	中信证券	16 895	3	中信证券	14 609	3	华泰证券	18 536. 29
4	浙商证券	16 580	4	中金公司	11 606	4	国信证券	16 444. 14
5	华融证券	15 626	5	光大证券	10 619	5	国泰君安	15 284. 36
6	国泰君安	12 839	6	国信证券	7 873	6	中信证券	14 987. 40
7	华泰证券	12 828	7	长江证券	6 681	7	广发证券	9 968. 60
8	中金公司	11 119	8	东海证券	6 243	8	光大证券	6 117. 66
9	广发证券	8 483	9	华融证券	6 140	9	招商证券	6 105. 34
10	长江证券	8 387	10	广发证券	5 920	10	国元证券	2 626. 31
11	国信证券	7 544	11	国泰君安	5 137	11	东海证券	1 699. 34
12	招商证券	7 166	12	招商证券	4 587	12	海通证券	1 655. 45
13	东北证券	6 021	13	银河证券	4 180	13	平安证券	1 429. 53

续表

2010 年			2009 年			2008 年		
位次	证券公司	收入	位次	证券公司	收入	位次	证券公司	收入
14	东方证券	5 900	14	海通证券	3 505	14	兴业证券	1 259.42
15	宏源证券	5 809	15	兴业证券	2 889	15	国都证券	1 047.45
16	兴业证券	5 593	16	中投证券	2 501	16	西部证券	1 047.45
17	东兴证券	4 567	17	国元证券	1 949	17	上海证券	1 014.96
18	安信证券	3 905	18	申银万国	1 945	18	中投证券	1 000.88
19	申银万国	3 837	19	宏源证券	1 657	19	长江证券	1 000.63
20	银河证券	3 125	20	国都证券	1 614	20	申银万国	823.22

资料来源：中国证券业协会。

（二）证券公司资产管理业务净收入占营业收入情况

从证券公司资产管理业务净收入占其营业收入的比重来看，资产管理业务对公司的贡献目前还较小。以排名前20位的证券公司来看，其资产管理业务净收入的总和占其总收入比重不到3%，说明证券公司资产管理业务还处于起步阶段，未来具有很大的发展空间（见图2－10）。

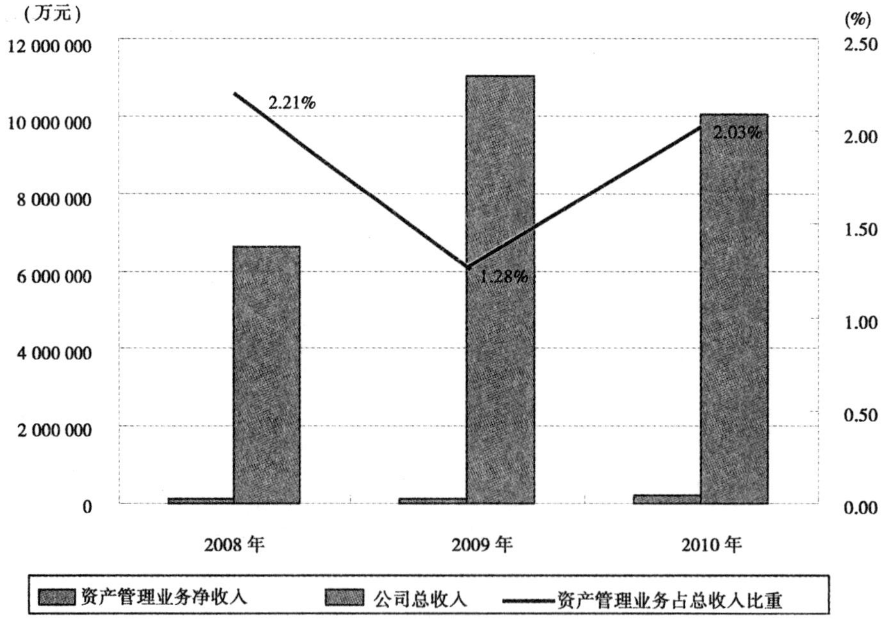

图 2－10　排名前 20 位证券公司资产管理净收入总和占其公司总收入比重

资料来源：中国证券业协会。

对排名前20位的公司细化来看，2010年资产管理业务净收入占其总收入比重超过10%的证券公司共有3家，分别是华融证券18.95%、东海证券14.42%和浙商证券11.28%，其中东海证券资产管理业务净收入占总收入比重较2009年提高了11.56个百分点，浙商证券资产管理业务净收入占总收入比重较2009年提高了10.55个百分点（见表2－2）。

表2－2　　证券公司资产管理净收入占总收入比重　　（单位：%）

2010年			2009年			2008年		
位次	证券公司	比重	位次	证券公司	比重	位次	证券公司	比重
1	东海证券	14.42	1	东方证券	6.88	1	东方证券	-49.12
2	光大证券	4.24	2	华泰证券	2.43	2	中金公司	6.86
3	中信证券	0.89	3	中信证券	1.46	3	华泰证券	4.05
4	浙商证券	11.28	4	中金公司	2.91	4	国信证券	3.42
5	华融证券	18.95	5	光大证券	2.08	5	国泰君安	1.27
6	国泰君安	1.72	6	国信证券	0.94	6	中信证券	2.15
7	华泰证券	2.41	7	长江证券	2.26	7	广发证券	1.57
8	中金公司	2.80	8	东海证券	2.86	8	光大证券	1.99
9	广发证券	0.83	9	华融证券	8.40	9	招商证券	1.56
10	长江证券	2.83	10	广发证券	0.65	10	国元证券	2.20
11	国信证券	0.98	11	国泰君安	0.45	11	东海证券	3.62
12	招商证券	1.20	12	招商证券	0.62	12	海通证券	0.26
13	东北证券	3.73	13	银河证券	0.43	13	平安证券	0.98
14	东方证券	2.01	14	海通证券	0.40	14	兴业证券	1.25
15	宏源证券	1.81	15	兴业证券	1.11	15	国都证券	2.56
16	兴业证券	2.61	16	中投证券	0.57	16	西部证券	1.03
17	东兴证券	3.55	17	国元证券	0.95	17	上海证券	1.24
18	安信证券	1.00	18	申银万国	0.26	18	中投证券	0.36
19	申银万国	0.62	19	宏源证券	0.58	19	长江证券	0.51
20	银河证券	0.41	20	国都证券	1.73	20	申银万国	0.19

资料来源：中国证券业协会。

第二节　证券公司集合理财产品与国内公募基金、阳光私募基金的比较

一、产品数量分析及特点

从产品数量来看，阳光私募基金自2006年以来，发行数量远超过公募基金和证券公司集合理财产品发行数量。截至2011年底，当年新成立阳光私募910只，而同期基金成立数量202只，证券公司集合理财产品成立数量109只（见图2－11）。

从增速上看，阳光私募产品的增速在2008年以前远大于证券公司集合理财产品和基

金，2006 年增速达到最高峰，同比 2005 年产品数量增长 482%。从 2007 年开始，证券公司集合理财产品增速快速上涨并超过基金发行产品数量的增速，到 2008 年增速最高，同比 2007 年增长 214%（见图 2－12）。

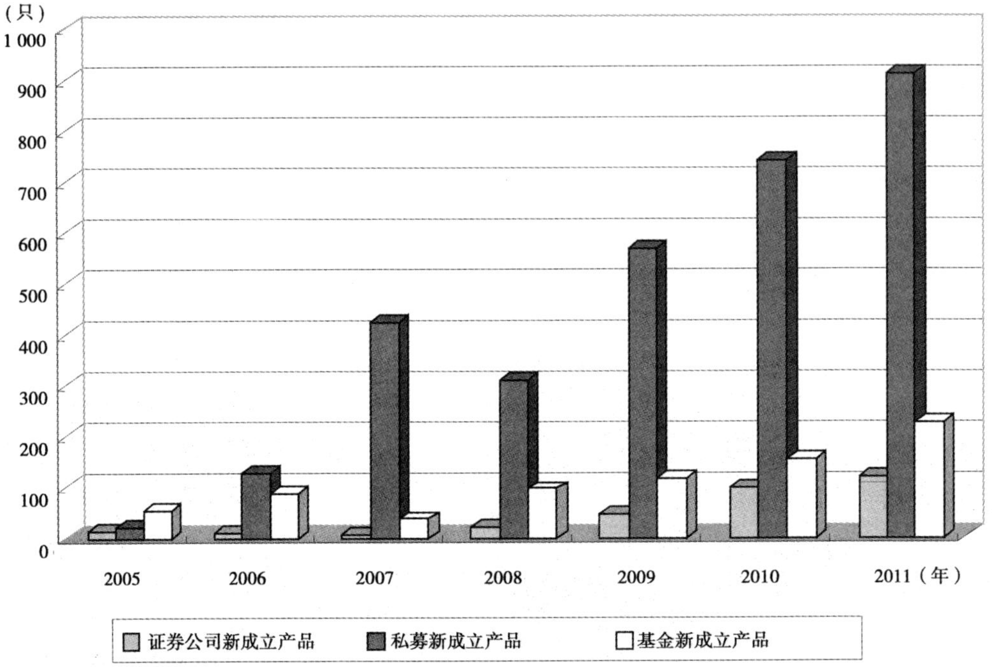

图 2－11　证券公司、私募、基金新成立产品数量比较

资料来源：Wind 资讯。

二、产品规模分析及特点

尽管阳光私募这几年新产品发行数量巨大，但无论是总规模还是平均每只产品规模，与证券公司集合理财产品和基金相比均明显偏小。对比 2011 年 3 种产品发行情况，阳光私募发行总规模 401.11 亿元，产品数量 910 只，平均每只发行规模仅为 0.44 亿元；证券公司集合理财产品发行总规模 635.67 亿元，产品数量 109 只，平均每只发行规模 5.83 亿元；基金发行总规模 2 643.72 亿元，产品数量 202 只，平均每只发行规模 13.09 亿元。

从历年规模增长情况来看，基金发行总规模呈现出明显的下滑趋势。尤其是在 2008 年的大熊市中，基金发行总规模下滑严重，仅有 2007 年发行总规模的 43%。而证券公司集合理财产品和阳光私募产品发行总规模却稳步上升（见图 2－13）。

从平均发行规模来看，阳光私募产品平均发行规模稳步上升，从 2006 年 0.54 亿元上升到 2011 年的 1.53 亿元。而基金平均发行规模与证券公司集合理财平均发行规模均呈现下降趋势。基金平均发行规模剔除 2007 年牛市异常数据 107.03 亿元之后，从 2006 年 46.74 亿元的平均发行规模下降到 2011 年 13.09 亿元的平均发行规模。证券公司集合理财发行的平均规模剔除 2007 年牛市异常数据 25.08 亿元之后，从 2006 年 15.53 亿元下降到 2011 年 6.05 亿元的平均发行规模（见图 2－14）。

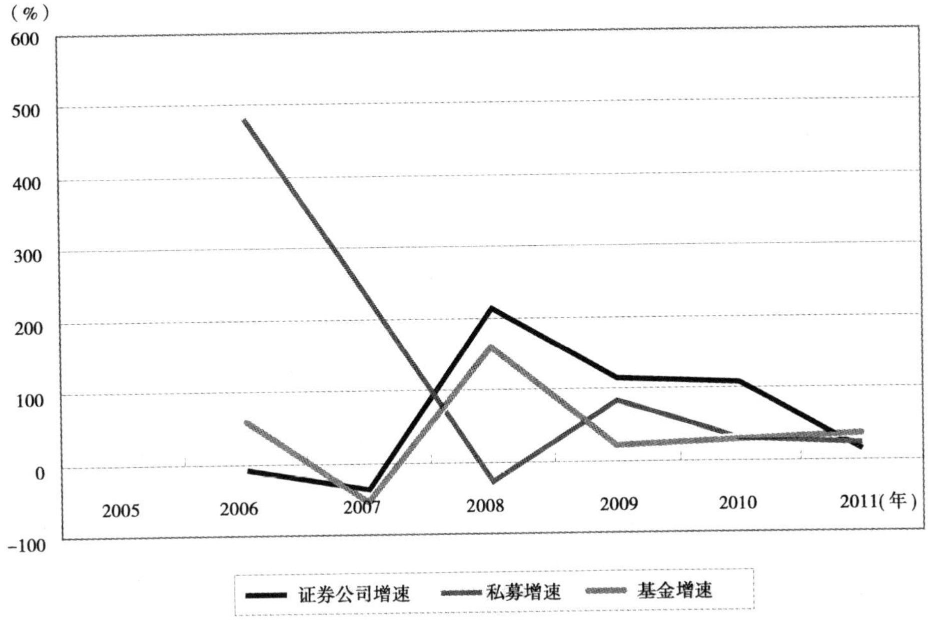

图 2－12　证券公司、私募、基金新成立产品数量增速比较

资料来源：Wind 资讯。

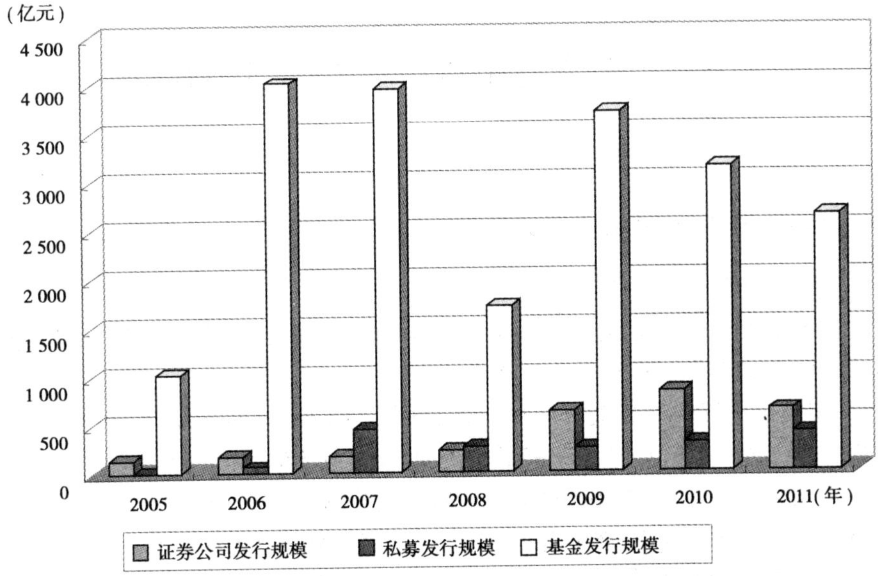

图 2－13　证券公司、私募、基金新成立产品发行规模比较

资料来源：Wind 资讯。

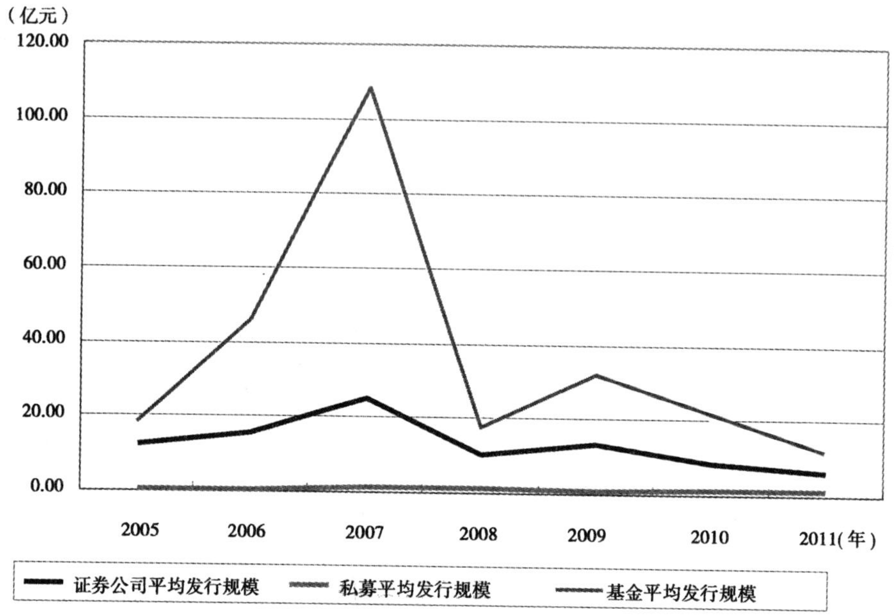

图2－14　证券公司、私募、基金新成立产品平均发行规模比较

资料来源：Wind资讯。

第三节　证券公司资产管理业务的国际比较

一、国内外投资公司数量分析及特点

（一）国外公司情况

从美国投资公司数量来看，总体数量变动幅度较小，从1995年19 242家到2010年16 090家，下降幅度约16.38%（见图2－15）。

但是将其按投资类型分类，可以发现，UITs（Unit Investment Trusts）从2000年开始出现下滑趋势，从1995年12 979家下滑到2010年的5 971家，下滑幅度达到54%。这是因为新成立的公司更多地向Mutual Funds的形式转移。

把Mutual Funds和UITs各自进行对比可发现，Mutual Funds相比UITs更灵活，UITs不能主动交易其所投资的资产组合，只能买入并持有一系列的特殊投资标的直到终止日期，因此UITs呈现出明显的下滑趋势（见表2－3和图2－16）。

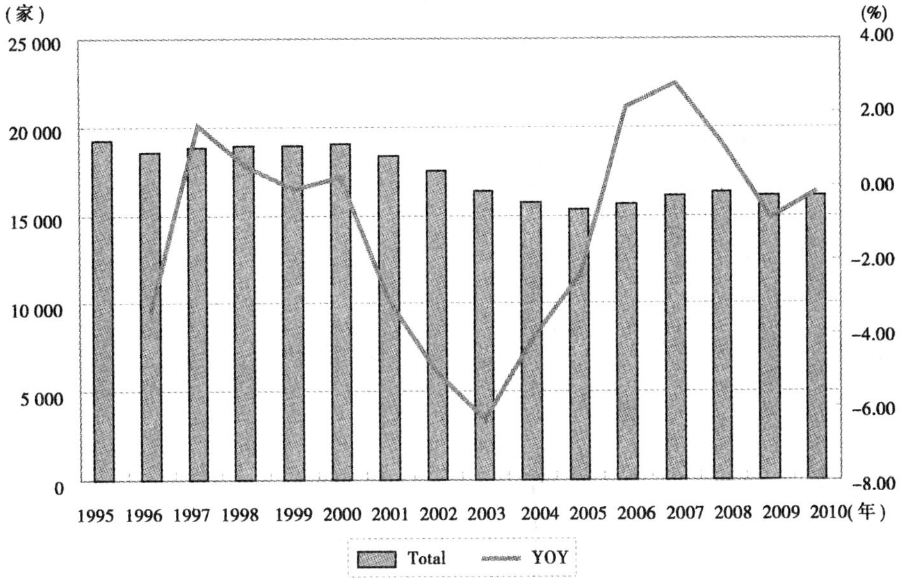

图 2－15　美国投资公司数量

资料来源：美国投资公司协会。

表 2－3　　按类型分类美国投资公司数量　　（单位：家）

年度 \ 公司	Mutual Funds	Closed－end Funds	ETFs	UITs
1995	5 761	500	2	12 979
1996	6 293	497	19	11 764
1997	6 778	487	19	11 593
1998	7 489	492	29	10 966
1999	8 003	512	30	10 414
2000	8 370	482	80	10 072
2001	8 518	492	102	9 295
2002	8 511	545	113	8 303
2003	8 426	584	119	7 233
2004	8 415	619	152	6 499
2005	8 449	635	204	6 019
2006	8 721	647	359	5 907
2007	8 747	664	629	6 030
2008	8 884	643	743	5 984
2009	8 617	628	820	6 049
2010	8 545	624	950	5 971

资料来源：美国投资公司协会。

（二）国内外公司对比

与中国资产管理公司数量相比，美国资产管理公司数量远远高于中国资产管理公司数量。2010 年美国资产管理公司数量为 16 090 家，相比国内的基金 62 家、证券公司 52 家、私募 511 家来说，分别是其数量的 259.52 倍、309.42 倍、31.49 倍（见表 2－4）。

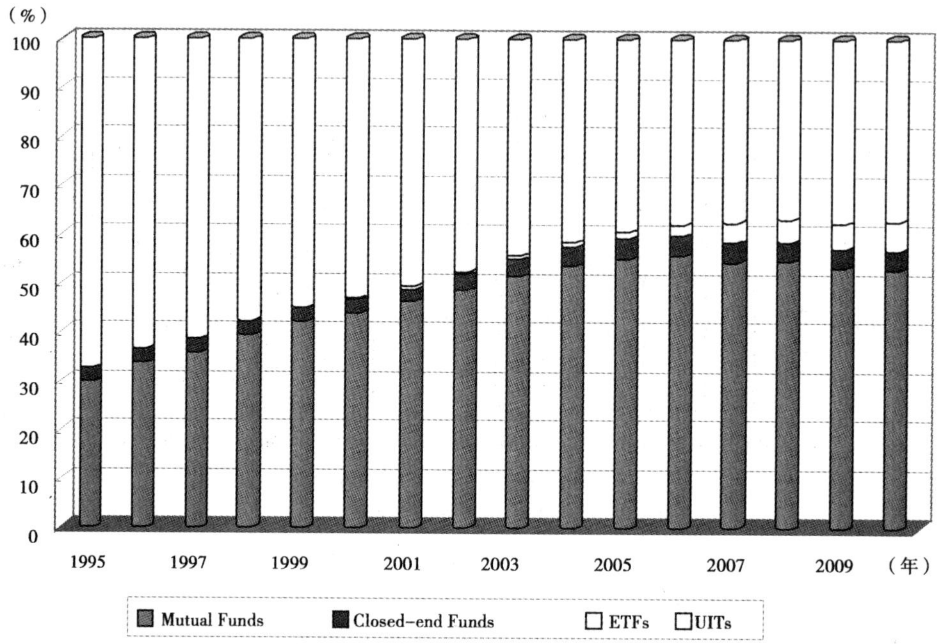

图 2－16　按类型分类美国投资公司数量占比变化

资料来源：美国投资公司协会。

表 2－4　　2010 年国内外资产管理公司数量对比

		数量	2010 年美国公司数量/2010 年中国公司数量
2010 年美国资产管理公司		16 090	—
国内资产管理公司数量	基金	62	259.52
	证券公司理财	52	309.42
	私募	511	31.49
	总计	625	25.74

资料来源：美国投资公司协会、Wind 资讯。

二、国内外资产管理规模分析及特点

（一）国外情况

国外资产管理业务发展很早，早在 1774 年，荷兰商人兼经纪人 Adriaan van Ketwich 就成立了第一个信托 the Eendragt Maakt Magt。随后在 1868 年，外国和殖民政府信托基金在伦敦成立，这种信托形式提供了基本基金的框架，即个人资金汇集成一个大的资本，让所有参与者分享大资本所带来的好处。1924 年第一个共同基金在波士顿成立，标志着建立了一套简化的资本结构，设立了开放和赎回机制。随后，在各种制度的不断完善下，资产管理业务蓬勃发展，从可获得的数据来看，资产管理规模从 1995 年的 3 万亿美元发展到 2010 年约 13 万亿美元，增长了约 3.33 倍，年均复合增长率达到 10.26%（见图2－17）。

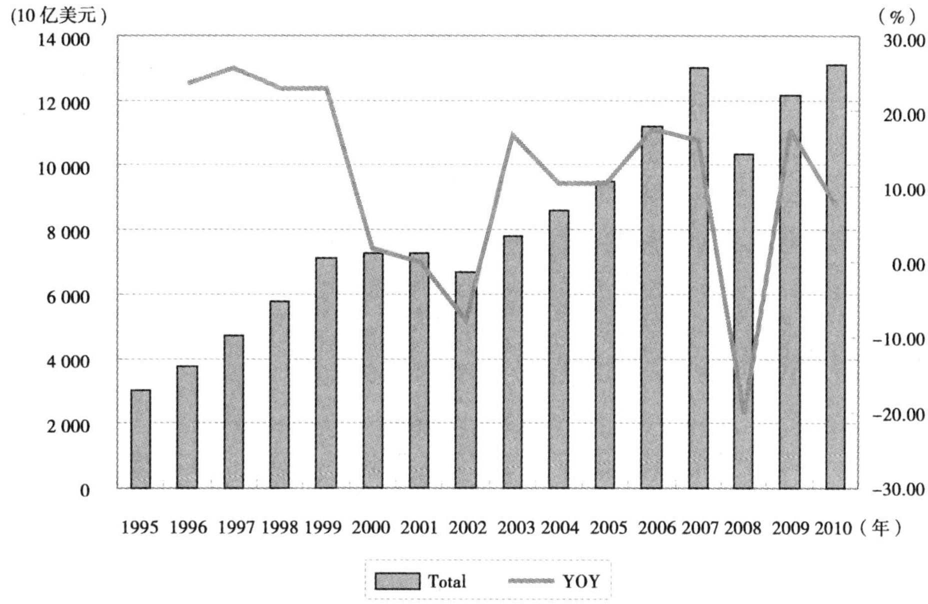

图 2－17　1995～2010 年在美国注册的投资公司管理的资产规模

资料来源：美国投资公司协会。

从美国单个投资公司资金管理规模来看，从 1995 年的 1.57 亿美元左右上升至 2010 年的约 8.14 亿美元，增长了约 4.18 倍，其增长高于同期投资公司管理的资金总规模增速 0.88 倍，主要原因在于 1995～2010 年投资管理公司个数呈现出下降的趋势（见图 2－18）。

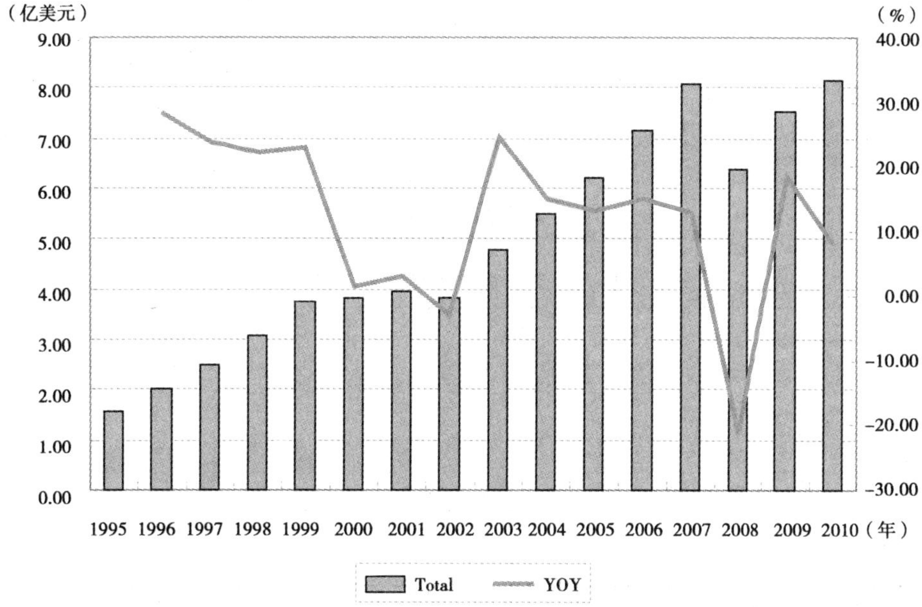

图 2－18　美国单个投资公司管理资金的规模

资料来源：美国投资公司协会。

（二）国内外对比

从国内资产管理规模情况来看，2010 年，基金管理资产规模约 24 972.49 亿元，证券公司集合理财资产管理规模约 1 127.63 亿元，阳光私募理财产品约 510.04 亿元。2011 年基金管理资产规模约 21 676.26 亿元，证券公司集合理财资产管理规模约 1 273.99 亿元，阳光私募理财产品约 529.29 亿元①，与在美国注册的投资公司管理的资产规模相比小很多。

若按照汇率 1 美元 =6.3 元来估算，截至 2010 年底，美国投资管理公司管理的资产规模约 13.1 万亿美元，折合成人民币约 82.53 万亿元，其规模分别是 2010 年基金资产管理规模的 33.05 倍、证券公司集合理财资产管理规模的 731.89 倍、阳光私募理财产品的 1 618.11倍（见表 2－5）。

表 2－5　　国内外资产管理规模比较

	13.1 万亿美元/2010 年国内资产管理规模	13.1 万亿美元/2011 年国内资产管理规模
基金	33.05	38.07
证券公司集合理财	731.89	647.81
私募	1 618.11	1 559.26
合计	31.01	35.15

资料来源：东海证券有限责任公司整理。

从美国单个机构管理的资金规模来看，截至 2010 年底，单个机构管理的资金规模约为 8.14 亿美元，若按照汇率 1 美元 =6.3 元来估算，约合人民币 51.28 亿元。这与我国单个机构管理的资金规模相比较，各有千秋。

相对于我国单个基金资产管理规模约 402.78 亿元来说，单家美国资产管理公司管理的资产规模只有国内基金公司的 13%；我国单个阳光私募的资产管理规模为 1 亿元，单个美国资产管理公司管理的资产规模是国内单个阳光私募的资产管理规模的 51.38 倍；相对于国内单个证券公司集合理财管理的规模 21.69 亿元而言，单个美国资产管理公司管理的资产规模是其 2.36 倍；但将国内基金、证券公司集合理财、阳光私募合计统计，则国内外机构所管理的资产规模相差不大，美国仅是我国基金、证券公司集合理财、阳光私募合计的 1.2 倍（见表 2－6）。

表 2－6　　2010 年国内外单个机构管理资金规模对比

		单个公司管理规模	2010 年美国单机构资产管理规模/2010 年中国单个公司资产管理规模
2010 年美国资产管理公司（亿美元）		8.14	—
国内资产管理公司（亿元）	基金	402.78	0.13
	证券公司理财	21.69	2.36
	私募	1.00	51.38
	总计	42.58	1.20

资料来源：东海证券有限责任公司整理。

① 资料来源：Wind 资讯。

三、产品结构分析

（一）国外情况

截至2010年底，在美国注册的投资公司管理的资产规模达到13.1万亿美元，其中Mutual Funds为11.8万亿美元，Closed－end Funds为2 410亿美元，ETFs为9 920亿美元，UITs为510亿美元①。Mutual Funds管理的资产规模达到90%，成为主要的管理形式（见图2－19）。

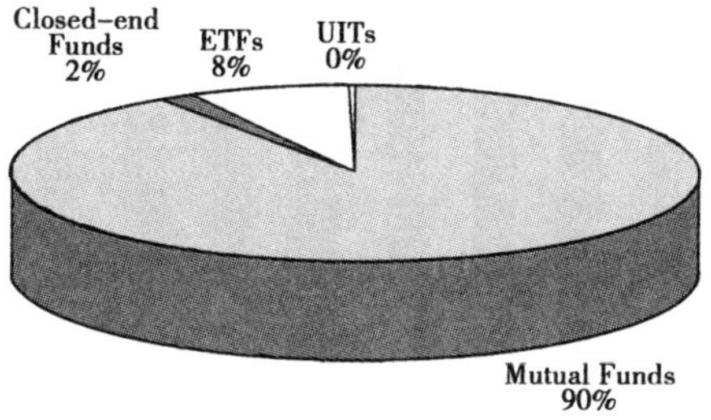

图2－19　2010年在美国注册的投资公司管理的资产类型

资料来源：美国投资公司协会。

（二）国内外对比

由于国内外对于资产管理的分类方法不一致，因此不能直接类比。但是从产品所拥有的属性来看，由于国外的共同基金和国内证券公司集合理财的混合型产品特点非常类似，较为灵活，因此二者在各自的产品结构中均占有优势地位，发行比重均呈现出逐年上升的趋势（见图2－20和图2－21）。

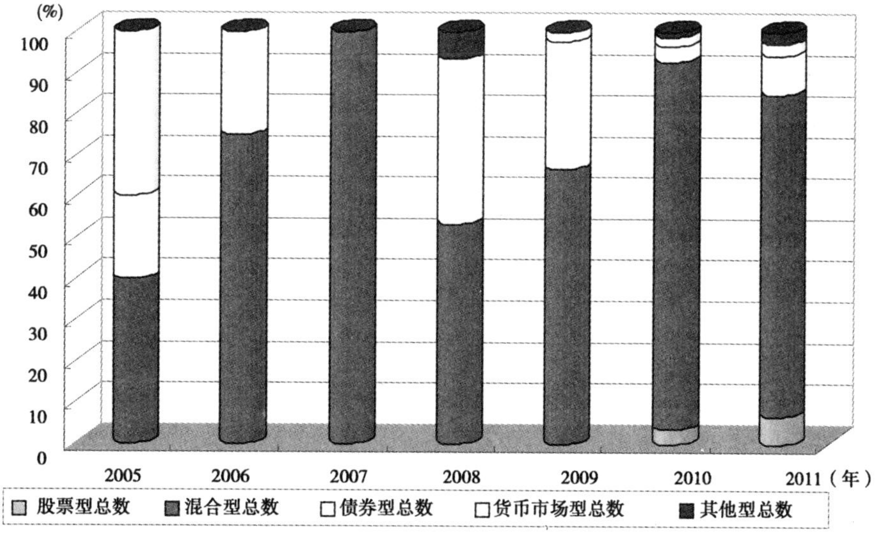

图2－20　国内证券公司各年发行新产品结构一览

资料来源：Wind资讯。

① 资料来源：美国投资公司协会。

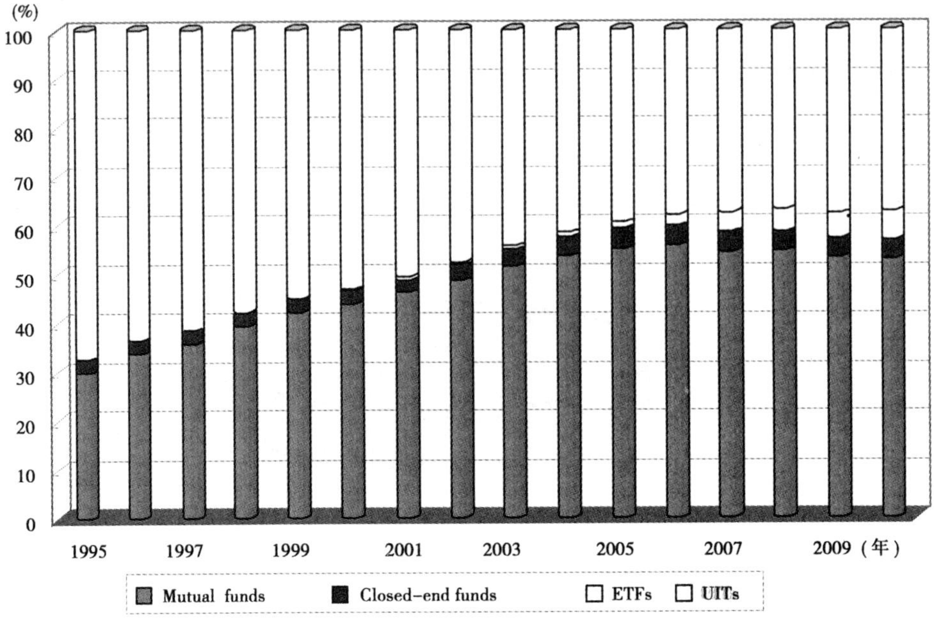

图 2－21　美国按类型分类投资公司数量占比变化

资料来源：美国投资公司协会。

总的来说，目前我国证券公司集合理财产品仍处于起步阶段，与国外同行相比仍有不小差距，需要不断完善和改进。

第三章

2011年中国证券公司资产管理业务发展中面临的问题和2012年发展展望

第一节　2011年中国证券公司资产管理业务发展中面临的问题

我国证券公司的资产管理业务经过多年发展已取得了不小进步，但与资产管理业的其他机构类型（公募基金、银行、保险、信托公司等）相比，证券公司的资产管理业务发展明显落后。以公募基金为例，2003～2011年，证券公司资产管理规模增长了3.5倍，而公募基金资产管理规模由1 673亿元增长至2.5万亿元，增长了15倍。证券公司该业务发展滞后有证券公司自身的原因，如创新不足、销售渠道狭窄等，也受到法律法规不健全等因素影响。

一、资产规模增长缓慢

2003年监管层颁布实施了《证券公司客户资产管理业务试行办法》。当年全国证券公司所管理的客户资产近700亿元；公募基金所管理的资产总额为1 673亿元，仅为证券公司资产管理业务的2.4倍。而截至2011年6月底，证券公司管理的资产为2 487亿元左右，仅增长了3.5倍；公募基金规模同期却大幅增长近15倍，达到2.5万亿元，是证券公司资产管理业务的10倍。实际上，证券公司资产管理产品不仅有银行渠道，还可以通过自己的营业部而拥有丰富的客户资源。由于证券公司经纪业务的存在，其资产管理产品在销售渠道上应有比基金公司更大的优势。证券公司资产管理业务发展缓慢的主要原因在于以下几点：

第一，证券公司资产管理业务品种有限，产品设计与公募基金趋同化，与中高端客户的需求不相匹配。

第二，集合理财产品按规定不能进行公开宣传，目前只能通过口口相传进行推广，效率比公开宣传低很多。

第三，证券公司集合理财目前有门槛规定，具体为：限定性产品为 5 万元，非限定性产品为 10 万元。而基金既可发行门槛很低、适合普通投资者的公募基金，又可发行针对高端投资者的专户、一对多产品，实现了对投资者的全覆盖。另外，按照规定，投资者购买证券公司集合理财产品必须要到柜台办理，而基金则可以通过电子网络交易，这给投资者投资集合理财产品带来很大的不便。

第四，国内证券公司资产管理业务在这几年取得了一定的成绩，但是在经验、人才等方面积累有限，造成绝大部分集合产品收益率低，缺乏吸引力。

二、产品品种单一，无法满足多样化需求

“十二五”规划倡导发挥多层次资本市场融资功能，带动社会资金投向处于创业早中期阶段的创新型企业，支持创业投资和股权投资的健康发展。2010 年中国创业投资及私募股权投资市场募集资金与投资案例两项数据均创出历史新高。阳光私募、私募股权在 2008 ~ 2010 年年复合增长率约为 100%，成为高净值人群的投资热点。在国家支持 PE 投资的大背景下，具有私募性质的证券公司资产管理在这一领域的缺失使其落后于资本市场的发展。

证券公司资产管理没有发挥银行与证券公司自身营业部的不同渠道优势，无法满足多样化需求。银行与证券公司自身营业部是当前证券公司资产管理的两个主要渠道。总体来说，银行客户较为保守，偏好本金上有一定保证的固定收益类产品，而证券公司客户偏好风险，愿意付出一定成本融资参与二级市场。用单一产品应对不同风险偏好的客户需求，使证券公司资产管理无法彰显其优势；高净值客户群的形成急需个性化的财富管理。

三、销售渠道狭窄

我国证券公司资产管理业务产品的销售主要通过银行与营业部两种方式，规模小的证券公司的资产管理业务销售则主要依赖于银行。相比而言，美国理财产品的销售渠道更加多元化。与我国不同的是，美国实行混业经营，证券公司（投资银行）通常是一个大的金融集团，设有资产管理部，具体的资产管理业务通过设立共同基金或资产管理子公司进行。在美国基金销售渠道中，通过养老金计划销售的基金占比达 52%，证券公司、保险等投资咨询机构占到约 20%，银行渠道销量仅占 7%。

四、宣传方式受限，投资者对产品认识广度不足

相关法规规定严禁通过广播、电视、报刊及其他公共媒体推广集合资产管理计划。公众对于证券公司资产管理业务还没有清楚的认知，优良的投资收益也只能通过“口口相传”的方式达到宣传的效用。总体来看，集合理财产品的销售开发深度尚可，但广度严重不足。

五、现有法律法规不完善

根据现有的法律法规，凡是没有明确规定可投资的品种（如 PE、外汇等等）均不能

投资，这限制了证券公司集合理财产品的投资范围，也影响了投资收益。根据现有的法律法规，证券公司的自营账户、资产管理业务下的集合账户和定向账户之间均不得出现反向交易。这虽在一定程度上能够防止不同产品间的利益输送，但也使得不同产品间（尤其是"限额特定集合理财产品"和"定向账户"间）的不同投资策略的可操作性变差。

第二节　中国证券公司资产管理业务 2012 年展望

我国证券资产管理行业发展前景广阔、空间巨大。从国际上看，一国证券资产管理规模大体占其 GDP 的 10% 左右。发达经济体的这一比例更高，一般可超过 50%。我国由于居民消费、理财习惯等历史原因，家庭资产结构中现金存款比例相对较高，而其他证券类投资品种的占比较低。

展望 2012 年，我国证券公司资产管理业务可能将重点在产品创新方面取得较大进展，另外将有更多证券公司涉足资产管理业务。

一、2012 年产品创新将取得较大进展

从发达国家资产管理业务的发展历史看，产品创新是推动行业发展的重要动力。以美国为例，资产管理行业在早期推出了现金管理账户（CMA）和货币市场基金（MMF）。现金管理账户的功能类似于现在的银证通，成功地解决了现金资产流动性与赢利性之间的矛盾；货币市场基金以短期公司债券为主要投资对象，在获得短期金融市场收益的同时，还可以进行自由流通。这两个产品一经推出，便受追捧，使美国资产管理业务的"蛋糕"又一次做大。

国内证券公司集合产品品种单一、同质化严重。目前无论是业内还是监管层，对证券公司资产管理产品创新的紧迫性已统一认识。监管层定调，2012 年的工作重点之一是鼓励证券公司进行产品创新，因此产品创新方面的突破是可期待的。

从产品创新的内容看，结构化产品、特定事件产品、保证金现金管理产品等是创新的着力点。

结构化产品是以金融工程学知识为基础，利用基础金融工具和金融衍生工具进行不同组合得到的一类金融创新产品。结构化产品的主要特点是：根据客户风险偏好，通常分为优先、一般两层结构，其中优先受益人享受产品到期后的预期固定收益，年预期收益率一般为 5% ~10%，而一般受益人在承担风险的同时也能享受预期固定收益之上的投资收益。2011 年 9 月，中国证监会向各证券公司资产管理部门下发关于修订《证券公司客户资产管理业务试行办法（征求意见稿）》，对证券公司推出结构化产品很可能放松。

特定事件产品中目前最流行的是定向增发产品，证券公司募集持有人的资金后参与上市公司的定向增发。相对于上市公司二级市场的股价，定向增发的价格一般都略低，

相当于产生了一定的“安全垫”，因此定向增发产品较受持有人欢迎。东方证券2011年成立了业内第一只主要投向为定向增发的集合理财计划，规模达18亿元；随后国泰君安的定向增发产品也相继成立。预计还将有一批证券公司成立定向增发产品，数量还将增加。针对股东增持、股票分红、配股及股权激励、指数成分股调整等特定事件的理财产品也可能推出。

客户保证金现金管理产品是指证券公司于每日收盘后，自动抓取签约客户存放在证券账户内的闲置保证金，投资于银行间货币市场。在此模式下，客户闲置资金所能获得的收益，将远远高出年化0.5%的银行活期利率。作为回报，证券公司可以提取一定比例的收益作为业绩报酬。2011年8月，中国证监会放松了对于现金管理产品的有关规定，若干家证券公司拿到了现金管理产品试点资格。信达证券第一个推出了相关产品。通过现金管理，客户和证券公司都可以获得比原先更高的回报，可谓“双赢”，因此将有较多证券公司推出此类产品。

二、预计有更多证券公司涉足资产管理业务

资产管理业务作为以收费为基础的业务创新，一方面使证券公司得以摆脱传统的以交易为基础的经纪业务的限制，另一方面与经纪业务、投资银行业务、直接投资业务等在合规的前提下进行合作也有助于强化证券公司品牌优势，吸引客户。证券公司开展资产管理业务有助于证券公司突破发展瓶颈，促进证券公司转型。证券公司的资产管理业务也有着相当广阔的发展前景，从资产管理业务最发达的美国来看，证券公司资产管理业务对证券公司业务利润的贡献达到45%以上，而我国目前不到10%。近年来，涉足资产管理业务的证券公司数量有不断增加的趋势：在2003年之前，只有少数几家证券公司开展资产管理业务，而到2010年底，已有40家涉足；到2011年底，数量增加到了60家。

附录1　　截至2011年底各证券公司资产管理业务规模情况

管理人	产品数量（单）	份额合计（亿份）	资产净值合计（亿元）
中信证券	16	155.60	144.11
国泰君安证券	21	143.81	134.09
东方证券资产	18	97.35	95.11
光大证券	14	92.24	82.83
广发证券	6	91.32	79.18
东海证券	10	87.33	75.47
招商证券	8	68.67	63.57
华泰证券	14	64.91	58.59
长江证券	12	57.66	52.49
兴业证券	7	38.81	37.19
国信证券	7	44.81	35.39
宏源证券	4	43.23	35.02
东北证券	5	36.84	28.11

续表

管理人	产品数量（单）	份额合计（亿份）	资产净值合计（亿元）
浙商证券	8	28.12	25.28
中金公司	9	33.31	24.16
安信证券	4	24.67	23.01
方正证券	3	23.58	21.91
海通证券	7	25.06	21.20
中国银河证券	5	21.38	18.05
申银万国证券	5	19.26	17.94
渤海证券	2	20.85	16.72
中银国际证券	4	18.10	16.61
第一创业证券	8	16.71	16.40
国海证券	5	16.51	15.78
华西证券	3	17.73	15.60
东兴证券	3	15.22	13.91
恒泰证券	2	12.89	12.55
中航证券	4	13.10	12.50
西南证券	1	14.46	11.88
信达证券	3	13.25	11.51
中国建银投资证券	4	12.70	10.42
中原证券	1	11.35	10.27
国都证券	4	12.12	10.23
财通证券	2	11.33	9.57
齐鲁证券	3	11.58	9.02
山西证券	2	8.34	7.78
南京证券	2	6.96	6.95
广州证券	1	6.85	6.85
东莞证券	3	8.32	6.66
中信建投	3	7.67	6.55
民生证券	2	6.91	6.11
国元证券	3	7.69	6.08
瑞银证券	1	6.71	6.03
平安证券	4	5.55	5.37
华安证券	1	5.36	5.22
世纪证券	1	5.02	4.89
长城证券	1	5.84	4.72
德邦证券	1	4.72	4.72
华融证券	1	5.19	4.59

续表

管理人	产品数量（单）	份额合计（亿份）	资产净值合计（亿元）
红塔证券	1	5.05	4.33
国联证券	3	4.47	3.99
金元证券	1	3.60	3.60
东吴证券	2	4.96	3.50
大通证券	1	3.57	2.95
西部证券	1	3.77	2.87
上海证券	2	4.68	2.86
银泰证券	1	2.78	2.78
财富证券	1	3.12	2.49
中山证券	1	1.93	1.64
北京高华证券	1	1.49	1.49

资料来源：Wind 资讯。

附录 2　2011 年各季（累计）证券公司资产管理业务所管资产的资产配置情况

	2011 年年报	2011 年第 3 季度	2011 年中报	2011 年第 1 季度
资产科目	市值（万元）	市值（万元）	市值（万元）	市值（万元）
股票	3 652 810.278	4 393 489.36	5 123 096.03	5 357 905.78
债券	2 258 817.852	1 772 771.06	1 992 609.27	1 691 468.31
基金	2 897 313.623	1 972 776.66	1 903 131.79	2 118 441.31
现金	2 181 138.819	2 788 206.28	2 481 631.44	2 153 883.34
其他资产	1 651 558.313	1 753 482.63	2 310 965.03	1 361 805.93
资产净值	12 359 516.83	12 389 090.23	13 528 161.02	12 480 095.57
资产总值	12 641 631.79	12 680 395.84	13 810 996.20	12 683 209.11

资料来源：Wind 资讯。

分报告之五：

2011 年中国证券投资咨询业务发展回顾与展望

第一章

投资顾问业务

为了规范证券公司、证券投资咨询机构从事证券投资顾问业务行为，保护投资者合法权益，维护证券市场秩序，中国证监会于2010年10月12日发布了《证券投资顾问业务暂行规定》。《证券投资顾问业务暂行规定》的出台加强了对证券投资顾问业务的监管，并为该业务的健康发展提供了制度保障。

自2011年1月1日起施行的《证券投资顾问业务暂行规定》，明确地将传统的证券投资咨询业务区分为证券投资顾问业务和发布研究报告这两种基本的业务形式，并且分别对证券公司和证券投资咨询公司开展证券投资顾问业务的风控制度建设、利益冲突防范、流程规范、执业原则和禁止性行为等提出了相应的要求与指引，有效地防范了证券公司、证券投资咨询公司在开展投资顾问业务中因管理不规范而可能产生的风险。

《证券投资顾问业务暂行规定》中首次提出证券公司、证券投资咨询机构应当按照公平、合理、自愿的原则，与客户协商并书面约定收取证券投资顾问服务费用的安排，可以按照服务期限、客户资产规模收取服务费用，也可以采用差别佣金等其他方式收取服务费用。该条规定为证券投资顾问业务的盈利模式指明了方向。

《证券投资顾问业务暂行规定》对证券投资顾问业务的界定，解决了业内对证券投资咨询服务内涵的困惑，回归专业顾问服务本源。《证券投资顾问业务暂行规定》是行业多年探索的结果，是适应证券市场迅速发展和满足投资者对投资咨询服务的需求不断深化的必然趋势，对证券公司和证券投资咨询机构的业务探索和服务深化乃至整个证券行业的发展有着重大的影响。

第一节 2011年中国证券投资顾问业务发展的基本情况和经营状况

一、证券投资顾问机构的类型

国务院证券管理委员会于1997年12月25日发布了《证券、期货投资咨询管理暂行办法》，其中第6条对申请证券投资咨询业务资格的机构应当具备的六大条件作出明确规定：（一）分别从事证券或者期货投资咨询业务的机构，有5名以上取得证券、期货投资咨询从业资格的专职人员；同时从事证券和期货投资咨询业务的机构，有10名以上取得证券、期货投资咨询从业资格的专职人员；其高级管理人员中，至少有一名取得证券或者期货投资咨询从业资格；（二）有100万元人民币以上的注册资本；（三）有固定的业务场所和与业务相适应的通讯及其他信息传递设施；（四）有公司章程；（五）有健全的内部管理制度；（六）具备中国证监会要求的其他条件。另外，根据2005年新修订的《中华人民共和国证券法》的规定，证券公司经营证券投资咨询业务还需符合注册资本达到5 000万元人民币的要求。当前中国证券市场上从事投资顾问业务的证券投资咨询机构主要分为两大类：独立运作的投资咨询公司和附属证券公司未独立运营的投资顾问部。

二、证券投资顾问机构的业务架构与变化特点

据中国证券业协会统计数据显示，目前业内90.1%的证券公司已开展投资顾问业务，其中近66.3%的证券公司设立了从事及管理投资顾问业务的独立部门。独立部门普遍承担制定投资顾问管理制度与工作流程、公司投资顾问团队的日常管理、团队建设、考核督导和风险监控等业务管理工作，部分公司的独立部门还具备投资顾问业务线的人事任免权与预算管理权。

单从2011年的变化来看，有25家证券公司对独立部门进行了新设或重组等的较大调整。另外，投资顾问团队规模在2011年也实现了较大的扩张。据中国证券业协会调研问卷统计，业内从事投资顾问业务人员数量增长了50%。

2011年各个证券公司同时也在加强对投资顾问业务的投入，除去人员大扩张以外，投资顾问业务辅助系统的投入也明显增加。目前有70家证券公司正在建设或已完成开发专门用于支持投资顾问业务的系统，其中2011年已投入使用的有53家。在已投入使用的53家证券公司的投资顾问业务系统中，有39家证券公司是于2011年新完成系统建设并投入使用的，另外还有18家证券公司正在建设投资顾问业务系统。

业内投资顾问业务的组织分工形式分为总部为主、分支机构为主和两者分工协作三种形式，其中两者分工协作占了半数以上。据中国证券业协会统计数据显示，大部分的证券公司总部设有投资顾问业务业务岗位，所有证券公司的分支机构均有从事投资顾问业务的

团队。从统计数据分析，2011 年是业内投资顾问从业人员规模大扩张的一年，证券公司总部与分支机构中从事投资顾问业务的团队规模平均扩大五成左右（见表 1－1）。

表 1－1　　证券投资顾问业务的组织分工情况

总部设有投资顾问业务业务岗位的证券公司数量	83 家
总部设有投资顾问业务业务岗位的证券公司调研占比	96.5%
总部投资顾问平均团队规模	17 人
分支机构设有投资顾问业务业务岗位的证券公司数量	86 家
分支机构设有投资顾问业务业务岗位的证券公司调研占比	100%
证券公司分支机构平均团队规模	178 人

一般来说，总部的投资顾问业务团队隶属于该公司管理投资顾问业务的部门，因此多数承担了投资顾问业务管理类工作，如制定相关业务制度、负责整体业务规划、对分支机构投资顾问团队进行管理及培训等。此外，总部的投资顾问团队投研能力及团队协作能力普遍较强，分工较多的证券公司赋予这些团队生产投资资讯基础产品、制作标准化投资咨询类产品以及对公司高端客户进行投资顾问服务等职能。另外，一些拥有投资顾问业务管理系统的公司，总部投资顾问团队还要负责系统的维护与技术开发等。

三、证券投资顾问机构的业务模式与盈利模式

（一）从属于证券公司的投资顾问业务开展的主要模式

《证券投资顾问业务暂行规定》的出台，规范了投资顾问业务的经营模式，为业内深化探索投资顾问服务提供了指引、解除了顾虑。2011 年是投资顾问业务大发展的一年，也是有序成长的一年，因此尽管大多数证券公司在 2011 年实现了投资顾问业务从无到有的质的飞跃或者投资顾问业务从薄弱到充实的量的转变，但业务开展的范畴依旧十分有限。当前从属于证券公司的投资顾问业务开展主要集中在证券二级市场的投资建议以及部分一级市场的业务咨询部分。当前从属于证券公司的投资顾问业务开展模式主要分为两大类别。

1. 标准化产品与服务体系。该种业务模式业内普遍由投研能力较强的公司总部牵头，制定和制作公司的标准化产品与服务体系，并以此为基石开展深入、个性化的投资顾问服务。部分公司还将其标准化产品与服务体系包装成投资顾问签约菜单，进行盈利性推广。

2. 定制个性化的投资建议类产品及服务。相对深入的投资顾问服务，建立在对小群体或单个投资者需求的充分调研的基础上，定制满足其个性化需求的投资顾问产品及服务。一般针对大客户开展，并建立不同的收费标准。其中，投资建议服务内容包括投资的品种选择、投资组合以及理财规划建议等。

（二）从属于证券公司的投资顾问业务开展的盈利模式

投资顾问业务盈利模式自 2011 年 1 月 1 日起随《证券投资顾问业务暂行规定》正式启动以来，在 2011 年经历了从无到有、从无序摸索到初具雏形的过程，目前业内从属于证券公司的投资顾问业务较为普适性的盈利模式主要有三种。

1. 差别佣金收费模式。一般来说，涉及投资顾问服务的经纪业务佣金收入可以简单地区分为两个部分：标准佣金（即渠道佣金）和差别佣金（即通过提供投资顾问产品及服务提升的佣金部分）。这类增值佣金的收费模式，为目前市场上最为普遍的投资顾问业务盈利模式。

2. 投资顾问服务费用模式。接受客户委托，按照约定，向客户提供涉及证券及证券相关产品的投资建议服务，辅助客户作出投资决策。同时与客户协商并书面约定收取证券投资顾问服务费用的方式。根据中国证监会发布的《证券投资顾问业务暂行规定》中的要求，投资顾问服务费用可以按照服务期限、客户资产规模收取。

3. 服务产品定额收费。将标准化或个性化的产品及服务分别定额标价，客户根据自身需求，进行超市类选购并支付相应报酬。

（三）独立运作的投资咨询公司的投资顾问业务开展及盈利模式

独立运作的投资咨询公司大多为民营企业，具有独特的经营方针和市场化盈利模式。该类公司机构简单，机制灵活，以投资顾问业务市场化为导向的业务模式突出。

主要业务范围为：接受证券投资者的委托，提供证券投资、基金销售、市场法规等业务咨询，辅助投资者进行财富的保值增值；接受公司或证券经营机构的委托为其提供上市公司重大资产重组和上市公司收购、IPO 和再融资、上市公司再融资、管理咨询等财务顾问业务；部分公司还提供投资者关系顾问服务。

第二节　证券投资顾问业务的国际比较

一、投资顾问业务的发展过程

我国证券投资咨询是伴随证券市场的建立而自发产生的，发展初期主要表现为在公众媒体和证券营业部开展的“股评”活动。随着市场的发展与该项业务的初具规模，早期的监管政策为 1997 年原国务院证券委员会发布《证券、期货投资咨询管理暂行办法》。该办法将证券投资咨询正式纳入监管范围，并将证券投资咨询界定为：从事证券投资咨询业务的机构及其咨询人员，为证券投资人或者客户提供证券投资分析、预测或者建议等直接或者间接有偿咨询服务的活动。

随着证券市场的改革发展、市场参与者结构和投资者需求的变化，我国证券投资咨询经历了“媒体股评”、“会员制业务”的曲折探索，逐步形成了证券投资顾问业务和发布研究报告两种基本业务形式。这两种基本业务形式是证券公司、证券投资咨询机构不断探索和市场选择的结果。

投资顾问业务最初的模式以“股评”活动为主，随着证券知识的普及，简单的“股评”活动逐渐失去了其初期具备的普及证券知识等功能；并且媒体股评由于缺乏具体的监管办法与风控机制，近年来产生了许多损害投资者的事件；为了适应投资者对专业咨询顾问需求的变化，部分证券公司结合证券经纪业务服务的深化，建立专业的投资顾问服务团队，积极探索向客户提供面对面、有针对性的证券投资建议、理财规划等证券投资顾问服务；部分证券投资咨询机构开始脱离媒体股评，向证券投资顾问业务模式转型。证券公司、证券投资咨询机构的证券投资顾问业务模式逐步形成。

而自2011年起，随着《证券投资顾问业务暂行规定》的出台和实施，证券投资顾问业务从无序到有序，该业务的本质特征和在证券服务体系中的作用以及证券投资顾问的角色定位都得以明确。《证券投资顾问业务暂行规定》作为基础性制度规范，为证券投资顾问业务提供了操作性业务规范和制度保障，为证券投资顾问业务健康长远的发展指明了方向。许多证券公司应声而动，纷纷成立了专门从事和管理投资顾问业务的部门，业内的许多证券公司和证券咨询机构还将相关业务人员进行了重新梳理，如将原来从事投资顾问业务的“股评家”、“分析师”、“理财顾问”、“投资咨询”等人员规范为具有投资顾问资格的“投资顾问”和不具备资格的“理财经理”、“客户经理”等。

二、投资顾问业务的国际比较

（一）混业经营模式使得境外投资顾问业务得到较快发展

据调研了解，境外投资顾问业务较发达地区多是在混业经营模式下开展，如美国、加拿大以及欧洲大部分国家等。另外，与大陆投资氛围接近的我国宝岛台湾，经过多年的业务模式探索，许多证券公司走上了金控型证券公司之路，即证券公司依托于金控集团，将银行、保险、信托、期货等资源整合在一起，实行交叉销售，提升规模经济。这种金控架构解决了银行、保险、证券等金融业务的渗透经营问题，并很好地控制了金融风险。台湾地区不少证券公司都属于金控下的子公司，金控架构可充分发挥金融子公司间的协同效应，形成规模经营，体现在采购的规模经济、广告的规模经济、财务的规模经济、研发的规模经济、管理的规模经济等方面。在金控架构下，银行、保险、证券等金融子公司，通过整合资源，实行共同行销，从而提升现金柜台、语音客服、信息系统、网络下单等资源的价值和效率。对于客户来说也增加了便利性。

对于大陆证券公司来说，业务范围目前还局限在证券领域，而对于银行、保险等金融机构来说，其业务范围则已渗透到证券领域，未来银行、证券、保险业务的交叉渗透在所难免，台湾地区金融机构的金控模式对大陆具有一定借鉴意义。

（二）投资顾问业务的服务理念有较大差异

通过与美国、加拿大等北美地区投资顾问业务情况的调研，我们发现，在这类经济较为发达、居民生活水平较为稳定富足的地区，投资顾问业务的开展方向多为使客户资产在一个较长的周期内实现保值增值。

而在台湾地区，投资顾问业务的工作重心是通过对营业部经纪业务客户投资顾问服务来提升其满意度。这对我国大陆证券公司具有一定的启发意义。证券公司在积极探索投资顾问业务盈利模式的同时，也应重视提升客户满意度。对于证券公司来说，现阶段能够收费的客户毕竟是少数，不能因为对大部分客户不收费就降低服务水准，这样做得不偿失，无异于舍本求末。

无论是实现客户资产长期的保值增值，还是注重提升客户满意度，都与我国当前无论是投资顾问从业人员的业务目标以及投资者对于服务于他的投资顾问的期许都有较大差异。相比较而言，我国投资顾问业务由于刚刚起步，并且盈利模式还在摸索阶段，要形成统一并且成熟的投资顾问业务服务理念更是需要经验的积累与时间的沉淀。当前，我们在开展投资顾问业务时，更倾向于对短期实际收益的重视。尽管在投资顾问服务理念中，客户满意度也被高度重视，但与开展投资顾问业务的根本目标相比，仍有一定差距。

我国的投资者成熟度较低，这与社会高速发展环境、股市的急速膨胀以及历史上股市的一些发展情况密切相关，也使投资者对于长期价值投资认可度较低，反而更注重短期的投资回报。

（三）代客下单与全权委托是大多数投资顾问业务较为发达国家与地区的必备前提

在美国，投资顾问业务和资产管理业务其实是同一块牌照，美国的投资顾问从业人员取得相关资格后，可以代客下单或全权代理客户的买卖。在加拿大也是同样的做法，投资顾问可以为客户提供资产配置建议，或执行客户的买卖意见，也可以接受客户的全权委托，用自己的专业服务来节省客户的时间。我国台湾的证券公司也可以代客下单以及接受客户全权委托操作。调研显示，这对台湾投资顾问业务的发展起到了促进作用。放宽代客下单和全权委托限制，可以让客户专职于其本职工作，投资事务无须其事事躬亲，减少花费在证券市场的时间，减少社会资源的浪费，同时可避免投资顾问专业资源闲置，促进投资顾问向专业化方向发展。在我国大陆，出于风险监管的考虑，代客下单受到限制，全权委托也尚未开展。

第三节　2011 年中国证券投资顾问业务面临的问题及 2012 年前景展望

一、2011 年中国证券投资顾问业务面临的问题

（一）中国证券投资顾问业务盈利模式与标准仍不清晰，投资顾问业绩难以界定

在 2011 年初《证券投资顾问业务暂行规定》正式实施后，我国证券公司都高度重视投资顾问业务，不少证券公司在积极探索投资顾问业务盈利模式问题。据中国证券业协会统计数据显示，在 2011 年度，七成以上证券公司的投资顾问业务创造了业务收入。其中大部分采取了差别佣金的收费方式，通过制定系列的投资顾问产品及服务菜单来实现对客户的签约服务，从而提升差别佣金部分作为投资顾问业务收入。然而，由于投资顾问业务的盈利模式还属于探索阶段，相关的法规制度指导较为模糊，许多公司在投资顾问业务开展的过程中提升了佣金费率，但难以界定常规服务价值、投资顾问服务价值、投资顾问专业产品价值之间的比重，从而对于投资顾问业绩界定产生了疑惑。此外，差别佣金的盈利

模式单一，并不能充分反映投资顾问的工作价值，也局限了投资顾问业务的蓬勃发展。如何开展创新、合理、合规的投资顾问业务盈利模式，充分体现并且激励引导投资顾问业务的价值，是当前业内一个共同思索的问题。

（二）证券投资顾问业务市场需进一步培育，投资者教育仍待加强

中国证券市场的客户，经历了股市蓬勃发展的20年，也经历了证券市场监管逐渐严格的过程，然而许多投资者的证券投资理念仍然停留在过去，对于投资顾问业务的专业价值缺乏信任，对于投资顾问业务的盈利模式更是缺乏认可。这就要求投资顾问业务从业人员，在提高自己的专业素养和服务理念的同时，要充分重视投资者教育，引导其形成正确、成熟的证券投资理念，并对于投资顾问业务拥有正确客观的认识。培育投资顾问业务市场，是开展投资顾问业务的基石，是当前业务发展需重视和解决的问题之一。

（三）证券投资顾问业务团队建设与组织仍需摸索，专业人才缺失

《证券投资顾问业务暂行规定》的发布使投资顾问与分析师团体正式分开，市场对于投资顾问的期许很高，然而该团队面临着建设时间短、人员结构不成熟、团队目标不清晰等问题。据中国证券业协会调研结果显示，2011年证券公司的投资顾问业务团队普遍进行了大扩张，扩张比例在五成左右。但从人员结构的调查可看出，部分证券公司专注于招揽高学历、高研究能力的分析师型人才来组建自己的投资顾问团队，而部分证券公司则倾向于选择具有较长的一线投资经验的市场老手来担任投资顾问。市场对于投资顾问价值该体现在哪方面普遍存在困惑，由此体现在团队建设上就出现了分歧。同时，随着投资者结构调整，机构投资者力量日益壮大，客户越来越成熟，而市场证券创新频出，满足客户需求的难度愈发加大。市场对于投资顾问团队的业务能力要求越来越高，而如何通过适当的激励机制、业务指引或培训辅导快速提升投资顾问团队的专业水平也是业内的普遍问题。

（四）内部控制机制不健全滋生行业隐患

投资顾问业务在2011年得到了快速发展和较大的转变，而针对该业务的内部管理与风险控制还需要进一步加强。无论是从风险控制制度和工作流程建设，还是从风险控制文化建设上，都需进一步加强。投资顾问业务的内部风险控制制度涵盖面较广，如业务资格与人员资格、业务推广、协议签订、投资顾问服务流程、公开媒体参与、档案管理、客户回访、投诉处理、合规风险控制稽核、软件终端产品、信息隔离墙与利益冲突防范等方面都需建立相关内部风险控制制度。尤其是在投资顾问业务展业过程中，提供投资顾问服务的投资顾问人员可能存在着代客理财的违法违规问题，以及从事媒体宣传活动的投资顾问可能存在行为不可控问题，如夸大营销宣传、误导投资者等。应进一步完善、细化相关的内部控制机制，进行更有效的风险控制。

投资顾问业务处于不断创新的发展初期，内部的风险控制制度需紧跟行业的进步与变化，为投资顾问业务的健康、长远发展提供保驾护航作用。

二、2011年中国证券投资顾问业务发展趋势及前景展望

2011年是证券投资顾问业务快速发展壮大的一年，许多证券公司实现了投资顾问业务从无到有、从弱到强的过程。展望未来，中国经济持续高速增长，中国资本市场不断发展壮大，中国金融产品日益创新多元。《证券投资顾问业务暂行规定》的出台是中国证券市场自行发展探索的必然结果，也是满足投资者需求的必然趋势，投资顾问业务面临着历史性的机遇和巨大的挑战。

（一）证券投资顾问业务的产品与服务日趋创新与多元

据中国证券业协会调研结果显示，2011 年投资顾问业务涌现了大批的创新产品与服务，随着中国证券市场的不断发展，已有不少证券公司将投资顾问产品与服务的创新与中国资本市场的创新紧密结合起来，比如伴随着融资融券业务的发展壮大，相关的投资顾问产品也日益增多。投资顾问产品与服务的创新趋势还体现在对国外先进经验的借鉴与学习上，比如在传统的证券价值研究与证券技术研究之外，量化研究在投资顾问业务领域逐渐形成共识。总之，在业务发展初期，投资顾问产品与服务的不断创新将是主流发展趋势，也是投资顾问业务大力发展的必备条件。

（二）重视人才储备，加强投资顾问专业团队的建设

证券投资顾问业务作为一项新业务，强大的人才储备对于该业务的发展至关重要。不但该项业务的发展有赖于投资顾问团队的开拓，扭转投资者的观念进行投资顾问业务市场的培育也需要高素质的投资顾问人才，当前市场的投资顾问人才数量远远不够。同时，与该项业务发达的国家与地区相比，由于业务开展与团队建设时间较短，相应的团队管理、细分培训、业绩考核等都在探索中。如美国的投资顾问有系列化的 3 个月入职培训；我国台湾证券公司将投资顾问培训分为针对普通员工、基层干部、中层干部、高级主管四类，每一类相应的课程都进行了详细区分；业务发达的国家和地区还具有成熟的考核与晋升机制。我国证券投资顾问业务方兴未艾，重视人才储备，加强团队建设将成为众多公司未来的投资顾问工作重点。

（三）财富管理模式是投资顾问业务发展的一片蓝海

在许多发达国家与地区，财富管理不但是当地证券公司的一项基本业务，还是贯穿其开展投资顾问业务的核心理念。财富管理不是简单的销售，不是单一的产品，而是整体、长期、个性化的资产配置解决方案，更体现为流程化管理与服务。

财富管理的核心，是多元化的产品、专业化的组合配置以及细致合理的客户分类。财富管理模式最大的意义在于使证券公司收入从传统的佣金模式过渡到服务收费模式，解决了当前证券公司过度依赖于短期交易的佣金收入、“靠天吃饭”的经营模式，为证券公司拥有长期稳定的收入来源提供了解决方案。虽然当前发展财富管理业务还面临诸多障碍，主要是投资理财品种缺乏、分业经营政策限制、财富管理市场培育不够等等，但结合国情，探索自身财富管理模式，实现证券公司的业务转型始终是业内不断的探索。

第二章 发布证券研究报告业务

第一节 2011年中国发布证券研究报告业务的总体情况

一、发布证券研究报告的历史沿革

（一）发布证券研究报告业务源自投资咨询服务

一般的投资者可能受时间、精力、知识和能力的限制，无法及时和全面地了解与证券投资有关的信息并作出有效分析，因而需要有人就此提供专业的投资咨询服务。为满足该项业务需求，证券公司及相关的证券金融机构便组织市场研究团队，通过对证券市场和上市公司有关信息的处理和分析，形成投资建议供投资者进行投资参考和使用，这就构成了证券投资咨询服务的主要内容。而随着证券投资咨询业务的发展和专业分工，证券分析师的研究报告也就自然构成了发布证券研究报告业务的核心内容。

（二）中国发布证券研究报告业务经历了两个历史阶段①

1. 初步探索阶段（1990～1999年）。1990年底至1999年这段时间，各证券公司相继设立了研究部（所），开始对自身定位及研究业务的开展进行初步探索，监管方面的法规建设也开始起步。从研究机构来讲，典型事件是1993年，万国证券招聘了最早的一批证券研究人员；1996年，君安证券的研究力量已达到百人之多。从监管法规方面来讲，重要的监管政策是1997年12月25日颁布的《证券、期货投资咨询管理暂行办法》和1998年4月23日颁布的《证券、期货投资咨询管理暂行办法实施细则》，这两个制度为证券投资咨询业务的规范开展奠定了基础。但在发布证券研究报告业务的细化监管方面，还较

① 张伟明："在危机中成长：二十年来我国证券公司研究业务的发展"，《中国证券》2010年第12期。

为缺乏。

2. 证券研究业务定位和监管政策逐步清晰阶段（2000 年以后）。2000 年以来，随着证券投资咨询业务的发展、机构投资者的不断壮大以及基金分仓佣金收入的增加，中国的证券研究机构开始从混乱走向有序，证券研究业务的盈利模式和发展定位也逐步清晰。标志事件是 2007 年 2 月 16 日，中国证监会发布了《关于完善证券投资基金交易席位制度有关问题的通知》，鼓励基金选择财务状况良好、经营行为规范、研究实力较强的证券公司，向其租用交易席位，首次将基金分仓和证券公司的研究实力挂钩。而发布证券研究报告业务的监管方面是 2000 年 7 月 5 日，中国证券业协会证券分析师专业委员会成立，标志着中国证券业协会对证券分析师开始了严格意义上的规范化管理。2010 年 10 月 12 日，中国证监会正式颁布了《发布证券研究报告暂行规定》，自 2011 年 1 月 1 日起施行。

二、2011 年中国发布研究报告业务的制度环境建设稳步推进

（一）《发布证券研究报告暂行规定》的颁布及实施，将进一步规范和促进中国证券业发布研究报告业务的发展

经过多方面征求意见并反复酝酿及修改后，2010 年 10 月 12 日，中国证监会正式颁布了《发布证券研究报告暂行规定》，自 2011 年 1 月 1 日起施行。《发布证券研究报告暂行规定》共 23 条，内容涵盖发布证券研究报告的业务模式、流程管理与合规管理。该规定重点突出且内容详尽，对发布证券研究报告的流程管理中涉及的选题、撰写、质量控制、合规审查、发布这五大环节均提出了具体的规定和要求，而关于隔离墙、跨越隔离墙、静默期等合规管理方面的规定，也践行了国际通行的模式和监管理念。《发布证券研究报告暂行规定》的正式发布及实施，是中国证券业发布研究报告领域的重大制度环境建设成就，将进一步规范和促进中国证券业发布研究报告业务的发展。

（二）《基金管理公司、证券公司人民币合格境外机构投资者境内证券投资试点办法》的颁布及实施，从制度上为中国证券发布证券研究报告业务打开了新的市场需求和业务拓展空间

同样是经过多方面征求意见并反复酝酿及修改后，2011 年 12 月 16 日，中国证监会正式颁布《基金管理公司、证券公司人民币合格境外机构投资者境内证券投资试点办法》，自公布之日起施行。从拓展证券公司研究业务的角度看，该规定对人民币合格境外机构投资者（简称 RQFII）业务的试点不仅进行了规范，而且更重要的是，从事 RQFII 业务的机构将会逐步增加对证券研究产品及服务的需求。随着人民币在国际市场的影响越来越大和境外人民币规模的持续增长，相信外部投资及投资研究机构对我国发布证券研究报告业务会产生更多的需求。显然，《基金管理公司、证券公司人民币合格境外机构投资者境内证券投资试点办法》的颁布及实施，从制度上为中国证券业发布证券研究报告业务打开了新的市场需求和业务拓展空间。

三、2011 年中国发布证券研究报告业务总体上在探索中继续发展和壮大

（一）整个证券公司研究行业对研究品牌、服务机构客户及支持分支机构的重视程度有增无减

中国证券业协会的专项调查数据显示，2011 年，设有研究部（所）的 88 家证券公司

（样本总量为92家证券公司），有57家进行了品牌推广，有63家加强了对机构客户的研究推广和服务，有82家加强了对分支机构的支持。显然，整个证券公司发布研究报告行业对研究品牌、服务机构客户及支持分支机构这些业务的重视程度有增无减。

（二）尽管2011年的市场形势不好且发布证券研究报告业务的收入有所下降，但证券公司发布研究报告业务总体上继续得到证券公司的大力支持

根据中国证券业协会的调查数据，86家证券公司研究所（部）均被设定为一级部门，2家目前未设立研究所（部）的证券公司表示有设立研究所的计划，证券公司研究所（部）被设定为二级部门的仅仅2家。从经费投入上看，2011年，证券公司研究所（部）的研究经费增幅平均值为35%，仅有12家证券公司研究所（部）表示其年度研究经费增幅出现下降。显然，尽管市场形势不好且研究收入有所下降，但证券公司发布研究报告业务总体上继续得到证券公司的大力支持。

四、证券业发布研究报告业务的行为不规范事件仍有发生

尽管《发布证券研究报告暂行规定》自2011年1月1日起已经施行，但中国证券业发布研究报告业务的行为不规范事件仍有发生。这些发布研究报告业务的行为不规范事件主要有两类：第一类是证券研究报告的事实陈述及研究结论与上市公司的实际情况及业绩相距甚远，被媒体称为“研报门”事件；第二种是直接从事证券研究报告发布业务的证券分析师从事与本职工作密切相关的其他社会职务，被媒体称为分析师“独董”事件。分析多起“研报门”事件，其基本特征就是研究机构发布的证券研究报告存在失误，比如信息误导、数据不准确、事实不准确甚至张冠李戴、闭门造车、虚假陈述、内容及标题夸张等。而著名证券公司分析师担任上市公司独立董事的分析师“独董”事件，表面上看，该行为是合法的，因为法律没有明文规定证券分析师不得担任上市公司独董，同样也没有规定其任职期间不能写在职公司的投资研究报告，但鉴于证券公司与上市公司之间存在太多的利益关系，市场对此事件反响强烈，认为分析师任独董很难保证独董的“独立性”，以至于国内某大证券公司直接叫停了该行为。

显然，无论是“研报门”事件还是分析师“独董”事件，在没有法律和制度的硬性约束下，单纯依靠分析师的道德修养和勤勉尽责来维护研究报告和分析师“独董”的独立性，显然是不够的。2011年1月1日起施行的《发布证券研究报告暂行规定》明确规定：“证券公司、证券投资咨询机构发布证券研究报告，应当有效防范利益冲突，公平对待发布对象，禁止传播虚假、不实、误导性信息，禁止从事或者参与内幕交易、操纵证券市场活动。”上述规定还要求：“证券公司、证券投资咨询机构应当建立健全与发布证券研究报告相关的利益冲突防范机制，明确管理流程、披露事项和操作要求，有效防范发布证券研究报告与其他证券业务之间的利益冲突。”从该规定本身来讲，虽然明确了发布证券研究报告的禁止行为，但没有具体的惩处细则和措施。看来，作为行业监管组织、行业自律组织以及证券研究机构，除了利用现有行政条规来监管和约束分析师外，在行业自律和行业道德建设方面还有较大的作为空间。

第二节 2011年中国发布证券研究报告业务的发展特点

一、2011年中国发布研究报告业务的制度环境有显著变化

从制度环境的角度对2011年中国证券业发布研究报告业务具有重大影响的事件有两个：一是中国证监会于2010年10月12日正式颁布，并要求自2011年1月1日起施行的《发布证券研究报告暂行规定》；二是中国证监会于2011年12月16日正式颁布，自公布之日起施行的《基金管理公司、证券公司人民币合格境外机构投资者境内证券投资试点办法》。

《发布证券研究报告暂行规定》对发布证券研究报告的业务模式、流程管理与合规管理（隔离墙、跨越隔离墙、静默期）等都提出了明确的界定和要求，这将有利于促进中国证券业发布证券研究报告业务的规范有序发展；而《基金管理公司、证券公司人民币合格境外机构投资者境内证券投资试点办法》的正式颁布和执行，则从政策环境上为中国证券业发布证券研究报告业务打开了新的市场需求和业务拓展空间。

二、2011年中国发布研究报告业务的市场竞争更趋激烈

2011年，我国机构投资者队伍进一步发展壮大，这本身会增加对发布证券研究报告业务的市场需求，但由于上证A股指数全年跌幅高达21.6%，中国债券市场在2011年10月之前也一直处于明显下跌当中（信用债市场下跌尤甚），导致整个机构投资者亏损严重，交易量显著下滑，从而影响机构投资者对发布证券研究报告机构的分仓支出。由于中国当前证券公司研究机构的主要收入来源就是机构分仓，面对机构分仓支出的下滑，各发布证券研究报告机构出于保住市场份额或者抢占其他机构市场份额的目的，反而在逆向选择的竞争环境中加强了研究销售和推广服务活动，如此一来，证券业发布研究报告业务的市场竞争较2010年更趋激烈。

根据中国证券业协会专项调查数据，2011年，88家证券公司研究所（部）的人员数量增长平均数为19%，而薪酬支出增长平均数仅16%，这表明随着发布研究报告业务市场竞争的加剧，证券公司研究人员的人均薪酬出现了一定的下滑。① 另外，从经费投入上看，2011年，证券公司研究所（部）的研究经费增幅平均为35%，仅有12家证券公司研究所（部）的年度研究经费出现下降，这在整个证券业不景气的年份，是相当难得的数据，这一数据本身表明，发布证券研究报告业务作为证券公司业务竞争的制高点，越是市场形势不好，越要抢占，竞争也越发激烈。

① 根据中国证券业协会的调查数据，多家人员规模较大的知名证券公司，2011年的人均薪酬支出出现了明显下滑，而一些上市证券公司业绩的大幅下行导致的压缩人力成本行为对证券公司研究人员的平均薪酬下滑起到了较大的影响作用。

三、2011年中国发布研究报告的数量保持增长，研究产品体系及服务项目继续丰富和完善

2011年不利的证券市场形势和内在加剧的市场竞争环境，促使中国发布证券研究报告行业在研究产品体系及服务项目方面进行拓展和提升。中国证券业协会的调查数据显示，2011年，设有研究部（所）的88家证券公司，总共发布研究报告数量为162 357篇，环比2010年增长23%。在这些报告当中，深度报告①为15 283篇，环比2010年增长21%。

证券公司研究报告发布行业研究产品体系及服务项目继续丰富和完善。从产品体系的拓展和完善上来讲，当前的研究内容和产品体系主要包括宏观研究、策略研究、行业与公司研究、金融工程研究、综合研究、基金研究、债券及固定收益研究、买方研究、衍生品研究、特别覆盖研究、理财产品研究、大宗商品研究、汇率研究、数量与指数研究、财富研究、中小市值研究、（金融）创新研究等；从产品及服务的推广形式上来讲，主要包括宏观及策略会、专题会 、路演推介、与外部合办报告会、视频讲座、联合调研、大型活动、高端论坛、电话会议 、纸质印刷品、多媒体推广、新媒体互动、视频晨会、手机短信服务、一对一会议、专题培训、电话沟通、公司拜访、一对一调研、电子版邮件、书面印刷报告、专题研讨会、发送研究报告、上门一对一服务、安排政府部门拜访、分析师互动、销售经理交流、委托定制等。

四、2011年中国发布研究报告的人才队伍建设成效显著

根据中国证券业协会的专项调查数据，2011年，设有研究部（所）的88家证券公司员工总量为4 347人，环比2010年增长19%。从人员的流入和流出来看，2011年，从事发布证券研究报告的证券公司研究行业，新进员工数为1 580人，环比2010年增长28%；离职员工数为840人，环比2010年增长31%。显然，证券业发布研究报告的研究人员数量增长显著且行业内的员工交流互动也较为频繁和活跃。从人员的知识及经验角度来看，2011年，从事发布证券研究报告的证券公司研究行业中，博士学历及其以上员工数为497人，环比2010年增长20%；具有5年以上从业经验的员工数为1 058人，环比增长15%。显然，具有高级知识学历及背景的从业人员的增长速度较快，从事发布证券研究报告的证券公司研究人员的从业经验更加丰富（见表2－1）。

表2－1　从事发布证券研究报告业务的人员情况　（单位：人）

年度	2010	2011
员工总量（人）	3 650	4 347
新进员工数	1 238	1 580
离职员工数	643	840

① 所谓深度报告，就是运用解释、分析预测的方法，从历史渊源、因果关系、矛盾演变、影响作用、发展趋势等方面，就某项投资问题开展研究的报告，通常包括研究报告五要素：即驱动因素、关键假设与主要预测，我们与市场不同的观点，估值与投资建议，股价表现的催化剂，主要风险因素。

续表

年度	2010	2011
博士学历及其以上员工数	414	497
具5年以上从业经验员工数	920	1 058

资料来源：中国证券业协会2012年2月对证券公司发布研究报告的调研。

五、中国发布研究报告的机构规模依然偏小，研究人员数量依然存在较大缺口

国外成熟市场的证券公司研究活动是建立在规模庞大的分析师研发团队基础上的。以美林证券的全球研发中心为例，仅股票研究就在20个国家雇佣了500名以上的分析师，在总部则有700多名研究人员。而对比国内，根据中国证券业协会的调研数据，当前国内证券研究机构人员规模超过100人的仅有8家，最大的证券研究机构拥有238名员工。除这些研究机构的非分析师人员，实际的研究团队规模就更小了，再加上许多研究机构从事的研究面很宽，涉及宏观、策略、行业、公司、创新、金融工程、债券、权证、期货等，导致研究力量不够。

尽管中国证券分析师的队伍在不断壮大，但由于证券分析师历史上本就不足且不断流失到买方研究机构，再加上中国的股票数量不断增加，中国证券业发布研究报告业务的从业人员依然存在较大缺口。2011年，设有研究部（所）的88家证券公司，平均每家的研究人员为49人，而面对目前A股市场总计2 319只股票和522只基金以及几千只债券来讲，研究人员的数量依然存在较大缺口。

六、中国发布研究报告的业务运作模式比较符合国际潮流和趋向

当前，中国发布研究报告的业务运作模式主要有两种：第一种是最主导性的模式，即研究机构隶属于证券公司，以研究所（部）或者研究中心等组织形式开展发布研究报告的业务。该类型的研究机构不具备独立法人资格，通常盈利能力较弱甚至不具有营利性，在人事、财务甚至业务运作上，容易受到公司或者其他部门的干扰。第二种是具备独立法人资格的营利性证券研究报告发布机构。他们又分为两种：一种是从证券公司独立出来的证券研究机构，比如上海申银万国证券研究所有限公司；另一种是独立第三方研究机构，比如天相投资顾问有限公司。上述这些研究所（部）及研究机构，主要为机构投资者提供研究服务并收取相应的费用，针对一般个人投资者的服务往往是次要的、微利甚至不盈利的。

对比国外成熟的证券公司研究机构，可以将上述第一类研究机构归纳为“美林模式”①。该模式的优点是：第一，证券公司的研发职能与经纪、投资银行、资产管理等其他业务密切联系，充分体现为客户服务的经营理念，便于证券公司内部资源的整合与业务创新；第二，研究部门没有利润压力，研究较为客观公正。而上述第二类机构，可将其归

① 这种模式以“分散化”特色作为组织架构，被美林、高盛等欧美投资银行的研发体系广泛采用。该模式下，研发力量分散于各个业务部门，由各个业务团队分别针对不同地区、不同类型客户组建自己的研究力量，直接为证券公司的其他业务服务。

纳为“野村模式”[1]。该模式的优势在于：第一，研究活动具有明显的规模经济效应，可以充分发挥信息资源共享、不同研究领域力量的相互协作、费用节省等优势；第二，该模式能为证券公司培养、储备和输送更多的专业人才，促使证券公司的整体业务水平、总体竞争力不断得到提升。从国际发展经验和市场发展趋势看，强调外部独立的证券研究机构无论在国际还是国内，在较长时期内还难以成为证券研究业务的主流。“美林模式”的致命弱点就在于相关业务单元（部门）可能会影响研究部的观点；而“野村模式”强调研究部门的外部独立，就难免使其研究职能与证券公司的其他具体业务缺乏协同效应。

第三节 2011年中国发布证券研究报告业务发展中面临的问题及2012年前景展望

一、发布证券研究报告业务的盈利模式仍有待突破

就盈利模式而言，中国从事发布证券研究报告业务的投资咨询机构主要是证券公司，目前主要有三种收入方式：（1）向基金等机构客户提供证券研究报告及服务，同时向租用证券公司交易席位的基金等机构客户收取一部分交易席位产生的佣金分仓收入。（2）向基金之外的保险、私募、其他证券投资咨询机构等机构投研主体销售证券研究报告，收取销售收入。（3）与证券公司签订协议，向证券公司的经纪客户（除基金外的客户）发送证券研究报告，由证券公司统一向证券投资咨询机构支付费用。2011年，由于证券市场整体表现不景气，中国证券公司发布研究报告业务的总体收入受市场竞争加剧和交易低迷的影响，呈现下滑态势，与此同时，部分机构投资者在对佣金分仓的支付上出现明显的拖欠现象。显然，证券行业在发展和变化，中国证券公司发布研究报告的盈利模式也有待突破。

二、证券公司发布证券研究报告业务与其他主营业务的结合依然不够，研究报告的价值没有得到最大利用和发挥

当前，中国从事发布证券研究报告业务的主体依然是证券公司研究机构，这些研究机构在业务内容上早已和国际接轨，许多综合性证券公司的业务不仅涵盖了证券经纪、证券承销、证券自营等三大传统业务，而且从事资产管理、兼并收购、财务顾问、衍生品交易及证券公司直接投资等业务。通常，证券公司研究所（部）的研究报告在对外发布的同时，也向内部的其他业务相关机构（单元）发布。表面上看，证券公司研究机构支持了公司其他业务经营部门，但实际上，发布证券研究报告业务不只是证券研究报告的生产和发布工作，研究报告作为一个产品，需要配套的服务才能实现价值最大化。为此，分析

[1] 这是以日本野村综合研究所为代表的高度集中的独立运作模式。

师还要担负向外部机构投资者，比如基金、保险等进行研究报告的路演和其他研究服务工作，但对于同一公司的其他业务单元，由于缺乏有效的成本分摊及利益结算机制，再加上严格的信息隔离制度约束，基本上没有这些研究服务。

从成本分摊及利益结算机制方面来讲，尽管证券公司研究部（所）可以向公司其他业务部门提供投资研究服务，但在实践中，由于证券公司研究机构向本公司其他业务部门提供收费性研究服务基本上难以提上日程，而严格的信息隔离制度又客观造成各主营业务部门之间减少业务交往而回避监管风险的行为，从而造成研究成果和资源的非充分利用和浪费，使证券公司研究报告的价值没有得到最大利用和发挥。实际上，只要解决好证券公司研究部（所）对内部业务单位提供研究服务的成本分摊及利益结算机制，信息隔离制度并不是障碍，只要得到公司管理层和审查部门的许可，过“墙”的成本实际上并不高，相反，收益是非常明显的。

三、知识版权保护问题依然困扰着中国发布证券研究报告业务，行业竞争环境有待改善

证券公司及其他研究机构发布的证券研究报告，本身是知识、智慧和劳动的结晶，具有独立的版权，理应受到我国知识产权法和著作权法等相关法律的保护。由于互联网和多媒体及新媒体传播技术的发达，研究报告发布机构的竞争冲动和我国在该方面执法力度较弱等因素，造成各研究机构专有的研究报告被四处发布和转载，进而使研究报告成了免费可得的“公共物品”，这在发达国家或者成熟市场是不可思议的事情。建议行业监管部门进一步改善行业的竞争环境，严厉打击非法发布证券研究报告的行为，使中国的发布证券研究报告业务更加健康有序地发展。

四、定位清晰、强调特色的证券研究报告发布机构有望脱颖而出

中国从事发布证券研究报告业务的机构规模总体偏小，研究业务的规模效应尚不显著，而境外知名证券公司可以利用规模经济优势来不断细化研究领域，实现“精耕细作”。这方面的例子有：第一，高盛公司以行业研究为主，在该领域享有盛誉，同时该公司的大宗商品研究也独步全球；第二，美林证券侧重于金融衍生工具的研究，以研究工具软件和及时的研究报告为客户提供增值服务；第三，摩根士丹利在综合研究的基础上，单独设立了“标准普尔研究”，对 S&P500 进行专门研究。

国内发布证券研究报告机构的证券公司研究机构与国外同行在规模上的差异和差距，在短期内难以改变，但从市场竞争的差异化角度看，国内证券公司可以借鉴境外领先证券公司在专业化分工和特色研究领域的成功做法，打造出研究定位清晰、强调特色的研究品牌和拳头产品及服务。我们相信，能够充分发挥自身优势，善于创新且形成特色的国内证券研究机构，终将在市场竞争中脱颖而出。

五、倡导“以客户需求为中心”的发布证券研究报告业务理念，整合发布证券研究报告的业务流程，提高发布证券研究报告机构的运行效率

“供给自动创造需求”的亚当·斯密时代理论，早已被现代的凯恩斯需求决定论所取代。发布证券研究报告业务作为投资咨询业务的重要一环，是资本市场与社会分工发展的

产物。按照迈克尔·波特在《竞争战略》中提出的“价值链模型”来分析，证券分析研究是投资咨询业务创造价值的基础和前提，毫无疑问，证券投资需要研究分析，而研究分析是为投资服务的。基于此，我们需要大力倡导“以客户需求为中心”的发布证券研究报告业务理念，切实挖掘和发挥出应用研究的内在价值。

在信息技术和智能科技发展的当今时代，发布证券研究报告机构理应尝试将能够实现标准化的研究流程与分析师创造价值的研究工作相分离，将前者实现流程化甚至直接向独立研究机构或供应商购买，而将后者根据客户偏好提供个性化和订制化服务，真正体现研究的价值创造，这一改进过程实际上就构成了整合发布证券研究报告业务流程的核心内容。为了促进发布证券研究报告机构的运行效率提升，除了整合业务流程外，中国现在的发布证券研究报告机构还需要从业务定位、模式选择、主攻方向、决策机制、研究成果转化等领域，大力进行探索和改革，以期实现发布证券研究报告业务的质的突破。

分报告之六：

2011 年中国证券公司融资融券业务发展回顾与展望

第一章

中国证券公司融资融券市场综述

融资融券业务，是指证券公司向客户出借资金供其买入上市证券或者出借上市证券供其卖出，并收取担保物的经营活动。证券公司出借的资金或上市证券可以是自有的，也可以是向证券金融公司转入的。融资融券交易，是指投资者向具有融资融券业务资格的证券公司提供担保物，借入资金买入证券（融资交易）或借入证券并卖出（融券交易）的行为。

2010 年 3 月 31 日融资融券试点工作开展，丰富了我国资本市场信用交易机制，提供了基础做空工具，既提高了投资者资金的使用效率，也为投资者提供了对冲风险和管理风险的交易工具。经过一年多的平稳运行，2011 年 10 月 28 日业务由试点转为常规，市场参与者不断增多，业务规模逐步扩大，在一定程度上放大了资金的使用效果和证券供求，增加了市场交易量，降低了流动性风险。同时，融资融券作为一项新业务为证券行业提供了新的收入来源，改善了证券公司的生存环境。

第一节　我国融资融券业务发展历程

随着 2006 年 6 月 30 日中国证监会发布《证券公司融资融券业务试点管理办法》，我国融资融券业务正式进入了准备阶段。历经 3 年半的业务准备，经国务院同意，2010 年 3 月 31 日，中国证监会推出证券公司融资融券业务试点。深圳、上海证券交易所正式向 6 家试点证券公司发出通知，即日起接受证券公司融资融券交易申报。这标志着经过 4 年精心准备的融资融券交易正式进入市场操作阶段。证券公司融资融券业务经历了准备、试点、规范发展三个阶段。

一、融资融券业务准备阶段

融资融券业务开展经历了前期3年半时间的准备阶段。在此期间，中国证监会、上海证券交易所、深圳证券交易所及中国证券登记结算有限责任公司相继出台了相关业务管理及执行办法。2006年6月30日，中国证监会发布《证券公司融资融券业务试点管理办法》。2006年8月21日，沪、深证券交易所发布《融资融券交易试点实施细则》。2006年8月29日，中国证券登记结算有限责任公司公布了《中国证券登记结算有限责任公司融资融券试点登记结算业务实施细则》。

此后，2008年10月25日起，部分证券公司开始了融资融券业务全网测试，为融资融券业务的开展做好充分准备。

二、融资融券业务试点阶段

经过前期的准备工作，2010年3月19日，中国证监会宣布中信证券、国泰君安、国信证券、光大证券、海通证券和广发证券6家证券公司获得融资融券首批试点资格。沪、深证券交易所于2010年3月31日起接受证券公司融资融券交易申报。这标志着我国融资融券业务试点开始。

试点工作启动两个月后，2010年6月8日中国证监会宣布核准第二批5家试点公司：申银万国、东方证券、招商证券、华泰证券和银河证券。与此同时，中国证监会降低了融资融券试点资格的准入门槛，即“最近一次证券公司分类评价为B类以上，最近6个月净资本均在30亿元以上”。

2010年11月23日，中国证监会宣布核准第三批14家试点证券公司：安信证券、长城证券、平安证券、国都证券、国元证券、中信建投证券、中国建银投资证券、兴业证券、方正证券、长江证券、宏源证券、齐鲁证券、西南证券和中金公司。加上前面两批获准开展业务的11家试点证券公司，截至2010年底已有25家证券公司启动了融资融券业务。

三、融资融券业务规范发展阶段

2011年10月28日，中国证监会正式发布了《关于修改〈证券公司融资融券业务试点管理办法〉的决定》、《关于修改〈证券公司融资融券业务试点内部控制指引〉的决定》。随后，沪深交易所于11月25日分别发布《融资融券交易实施细则》，对《融资融券交易试点实施细则》中部分条款进行了修订，主要涉及标的证券、优先还款、保证金比例与折算率、维持担保比例等方面。融资融券标的证券由此前的90只扩容至285只。其中，上证所由原来的50只股票扩展为180只股票和4只ETF基金；深交所由此前40只股票扩展为98只股票和2只ETF基金及中小企业板交易型开放式指数基金。融资融券转常规，意味着亮相证券市场一年半的融资融券业务由“试点”转为“常规”。

2011年10月19日，中国证券金融股份有限公司（以下简称“证金公司”）企业名称正式获得核准。证金公司的成立不仅为融资融券业务提供转融通机制，而且担负起对证券公司融资融券、转融通业务的统计、检测、分析等职责，将促进融资融券业务平稳发展。

第二节　融资融券市场总体情况

一、交易规模

（一）市场总交易量情况

2011 年我国融资融券市场规模逐步扩大，融资融券累计交易金额为5 855.97亿元，月均增长7.13%，较2010年的1 370.46 亿元增长3.27 倍。其中，融资交易金额为5 331.09 亿元，融券交易金额为 524.87 亿元。融资融券市场交易金额占 A 股市场交易金额的 1.39%（见表1－1）。

表 1－1　融资融券市场交易规模　（单位：亿元）

年份	融资融券交易金额	融资交易金额	融券交易金额	A 股市场交易金额	融资融券交易金额占比
2010	1 504.26	1 262.56	241.7	545 633.54	0.28%
2011	5 855.97	5 331.09	524.88	421 646.74	1.39%

2011 年融资融券交易金额占比从年初的1.34%逐步增至10月的2.89%（见图1－1）。

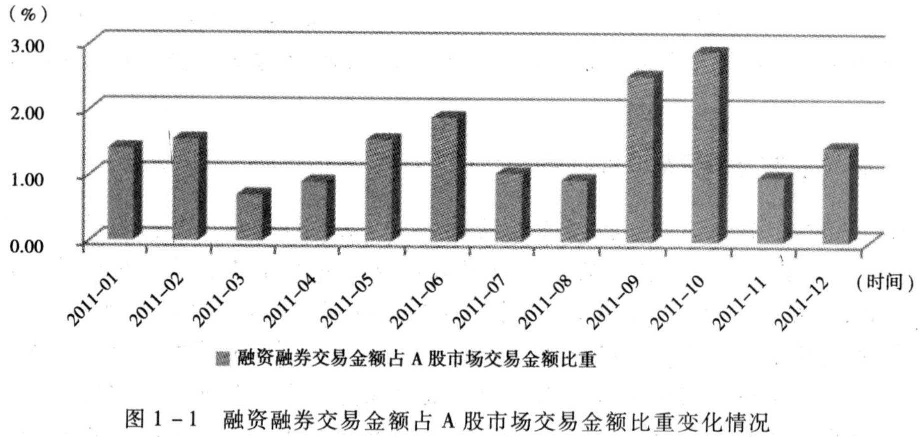

图 1－1　融资融券交易金额占 A 股市场交易金额比重变化情况

（二）市场余额情况

2011 年底融资融券市场余额为 382.07 亿元，相比 2010 年 127.71 亿元的融资融券余额增加了 1.99 倍（见图 1－2）。其中，融资余额为 375.48 亿元，融券余额为 6.59 亿元。

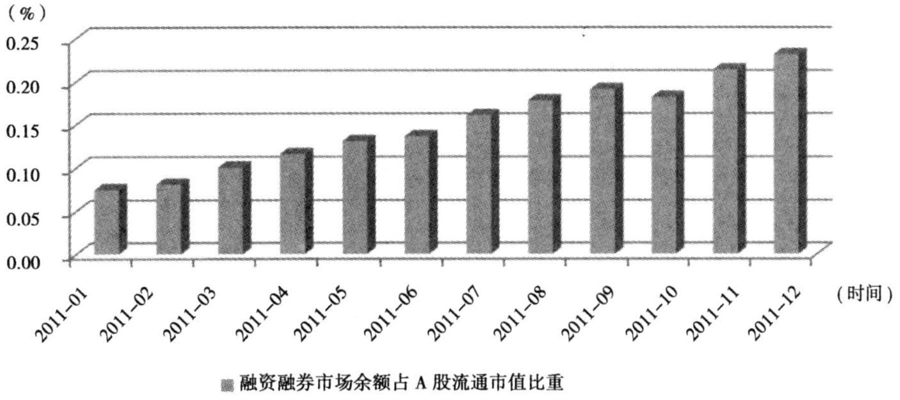

图1-2　融资融券市场余额占A股流通市值比重变化情况

（三）ETF融资融券交易与余额情况

2011年10月28日融资融券业务正式转为常规业务，2011年12月25日标的证券正式扩容，标的证券数量由原来的90只扩容至285只，引入了7只ETF基金。两个月时间内，ETF累计融资买入金额达6.92亿元，累计融券卖出金额为0.78亿元；ETF融资余额为1.83亿元，融券余额为0.08亿元（见图1-3）。

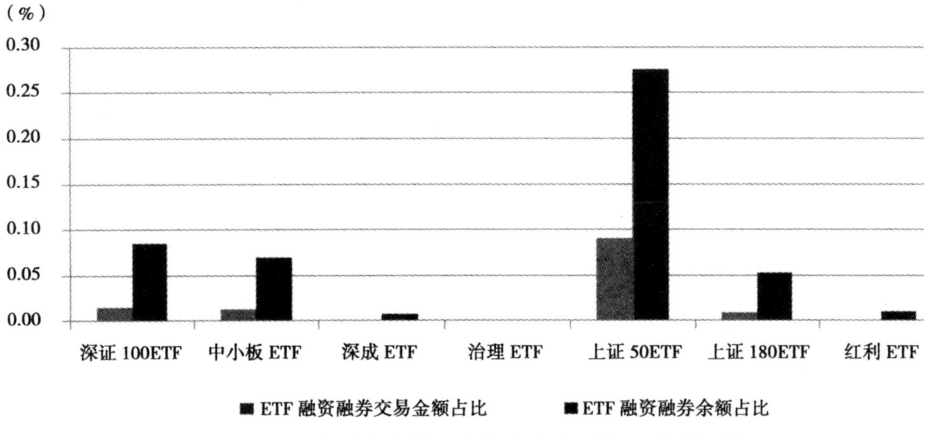

图1-3　ETF融资融券交易金额与余额占融资融券总规模比重

二、融资融券市场开户规模

从融资融券业务的参与者来看，参与融资融券业务的投资者持续增加。2011年底信用账户开户数为348 610户。其中，个人客户为347 507户，占总客户数的99.68%；机构客户为1 103户（见图1-4）。

2011年信用账户开户数月平均增长率为19.84%。其中，个人客户开户数月平均增长率为19.87%，机构客户开户数月平均增长率为13.48%。

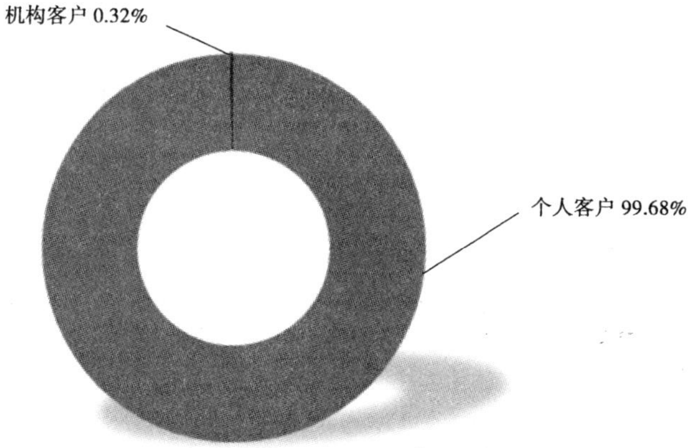

图 1－4　融资融券业务客户结构分布

截止到 2011 年 12 月，参与融资融券业务客户量占 A 股市场参与者的比重为 0.20%①。

三、融资融券余额证券公司分布

融资余额证券公司分布集中度明显小于融券余额。融资余额前 5 名证券公司集中度为 51.45%，融券余额证券公司集中度高达 87.68%（见图 1－5）。

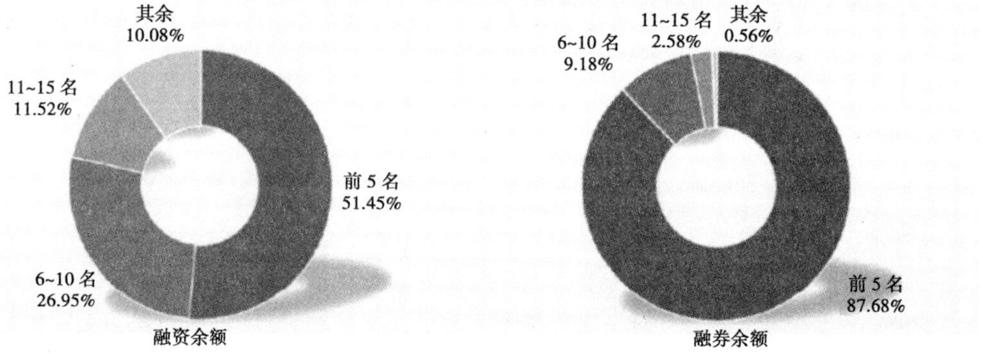

图 1－5　融资与融券余额集中度分布

四、风险管理情况

2011 年全年融资融券市场被平仓客户数为 151 户，其中 148 户是由于融资融券合约逾期被所在开户证券公司平仓，3 户由于维持担保比例跌破平仓线而被所在开户证券公司平仓。

五、证券公司融资融券收入结构

2011 年，25 家证券公司融资融券总收入 31.91 亿元。其中，利费收入 24.39 亿元，

① 根据中国证券登记结算有限责任公司《统计月报》中信用账户和 A 股账户开户数计算得出。

占融资融券总收入的 76.41%；佣金收入 6.19 亿元，占 19.43%；其他收入[①] 1.33 亿元，占 4.16%（见图 1-6）。

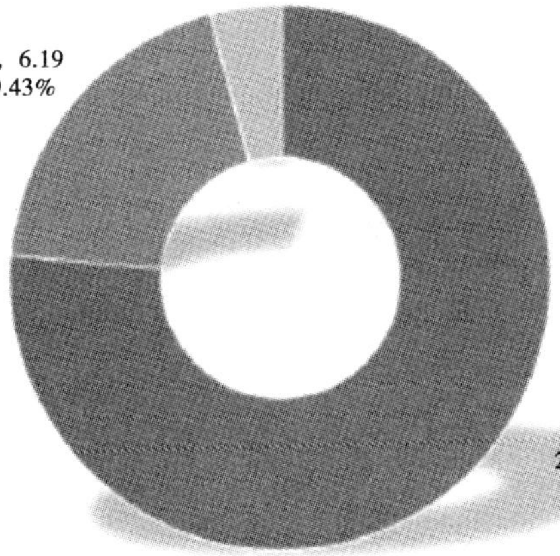

图 1-6　证券公司融资融券收入结构

① 其他收入包括额度占用费、过户费等除融资融券息费和佣金以外的收入。

第二章 证券公司融资融券业务的国际比较

证券信用交易是境外证券市场普遍且成熟的一种交易制度。与境外成熟资本市场相比，融资融券业务在我国开展较晚，授信模式、账户体系、交易模式、标的证券范围、规模比较以及相关费率等均有不同。

一、授信模式分析

目前，欧美以及东亚部分地区已经建立起适应本国、本地区情况的且各具特色的融资融券授信模式，主要概括为两大类：市场化（分散授信）模式和专业化（集中授信）模式。

在市场化模式中，证券公司主要通过货币市场向银行和非银行金融机构以信贷、回购和票据等工具融资。融资融券交易均表现为典型的市场行为，其风险也由市场机制加以化解。这种模式的实现以高度的市场化运作为前提，融资融券交易的风险表现为市场主体的业务风险，监督机构只是对市场运作的规则作出统一的制度性安排，并监督执行。欧美主要工业化国家，如美国、英国实行的就是这种模式。

在专业化集中授信模式中，证券公司向经过特许的证券金融公司筹借资金，证券金融公司作为连接货币市场和资本市场的金融中介，对证券信用规模、额度和分配方向进行调控。证券金融公司在市场上有一定的垄断地位，他们的融资融券活动对市场有重要影响，也对监管当局有关证券市场的政策起直接或间接的辅助作用。日本、韩国实行的就是典型的专业化证券金融公司模式。我国目前采用的是类台湾模式，中国台湾实行的是由单轨制集中授信模式发展演化而成的双轨制集中授信模式。从某种意义上来说，证券金融公司是资本市场和货币市场之间的“阀门”，对两个市场之间的资金流通起着调节作用，在证券信用制度发展历程中起到了积极的推动作用。但是，随着证券市场的逐步成熟，垄断性证券金融公司由于业务大、责任重、风险集中，在融资融券市场中的份额逐年下降，逐渐被证券中介机构多样化的融资方式所替代。

二、账户体系分析

纵观各国及地区的信用交易账户管理体系，“中央登记、二级托管”是比较普遍的做法。例如，美国投资者需要将证券存放在经纪商处，由经纪商作为名义持有人在美国托管信托和清算公司开设代理人账户存管这些证券；日本的证券登记结算由日本证券托管中心负责，普通投资者只能通过在存管中心参与人（包括证券公司、银行、保险公司等）处开设账户进行证券存管；在中国香港，只有经纪参与人才能在香港期货结算公司开立证券交收账户，投资者持有的证券只能以经纪商的名义存放在中央存管系统；在中国台湾，证券集中保管公司实行二级证券存管制度，投资者只能在证券公司处开设证券托管账户，其证券的登记与结算必须通过证券公司完成。

在信用账户设置方面，各国（地区）的具体做法有所差异。美国、中国台湾等市场要求现金账户与信用账户必须严格分开，形成两个独立的账户；日本、韩国等市场允许现金账户与信用账户合并，即仅需在账户中增设信用交易功能。

我国融资融券交易证券账户体系采用了“看穿式二级账户”的管理模式。该模式结合了一、二级账户特点：中国证券登记结算公司按二级托管操作，证券公司不仅可以看到各家证券公司客户持有的证券总量，还可以穿透证券公司的一级专用证券账户看到客户账户的明细情况，保证客户证券安全，即在现有一级账户托管的监管模式下，信用账户与现金账户严格分开。

三、标的证券分析

根据境外信用交易经验，信用交易的一个重要风险点是融资融券标的证券出现问题。如果作为融资融券标的证券的证券出现了重大问题，证券公司即使实施强制平仓，也难保债权能够完全收回。因此，各国或地区都对用于融资融券的标的证券准入条件作了规定。但标的证券范围的宽窄与该国（地区）证券市场的发达程度、监管理念密切相关。

美国由于市场成熟，对可以作为信用交易的有价证券限制较少。根据T规则，可作为信用交易的有价证券必须是在美国证券交易所上市交易的证券，或者是在场外柜台市场交易活跃的证券，或是证券交易委员会开列名单上的证券。具体包括：已在国家证券交易所上市的有价证券（权益证券和债券证券）、柜台可融资股票（经美国联邦储备制度理事会认可的有价证券）、柜台可融资债券以及根据《1940年投资公司法》注册的开放式或单位投资信托基金。

日本法规对融资融券的标的证券限制较严格，其可用于信用交易的股票由交易所从上市股票中选出，充分考虑了证券的股本流通数、股权集中度、波动幅度、流动性等指标。

中国台湾地区对信用交易标的证券的规定更为严格。一般都是风险较小、流动性较好的普通股票和受益凭证。

比较境外及中国台湾市场信用交易标的证券选择条件以及我国大陆市场情况，目前我国所制定的标的证券选择标准相对严格，充分考虑了当前证券市场所处阶段及监管理念，在参考了境外主要市场融资融券标的证券的选择思路后，主要基于上市时间、股权集中度、流动性、波动性等指标，增加了股权分置改革完成程度、是否面临退市等特殊指标。

四、规模比较

我国在开展融资融券业务初期，只有获得资格的证券公司才能向投资者提供融资融券业务，并且只能以自有资金和证券进行经营，整个融资融券规模不大。在成熟资本市场，融资融券交易占市场总交易比例高达15%～40%。

但随着我国融资融券交易的发展，市场上需要更多的资金和证券，这将大大刺激对证券借贷的需求。境外主要市场经验表明，在融资融券交易可以自由开展的证券市场，通常都有一个制度完善而且交易活跃的证券借贷（融券）体系，否则融资融券交易无法有效进行。

（一）融券（证券借贷）交易规模占比比较

图2－1为2007年12月～2011年12月国际市场证券借贷（融券）规模变化情况。可以看到2011年全球证券借贷市场可借出证券资产总额约为120亿美元，证券借贷规模约为25亿美元。

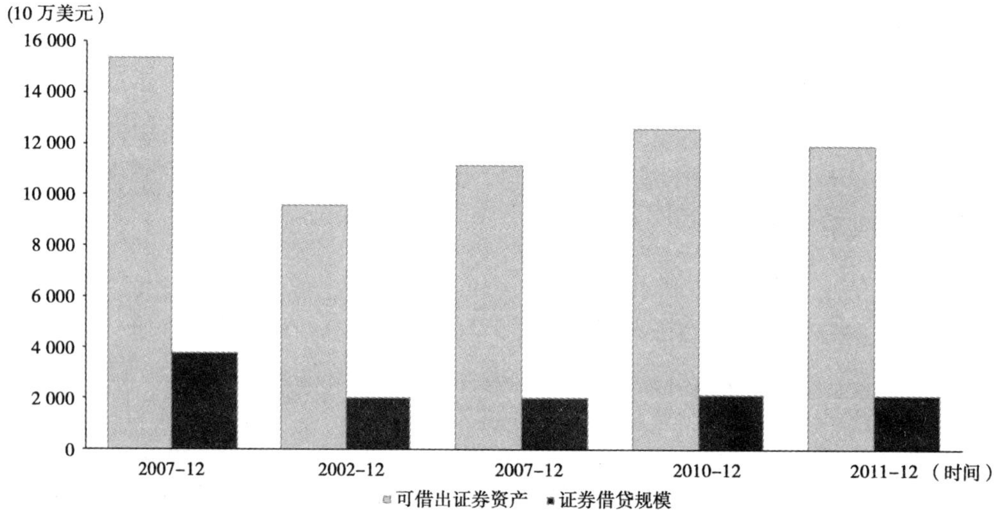

图2－1　全球证券借贷市场规模

图2－2和图2－3是亚洲证券借贷市场2010～2011年证券供给与需求变化情况，可以看到总体规模均呈上升趋势。其中，中国台湾地区的证券借贷规模供给在2010年10月出现跳跃式增长，证券借贷需求稍有延迟，2011年4月出现跳跃式扩张。从另一个角度说明，我国台湾市场证券借贷需求受到供给扩大的刺激，规模效应逐步释放。

（二）融券费用比较

全球股票市场的证券借贷费率根据不同券种、不同期限以及不同市场情况而不同。图2－4显示了全球股票市场融券费用的变化情况。可以看到，2011年上半年证券借贷利率为3%左右，2011年底回落到1%左右。全年平均证券借贷费率为0.92%。

融券业务是我国资本市场一项创新性业务，证券来源较少，可借券种和规模较少，融券费率为9.1%，部分为11.1%。

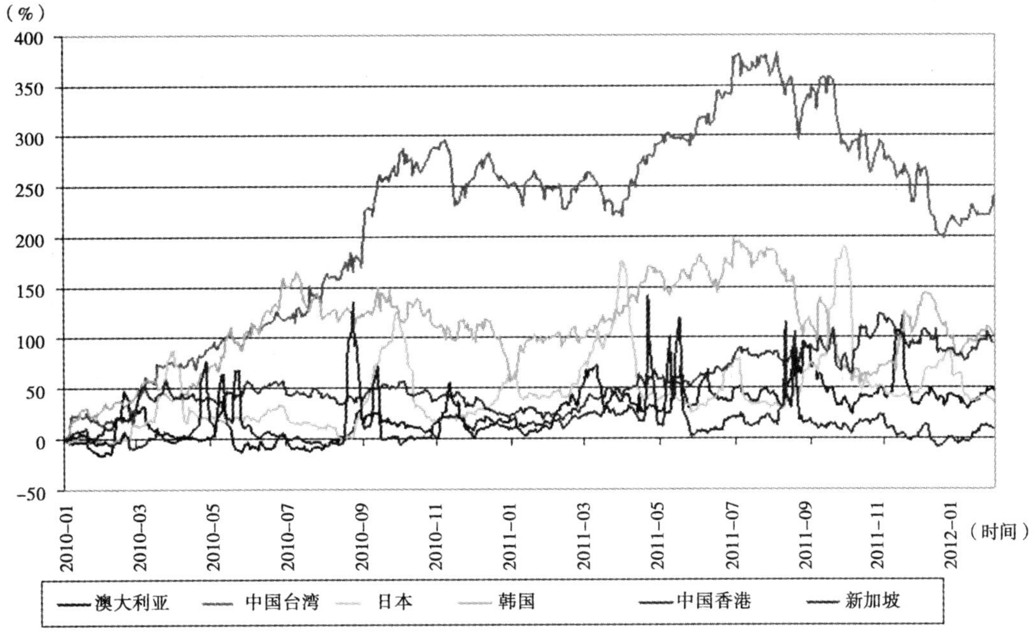

图 2－2　亚洲市场证券供给

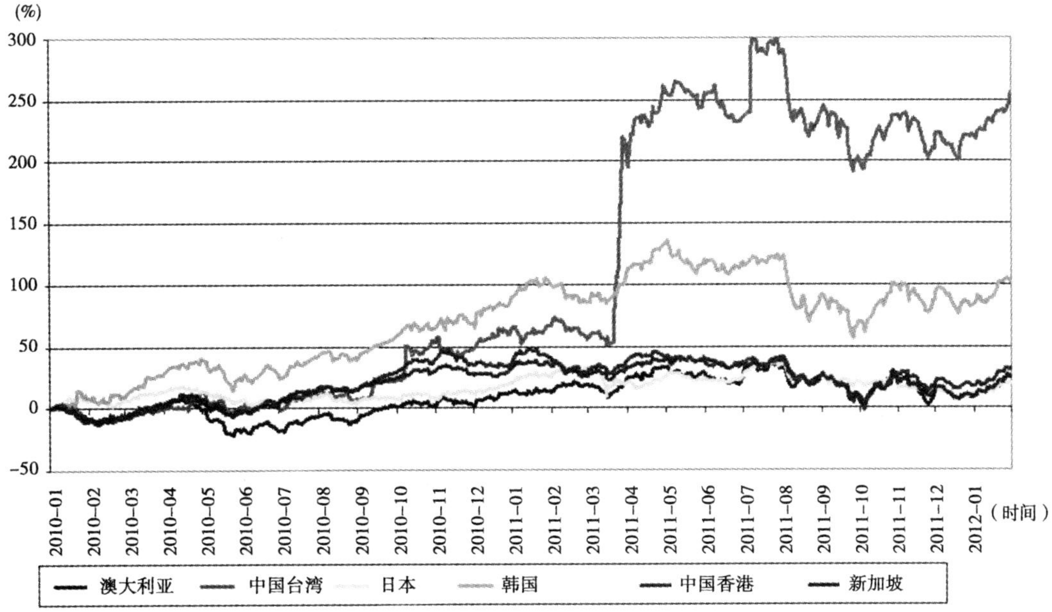

图 2－3　亚洲市场证券借贷需求

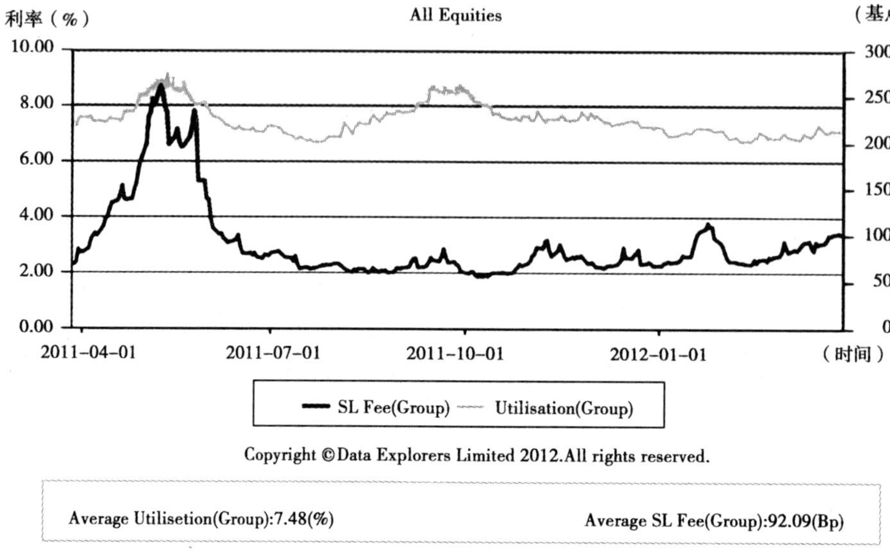

图 2－4　全球股票市场融券（证券借贷）费用

第三章

2011 年中国证券公司融资融券业务发展中面临的问题及 2012 年前景展望

第一节　2011 年中国证券公司融资融券业务发展面临的问题

一、融资融券业务证券公司参与度有待提高

融资融券业务开展两年以来，获批资格证券公司共 25 家，仅占市场证券公司总数的 23.36%（见表 3-1）。随着第四批和第五批证券公司融资融券业务资格获批，证券公司业务参与度将进一步提高。

表 3-1　　截至 2011 年获得融资融券资格证券公司

申请批次	批准证券公司	获批时间
第一批	国泰君安、国信证券、中信证券、光大证券、海通证券和广发证券	2010 年 3 月 19 日
第二批	申银万国、东方证券、招商证券、华泰证券和银河证券	2010 年 6 月 8 日
第三批	安信证券、长城证券、平安证券、国都证券、国元证券、中信建投证券、中国建银投资证券、兴业证券、方正证券、长江证券、宏源证券、齐鲁证券、西南证券和中金公司	2010 年 11 月 23 日

二、融资融券业务市场规模较小

虽然融资融券的市场规模逐渐增长，但相对于沪市日均千亿元的交易规模而言，融资融券的市场规模相对较小。统计数据显示，我国 A 股融资融券业务交易总量仅占市场交易总量的

1.39%。从海外市场成功经验来看，以融资融券为代表的信用交易较为活跃，在市场交易总量中占比较大。如美国和日本的信用交易规模占证券交易金额的比重高达16%~20%左右；我国台湾地区融资融券交易的规模占其总交易量的比例更高，达到了30%以上。

三、融资融券业务发展不平衡

据市场统计数据，目前融资融券业务发展不平衡，主要表现在融券业务比重过小，融券交易规模不足融资交易规模的1.5%，市场融券功能不足，未能充分体现融资融券价格发现和对冲风险的功能。

从成熟市场融资融券的实践经验来看，尽管融资交易规模会高于融券交易规模，但融券业务的占比仍会占据一席之地。例如，在日本及我国台湾证券市场中，融券交易一般会占融资和融券交易总额的20%左右。我国大陆市场的问题主要是因为：一方面，由于目前融券券源仅集中于证券公司自营证券，证券公司自营证券本就偏少，因此，可交易的融券标的数量较小，范围较窄，多集中于大盘蓝筹股，投资者几乎没有选择余地；另一方面，融券卖空对我国投资者来说属于新的投资方式，市场大部分投资者还未熟练掌握卖空投资。

四、市场缺乏有效的融通渠道

目前，证券公司均是以自有资金和自身持有的股票作为向客户融资和融券的来源。这既限制了业务开展规模，又使证券公司只会在以下情况下将股票作为融券标的：（1）融券券源为证券公司自身长期战略持有的证券。这类券种一般均为证券公司所持上市公司的法人股，持股成本极低，且很难在市场上变现，证券公司融券的动力不足；同时，证券公司持有的这类券源的品种有限。（2）未来有相当大把握上涨的股票。证券公司选择可融券股票的依据往往导致两个结果：其一，在现有融资融券标的范围内，证券公司能够获得的、成本较低的法人股品种非常少，使得证券公司没有可融券的股票；其二，对于证券公司可融券的股票，投资者非常清楚可融券的股票是证券公司有较大把握看涨的股票，除非投资者有较大把握或更有力的证据说服自己这些股票未来会跌，否则理性的投资者是不愿对这些股票融券卖出的，从而使得投资者参与融券交易的可能性变得更低；其三，证券公司通过股指期货套期保值，对冲现货持仓风险后，将相关券种提供给投资者融券卖出，通过这种方式提供券源资金占用规模大，成本较高，不利于扩大市场规模。

以上结果使得证券公司可供融出的资金和可供融出的证券数量较少，市场融通渠道缺乏，投资者参与融券交易意愿不强烈。

五、投资者适当性管理流程有待进一步优化

本着试点先行、稳妥起步的原则，融资融券业务推出阶段，制度建设和风险控制审慎推进。融资融券业务自2011年底已从试点转入常规，按照《证券公司融资融券业务管理办法》，投资者在证券公司或其子公司累计开户满半年，即可在该证券公司开立信用证券账户。实际操作中，根据中国证监会窗口指导意见，要求开立普通证券账户满18个月。

严格的风险控制流程确保了业务的稳步开展，经过两年多的实际运行经验，相关的业务环节可进一步优化，降低投资者参与融资融券的各种隐性成本，提高客户开户效率。

六、投资者的认知程度有待进一步加强

我国证券市场已经有20年的历史，投资者一直进行做多交易，通过寻找股票上涨的机会获得收益。这种单边市场的投资习惯使得投资者不能很快转换做空思维。相关研究表明，截止到2011年底，已开立信用交易账户数占所有普通账户开户总数的0.20%。在已开立信用交易账户的投资者中，仅有大约50%的账户申请参与过融资融券交易，说明市场中投资者对信用交易的认知程度和接受程度还有待提高。

第二节　证券公司融资融券业务2012年前景展望

一、证券公司参与程度进一步增加，市场规模逐步扩大

融资融券业务转常规后，中国证监会修订了相关行政许可规定，适度降低了证券公司的准入资格。随着中国证券业协会出台相应的申请程序以及系统测试工作的大范围开展，证券公司申请参与融资融券业务的程度将进一步增强。目前，第四批和第五批证券公司正在申请资格。其中，第四批有望获批的融资融券试点证券公司将达到44家。据粗略估计，如果这些符合条件的证券公司均能获准开展融资融券业务，届时，融资融券业务覆盖的营业部比例将超过80%。参与证券公司的增多，将在很大程度上扩大对业务的市场推介，市场规模将有显著增加。

二、投资者参与程度逐步增加

随着融资融券业务的稳步推进，市场对这项新业务的认知程度将逐步提高，参与融资融券的投资者逐步增加。同时，随着相关监管规定的逐步明确，基金专户、私募基金、证券公司资产管理、保险等机构投资者将逐步参与融资融券业务，从而拓宽新的低风险收益，丰富市场对冲策略和风险管理措施。

三、市场化的转融通机制正在逐步建立

随着中国证监会发布《转融通业务监督管理试行办法》以及中国证券金融股份有限公司的正式成立，市场化的转融通机制逐步建立。目前，转融通业务的相关实施细则正在制定过程中，系统开发与多方测试也在按计划进行，转融通业务有望在近期正式推出。

四、投资者适当性管理流程将进一步优化

随着融资融券业务的开展，在业务实际操作过程中，证券公司从事业务经验逐渐成熟，在对客户分级分类的判断和操作上有了较系统和科学的评价和操作体系。在此基础

上，将进一步优化投资者适当性管理流程，从而提高投资者参与融资融券业务的效率，在风险可控的前提下降低投资者的参与成本。

五、投资者教育工作进一步加强

20 年的做多习惯使得投资者对融券卖空交易需要一个适应过程。为此，业务参与各方会进一步加强投资者教育工作，使投资者能正确认识“做多”与“做空”的运作机制。更进一步，证券公司将逐步加强客户适当性管理，有效控制客户参与融资融券业务的系统性风险。这不仅能够保证股票市场未来平稳、有序、健康发展，更能为投资者提供双向的、切实的投资帮助。

分报告之七：

2011 年中国证券公司直接投资业务发展回顾与展望

第一章

中国证券公司直接投资业务发展历程和监管环境

2007 年 9 月 10 日，以中信证券收到中国证监会《关于中信证券股份有限公司开展直接投资业务试点的无异议函》为标志，中国证券公司直接投资业务正式启动。2011 年 7 月 8 日，中国证监会颁布《证券公司直接投资业务监管指引》，将证券公司直接投资业务纳入常规监管。截至 2011 年末，共有 34 家证券公司获准开展直接投资业务。

证券公司直接投资公司是中国股权投资行业的一个组成部分，虽然就整个股权投资行业来看，行业监管基本处于空白状态，但证券公司直接投资公司作为证券公司的子公司，开展直接投资业务接受中国证监会严格监管。证券公司直接投资业务从试点开始，中国证监会就对其内控机制、风险控制等问题提出了具体而明确的要求，相比外部监管缺位的其他投资机构，证券公司直接投资公司的规范化程度处于中国股权投资行业前列。中国证监会 2011 年 7 月颁布《证券公司直接投资业务监管指引》，是对证券公司直接投资业务进行监管的纲领性文件。

一、证券公司直接投资业务发展历程

证券公司直接投资业务从 2007 年试点，到 2011 年末共有 34 家证券公司获准开展直接投资业务。证券公司直接投资业务随监管环境变化而发展，历程如下：

2007 年 9 月 10 日，以中信证券收到中国证监会《关于中信证券股份有限公司开展直接投资业务试点的无异议函》为标志，中国证券公司直接投资业务正式启动。随后，数家证券公司陆续获批开展直接投资业务试点。

2009 年 4 月，中国证监会颁布《证券公司直接投资业务试点指引》，在 11 家证券公司获准试点直接投资业务的基础上，扩大试点范围，稳步推进直接投资业务试点。《证券公司直接投资业务试点指引》规定，“证券公司开展直接投资业务试点，应当设立从事直接投资业务的子公司，由子公司进行直接投资”；证券公司开展直接投资业务试点，应当

“以自有资金对直接投资子公司投资，金额不超过证券公司净资本的15%”。《证券公司直接投资业务试点指引》同时规定，证券公司直接投资公司的业务范围包括使用自有资金对境内企业进行股权投资、为客户提供股权投资的财务顾问服务等。

2011年7月8日，中国证监会颁布《证券公司直接投资业务监管指引》，将证券公司直接投资业务纳入常规监管，并允许证券公司直接投资公司设立直接投资基金，筹集并管理客户资金进行股权投资。到2011年末，共有34家证券公司获准开展直接投资业务。在全部证券公司直接投资公司中，中信证券全资直接投资子公司——金石投资规模与盈利均居于首位。

二、2011年证券公司直接投资业务可持续发展的机遇

为了落实《证券公司直接投资业务监管指引》的要求，各地证监局随后下发《关于做好证券公司直接投资业务纳入常规监管有关工作的通知》，中国证券业协会也于2011年11月下发《关于落实〈证券公司直接投资业务监管指引〉有关要求的通知》。此前，证券公司直接投资业务试点已近4年，逐渐在严格监管下实现规范发展，并成为证券公司新的利润增长点，但自有资金不足成为制约证券公司直接投资业务可持续发展的关键问题。《证券公司直接投资业务监管指引》的颁布，标志着证券公司直接投资业务从试点转为常规业务，不仅为证券公司直接投资业务拓宽资金来源、实现可持续发展提供了政策基础，也为证券业发展壮大带来了新的机遇。

2011年证券公司直接投资业务监管政策变化主要体现在以下几方面：

第一，证券公司直接投资业务被纳入常规监管。《证券公司直接投资业务监管指引》的颁布，标志着证券公司直接投资业务由试点转入常规监管。根据《证券公司直接投资业务监管指引》规定，设立直接投资子公司的审核程序进一步简化，证券公司报经住所地证监局同意，即可设立直接投资子公司，不再由中国证监会进行审核。同时，进一步加强对证券公司直接投资业务的监管力度，强化了防范利益冲突、风险控制、资料报备、信息披露等方面的监管标准。

第二，允许直接投资子公司设立直接投资基金。《证券公司直接投资业务监管指引》规定：“直接投资子公司设立直接投资基金，应当符合《公司法》、《合伙企业法》等有关法律法规的规定。直接投资子公司投资设立直接投资基金管理机构的，直接投资基金管理机构应当采取有限责任公司或者有限合伙企业形式。”《证券公司直接投资业务监管指引》同时规定：“首只直接投资基金运行满1年的，证券公司应当对其运作情况进行评估，并向证券公司住所地证监局提交评估报告。首只直接投资基金经评估运作良好、符合各项要求的，直接投资子公司可以根据市场需要和自身管理能力，设立多只直接投资基金。”

第三，对“保荐+直接投资”业务模式加以限制。《证券公司直接投资业务监管指引》规定：“担任拟上市企业的辅导机构、财务顾问、保荐机构或者主承销商的，自签订有关协议或者实质开展相关业务之日起，公司的直接投资子公司、直接投资基金、产业基金及基金管理机构不得再对该拟上市企业进行投资。”

对此，中国证券业协会下发《关于落实〈证券公司直接投资业务监管指引〉有关要求的通知》作进一步解释：“签订有关协议”是指证券公司与拟上市企业签订含有确定证券公司担任拟上市企业辅导机构、财务顾问、保荐机构或者主承销商条款的协议，包括辅

导协议、财务顾问协议、保荐及承销协议等。“实质开展相关业务”是指证券公司虽然未与拟上市企业签订书面协议，但以拟上市企业辅导机构、财务顾问、保荐机构或者主承销商身份为拟上市企业提供了相关服务，具体可以证券公司召开拟上市企业首次公开发行股票项目第一次中介机构协调会之日作为“实质开展相关业务”之日。

《关于落实〈证券公司直接投资业务监管指引〉有关要求的通知》同时要求，证券公司保荐前已直接投资的，直接投资子公司须承诺延长股份锁定期；证券公司在发行保荐工作报告中增加直接投资项目信息披露内容；尊重被投资企业自主选择保荐机构的权利；高度重视社会监督作用。

第二章

2011 年中国证券公司直接投资业务总体情况

第一节　证券公司直接投资业务 2007 ~ 2011 年总体情况

证券公司直接投资业务经过 4 年发展，已逐渐成为证券公司的盈利增长点。截至 2011 年末，获准开展直接投资业务的证券公司共计 34 家。根据中国证券业协会专项调查统计（样本总数为 33 家），2011 年证券公司直接投资公司注册资本共计 256.6 亿元；共计管理产业基金 5 只，总规模 33.57 亿元；设立直接投资基金 2 只，募集资金 25.47 亿元。33 家证券公司直接投资公司自开展直接投资业务以来累计已投资项目 355 个，对应投资金额 170 亿元；已上市项目 41 个，对应投资金额 11.55 亿元；已实现完全退出项目 7 个。证券公司直接投资公司员工队伍从 2007 年末的 11 人发展到 2011 年末的 511 人。

从盈利能力来看，自开展直接投资业务以来，证券公司直接投资公司累计实现净利润 19.96 亿元。其中，盈利能力最好的 1 家证券公司直接投资公司累计实现净利润占 33 家合计净利润的 74%，盈利能力最好的前 5 家证券公司直接投资公司累计实现净利润占 33 家合计净利润的 89%（见表 2 – 1）。

表 2 – 1　　2007 ~ 2011 年 33 家证券公司直接投资公司业务情况

		2007 年	2008 年	2009 年	2010 年	2011 年	2007 ~ 2011 年累计
投资情况	本年度新增投资项目数量（个）	1	5	57	141	151	355
	对应投资金额（亿元）	1.50	11.50	17.47	61.98	77.55	170
项目上市情况	本年度新增上市项目数量（个）			5	14	22	41
	对应投资金额（亿元）			0.96	4.30	6.29	11.55

续表

		2007 年	2008 年	2009 年	2010 年	2011 年	2007～2011年累计
项目退出情况	本年度新增的全部退出项目数量（个）					7	7
主要指标	注册资本（亿元）	8.81	47.50	136.60	205.10	205.60	654.61
	净利润（亿元）	0.07	1.14	2.66	5.57	10.52	19.96
直接投资公司员工情况(人)		11	70	153	322	511	1067

资料来源：中国证券业协会。

第二节　2011 年证券公司直接投资公司管理资金规模、投资、退出及盈利情况

证券公司直接投资业务从 2007 年启动，经过 4 年投资期，到 2011 年开始实现项目集中退出，2011 年证券公司直接投资公司不仅实现净利润 89% 的同比增幅，而且管理资金规模、投资、退出均实现大幅增长。

根据中国证券业协会提供的数据，资金管理规模方面，33 家证券公司直接投资公司 2011 年总计管理资产规模 315.64 亿元，同比增长 48%（其中，注册资本共计 256.6 亿元，同比增长 25%；管理产业基金规模共计 33.57 亿元，同比增长 320%；管理直接投资基金规模从无到有共计 25.47 亿元）。投资方面，33 家公司 2011 年总计新增投资项目 151 个，同比增长 7%；涉及投资金额 77.55 亿元，同比增长 25%。实现项目上市方面，33 家公司 2011 年总计实现新增上市项目 22 个，同比增长 57%；项目退出方面，33 家公司 2011 年总计新增完全退出项目 7 个，2011 年之前尚未有完全退出项目。实现盈利方面，33 家公司 2011 年总计实现净利润 10.52 亿元，同比增长 89%。

第三章

中国证券公司直接投资业务与境内、境外 PE 行业的比较分析

第一节 证券公司直接投资业务与境内 PE 行业的比较分析

中国证券公司直接投资业务 4 年来从无到有，取得较大发展，但与国内一流 PE 机构相比，在资金管理规模、投资规模、项目来源、增值服务、投后管理及退出等方面，仍有一定差距。随着 2011 年 7 月《证券公司直接投资业务监管指引》出台，允许证券公司直接投资公司向社会合格机构投资者募集资金，并设立和管理直接投资基金，预计证券公司直接投资公司管理资金的规模将呈现上升趋势，其传统业务模式也将面临转型压力。

一、证券公司直接投资公司资金管理规模尚小，但存在增长预期

（一）证券公司直接投资公司资金来源主要是自有资金，整体资金管理规模在中国 PE 行业中占比较小

目前证券公司直接投资公司资金来源主要是注册资本。直接投资公司资产管理规模主要包括三个部分：一是自有资金，目前阶段主要是注册资本，因为各直接投资公司前期项目退出后的自有资金再投资规模尚小；二是管理产业基金；三是管理直接投资基金。在 2011 年 7 月《证券公司直接投资业务监管指引》出台之前，证券公司直接投资公司获准主要以自有资金投资，虽陆续有产业基金获批但总体规模不大。从《证券公司直接投资业务监管指引》出台到 2011 年末，已有证券公司直接投资公司的直接投资基金获批并开始募集。根据中国证券业协会提供的数据，2011 年末 33 家证券公司直接投资公司注册资本合计 256.6 亿元，占其管理资金总规模的 81%；以第三方融资为

主要资金来源的产业基金和直接投资基金（可能包含少量自有资金投入），只占管理资金总规模的19%。

证券公司直接投资公司资金管理规模在中国PE行业中占比较小。根据中国证券业协会提供的数据，2011年33家证券公司直接投资公司总计资金管理规模约为315.64亿元。而根据清科研究中心发布的数据，2011年共有235只可投资于中国大陆的私募股权投资基金完成募集，披露募集金额的221只基金共计募集388.58亿美元。也就是说，即使相对中国PE市场融资的不完全统计，2011年全部证券公司直接投资公司所管理资金规模，尚不足中国PE行业当年新增募资规模的12%。

（二）证券公司直接投资公司注册资本受限于证券公司净资本规模限制，难以迅速增长

中国证监会于2009年颁布《证券公司直接投资业务试点指引》，明确规定证券公司“以自有资金对直接投资子公司投资、金额不超过证券公司净资本的15%”。2011年颁布《证券公司直接投资业务监管指引》明确规定，证券公司“投资到直接投资子公司、直接投资基金、产业基金及基金管理机构的金额合计不超过公司净资本的15%，并在计算净资本时按照有关规定扣减相关投资”。目前，我国证券公司净资本规模，除部分上市证券公司外大都低于100亿元。据中国证券业协会统计，2010年我国证券公司净资本规模高于100亿元的仅11家，高于200亿元的仅3家，这极大限制了证券公司直接投资公司的注册资本规模。作为证券公司直接投资公司主要资金来源的注册资本，难以获得迅速增长。

（三）证券公司直接投资基金获准设立，资金管理规模有望获得突破

2011年7月，中国证监会颁布《证券公司直接投资业务监管指引》，证券公司直接投资业务被纳入常规监管，证券公司直接投资公司可作为管理公司募集基金。截至2011年末，中国证监会已正式批准一家证券公司设立直接投资基金，多家证券公司在筹备设立直接投资基金。证券公司直接投资募集第三方资金政策放开后，可以通过独立募集基金转型成为专业的PE管理机构，其规模小的问题将会得到改善，融资能力也会面临真正考验。

二、证券公司直接投资公司投资规模较小，模式单一，项目开拓能力不足

（一）证券公司直接投资公司投资规模较小

证券公司直接投资公司与国内PE机构相比，无论是投资案例数、投资总额，还是单个项目平均投资额都偏低（见表3－1）。根据清科数据，2011年中国私募股权投资市场共完成投资交易695起。其中，披露金额的643个项目共计投资275.97亿美元，单个项目平均投资额0.43亿美元。根据中国证券业协会的数据，2011年33家证券公司直接投资公司新增投资项目为151个，投资金额77.55亿元人民币，单个项目平均投资额0.51亿元人民币，与市场总体水平存在较大差距。

表 3－1　证券公司直接投资公司（33 家总计）与国内 PE 机构投资规模比较

	机构类别	2007 年	2008 年	2009 年	2010 年	2011 年
当年完成投资项目	国内 PE 机构（个）	177	155	117	363	695
	证券公司直接投资（个）	1	5	57	141	151
当年完成投资金额	国内 PE 机构（亿美元）	128.18	96.06	86.52	103.81	275.97
	证券公司直接投资（亿元人民币）	1.50	11.50	17.47	61.98	77.55
实际单个项目投资额	国内 PE 基金（亿美元）	0.72	0.62	0.74	0.29	0.43
	证券公司直接投资（亿元人民币）	1.50	2.30	0.31	0.44	0.51

资料来源：中国证券业协会（证券公司直接投资公司数据）、清科集团（国内 PE 行业数据）。

（二）证券公司直接投资公司投资模式单一，对投资银行依赖度较高

目前公布的证券公司直接投资公司所投案例中，绝大多数是上市前投资（Pre－IPO）模式。一般而言，国内证券公司直接投资的 Pre－IPO 模式有以下几个特点：一是投资时间到公司上市时间较短；二是绝大部分项目由证券公司直接投资所在的证券公司投资银行部门进行保荐和承销；三是受中国证监会“保荐＋直接投资”模式的政策限制，投资持股比例较低。自 2009 年起，证券公司直接投资项目开始陆续上市。根据中国证券业协会的数据，截至 2011 年底，33 家证券公司直接投资公司共有 41 个项目实现 IPO，这其中绝大多数是“保荐＋直接投资”模式的项目，证券公司直接投资公司对母公司投资银行业务的依赖度极高。

相比之下，中国 PE 投资基金的投资模式则丰富得多，包括前期、中期和后期的项目以及 PIPE（投资上市公司）。据清科研究中心统计，2011 年机构投资策略呈多元化发展，投资案例中包括成长资本类投资 570 起，PIPE（投资上市公司）94 起，并购 3 起，房地产投资 28 起。

（三）证券公司直接投资公司的项目开拓能力和大项目执行能力不足

由于证券公司直接投资公司资本规模较小，大部分证券公司直接投资主要集中于较小规模的中小板、创业板 Pre－IPO 项目，无法参与大规模的并购交易。而项目来源对于自身投资银行项目的依赖也使得团队对于大项目的执行能力不足，以跟投和财务投资为主，难以在项目投资中起主导作用。

三、证券公司直接投资公司投后管理体系尚待建立

证券公司直接投资以 Pre－IPO 投资为主的投资风格以及财务投资人的投资定位，使得证券公司直接投资为所投企业创造价值的能力比较欠缺，通常缺乏主动投管措施，不具备特点鲜明的投资管理体系。相比较而言，国内一流 PE 投资机构已经形成了较为成熟的投资管理体系，培养了专业的投后管理团队，使投后管理和增值服务形成差异化竞争。

四、证券公司直接投资公司项目退出途径和市场单一

从证券公司直接投资公司目前已有的退出案例看，证券公司直接投资项目均通过国内 A 股 IPO 上市退出，2011 年共有 22 家有证券公司直接投资参与的企业实现 IPO，涉及 7

家证券公司直接投资公司。相比较，PE 投资基金的退出方式和退出市场更显多元化。根据清科研究中心发布的数据，2011 年中国私募股权投资市场共发生退出案例 150 个，其中 IPO 方式退出 135 个，股权转让退出 5 个，并购退出 7 个，管理层回购方式退出 1 个及其他方式退出 2 个；退出市场也更多元化，包括 A 股、中国香港、美国等（见图 3－1）。

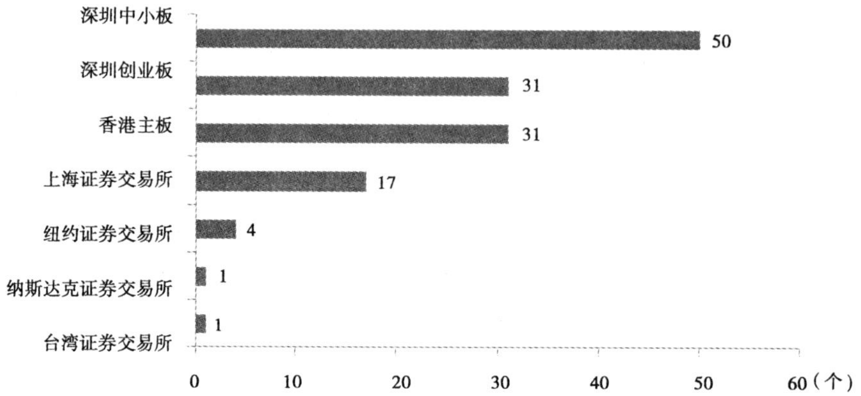

图 3－1　2011 年中国私募股权投资 IPO 退出市场分布

资料来源：清科研究中心。

第二节　证券公司直接投资业务国际比较

中国证券公司直接投资业务于 2007 年开始起步，而海外领先证券公司的直接投资业务起步较早，如高盛的直接投资部于 1986 年成立，摩根士丹利的直接投资部于 1985 年成立。美国证券公司从事直接投资业务不受“牌照”限制，证券公司可根据自身需要随时开展直接投资业务。中国证券公司直接投资业务与境外证券公司直接投资业务相比，在融资、投资、投后管理、投资退出等方面均有较大差别。

一、境外证券公司直接投资募资规模大、历史长，国内证券公司直接投资募资处于初始阶段

境外证券公司直接投资业务经过较长时间发展，在融资方面积累了丰富经验，打下了良好的客户基础。相比中国证券公司，境外领先证券公司在直接投资融资方面具有以下特点：

（一）境外证券公司直接投资业务融资规模较大

以高盛为例，其直接投资部自成立以来已完成 820 亿美元的资金募集。而国内证券公司由于 2007 年开始以自有资金开展直接投资业务，第三方资金管理业务（产业基金和直接投资基金）启动较晚，因而规模不大。根据中国证券业协会的数据，截至 2011 年末，

33 家证券公司直接投资公司管理的产业基金和直接投资基金规模总计也只有 59 亿元人民币。

（二）境外证券公司直接投资业务在全球范围募集资金

境外证券公司凭借在全球范围内开展业务及建立团队，有能力在全球范围发起并募集基金。目前中国市场已有高盛、摩根大通开始进行人民币直接投资基金的募集，其他境外大型证券公司也有募集人民币直接投资基金的考虑。从长期来看，国内证券公司直接投资业务为了提高自身竞争力、保持创新能力、获得可持续发展，在资金来源方面需要更为广泛的空间及更为开放的政策环境。

（三）境外证券公司开展直接投资业务的资金来源，主要来自客户积累，自有资本金占比较小

据分析，境外证券公司直接投资基金的客户，主要来自证券公司其他业务服务积累的客户群体，该类客户群体往往在经纪业务、企业融资业务、投资理财业务方面与证券公司有长期稳定的合作基础。

二、境外与国内证券公司直接投资的投资模式差别较大，源于市场与监管环境不同

由于国内证券公司与境外证券公司相比，所在的资本市场特点不同、监管环境不同，因而在直接投资业务投资方式、投资类型等诸多方面差异较大。主要体现在以下几方面：

（一）对财务杠杆的使用不同

由于欧美等发达国家金融市场比较成熟，境外证券公司在开展直接投资业务时，往往借助杠杆，使资本金的投资收益实现最大化；国内证券公司直接投资业务不能借助财务杠杆进行直接投资。因此，境外证券公司可以通过财务杠杆以及多种金融工具，设计较为复杂的交易结构。也正因如此，在进行国内外证券公司直接投资业务的投资回报比较时，很难进行直接对比。

（二）投资方式差别较大

国内证券公司直接投资在现阶段以 Pre－IPO 类型的直接投资项目为主。该等项目交易结构简单，投资持有期通常较短，对投资判断的整体要求较低。而境外证券公司在成熟市场上的直接投资较为多样化，在投资项目类型上更加偏重于多数股权的投资交易，在投资方式上不仅有普通股权投资，还利用了优先股、可转债、认股权证等多种多样的投资工具。

（三）投资规模差距明显

与国内证券公司主打 Pre－IPO 投资类型相关联的是，单笔投资规模偏小，通常不超过1 000万美元。境外证券公司偏好大型投资交易，虽然目前暂无整体数据统计，但其单笔投资规模超过 1 亿美元的交易比比皆是。

三、投资模式导致投后管理模式不同

在投后管理方面，国内证券公司直接投资业务参与被投企业事务较少，投后管理体现在被投企业的上市准备方面。主要原因，一是证券公司直接投资往往参股比例不高，且投资金额较小；二是 Pre－IPO 项目在业务方面较为成熟，在业务提升方面需求不多。即便如此，国内证券公司直接投资机构往往在股权投资项目中获得董事会、监事会席位，在重大决策方面参与表决，并通过行使否决权保护自身权益。

境外证券公司直接投资参与的大型交易，特别是控制权类型的投资，往往需要在投后管理方面投入大量精力。典型的控制权投资由投资人控制董事会，并由投资人牵头作出重大经营决策。由于境外投融资市场上活跃着众多专业服务机构，专业化分工程度很高，境外证券公司直接投资在投后管理方面经常聘请律师、咨询公司、专项服务机构参与投后管理。此外，海外的职业经理人市场也较为成熟，由投资机构聘请职业经理人队伍管理被投企业，也是常见的投后管理措施。

四、国内证券公司直接投资业务退出方式较为单一

国内证券公司直接投资业务退出方式较为单一，以 A 股 IPO 上市作为主要退出途径，并且通常被要求上市后锁定 1～3 年。因此，绝大部分证券公司在投资时将“上市可行性分析”作为投资评判的重要标准。境外证券公司直接投资的退出选择较为多样化，不仅包括公开上市（IPO），更多依靠产业资本并购、管理层收购、通过次级市场出售给其他财务投资人等方式。

退出途径的差异归根结底源于境内外资本市场、金融市场的发展程度、监管环境不同。境外股权交易市场十分活跃，企业所有者因各种原因出售企业控股权极为常见；而中国该类案例较少，没有形成一个具有充分流动性的交易市场。以管理层收购为例，国有企业的管理层收购因政策限制基本很少见到，且国内银行也难以为管理层收购提供杠杆支持。在投资机构投资组合的次级交易市场方面，境外有很多从事次级交易的机构，能够为证券公司直接投资项目提供退出途径；而国内目前尚无次级交易的市场参与者，该退出途径可能将随着市场发展逐步形成。

第四章

2011年中国证券公司直接投资业务发展中面临的问题和2012年前景展望

第一节　2011年中国证券公司直接投资业务发展中面临的问题

自2007年底至今，中国证券公司直接投资行业在严格监管的环境下从无到有，逐步摸索和发展境内股权投资业务，取得了一些进步和成绩，并对推动中国证券公司发展发挥了一定作用：优化证券公司资金配置，帮助未上市潜力企业改善资本结构，协助被投资企业建立现代法人治理机制，推动优秀企业成功对接资本市场，促进高新技术产业化发展，推动国民经济重点行业的发展进程。中国证券公司直接投资机构在取得这些成绩的同时，对比境外历史悠久的同业还存在一些问题，而通过对这些问题的探讨、分析并加以解决，对于中国证券公司直接投资行业的长远发展将很有益处。

一、中国股权投资市场竞争激烈，领先机构先发优势明显

中国股权投资市场经过十多年发展，目前竞争环境十分激烈，各种类型的投资管理机构都在积极扩大资产管理规模，加强管理团队建设。同起步较晚的证券公司直接投资机构相比，中国市场领先机构已在中国投资市场摸爬滚打近十年之久，先发优势十分明显，品牌影响力使其更容易取得潜在被投资企业的信任，在综合实力、客户网络、资金规模、团队建设、投资能力、风险控制等各方面都具备明显优势。

与此同时，境外知名投资管理机构也纷纷进入中国市场，包括以高盛为代表的境外投资银行旗下的投资机构，以及以黑石、KKR、凯雷集团、TPG等为代表的境外知名投资管理机构。而且，这些境外投资机构都开始募集设立人民币投资基金，凭借其雄厚的资金实

力、灵活的经营机制、成熟的投资团队以及多年积累的投资经验，将迅速成为中国境内股权投资市场的重要竞争力量。更多境外投资机构进入中国市场，将对中国证券公司直接投资行业的生存空间造成强烈的挤压并形成强有力的挑战。

在中国投资市场激烈的竞争环境下，部分投资能力不突出、经营管理不完善、公司治理不全面、业务流程不规范、投后管理不健全的证券公司直接投资机构可能面临淘汰危机。为此，中国证券公司直接投资机构应当未雨绸缪，主动积极面对和迎接严峻的挑战，在完善自身业务体系的同时，多开展同业间的交流和合作，认真学习中国境内外领先投资管理机构的先进投资管理经验，努力加强和充实自身应对竞争的能力，在竞争中不断进步。

二、创新业务开展尚未市场化，行政管控力度有待放开

根据《证券公司直接投资业务监管指引》要求，中国证券公司直接投资机构在资金来源方面，目前主要是利用资本金进行直接股权投资，第三方资金管理业务刚刚开始，监管机构还在对该项业务的常规化运作进行审核，证券公司直接投资机构尚未被允许完全放开管控去参与市场竞争。从国际投资市场的历史经验来看，能够历经市场风云变化和经济周期反复的挑战，并最终脱颖而出的佼佼者，无不是拥有多条投资业务线、管理庞大第三方资金的投资管理机构。以高盛为例，其旗下投资业务线包括股权投资、债权投资、夹层投资、房地产、基础设施、不良资产收购、对冲基金等不同风险收益类型组合的资产管理产品。同时，中国其他类型的投资管理机构也纷纷推出创新投资产品，包括人民币夹层基金、人民币金融市场基金等，全力拓展自身的资产管理产品类别，吸引具备不同风险投资收益偏好的各类投资者加入其投资平台。

创新是投资行业发展的生命线和主题，为了能够适应发展迅速的中国投资市场，中国证券公司直接投资机构必须努力钻研创新业务产品，在严格控制风险的基础上，及时跟上市场和客户需求变化，增强创新业务能力，推进市场研究和产品创新。目前，中国证券公司直接投资行业的创新业务，需要取得监管部门的审批核准后才能开展试点，在业务品种、业务资格等方面均存在着审批时限不明确和周期过长、审批要求不适应市场发展需求等一系列问题，在此背景下，中国证券公司直接投资机构进行创新业务具有较大困难。如果能够在行政管控方面适当放松，通过市场的力量去规范和引导，相信中国证券公司直接投资机构完全有能力在符合监管要求的情况下，积极开发和开拓创新产品，做大做强自有资金投资和第三方资产管理业务。

三、投资判断和行业经验有待提高，投后管理能力急需加强

中国证券公司直接投资行业在短短几年取得较快发展，但是在投资策略、投资判断以及行业经验方面短板较多。证券公司直接投资机构如果单纯停留在 Pre－IPO 模式，过度依赖于一级市场和二级市场之间的套利机会，将不可避免地面临许多问题，包括 Pre－IPO 竞争激烈导致的投资成本过高、二级市场长期理性回归后的整体估值水平回落等。纵览中国境内外知名投资机构的发展经验，中国证券公司直接投资机构需要苦练内功积攒经验，加深对投资细分行业的认知和判断，从宏观经济、行业趋势的角度去把握和主动发掘投资机会，从而培养出私募股权投资的核心能力，即投资判断甄别能力。但是，中国证券

公司直接投资机构要达到这样的标准，距离还非常遥远，特别是在团队建设、行业研究以及投资心态方面有很长的道路要走。能否扎扎实实地从行业研究的角度出发分析投资市场和目标企业的发展方向，将是决定中国证券公司直接投资行业发展成败的重要因素。

私募股权投资的另一核心因素在于提供目标企业所需要的整体增值服务，包括发展战略、公司治理、营销体系、品牌塑造、渠道建设、产业链梳理、资本融资、人力资源、财务管理等多方面的综合服务。从国际、国内成功案例来看，能够为投资管理机构带来巨大声誉和良好回报的投资项目，无一不经历了前期深入的行业研究、良好的投资判断，以及后期持续有效的投后管理和增值服务。中国证券公司直接投资行业过往由于过度专注于Pre－IPO投资市场，对于投后管理的理念和认知、投后管理团队的建立和培育、投后增值服务的贯彻和实施，都存在非常大的空白点。为此，证券公司直接投资机构急需加强资源投入力度，通过同目标企业深入沟通来提供有的放矢的增值服务，从而真正推动被投资企业成长，实现企业资源的优化配置，最终实现股东利益最大化。

四、风险控制体系有待完善，投资流程和制度要加强

中国证券公司直接投资行业的投资业务不断扩大，其累积投资的企业数目不断增加，为证券公司直接投资机构在风险控制方面提出了新的问题。从国际成熟投资管理机构的先进经验来看，其对于被投资企业是通过电子化的数量系统，结合宏观经济和特定行业的发展变化进行实时跟踪，定期在内部发布有关被投资企业的业绩预警，通过详实的数据分析，向被投资企业提供建议，并在自身层面适度调整对于特定行业的资产配置比例，从而达到严格控制风险的目的。中国证券公司直接投资机构目前内部风险控制体系刚刚起步，无论是数量系统的建设，还是内部风控理念的树立，基础都相当薄弱，如果不加以重视，可能会出现系统性风险。因此，证券公司直接投资机构应当加强风控体系建设，积极开展国际同业交流，力争打造出符合中国证券公司直接投资行业发展需求的风控体系。

同时，证券公司直接投资机构的内部投资流程和管理机制也有待提高。目前，我国部分证券公司直接投资机构不同程度地存在着内控机制不完善、投资质量控制不严格、投资流程不严谨、业务流程各环节缺乏监督等问题，导致投资决策文件质量粗糙，对于拟投资企业的投资分析不到位，投资执行过程中疏漏较多，从而导致不必要的投资风险。证券公司直接投资机构必须充分认识到，完善的业务管理规章制度、投资业务操作流程以及执行情况，是降低投资风险的必要基础和有力保证，要从内部狠抓制度建设和实施落实。

第二节　中国证券公司直接投资业务2012年前景展望

中国证券公司直接投资行业在面临严峻挑战的同时，也正在发生巨大变化。监管环境的积极变化、第三方资产管理业务开闸、证券公司直接投资产品创新受到鼓励、境内资本

市场多层次结构建立，将使证券公司直接投资机构逐步形成自有资金投资和第三方资产管理并行的业务格局，中国证券公司直接投资行业将迎来新的发展契机。

一、法律法规的修订完善将为私募股权基金业的发展带来公平合理的市场监管环境

纵览中国股权投资市场，证券公司直接投资机构一直是在监管机构的审慎、严格监管框架下进行运作，对于投资对象、投资方式、信息披露、风险控制等各方面的管理均正规有序地进行；而市场化投资管理机构却是在监管相对空白的环境下发展，其资金募集方式、投资者利益的保护、投资信息的合理披露、过往业绩的整合研究等都缺乏透明度。目前，国家立法机关和监管部门正在就私募股权基金业的统一监管进行法律法规的修订和完善，有望将整个私募股权基金业纳入监管范围，实现对市场全部私募股权基金的募集方式、信息披露和运作模式的统一监管。将证券公司直接投资机构和市场化投资管理机构统一纳入监管机构的视野，对于营造公平合理的市场监管环境、建立阳光透明的信息披露制度、保护私募股权基金投资者利益都有着跨时代的积极意义。并且，随着统一监管框架体系的建立，监管机构将能够更好地判断私募股权投资行业的发展状况，从而更清晰地分析证券公司直接投资机构所面临的挑战和机遇，为证券公司直接投资机构的加速发展创造监管层面的共识。

二、第三方资产管理业务正在开闸，证券公司直接投资机构资产管理规模将扩大

随着《证券公司直接投资业务监管指引》的颁布，监管机构允许证券公司直接投资机构开展第三方资产管理业务的申请工作，进行内部合规和风控检查，为募集设立第三方直接投资基金做好积极准备。证券公司直接投资机构历史上只被允许使用自有资本金进行投资，而投资规模受到证券公司净资产规模的限制，在经过一段高速发展时期后，纷纷面临资金匮乏问题，因为自有资本金即将投资完毕，而已投资项目的退出和资金回收还需等待。证券公司直接投资机构一旦没有资金可以投资，将很快面临市场萎缩、高端人才流失的局面，等到自有资本金循环可再投资的时候，证券公司直接投资机构将会陷入无人可用的窘境。因此，监管机构适时推出允许证券公司直接投资机构设立直接投资基金的举措，非常切合目前证券公司直接投资机构发展状况，将对证券公司直接投资机构做大做强股权投资业务、充实投资管理团队起到巨大的正面作用。

三、产品创新受到鼓励，有望向多层次资产管理业务方向发展

监管机构对于证券公司以及证券公司直接投资机构的产品创新非常重视，对于创新产品的审核流程也在初步建立快速反应机制。对于证券公司直接投资机构而言，从国际同业的发展历史来看，投资业务的发展空间十分广阔，除直接股权投资业务之外，还包括债权投资业务、夹层投资业务、不良资产收购业务、并购投资业务、杠杆收购业务等多层次业务。这些多样化的资产管理业务产品，满足了不同类型机构投资者的投资回报需求，对于国际投资银行（包括高盛、摩根士丹利、J. P. 摩根等知名投资机构）的资产管理业务起到巨大的促进作用。对于证券公司的投资业务而言，如何通过创新开发出满足中国机构投资者投资需求、适应中国投资市场发展的资产管理产品，是摆在监管机构和业界人士面前

的重要课题，而证券公司直接投资机构将通过积极创新，努力学习国际同业经验，有望开拓出不同类型的资产管理产品，迅速扩大资产管理规模。

四、境内多层次资本市场结构逐步建立，将为证券公司直接投资机构提供广阔舞台

中国资本市场发展正在迎来新的历史时期，中小板、创业板的建立为新兴科技产业、高新技术产业的相关投资带来广阔舞台，国际板的酝酿将为投资机构带来大量优质红筹股、蓝筹股企业的投资机会，而新三板市场的设立将为大量未上市微型企业提供资本市场融资渠道。我国多层次资本市场的建立，对于证券公司直接投资机构是历史性的发展机遇，证券公司直接投资机构既能够凭借对中国资本市场的深刻理解研究开发创新投资产品，也能够通过日益扩大的资产管理业务深度参与中国高新技术及战略产业的发展。并且，活跃的资本市场还将带来丰富的上市公司并购重组机会，有利于证券公司直接投资机构利用自身资源优势，积极参与符合国家产业政策的项目；有利于产业升级及结构优化整合的并购重组活动，提高并购重组活动的质量、效率和市场化程度。

分报告之八：

2011 年中国证券公司国际业务发展回顾与展望

第一章

2011年中国证券公司国际业务发展情况

第一节 证券公司国际业务发展总体情况

党的十七大报告指出：“坚持对外开放的基本国策，把‘引进来’和‘走出去’更好地结合起来。”中国证券公司国际化也呈现出双向发展的格局，在我国证券业对外开放力度不断加大的同时，证券公司积极实施“走出去”战略，一些公司在“走出去”方面进行了有益的尝试，经历了从无到有、从小到大的发展历程，从无名的跟随者逐渐成为国际市场上的重要一员。

目前我国证券公司的国际化发展尚处于以国内市场为依托的国际化发展初级阶段，地域上主要集中在我国香港地区。香港已成为中资证券公司国际化战略的首选基地，包括中国国际金融有限公司、中信证券、国泰君安、海通证券等在内的20余家内地证券公司在香港设立了分公司或子公司。除我国香港外，美国、新加坡、伦敦、德国、法国、日本等也成为很多企业的选择，中国国际金融有限公司、中银国际等现已在纽约、伦敦、新加坡设立分支机构，期望为越来越多的寻求与中国开展业务的国际客户提供服务，也为其中国客户群提供一个国际平台。

在客户类别和业务上，主要以中资企业的国际业务为主，包括中资企业的海外IPO、再融资、并购重组等，除此之外，我国证券公司的目光也逐渐开始投向非中资企业的国际业务。2010年中国国际金融有限公司作为主承销商参与了亚洲最大的现代物流设施提供商普洛斯（General Global Properties）的新加坡交易所IPO，成为首家真正迈入国际市场的中资证券公司。

2011年，全球经济增速放缓，全球经济风险上升，美国经济复苏一波三折，欧洲债务危机乌云不散，中国通胀高企，调控持续。在这些因素影响下，全球股票市场出现大幅波动，我国证券公司的国际业务也受到波及。与2010年相比，在香港市场，除了债券业务受益于人民币存量不断增加导致香港人民币债券发行量不断上升，我国证券公司在债券承销业务上取得突破性的进步之外，IPO 业务、再融资业务、兼并与收购业务、经纪业务等均受到了不同程度的影响。尽管在 2011 年后危机时代，我国证券公司的国际业务受到了负面冲击，但在国际投资银行网络建设上，各大证券公司仍有建树，为未来几年的境外业务开发奠定了基础。

第二节　2011 年证券公司业务国际化发展情况

一、投资银行业务

我国证券公司的国际投资银行业务仍主要集中在香港市场。据 Dealogic 统计，2011 年除香港市场外的海外 IPO 只有少数几家，包括申银万国承销的 1 单以及中金公司作为副承销商参与的凤凰新媒体等 3 家企业在美国市场上市项目；除香港市场之外的海外再融资业务只有国泰君安和中金公司承销的 2 单；而除香港市场之外的海外债券业务几乎为零。因此，以下主要阐述 2011 年香港市场的业务发展情况。

（一）IPO 业务

2011 年香港市场 IPO 总融资额仅是 2010 年的一半，中资证券公司的排名和市场份额也大幅下滑（见表 1－1）。2011 年，香港市场 IPO 融资额为 315 亿美元，排名前 50 位的承销商中有 11 家中资证券公司，市场份额为 12.5%。其中，排名最高的中国国际金融有限公司是第 9 位，总融资额 13.5 亿美元，占总市场份额的 4.27%。对比 2010 年，IPO 融资额为 633 亿美元，排名前 50 位的承销商中有 13 家中资证券公司，市场份额为 31.2%。其中，排名最高的中国国际金融有限公司是第 4 位，总融资额 44.4 亿美元，占总市场份额的 7.02%。

表 1－1　　香港市场 IPO 排名

2011 年

排名	公司名称（母公司）	融资额（百万美元）	数量（单）	市场份额（%）
9	中国国际金融有限公司	1 346.94	7	4.27
17	中信证券股份有限公司	575.67	2	1.83
18	中国招商银行股份有限公司	549.17	9	1.74
19	中国建设银行股份有限公司	483.86	6	1.53
20	中国交通银行股份有限公司	410.75	8	1.30
25	中国工商银行股份有限公司	219.37	4	0.70
27	国泰君安证券股份有限公司	159.47	6	0.51
30	中国光大证券国际有限公司	91.45	4	0.29
39	申银万国股份有限公司	38.95	3	0.12

续表

排名	公司名称（母公司）	融资额（百万美元）	数量（单）	市场份额（%）
40	中国农业银行股份有限公司	38.76	1	0.12
41	海通证券股份有限公司	35.66	2	0.11

2010 年

排名	公司名称（母公司）	融资额（百万美元）	数量（单）	市场份额（%）
4	中国国际金融有限公司	4 443.58	2	7.02
7	中信证券股份有限公司	2 868.54	4	4.53
10	国泰君安证券股份有限公司	2 728.88	5	4.31
12	中国银河证券股份有限公司	2 528.57	1	3.99
14	中国工商银行股份有限公司	2 089.03	4	3.30
17	中国农业银行股份有限公司	1 714.73	1	2.71
18	中国银行股份有限公司	1 594.60	11	2.52
20	中国建设银行股份有限公司	1 126.87	10	1.78
29	中国招商银行股份有限公司	237.56	4	0.38
30	中国光大证券国际有限公司	207.57	3	0.33
31	中国交通银行股份有限公司	168.46	3	0.27
35	海通证券股份有限公司	50.28	2	0.08
39	第一上海融资有限公司	3.22	1	0.01

资料来源：Dealogic。

（二）再融资业务

2011 年香港市场再融资总额比上年大幅下滑 61.3%，中资证券公司市场份额从 18.1% 微增至 18.9%（见表 1-2）。2011 年，香港市场再融资额为 249 亿美元，排名前 50 位的证券公司中有 11 家中资证券公司，市场份额为 18.9%。其中，排名最高的中国国际金融有限公司是第 4 位，总融资额 11.5 亿美元，占总市场份额的 4.61%。对比 2010 年，再融资额为 645 亿美元，排名前 50 位的证券公司中有 9 家中资证券公司，市场份额为 18.1%。其中，排名最高的中信证券是第 5 位，总融资额 41.3 亿美元，占总市场份额的 6.41%。

表 1-2　　香港市场再融资排名

2011 年

排名	公司名称（母公司）	融资额（百万美元）	数量（单）	市场份额（%）
4	中国国际金融有限公司	1 148.63	7	4.61
6	国泰君安证券股份有限公司	890.79	9	3.58
10	中信证券股份有限公司	570.31	2	2.29
26	粤海证券有限公司	96.46	1	0.39
29	申银万国股份有限公司	72.73	3	0.29
38	国元证券股份有限公司	40.19	2	0.16

2010 年

排名	公司名称（母公司）	融资额（百万美元）	数量（单）	市场份额（%）
5	中信证券股份有限公司	4 134.94	6	6.41
6	中国国际金融有限公司	3 470.89	9	5.38
13	中国工商银行股份有限公司	1 205.29	5	1.87
14	中国建设银行股份有限公司	1 176.98	6	1.82
15	海通证券股份有限公司	1 110.34	7	1.72
21	中国交通银行股份有限公司	335.01	4	0.52
35	中国招商银行股份有限公司	104.47	6	0.16
38	国泰君安证券股份有限公司	87.61	3	0.14
45	北京证券有限责任公司	47.08	2	0.07

资料来源：Dealogic。

（三）债券业务

2011 年在香港人民币存量不断增加的环境下，香港人民币债券的发行量不断上升，中资证券公司在香港债券承销业务上取得了突破性的进步（见表 1－3）。2011 年，香港市场债券融资额为 140 亿美元，排名前 50 位的承销商中有 6 家中资银行，2 家中资证券公司，即中信证券和中国国际金融有限公司。这两家证券公司总承销额 1.85 亿美元，占总市场份额的 1.32%。对比 2010 年，债券融资额为 148 亿美元，排名前 50 位的承销商中只有 1 家中资金融机构，即排名第 10 位的中国银行，总融资额 3.6 亿美元，占总市场份额的 2.44%。

表 1－3　　香港市场债券融资排名

2011 年

排名	公司名称（母公司）	融资额（百万美元）	数量（单）	市场份额（%）
4	中国银行股份有限公司	1 402.16	7	10
12	中国工商银行股份有限公司	240.77	5	1.72
14	中信证券股份有限公司	154.03	1	1.1
24	中国招商银行股份有限公司	56.99	2	0.41
32	中国国际金融有限公司	30.85	1	0.22
33	中国国家开发银行股份有限公司	29.75	1	0.21
33	中国交通银行股份有限公司	29.75	1	0.21
33	中国农业银行股份有限公司	29.75	1	0.21

2010 年

排名	公司名称（母公司）	融资额（百万美元）	数量（单）	市场份额（%）
10	中国银行股份有限公司	360.34	3	2.44

资料来源：Dealogic。

（四）兼并与收购业务

2011 年，全球跨国收购与兼并排名前 50 名中缺少中国证券公司的身影，排名最高的中金公司排在全球第 62 位，2011 年参与 6 个跨国兼并与收购交易，总金额 39.8 亿美元。在与中国企业有关的（收购方或者被收购方为中国企业时）跨国收购与兼并排名前 50 名中，有中国国际金融有限公司、建银国际、国信证券 3 家证券公司，共完成 8 笔跨国收购与兼并交易，占据市场份额 6.93%。对比 2010 年，全球跨国收购与兼并前 50 名中，只有中国国际金融有限公司一家中国证券公司，共完成了 7 笔跨国收购与兼并交易，交易金额为 67 亿美元；在与中国企业有关的（收购方或者被收购方为中国企业时）跨国收购与兼并前 50 名中，共有中国国际金融有限公司、广东证券、建银国际、中信证券 4 家证券公司，共完成 24 笔跨国收购与兼并交易，交易金额 101.8 亿美元，市场份额 11.77%。

二、资产管理业务

2011 年，中资证券公司资产管理的国际业务得到较快发展，在原有 QDII 和 QFII 投资顾问等业务的基础上，又在年底增加了 RQFII 业务，使得中资证券公司资产管理国际业务产品线更为完善，获利手段更加多样。截至 2011 年底，中资证券公司资产管理的国际业务主要包括以下几方面：

（一）QDII 业务

《合格境内机构投资者（QDII）境外证券投资管理试行办法》在 2007 年中出台，允许具备相关条件的证券公司通过设立集合计划等方式募集资金，运用所募集的资金投资于境外证券市场。截止到 2011 年底，已有 9 家证券公司获得 QDII 资格，7 家证券公司获得共 25 亿美元的 QDII 额度（见表 1－4），已发行产品 5 只，合计份额 6.99 亿元人民币。其中 2011 年当年发行 QDII 产品 3 只，共募集资金 5.38 亿元人民币。

表 1－4　证券公司获得 QDII 投资额度一览

（截至 2011 年 12 月 31 日）

机构名称	投资额度获批时间	获批额度（亿美元）
中国国际金融有限公司	2007－11－16	10
招商证券股份有限公司	2008－05－04	2
华泰证券股份有限公司	2010－04－14	2
上海国泰君安证券资产管理有限公司	2010－11－26	2
光大证券股份有限公司	2010－07－28	2
上海东方证券资产管理有限公司	2010－11－26	2
国信证券股份有限公司	2011－05－05	5

资料来源：国家外汇管理局。

（二）QDII 定向资产管理业务

2010 年中国证监会制定并发布了《〈合格境内机构投资者境外证券投资管理试行办法〉第四十六条证券公司开展境外证券投资定向资产管理业务的适用意见——证券期货法律适用意见第 6 号》，允许符合条件的证券公司在取得 QDII 资格和外汇额度后，在外汇额度范围内，为境内客户提供定向资产管理服务，投资海外证券市场。

证券公司境外证券投资定向资产管理业务，是指证券公司接受单一客户委托，与客户签订定向资产管理合同，根据合同约定的方式、条件和要求，通过客户的账户管理客户委托资产，进行境外证券投资管理的活动。

在外汇额度范围内，为境内客户提供定向资产管理服务，投资海外证券市场，符合现行法规和政策，有利于证券公司发挥自身优势发展跨境业务，更好地满足客户投资需求；也有利于证券公司积累跨境业务经验，拓宽盈利渠道。

（三）QFII 业务

自从中国证监会和中国人民银行于 2002 年出台《合格境外机构投资者境内证券投资管理暂行办法》后，境外投资者在我国资本项目尚未完全放开的情况下，经过中国证监会和中国家人民银行的审批，通过汇入一定额度的外汇资金在专门的账户进行国内证券市场的交易。根据 Wind 资讯的统计，截止到 2011 年底，已有 135 家境外投资者被批准进入中国证券市场，总额度达到 245.5 亿美元。其中，2011 年当年就审批了 29 家（见表 1－5）。

表 1－5　　2011 年新获批的合格境外投资者名单

公司名称	获批额度（亿美元）	资格获准日期
华宜资产运用有限公司		2011－12－31
迈世勒资产管理有限责任公司		2011－12－31
韩国投资公司	2.00	2011－12－28
罗素投资爱尔兰有限公司		2011－12－28
安大略省教师养老金计划委员会	1.00	2011－12－22
韩国银行	3.00	2011－12－21
北美信托环球投资公司		2011－12－21
台湾人寿保险股份有限公司	1.00	2011－12－21
科威特政府投资局	3.00	2011－12－21
泰国银行	3.00	2011－12－16
安耐德合伙人有限公司		2011－12－13
瀚博环球投资公司		2011－12－13
加拿大年金计划投资委员会	1.00	2011－12－9

续表

公司名称	获批额度（亿美元）	资格获准日期
泛达公司		2011 - 12 - 9
新光投信株式会社	1.00	2011 - 11 - 25
普林斯顿大学	0.50	2011 - 11 - 25
新光人寿保险股份有限公司	1.00	2011 - 10 - 26
中国人寿保险股份有限公司（台湾）	1.00	2011 - 10 - 26
新加坡金融管理局	1.00	2011 - 10 - 8
GMO有限责任公司	1.00	2011 - 8 - 9
东方汇理资产管理香港有限公司	1.00	2011 - 7 - 14
贝莱德机构信托公司		2011 - 7 - 14
亢简资产管理公司	1.00	2011 - 6 - 24
国泰证券投资信托股份有限公司	1.00	2011 - 6 - 9
复华证券投资信托股份有限公司	1.00	2011 - 6 - 9
西班牙对外银行有限公司	1.00	2011 - 5 - 6
意大利忠利保险有限公司	1.00	2011 - 3 - 18
宝来证券投资信托股份有限公司	1.00	2011 - 3 - 4
领先资产管理有限公司	1.00	2011 - 2 - 16

（四）RQFII业务

2011年12月底，中国证监会、中国人民银行、国家外汇管理局等分别就RQFII试点机构、额度、产品发行等作出公告。这意味着证券公司RQFII业务试点已进入实务操作阶段，境外人民币资金即将进入国内证券市场。试点初期，共12家证券公司获得了100亿元人民币额度，投资于股票类品种不得超过募集规模的20%。RQFII业务将为我国证券行业带来管理费及交易佣金。

三、经纪业务

中资证券公司国际化经纪业务的发展目前集中在香港市场。2011年香港市场恒生指数下跌20%，市场的低迷也使得投资者信心不足，对证券公司的佣金收入也有一定的影响。

由于没有公开信息，我们未能获取各家证券公司在香港市场的佣金收入数据，但通过香港交易所的另一个统计数据，可以对目前中资证券公司在香港市场上的经纪业务水平作一判断。据香港交易所统计，截止到2011年12月31日，香港目前共有498名市场参与者（提供证券交易服务的机构）。香港交易所每年根据市场占有率将这些交易参与者划分为三组：交易额居前14位为A类证券公司；第15~65位为B类证券公司；65位以后的归为C类证券公司。2011年，A类证券公司交易额占比为54.4%，B类证券公司交易额占比为34.6%，C类证券公司交易额占比为11.0%。目前在香港的中资证券公司，除中银国际位列A类外，其余大部分都位列B类成为中型证券公司，C组则主要是香港本地的小型证券公司①。

四、直接投资业务

从整个中国证券业来看，多数证券公司的PE业务当前重点还是在国内市场。虽然不少证券公司开始考虑做海外并购业务，但是实质开展业务的机构有限。原因是：一方面，中国证监会刚刚开始批准证券公司的PE基金进行对外融资，证券公司PE基金的团队才刚刚开始壮大，而国内蓬勃发展的PE市场有大量的投资机会，短期内无暇顾及海外市场；另一方面，海外并购需要强大的综合研究能力和发达的海外网络，中国证券公司需逐步建立并加强。

目前市场上主要的一单海外并购是中信证券旗下的产业基金完成的。2012年1月30日，三一重工宣布联合中信产业投资基金，斥资3.6亿欧元收购德国工程机械企业普茨迈斯特的100%股权。其中，三一重工子公司三一德国出资3.24亿欧元，占股90%；中信产业基金出资3 600万欧元，占股10%。在欧债危机始终悬而未决、众多欧洲企业陷入经营困境、成长乏力或股东存在强烈出售意愿的背景下，由国内强势企业主导、联合PE基金，针对具备成熟品牌与技术的欧洲企业的出境并购交易机会开始涌现。

五、中国证券公司的国际网络建设加快进行

尽管在2011年后危机时代，我国证券公司的国际业务受到了负面冲击，但在国际投资银行网络建设上，各大证券公司仍有建树。从网络的建设、规划来看，2011年中国证券公司在海外业务拓展、合资等方面取得了进一步的突破，并为未来几年的境外业务开发奠定了基础（见表1-6）。

表1-6　　2011年中国证券公司国际网络拓展摘要

机构名称	国家/地区	时间	事　　件
中信证券	中国香港	2011年12月	中信证券国际获得RQFII资格，将通过下属子公司中信证券国际投资管理（香港）有限公司开展该业务。
		2011年9月	登陆香港交易所，向全球发售9.953亿股H股，招股价为12.84~15.2港元，募集资金将主要留在海外，用于扩展国际业务。
		2011年7月	中信证券国际基金管理公司已在香港推出人民币计价的对冲基金，目前募集规模约600万美元，将成为香港首只半公开方式发行的人民币对冲基金产品。
	法国	2011年12月	宣布以3.74亿美元收购法国农业信贷集团亚洲和欧洲证券业务各19.9%股权的交易将推迟完成，因该交易尚未获得监管机构批准。
		2011年6月	公告称，同意由旗下全资子公司中信证券国际出资3.74亿美元收购里昂证券及盛富证券各19.9%股权，计划年底前完成投资。里昂证券及盛富证券为法国农业信贷集团旗下东方汇理的亚洲和欧洲经纪子公司。

① http://www.cs.com.cn/gg/07/201103/t20110330-2828419.html.

续表

机构名称	国家/地区	时间	事　件
中信证券	法国	2011 年 3 月	据报道，鉴于与中信证券组建合资亚洲投资银行的计划未取得进展，法国农业信贷银行正考虑出售旗下经纪业务分支盛富证券和里昂证券，中信证券或为潜在收购者。
	海外	2011 年 8 月	中信证券国际董事长德地利人称，由于市场国际化，设立全球网络势在必行。在巴西，中信证券与巴西最大的证券公司百达建立了战略合作伙伴关系，后者是南美最大的独立投资银行。此外，非洲等市场也被中信证券关注，目前对非洲的投资主要是通过如澳大利亚、加拿大等第三国来完成，并通过集团在安哥拉等国的网络寻找一些机会。
国泰君安	中国香港	2011 年 5 月	国泰君安国际行政总裁阎峰称，公司已向香港交易所申请成为窝轮产品发行商，但尚未正式获批。
		2011 年 3 月	国泰君安国际行政总裁阎峰在业绩记者会上表示，公司正积极部署人民币国际化进程中的商机，已与银行接洽以迎接即将推出的人民币计价股票，同时也为争取小 QFII 做好准备。
	美国	2011 年 11 月	国泰君安国际宣布设立一级美国预托证券计划（ADR）。该公司执行总裁称，此举旨在吸引美国投资者对公司的关注，为公司日后发展美国市场做好准备。
广发证券	中国香港	2011 年 12 月	广发控股（香港）有限公司获得 RQFII 资格，将通过其全资拥有的广发资产管理（香港）开展该业务
		2011 年 5 月	向广发控股（香港）有限公司增资 4.5 亿港元，使其实缴资本增至 6.8 亿港元。为利用新增资本增强广发香港控股经纪、承销和资产管理业务的实力，广发香港控股将向其三个全资子公司增资。
	亚太地区	2011 年 9 月	广发证券总裁林治海表示，广发证券未来在稳固国内行业领先地位的同时，加快国际化步伐，要在亚太地区打造国际影响力、跻身亚太地区一流行列的证券金融集团。
招商证券	中国香港	2011 年 5 月	据报道，准备向香港交易所申请成为窝轮发行商，此前已成功聘请朱红为衍生产品部市场销售主管。
	欧美	2011 年 12 月	副总裁兼首席经济学家丁安华表示，将择机在欧美地区设立展业平台，深度参与国际资本市场。
	首尔	2011 年 8 月	首尔办事处正式成立，将从事投资银行、资产管理、经纪业务等业务相关的信息收集、协调联络和业务推广等非直接经营。
中银国际	美国	2011 年 12 月	内部人士透露，未再竞购已破产的期货及衍生品经纪商 MF Global。11 月，外电报道中银国际证券正在与 MF Global 洽谈资产收购事宜。
	英国	2011 年 12 月	路透社消息，中银国际正致力于获得英国 FSA 颁发的相关许可证，最晚将于 2012 年第 1 季度末获批 LME 二级会员资格。

续表

机构名称	国家/地区	时间	事　件
建银国际	海外	2011 年 5 月	总裁胡章宏表示，目前已在迪拜、伦敦、纽约、南非等地派驻人员，与总行各地分行有很好的联动。正酝酿成立面向全球投资者的专业并购基金，且有意与大的国际消费品牌和资源类企业展开多方面合作。
	美国	2011 年 1 月	据报道，计划开设纽约办事处，向美国投资者提供股票和债券分销。 据悉，建银国际已在伦敦、香港和中东设立办事处。2010 年已在投资银行、股票销售交易和资产管理等主要业务部门增聘人手，使员工数量翻番至 500 人。2011 年将雇佣更多员工。
工银国际	中国香港	2011 年 4 月	工商银行公告显示，该行拟对全资子公司工银亚洲增资 61 亿港元，向工银国际增资 39 亿港元。年报显示，2010 年度，工行境外机构（含境外分行、境外子公司及对标准银行投资）总资产 757.27 亿美元。
农银国际	中国香港	2011 年 4 月	香港证监会向农银国际融资（前身为农银国际证券）批出第一类证券交易牌照及第六类投资顾问牌照。据悉，为配合做大投资银行业务，农银国际正筹划在香港展开招聘工作，网罗行业精英人才。
		2011 年 3 月	港媒消息，农行旗下农银国际或有意洽购香港新鸿基证券。
海通证券	中国香港	2011 年 12 月	公告称，决定推迟 H 股发行工作，另行选择适当的时机和发行窗口完成 H 股发行上市工作。
		2011 年 5 月	据报道，已聘请窝轮部门主管，但该部门其他员工仍在招募中。
		2011 年 4 月	据报道，正致力于将旗下香港子公司海通国际发展成全能型投资银行，计划年内将海通国际目前 20～30 人的投资银行业务团队扩大 1 倍，主承 IPO 项目在 2010 年 5 家的基础上增加 50%～100%。
	澳大利亚	2011 年 4 月	据报道，麦格理正与海通证券洽谈合作，有意成立合资公司。
国开国际	中国香港	2011 年 2 月	在香港正式成立，主要从事直接投资和资产管理业务，标志着国家开发银行和国开金融有限责任公司的海外投资平台以香港为起点，正式登陆全球资本市场。
盛金投资	日本	2011 年 11 月	与日本绿色证券签署协议，拟认购日本绿色证券 39.6% 股权，成为该企业第一大股东，拥有绝对控股权。
西南证券	韩国	2011 年 1 月	与 HMC 投资证券株式会社签署协议，将在 IB、研究等业务领域展开广泛合作。
中金公司	英国	2011 年 6 月	伦敦证券交易所公告称，中金公司成为该交易所首家中国会员。

第二章

中国证券公司国际业务发展历史及特点

第一节 中国证券公司国际业务历史回顾

从历史发展状况来看，我国证券公司的国际业务主要集中于投资银行业务，投资银行业国际业务的发展经历了从不成熟到成熟的发展历程，这 20 多年的发展集中于香港市场的红筹股及 H 股上市业务（见图 2－1）。

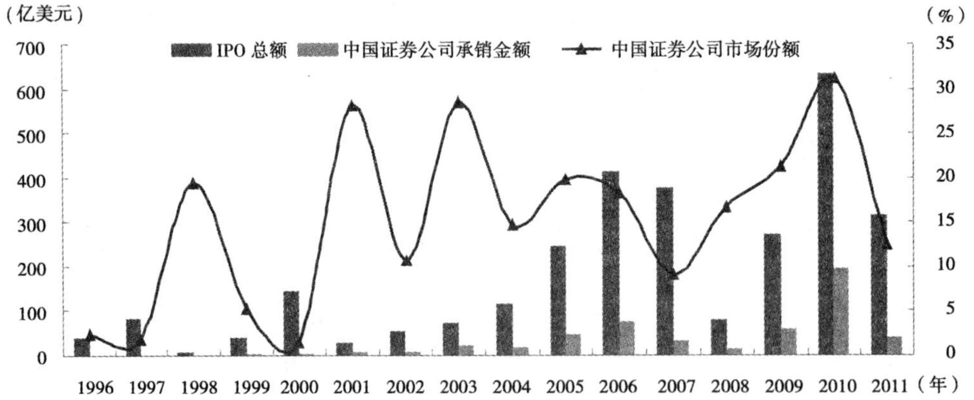

图 2－1 香港市场 IPO 承销额及中国证券公司市场份额

资料来源：Dealogic。

1997 年前，香港发行市场主要由外资投资银行主导，中资证券公司个别参与。从首家红筹股企业在港上市开始，红筹股和 H 股先后受到投资者热捧。1984 年康力投资是首家在香港上市的红筹股企业，开启了中国企业登陆国际市场的新时代。然而中国内地企业大批赴港上市的热潮真正来临是在 1993 年。当年 H 股青岛啤酒的在港挂牌仪式引起了巨大的示范效应。截至1993年底，中国内地顺利完成了首批9家H股试点企业中的6家企业在港上市，筹资近70亿港元。而对红筹股的狂热追捧出现在1996年下半年至1997年上半年，红筹股指数上涨了198%，远远超过恒生指数39%的上涨幅度。该时期投资银行业务主要由外资证券公司包揽，中资证券公司的国际投资银行业务还没有正式开展。据Dealogic的香港市场IPO排名显示，1996年以前几乎看不到中资证券公司，而在1996年也仅有中银国际一家做了承销金额不到1亿美元的业务。

1997年以后，中国国际金融有限公司等中资证券公司进军国际市场。1997年，中国国际金融有限公司作为主承销商协助完成了中国电信（香港）有限公司的上市，这一历史性的事件宣告了中国证券公司将要跨出国门，向国际投资银行业务进军。这次IPO从发行规模看，是中国企业当时最大的一次股票融资活动，也是香港及亚洲地区（除日本外）最大的一次股票发行，是全球最大的移动通讯公司股票的首次发行。此外，中国电信（香港）的上市革新了红筹股的概念，为后续的红筹股融资奠定了基础。

受1997年亚洲金融危机的影响，1998～2000年，香港股市遭受重创，中国证券公司国际业务陷入低迷，市场份额从19.4%直跌至1.4%，每单承销金额也徘徊在2亿美元以下。

2000年中期开始，随着H股开始复苏，中资证券公司的国际投资银行业务回暖。其根源在于相当多的H股公司受益于内地经济高速增长而业绩回升，加上部分H股公司开始业务重组，如南京熊猫、渤海化工、昆明机床等公司经过重组后业绩有所改善。

2001年以来，大批优质红筹股和H股公司在港上市，中资证券公司的国际投资银行业务节节攀升。2001～2007年，红筹股和H股再次进入高速发展阶段，中资证券公司的国际投资银行业务逐年攀升。由于红筹股上市程序简单，伴随着经济的向好，2000年当年红筹公司上市12家，筹资超过3 500亿港元，占当年香港主板和创业板筹资总额的77%。2000年以后，包括中国移动等在内的一批优质红筹股登陆香港；同时红筹公司重组热潮再起，积极拓展实质高科技项目，使得市场逐渐调整了对红筹股的评价，重新追捧有实力和实际利好的红筹公司，从而推动红筹股走强。同时，大批优质H股公司在港上市，如建行、交行、国寿、平安、联通、中石油、中石化、中海油等，无疑抬高了中资企业的地位。一些业绩优良、增长稳定的行业龙头成为香港股市的顶梁柱。

受金融危机的影响，2008～2009年，证券公司承销金额下挫，但依然没有撼动内资企业在香港市场中流砥柱的作用。2009年以来，中国忠旺、金隅股份、恒盛地产及国药控股等的上市，以及后续中冶H股及民生银行H股的入队，更加巩固了H股在香港市场的顶梁柱作用。

2010年中国证券公司境外业务成绩斐然，中国证券公司已经在香港市场占据了重要地位。Dealogic香港IPO排名前50名中，有13家中资证券公司，总融资额197.6亿美元，市场份额达22.9%。其中，排名最高的中国国际金融有限公司总融资额44.4亿美元，排名第9位。再融资排名前50名中，有9家中国证券公司，总融资额116.7亿美元，市场份额18.1%。其中，排名最高的中信证券总融资额41.3亿美元，市场份额6.41%。

近期投资银行国际业务取得新的发展，已经有中国证券公司陆续在其他国际市场作为主承销商开展业务。2009年，中金新加坡子公司作为主承销商完成了普洛斯新加坡首次发行上市。这一IPO为1993年以来新加坡市场最大的IPO项目，为中国证券公司在新加坡市场赢得了声誉。

第二节 中国证券公司国际业务特点

由于所处发展阶段的特殊性，中国证券公司在发展国际业务时，表现出了显著的“中国式国际业务”特点。

一、中国证券公司的国际业务主要集中在香港市场

从目前来看，中国证券公司投资银行境外业务主要集中在香港市场，在其他的主要金融市场，如纽约、伦敦、东京、新加坡等地业务量仍相对较少。2010 年，中国证券公司香港市场 IPO 的市场份额达到了 22.9%，再融资市场份额达到 18.1%。尽管 2011 年略有下降，仍显示了中国证券公司在香港市场日益成长的力量。而在除了香港市场以外的其他国际市场中，中国证券公司仍然处于弱势地位，往往一年只在极少数的几个项目中担任主承销商，其他国际业务的发展也主要局限于香港地区。

二、中资证券公司参与了主要中资企业的香港发行

中资证券公司参与了绝大多数主要中资企业的香港发行。1993 年以来，香港股票市场发行规模20 亿美元以上的中资企业 IPO 共22 单，仅两单没有中资证券公司参与（见表 2－1）。

表 2－1　　20 亿美元以上中资企业香港 IPO 统计

序号	发行人	定价日	发行规模（亿美元）	中资主承销商
1	工商银行	2006－10－20	160.6	中金公司 工银东亚
2	农业银行	2010－07－06	120.0	中金公司 农银国际
3	中国银行	2006－05－24	111.9	中银国际
4	建设银行	2005－10－20	92.3	中金公司
5	中国联通	2000－06－16	56.5	中金公司
6	中国电信	1997－10－16	42.3	中金公司
7	中信银行	2007－04 20	41.9	中金公司 中信证券
8	民生银行	2009－11－18	40.3	中金公司 中银国际 海通证券

续表

序号	发行人	定价日	发行规模（亿美元）	中资主承销商
9	中国太保	2009-12-16	35.8	中金公司
10	中国人寿	2003-12-12	34.8	中金公司
11	中国石化	2000-10-12	34.6	中金公司
12	中国神华	2005-06-08	32.7	中金公司
13	中国石油	2000-03-30	28.9	中金公司
14	中国中铁	2007-11-30	28.4	中银国际
15	招商银行	2006-09-18	26.7	中金公司
16	中银香港	2002-07-20	26.6	中银国际
17	龙源电力	2009-12-04	25.9	—
18	中国铁建	2008-03-06	25.9	中信证券
19	中国交通建设	2006-12-11	23.8	中银国际
20	中国中冶	2009-09-17	23.5	中金公司 中信证券
21	交通银行	2005-06-20	21.6	—
22	上海医药	2011-05-16	20.6	中金公司

资料来源：Dealogic，截至2011年12月31日。

三、中国证券公司国际化在推动香港与内地市场联结的进程中发挥了重要作用

2006年10月27日，工商银行A、H股同日挂牌，成为历史上首家A+H同步上市的公司；而其220亿美元的总发行规模也成为A股及H股之最。其中，中国国际金融有限公司作为全球协调人牵头设计了境内外同步发行的方案，并成功协调了A/H两地的报批、路演、推介、定价和配售。

2006~2011年，共计9家中资公司采用了A+H同步发行或A、H嵌套式发行登陆香港市场，中资证券公司参与了全部项目（见表2-2），并在实践中不断根据发行人的不同特点及要求对发行方式进行创新。其中，中国国际金融有限公司牵头协调了7家两地同步发行。跨境中资证券公司熟悉内地和香港法规，拥有两地广大的客户群，在推动香港与内地市场联结的进程中发挥了重要作用。

表2-2　　2006~2011年A+H发行项目统计

序号	发行人	发行方式	发行年份	H股发行中资证券公司
1	工商银行	A+H同日定价，同日上市，价格一致	2006	中金公司、工银东亚
2	中国银行	先H后A紧凑型	2006	中银国际
3	中信银行	A+H同日定价，同日上市，价格一致	2007	中金公司、中信证券
4	中国中铁	先A后H紧凑型，H股价格高于A股	2007	中银国际
5	中国南车	先A后H紧凑型，H股价格高于A股	2008	中金公司

续表

序号	发行人	发行方式	发行年份	H股发行中资证券公司
6	中国铁建	先A后H紧凑型，H股价格高于A股	2008	中信证券
7	中国中冶	先A后H紧凑型，H股价格高于A股	2009	中金公司、中信证券
8	农业银行	A+H同日定价，不同日上市，H股价格高于A股	2010	中金公司、农银国际
9	新华人寿	A+H同日定价，不同日上市，价格一致	2011	中金公司、招商证券

资料来源：Dealogic，公司公告，截至2011年12月31日。

四、中国证券公司国际化与中国企业的国际化道路相辅相成

中国证券公司的投资银行国际业务与中国企业的规范化运营、国际化进程是分不开的。在此过程中，证券公司主要以提供投资银行业务和相关财务顾问为主，其他业务的发展相对还处于初期阶段。中国企业国际化首先是进入资本市场融资，从而带动中资证券公司进入融资领域；继而是投资，从而带动中资投资银行进入并购、资金支持等领域。第一个阶段是目前中资证券公司正在经历的阶段，而第二个阶段也即将到来。

在第一个阶段中，除上面重点论述的香港市场外，美国、新加坡、伦敦、德国、法国、日本等也成为很多企业的选择。1992年至今，共有470家中资企业在海外发行，发行的主承销商中有6家中资证券公司。

五、中国证券公司投资银行国际业务集中度较高

由于中国证券公司进入境外市场的先后等原因，中国证券公司国际业务发展水平出现了明显的分化。从投资银行业务看，2011年，中国证券公司香港市场IPO总市场份额为12.5%，排名前两位的中国国际金融有限公司以及中信证券的市场份额就达到了6.1%，几乎占了中资证券公司市场份额的一半。再融资方面，中国证券公司香港市场再融资总市场份额为18.8%，排名前3位的中国国际金融有限公司、国泰君安证券、中信证券的市场份额达到了10.48%，大约占中资证券公司市场份额的60%。即便在相对较为分散的2010年，也仍然表现为少数几家中国证券公司的投资银行国际业务显著强于其他证券公司。

六、国际业务发展路径从在香港设立机构向国际发达市场拓展

香港是中资证券公司国际化战略的首选基地。按照香港证监会和香港中资证券业协会的统计，包括中金公司、中信证券、国泰君安、海通证券等在内的约20家内地证券公司在香港设立了分公司或子公司，银行系证券公司数量也达到6家（见表2-3）。此外，长江证券、兴业证券也已在香港设立了机构，财通证券香港子公司在筹备中。

表2-3　已设立的中资香港证券公司

序号	公司名称	设立时间	注册/实收资本	2011年净利润（人民币百万元）	母公司性质	经纪牌照	企业融资牌照
1	工银国际控股有限公司	2008	48亿港元	86	银行	Y	Y
2	中银国际控股有限公司	1998	15亿元	1205	银行	Y	Y

续表

序号	公司名称	设立时间	注册/实收资本	2011 年净利润（人民币百万元）	母公司性质	经纪牌照	企业融资牌照
3	交银国际控股有限公司	2007	20 亿元	289	银行	Y	Y
4	招银国际金融有限公司	2010	2.5 亿元	6	银行	Y	Y
5	建银国际（控股）有限公司	2005	6 亿美元	-1 609	银行	Y	Y
6	农银国际证券有限公司	2009	29 亿元	100	银行	Y	Y
7	中投证券（香港）金融控股有限公司	2011	0.5 亿元		证券	Y	
8	中信证券国际有限公司	2005	37 亿港元	7	证券	Y	Y
9	中国光大证券香港有限公司	2003	6.5 亿港元	-3	证券	Y	Y
10	中国国都（香港）金融控股有限公司	2008	1 亿元港元		证券	Y	
11	中国国际金融（香港）有限公司	1997	0.39 亿港元		证券	Y	Y
12	中国银河国际金融控股有限公司	2011	1 亿元港币		证券	Y	
13	申银万国证券（香港）有限公司	2003	1.3 亿港元	155	证券	Y	Y
14	安信国际金融控股有限公司	2009	5.9 亿元		证券	Y	
15	招商证券（香港）有限公司	2005	20.6 亿港元		证券	Y	Y
16	东方金融控股（香港）有限公司	2009	2 亿港元		证券	Y	
17	海通国际控股有限公司	2007	2 亿港元	96	证券	Y	Y
18	国元证券（香港）有限公司	2006	6 亿港元	-73	证券	Y	
19	国信证券（香港）金融控股有限公司	2008	2 亿港元		证券	Y	Y
20	国泰君安国际控股有限公司	2010	10 亿港元	233	证券	Y	Y
21	兴证（香港）金融控股有限公司	2011	1 亿港元		证券	Y	
22	长江证券控股（香港）有限公司	2011	3 亿港元	-7	证券	Y	
23	华泰金融控股（香港）有限公司	2006	3 亿港元	9	证券	Y	
24	广发控股（香港）有限公司	2006	1.6 亿港元	-19	证券	Y	Y
25	中国平安证券（香港）有限公司	2009	20 亿港元		证券	Y	
26	太平证券（香港）有限公司	1980	n. a		保险	Y	
27	信达国际控股有限公司	2008	n. a		资管	Y	Y
28	粤海证券有限公司*	1987	n. a		综合机构	Y	Y
29	东航国际金融有限公司	2010	n. a		综合机构	Y	
30	越秀证券有限公司**	2010	n. a		综合机构	Y	Y

注：* 其母公司为粤海控股集团，是在原粤海企业（集团）有限公司、南粤（集团）有限公司和广东省东江—深圳供水工程管理局的基础上组建的投资控股公司。** 其母公司为越秀集团，从事房地产建设等业务。

资料来源：SFC，香港中资证券业协会，截至 2012 年 5 月。

在美国、欧洲等海外市场设立子公司也是中资证券公司开展国际业务的重要战略方向。中国国际金融有限公司、中银国际等在美国、欧洲和新加坡都设有子公司专门开展国际业务。而中信证券、建银国际、国泰君安等中资证券公司也已经开始在纽约、伦敦、新加坡、迪拜等地派驻人员、成立子公司。

近年来，通过并购海外证券机构或者当地金融机构的证券业务来拓展国际业务是另一路径。申银万国、中银国际、海通证券、中信证券、广发证券等机构均通过此方式向国际市场发展。

申银万国证券公司是这一领域的先行者，早在 1993 年就在香港市场收购设立了全业务牌照的上市证券公司“王集团”，开启了国内证券公司涉足国际业务的先河，并以此为平台一直不断发展其全球业务，包括 B 股、H 股及 QFII 业务。

海通证券近几年在“走出去”方面也成绩斐然。其年报显示，2011 年海通证券的境外业务收入达到 8.09 亿美元，占总收入的 8.7%，占比在相关证券公司中名列前茅。

七、QFII 制度的建立为国内资本市场逐步国际化打下基础

在我国证券公司“走出去”的同时，我国资本市场也逐步开放，其中最主要的措施是 QFII 制度的建立和发展。

早在 1998 年，中国证监会及有关专家学者通过总结其他市场，特别是我国台湾地区证券市场对外开放的经验，结合大陆证券市场的实际情况，开始研究 QFII 制度在大陆实施的可行性，提出应允许 QFII 有限制地投资于国内 A 股证券市场。2001 年 3 月，时任中国证监会首席顾问的梁定邦表示，中国证监会将以 B 股为“试金石”，作为制定 QFII 制度的参考。

2002 年 11 月 5 日，中国证监会与中国人民银行联合发布《合格境外投资者境内证券投资管理暂行办法》，并于 2002 年 12 月 1 日起实施。2003 年 5 月，瑞银和野村证券成为中国首批 QFII。2007 年 12 月，国家外汇管理局宣布将 QFII 总额度从 100 亿美元扩至 300 亿美元。2011 年，《基金管理公司、证券公司人民币合格境外机构投资者境内证券投资试点办法》发布，允许符合一定资格条件的基金管理公司、证券公司的香港子公司作为试点机构，运用其在港募集的人民币资金开展境内证券投资业务。这就是所谓“人民币 QFII 制度”，又称“小 QFII”。截至 2012 年 2 月，我国已有获得 QFII 资格的机构共 147 家，已经审批的 QFII 投资额度为 245.5 亿美元。

第三章

2011 年中国证券公司国际业务发展中面临的问题与 2012 年前景展望

从国际业务的具体开展情况看，我国证券公司国际业务发展仍处于初级阶段，部分业务仍处于探索阶段，还存在着一些问题和挑战需要解决，但同时在中国经济快速发展的情况下，我国证券公司国际化也面临着巨大的发展机遇，国际化业务将从广度和深度上进一步推进。

第一节　2011 年中国证券公司国际业务发展中面临的问题

一、国际化发展初期，业务结构发展严重不均衡

（一）境外业务主要集中在香港市场，其他市场较少

中国证券公司境外业务的特点之一就是主要集中在香港市场，其他市场仍有待开发。业务开展集中于香港有许多原因，包括地缘上的、政策上的等等。然而，作为真正国际化的证券公司，需要有能力在全球各大金融市场开展业务。从高盛的情况来看，2010 年其净利润来源于美国本土、欧洲中东和亚太区的比例分别为 53.2%、24.2% 和 22.6%，区域分布相对均衡，从而能够利用不同市场的差异，分散经营风险。由于中国证券公司国际化开展时间较短，品牌知名度仍有待提高，因此未来国际化业务的区域拓展仍有许多瓶颈需要突破。

（二）主要的客户群体是中国公司，缺少跨国公司

中国证券公司目前主要的客户群体是中国公司或者主要业务在华的公司，只有少数跨国公司。这主要是因为跨国公司一般都有长期合作的国际证券公司，中国证券公司的品牌效应尚未建立，从而导致与跨国公司之间的业务较难开展。

（三）产品单一

中国证券公司投资银行国际业务在国际市场主要经营的产品仍然是传统的IPO、再融资、兼并收购、债券等。即便在传统业务的债券融资中，中国证券公司也仍然远远落后于其他国际同行。香港市场美元债等国际债券的发行均少见中国证券公司的身影，只有在近期兴起的人民币债券市场中中国证券公司才有相对较多的参与。2011年，排名前50位的债券承销商中有2家中资证券公司，即中信证券和中国国际金融有限公司，占总市场的份额也只有1.32%。

二、面临国际投资银行激烈的综合竞争压力

目前中国证券公司国际化经营的区域主要集中于以香港为主要基地的亚太地区。这些区域也是国际大型投资银行关注的主要地区，特别是近年来伴随着中国资本市场的快速发展，外资证券公司对亚洲业务日益重视。亚洲新兴资本市场正在成为包括高盛、摩根士丹利等国际证券业巨头的重点关注对象。以中国证券公司国际化业务相对较好的投资银行业务为例，2011年香港市场IPO排名前8名均为外资证券公司，占总市场份额的62.8%；而排名最高的中国国际金融有限公司排名第9位，占总市场份额的4.27%；在排名前50位的承销商中有11家中资证券公司，市场份额只有12.5%。

外资证券公司在与中资证券公司的竞争中表现出了强大的资本、技术、综合经营与人才等竞争优势。在经营策略上，他们正在逐渐本地化，并与中国企业建立长久合作关系，未来国际市场业务竞争将更加激烈。海外证券业务需要强大的综合研究能力和发达的海外网络，在一个窗口就可以为客户提供全方位的服务。在这方面，中国证券公司与国际大型投资银行相比还有很大的距离。

三、受国内经济和政策制约较大

首先，中国证券公司的大部分客户都是中国公司，受中国经济和政策的影响较大，对中国经济和政策的依赖性较强，一旦中国的经济或者政策出现较大变化，就会对证券公司的国际业务产生重大影响。其次，与国际发达市场相比，我国证券市场的法律框架、监管制度还有一定差距，使我国证券公司在开展国际化经营战略时受到一些限制。有些证券公司采取绕过政策壁垒的形式在海外注册合资公司，或者通过大股东采取境外收购的形式，增大了政策和经营风险。再次，我国在相当长的时间内人民币还不能完全实现自由兑换，境外国际证券投资受到严格的政策监管，境内境外业务不能实现联动优势。最后，由于新兴市场国家证券公司的实力一般无法与发达国家的证券公司抗衡，新兴市场国家证券公司在国际化经营的过程中，需要政府的政策支持，但我国在这方面还没有明确的政策目标。从总体上看，政府对证券公司的国际化是持积极态度的。政府之所以鼓励本国证券公司走

出国门，实际上是符合国家利用和整合国际金融资源的战略目标的。

四、专业经验和技术差距较大

国际大型投资银行运作时间较长，有些具有上百年的运作经验，具有比较成熟的国际化发展战略，各项业务具有非常规范的操作流程，在具体业务的细化和深化上积累了大量的经验。虽然金融危机暴露了国际投资银行在金融衍生产品创新方面的一些问题，但仍有许多地方值得中国证券公司在国际化的过程中学习。

五、国际化人才短期的制约

相对于其他行业来说，中国证券行业从业人员的素质和能力还是比较高的，但由于中国证券业发展时间较短，因此仍然没有建立起完整、良好的证券业人员教育系统，导致证券业从业人员整体素质良莠不齐；同时，与国际同行相比，中国证券公司的品牌吸引力等方面仍无法与之媲美，难以吸引优秀的人才加盟。目前中国证券公司在国际化经营方面面临的人才冲击主要表现在两个方面：一是中国证券公司现有的人才质量在业务水平、技术能力甚至外语水平等方面存在一定差距；二是由于薪酬和激励机制方面的优势，外资大型投资银行以高薪争夺中国证券公司的人才，高级人才的流失较为严重。我国证券公司在国际化的发展过程中必然受到人才短缺的制约，缺乏熟悉国际资本市场运作规则的专业性人才。这种短缺一般是国际化初期阶段的普遍现象。

六、跨境风险控制能力的挑战

证券公司的风险来源于金融机构的内在脆弱性以及金融市场的波动性，在进行跨境的国际化经营时，其风险可能进一步放大。从宏观层面上看，包括国内外体制差异造成的风险、国别风险、外汇风险、利率风险、法律风险和市场风险等；从证券公司国际化经营业务来看，包括管理营运风险、信用风险以及竞争风险等。由于金融市场本身的复杂性，这些系统性风险和非系统性风险相互影响，更容易造成金融市场的波动性和传染性。

在全球金融一体化和自由化的情况下，这些风险对中国证券公司的国际化经营形成了巨大的挑战，中国证券公司未来国际化业务开展将带来比国内市场风险更复杂的国际风险，并可能影响国内业务及公司整体的发展。从国际投资银行国际化的经验看，他们已形成一套非常繁杂的、公司内部、政府监管机构、国际监管组织、社会监督体系等多层次协调的风险管理网络，但即使如此，百富勤、霸菱等投资银行失败的案例说明建立有效的风险管理机制是长期的任务。

近年来，我国证券公司在协助企业海外并购方面取得进展，在海外直接投资方面也取得了初步进展，但同时面临着重重阻力，风险控制能力受到巨大考验。以跨国兼并收购为例，目前中国企业海外收购尤其是资源类收购屡受挫折的主要因素包括：海外政治阻力大，企业自身和中介机构缺乏海外并购经验，项目执行缺乏有效的尽职调查及风险控制机制，收购后缺乏良好的整合机制。据 Dealogic 统计，2005 年以来，3 亿美元以上的中国企业海外并购失败案例当中，大概有 60% 以上是由于未获得境外监管部门批准；其余是由各种商业及市场因素导致，比如无法满足交易先决条件、市场环境变化、谈判破裂和竞价失败等。

第二节　中国证券公司国际化经营的机遇与2012年前景展望

总体而言，这是一个机遇与挑战并存的时代。中国正在成为全球举足轻重的经济力量，而中国企业正在向国际化的目标发展，这都将为中国证券公司的投资银行国际业务的成长带来机会。然而，中国证券公司国际化仍面临上述挑战和问题，这就要求中资投资银行必须进一步提升网络覆盖、产品创新能力和服务水平，进一步巩固和发展香港市场，着眼于新加坡、伦敦、纽约等更多金融市场的开发，在运营机制、人材素质等方面与国际投资银行看齐，迅速融入国际竞争，通过“网络国际化”“人才国际化”“运营国际化”，把握机遇，迎接挑战，以支持中国企业的国际化发展，并发展成为国际化的证券公司。

一、中国证券公司国际化经营面临的发展机遇

（一）中国企业的国际化运营和对外投资的步伐加快

从宏观上看，中国已经初步具备了开展对外投资的条件，经济和贸易实力不断提高，已达到日本开始对外投资时的水平。2010年我国经济总量排名超过日本，位列世界第二位，目前中国GDP、出口总量占全球的比重均在10%左右；而1976年日本占全球GDP比重为9%，出口占全球比重为7%，开始进行对外投资。可以预期，中国对外投资进入了一个新的发展阶段。自2002年建立《对外直接投资统计制度》至今，中国对外直接投资的复合年均增长率接近50%。尽管如此，中国对外直接投资仍然属于初级阶段。中国对外直接投资占国际直接投资总额的比重仅为5%左右，与中国世界第二大经济体和第一大外汇储备国的地位不相称。

尽管受到金融危机的影响，中国仍然是全世界发展最快的经济体之一。随着中国经济和企业国际化的发展，国际化需求将进一步凸显，从而带来海外上市、并购以及其他业务机会。美国企业的全球投资、国际化运营将美国投资银行、金融机构带向了世界各地的金融市场；同样，中国企业国际化运营程度的深入，将给中国证券公司带来走向世界、进一步全球化的机遇。

（二）中国证券公司与国际公司合作机会增加

随着中国证券公司海外发行、跨国并购的经验积累，会有更多的国际公司与中国证券公司合作。与国际行业巨头相比，中国证券公司在境外发行、跨国并购方面的经验稍显单薄，其品牌竞争力也弱于高盛、摩根士丹利等“百年老店”。然而，随着中国证券公司更多地参与海外发行、跨国并购，中国证券公司的业务水准将得到越来越多公司的认可，促成国际公司与中国证券公司的合作。此外，希望在中国开展业务、发展的公司会乐于寻求与中国证券公司的合作。中国拥有全世界最具潜力的消费市场，并

为全球投资者提供最为优厚的投资回报率。近年来已经有越来越多的国际公司开始进入中国，在中国开展业务、发展中国市场。对于中国市场最为了解的中国证券公司将是这些公司的最佳合作伙伴。

（三）中国国内资本市场国际化，吸引国际公司在A股市场上市

虽然短期来看，推出国际板的时机不成熟，但从全球发达市场的经验来看，这是一个趋势。因此，在未来适时推出国际板，即允许符合条件的境外公司到境内市场发行上市，有利于丰富上海证券交易所的上市主体，尤其是有助于上海证券交易所加快蓝筹市场的建设步伐，打造既包括国内优质上市公司、又包括境外优质上市公司的蓝筹市场；同时，开放境外公司到中国挂牌上市，意味着国内投资者可在国内直接购买境外公司股票，丰富了市场供给、增加了投资渠道，使得国内投资者也可分享境外公司的增长收益。这对于投资者而言，是一个巨大进步。中国国内资本市场国际化的发展将为中国证券公司国际化发展提供巨大业务机会。

（四）人民币国际化促使国内企业从海外上市到回归A股

从长远来看，人民币实现国际化是大势所趋。在未来10年内，人民币国际化进程将取得长足的进展，人民币很有希望成为区域性甚至全球性的主要结算货币。人民币国际化给中国经济特别是中国资本市场带来的主要机遇是支持国内企业从海外上市到回归A股。随着人民币国际化的实现，国外资本将会大量进入国内资本市场，原先海外上市的公司能够在国内资本市场找到足够投资者。在我国香港尤其是美国资本市场监管严格、上市成本相对较高的情况下，转向国内融资不失为一种很好的选择。在有着良好上市公司资源的前提下，人民币国际化能够大大提高国内资本市场的需求，促使需求与供给相匹配，最终促使绩优企业回归国内资本市场。从日本经验来看，1980～1989年日本股市年均涨幅达16%，远超过同期其他主要国家；而同期日本股市市值大幅增长了7倍，占全球股票市值的比重上升至30%，使得东京一举成为世界主要国际金融中心之一。这一时期恰恰是日元加速实现国际化的历史时期。可以说，通过人民币的国际化实现国内企业由海外上市到回归A股是中国资本市场改革的核心内容。

（五）适应居民财富全球配置资源的兴起，实现资产管理业务的国际化经营

伴随着中国GDP持续高速增长，国内人均可支配收入上升，高净值客户群体人数陡增，其资产管理需求日盛，特别是对跨区域配置资产提出了新的要求。据福布斯财富调研数据库统计，高净值客户偏爱多种投资工具，其中40.8%的高净值人士选择了3种以上的投资工具。资产规模会对高净值人士的资产配置产生结构性影响，伴随着资产规模的增大，另类投资的占比也显著上升。其中PE投资的高收益性最受高净值客户青睐；同时，商品期货、贵金属、信托产品、艺术品收藏和跨境离岸资产投资等更有特点的投资方式也逐渐被高净值人士认可。

国内已有部分证券公司开始发力财富管理业务，但距离国际顶级投资银行高盛资产管理的“一站式”资产配置与综合解决方案仍有较大差距。国内证券公司资产管理应借鉴高盛资产管理的成功模式，及时抓住财富管理市场机遇，通过兼并收购实现全球化发展。国内部分证券公司已经开始通过设立海外子公司的方式拓展海外业务，随着QDII、RQFII

等跨境业务的逐步推进，随着对海外市场的了解加深，有条件的证券公司可以机遇性地收购海外有影响力的资产管理机构，逐步构建全球化的资产配置平台。

二、香港国际金融市场的发展推动中国内地证券公司国际化经营

历史上，香港国际金融市场的发展与中国内地证券公司国际化经营相辅相成。

香港作为毗邻祖国内地的国际性金融中心，是中国内地企业迈向国际资本市场的重要门户。1993 年 6 月，《证券市场监管合作备忘录》签订，内地企业在港直接上市成为可能。1993 年 7 月 15 日，青岛啤酒作为第一家香港上市中国企业（指注册地在内地）登陆香港交易所，正式拉开了 H 股在香港上市的序幕，也为当时尚处于萌芽期的中国证券公司走向国际市场打开一扇大门。

1997 年起，中资大型国企重组赴港上市成为主流，同时带动中资证券公司逐渐参与中国企业的海外发行。1997 年中国移动在香港挂牌上市，以 42 亿美元的发行规模成为当时香港市场最大的中资公司发行项目，其主承销商除高盛外，首次出现了中国国际金融有限公司的名字。随着中资能源、电信、保险等行业龙头企业相继赴港上市，港股上市公司的整体质量得到显著提升，2005 年以来，银行、煤炭、基建等大型国企的重组上市更是将 H 股发行推上顶峰，赴香港上市的中国公司家数及市值规模显著扩大，香港市场的发行记录屡屡被刷新。2001 ~2011 年，H 股总市值由 110 亿美元增长至 4 819 亿美元，占香港股市总市值比例亦由 2% 扩大至 23%（见图 3 –1）。H 股公司不仅从市值及流动性等角度为香港市场贡献了重要份额，其行业上的多元性也大大改善了香港本地公司以金融、地产为主的结构，丰富了投资选择。

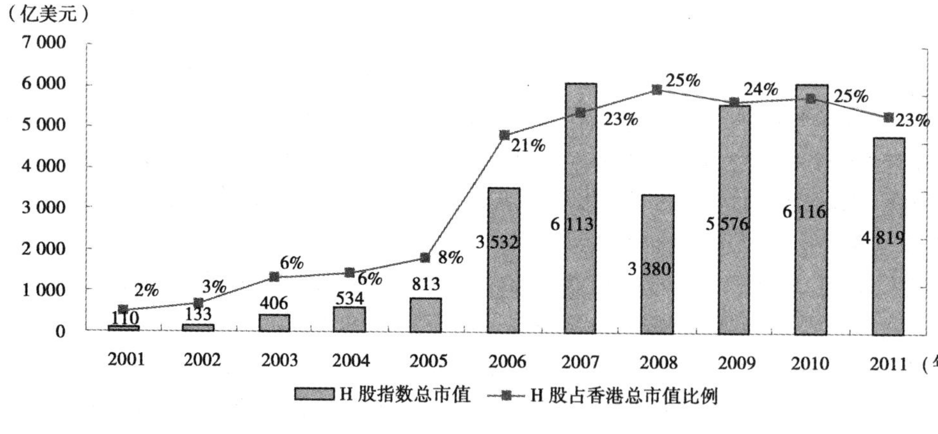

图 3 –1　H 股总市值及占比变化

资料来源：Bloomberg，截至 2011 年 12 月 31 日。

中资证券公司也从这一增长过程中发现了业务机会。2001 ~2011 年，香港市场的 491 单中资公司 IPO 发行中，共有 189 单由中资证券公司担任主承销商或联席主承销商，占比达 39%。迄今为止，累计共有 13 家中资证券公司参与中资公司香港 IPO 发行，中国证券公司在香港一级市场的发展突飞猛进（见图 3 –2）。

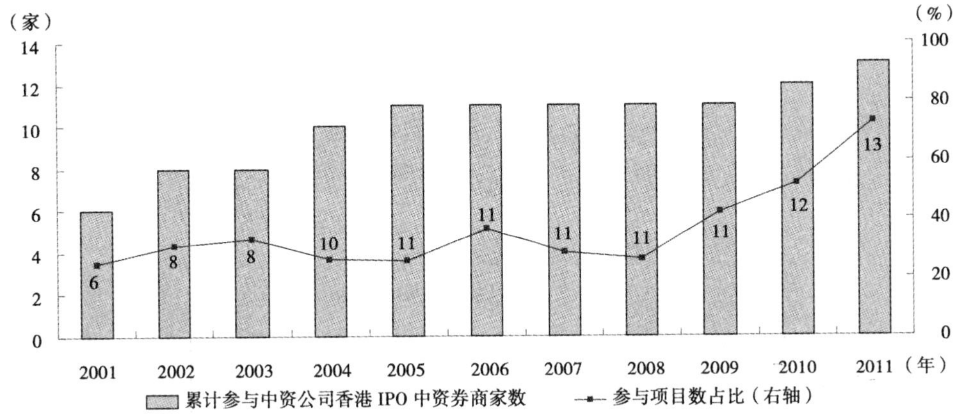

图3-2　中国证券公司参与中资公司香港IPO家数及比例变化

资料来源：Wind资讯，Dealogic，截至2011年12月31日。

未来香港国际金融中心的进一步发展将为中国证券公司国际化经营提供更大的舞台。目前，虽然上海国际金融中心的建设步伐正在加快进行，但香港作为东亚地区最重要的金融中心和国际资金集散地的地位仍然不可动摇，其高度自由化的市场体系和健全的法律监管系统都是内地金融中心不可比拟的。未来香港与上海可以采取“错位发展”战略，即上海应该大力加强基础制度建设和尽快提高市场开放程度；而香港可以借助人民币国际化的步伐开发人民币计价的金融产品，并利用中国内地投资多元化趋势，进一步发展资产管理业务。可以预期，香港国际金融中心在亚太地区的地位将越来越重要，从而为中国证券公司在香港全面开展国际业务创造有利的市场平台。

三、2012年发展前景展望

国际大型投资银行的发展历史表明，国际化经营可以使其获得和增加新的优势，获取原来在国内所无法得到的有利经营条件，从而增加其相对国内公司原有的竞争优势。只要国外确实存在可以利用的而且在国内暂时没有的有利条件，通过国际化经营去谋求这种优势的增加是不可避免的。

从证券公司国际化的发展历史以及面临的机遇看，我国证券公司国际化经营将进一步加快。中国证券公司通过设立境外机构，积极开展海外市场业务，拓展新的业务资源和空间，促使收入来源多样化，从而减少单一市场的系统性风险给公司业绩带来的不利影响。这也是积极应对国外大型投资银行进军国内市场所带来的激烈竞争的重要举措。

虽然我国证券公司国际化经营之路在未来的一段时间内仍处于初级阶段，但其国际化经营将从广度和深度两方面继续发展。

第一，从参与机构看，越来越多的中国证券公司认识到国际化经营的好处，将开始国际化经营之路。目前在我国100多家证券公司中，只有20家左右真正“走出去”从事国际化经营。在中国证券公司国际化面临着巨大机遇的情况下，将有更多证券公司实施“走出去”战略。

第二，来自国际证券业务的收入占证券公司总收入的比重将稳步提高。目前我国证券公司国际收入占比非常低，从国际化走在前列的中信证券年报看，2010年其境外净收入占比只有3%左右，未来上升空间很大。

第三，虽然近期香港仍是我国证券公司国际化经营的集中地，但其国际业务的地域分布将从以香港为中心逐步向国际发达市场和新兴市场扩大，更多的中资证券公司将目光投向了更为广阔的国际市场，逐步建立欧、美和新兴市场等海外分支机构，以拓展境外业务平台和客户。少数规模大、品牌好的公司有可能建立起全球网络，与国际大型投资银行一争高下。

第四，各项国际业务将向更加均衡方向发展。在中国企业对外投资加快进行和国内资本市场更加国际化的条件下，国际投资银行业务仍然占据重要地位并得到进一步发展，兼并收购业务有望取得进展；在人民币国际化背景下，香港资本市场特别是债券市场将进一步发展，从而带动中国证券公司固定收益业务；在中国居民富裕程度不断提高和政策推动下，跨境资产管理业务也将得到较快发展。

第五，监管政策变革将推进证券公司改革开放，推动跨境业务发展，为打造中国一流的国际投资银行奠定基础。如，支持我国证券公司及其境外子公司、境内合资证券公司为中国企业跨境发行上市、并购重组提供有关中介服务；允许证券公司开展专项QDII经纪业务、以自有资金、专项理财基金或直接投资基金进行跨境投资。在CEPA和ECFA框架内，积极支持跨境业务在中国资本市场先行先试等。

此外，伴随着我国证券公司“走出去”，我国资本市场的开放程度也将逐步加快，开放领域更加扩大。在一定意义上，国内资本市场的开放和我国证券公司走出去开展国际化经营可以相互促进。

总之，我国证券公司的国际化是一个逐渐的、不断深化发展的过程，在这个过程中，我国证券公司的国际化经营能力将不断提高，国际化人才素质得到提升，制度设计不断完善，在与国际大型投资银行的竞争中加快成长。

专题报告之一：

2011 年中国证券行业信息技术发展综述

第一章 2011 年中国证券业信息技术应用概况

第一节　2011 年中国证券业信息技术重点应用

2011 年证券行业信息化应用重点围绕提升安全、支持业务创新、强化公司风险管理、合规管理等方面进行研究和建设，推动了行业信息技术应用的进一步发展，也为 2011 年行业信息技术应用带来了许多亮点。如核心业务系统的运维以及应急备份切换等已向自动化方向演变，网上交易客户安全有了双因素强身份认证，各公司的风险压力测试系统助推了风险压力测试在全行业的推广，新一代研究报告管理系统强化了证券公司研究报告的内部隔离管理，债券报价回购、客户资金增值计划、约定购回式证券交易系统支持了创新业务的开展，策略投资平台开始在业内得到尝试应用等。

一、核心系统主备切换自动化

（一）应用概述

随着交易大集中的完成，为化解业务集中的信息系统风险，行业内证券公司积极探索核心业务系统备份模式及应急切换的最佳实践。2011 年西南证券的《生产系统同城双中心解决模式》、广发证券的《交易系统灾备切换自动化平台》在这方面进行了有益的探索和实践，实现了主备切换过程的自动化。该类方案通过建立双中心或多级备份，通过控制核心通讯中间件组达到主备中心之间系统切换过程的自动化，以解决传统的应急切换存在人工干预多、操作步骤多、交易恢复时间长、切换成功率不稳定的缺点，达到快速切换、提高业务连续性的目的。

（二）系统架构

系统架构按图 1－1 所示方式设计。

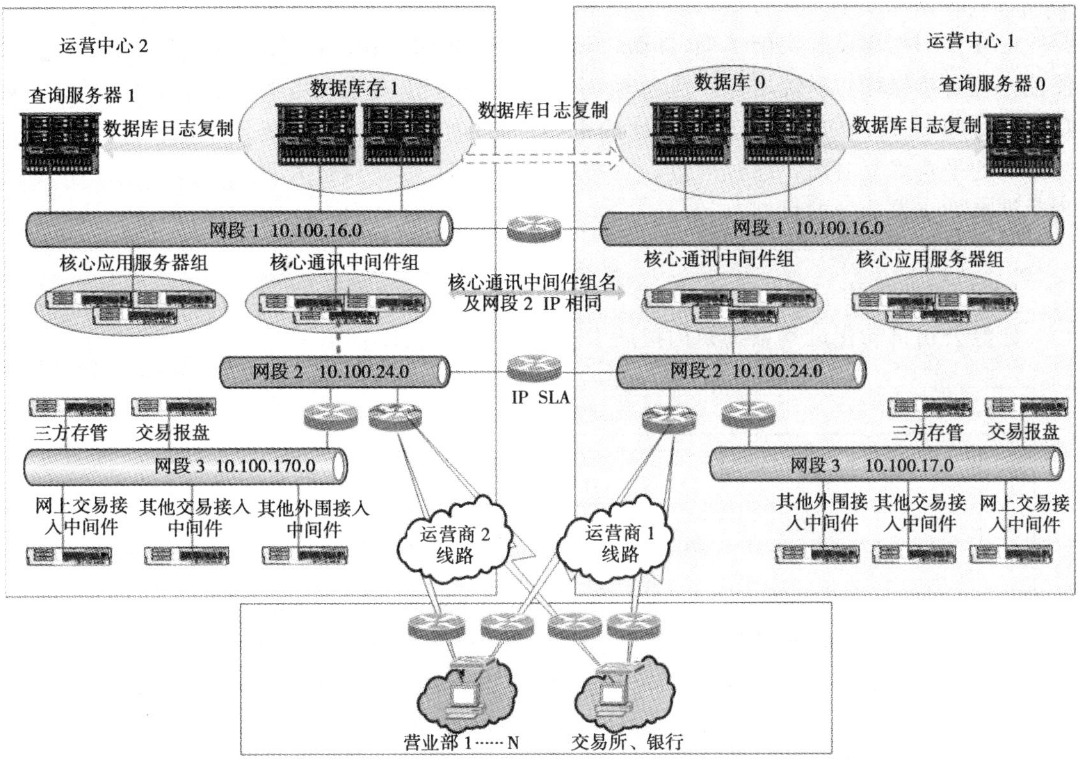

图1-1 生产系统同城双中心架构图

（三）应用特点

1. 主备中心采用多层次网络布局，分为核心数据网段、核心通讯中间件组接入网段和外部接口网段，减少彼此相关性，提高网络安全性。

2. 核心通讯中间件组作为客户和管理接入的联接枢纽，所有业务由它们进行转发，其组名和IP地址在两个中心相同，但只在一个中心的路由（主中心）有效。

3. 主中心与营业部、银行、交易所、登记结算公司以及其他外部机构的连接采用电信线路，备中心与营业部、银行、交易所、登记结算公司以及其他外部机构的连接采用另一运行商线路。两中心分别配置沪深单、双向卫星各一套，与地面线路形成备份。

4. 主备中心数据库通过数据库日志复制软件实现数据同步。

5. 集中交易应用系统采用1∶1模式部署，备中心的应用服务器组保持运行状态，以最大限度减少切换启用时间。

二、系统运维的自动化

（一）应用概述

随着市场业务的不断丰富，证券IT基础设施的数量、应用系统的数量急剧增加，IT应用的复杂度也在快速加大，运维人员疲于奔命，"救火队"角色难以摆脱。如何简化流程、提高系统的可用性、降低IT系统运营成本、优化IT运营管理、有效利用IT资源成为证券集中交易完成后证券公司重点关注的内容，IT 自动化运维的概念随之产生。从 2009 年开始，首创证券率先在行业进行了自动化运营的探索；2011 年国泰君安证券、银河证券等证券公司也建设并实施了 IT 自动化运营系统。该类系统实现了对系统和业务的全面监控，将日常操作、系统巡检、应急操作等 IT 运维工作固化在电子操作流程中，实现了集中平台的 IT 自动化运营，提高系统的可用性，降低了人为差错所形成的系统故障，缩短系统的平均修复时间，通过规范、可持续改进的 IT 运维和服务管理流程平台，最终实现运维高效支撑业务的目标。

（二）系统架构

证券公司自动化运营系统架构按图 1 -2 所示方式设计。

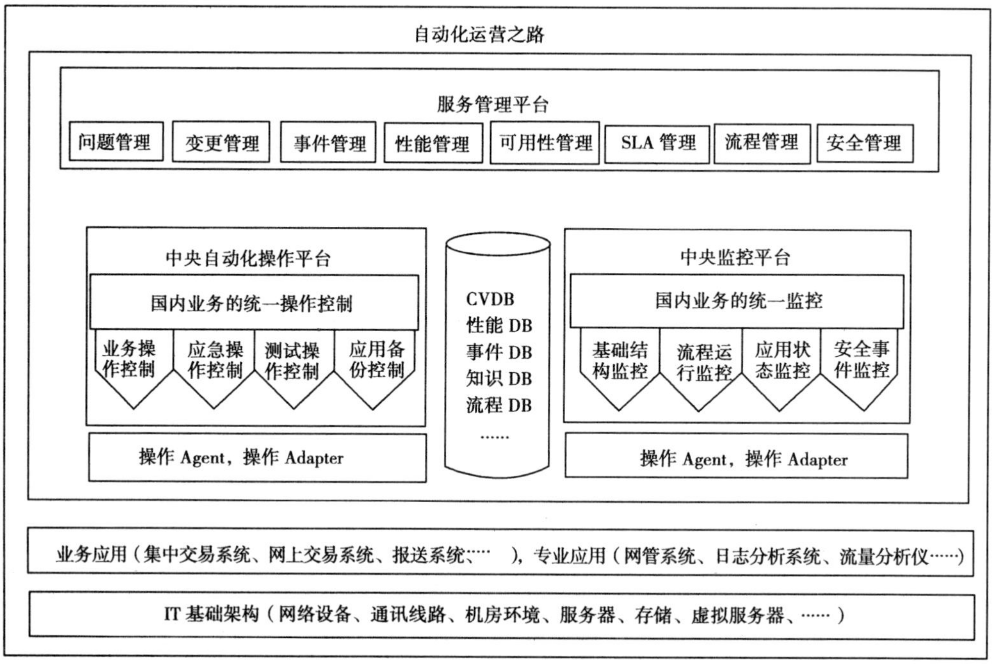

图 1 -2　证券公司自动化运营平台系统架构

（三）应用特点

证券公司自动化运营平台可以划分为集中监控、自动化运营控制和日常规范管理三部分。

1. 集中监控。主要完成对整个系统和业务系统运行状况的“感知”工作及异常情况的报警工作，并在发生相关事件时，为运维人员快速判断系统故障提供依据。同时，根据监控历史数据和报表，对系统的容量、瓶颈进行分析和判断。

2. 自动化运营控制。在设计上采用控制台统一调度方式，将日常操作、应急、巡检、备份、测试等过程通过可视化的流程编辑，由自动化运营管理平台实现运营工作的自动化操控，使操作过程本身做到准确、安全、高效，防止人为操作带来的错误，提高对系统风险的可操控性和业务系统的可用性。

3. 日常规范管理通过在系统中固化事件管理、问题管理、变更管理、发布管理、知识管理、资产管理等关键流程，实现日常运维操作的自动化与规范化。

三、核心系统对创新业务的支持

2011 年证券行业创新步伐加快，债券质押式报价回购业务、客户资金增值计划（简称“现金宝”）、约定购回式证券交易等多项创新业务相继开展，而每项业务的创新都需要信息技术系统的支持，可谓“业务未动，IT 先行”。2011 年行业内证券公司在核心交易系统、清算、风险控制等相关业务系统方面进行了许多改造与升级，为创新业务试点提供了有力支持。

（一）债券质押式报价回购业务

1. 应用概述。债券质押式报价回购（简称“报价回购”）是指证券公司提供债券作为质物，并以根据标准券折算率计算出的标准券总额为融资额度，向在该证券公司指定交易的客户融入资金，客户于回购到期时收回融出资金并获得相应收益的债券质押式回购。

证券公司通过对集中交易系统账户/交易/报盘/清算等业务环节的改造，实现该业务开展过程中业务流程电子化及风险可管理，有效促进了该项试点业务的开展。

2. 应用特点。证券公司集中交易系统为支持报价回购业务，在系统建设上需要实现如下功能：

（1）新增报价回购菜单，下设代码设置、额度设置、账户管理、委托管理、质押管理等子菜单；

（2）新增报价回购相关数据表，存放相关参数、委托单、在途流水等；

（3）支持对每种回购代码控制额度，支持报价回购产品控制总额度；

（4）支持投资者适当性管理，可对客户增加或取消报价回购权限；

（5）支持自营账户出入库委托；

（6）支持客户报价回购委托、撤单、提前购回委托；

（7）支持报价业务日终清算。

（二）客户资金增值计划

1. 应用概述。客户资金增值计划指在证券公司已开展的集合理财计划产品的业务基础之上，针对客户证券交易资金和持有的集合理财增值计划产品之间可实现 T+0 日交收，资金与产品之间可相互转换的一种机制，使客户资金在开盘期间一直处于证券交易可用状态，收盘后有效资金又可以转换为客户增值计划产品。该项业务在不影响客户交易的情况下实现了闲置资金的增值。作为集中理财与经纪业务结合的创新型产品，它为证券公司资管规模的扩充提供了新渠道。

2. 系统架构。系统逻辑架构按图 1－3 所示方式设计。

3. 应用特点。该项业务的试点需要对证券公司集中交易系统基金代销模块、中登公司 TA 系统和证券公司分 TA 系统、证券公司估值系统进行改造。针对证券交易资金和客户资金增值计划之间迅速转换的需求，改造证券公司基金代销模块，增加晚间清算的资金可用预处理环节，改造产品的参与和退出指令的触发机制和生成时机，实现客户资金参与

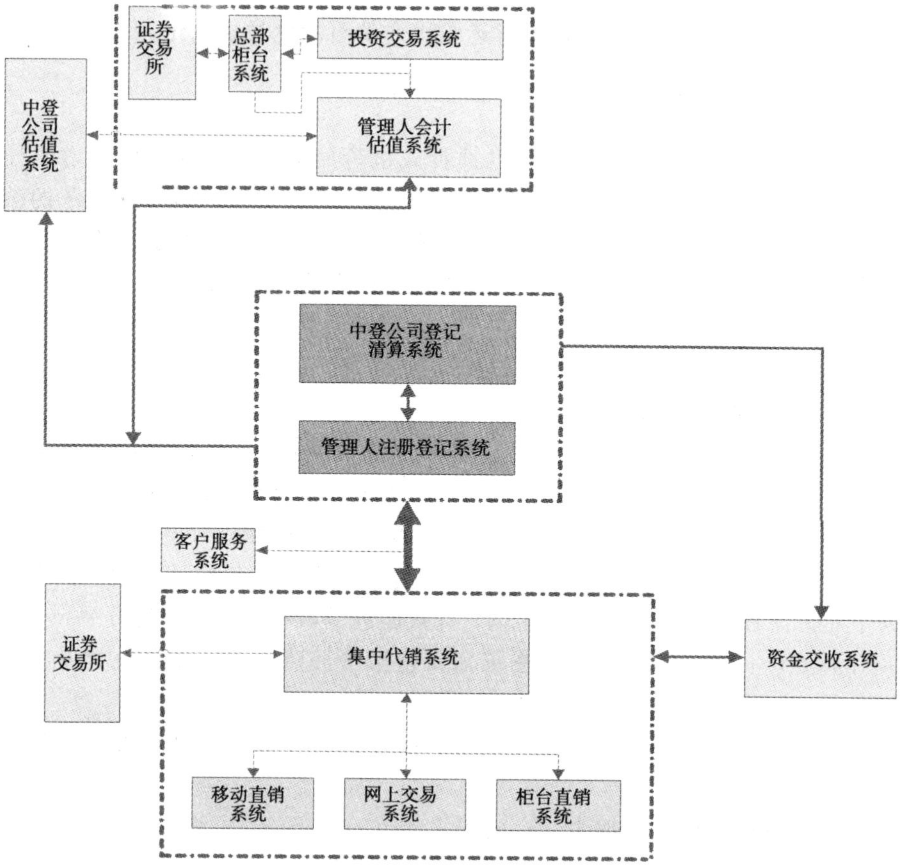

图1－3　客户现金增值计划逻辑架构

证券交易和产品计划两不误的需求。证券公司基金代销模块能自动为签约客户生成参与和退出申请，并在清算时依据该申请进行客户资金和份额的上下账处理；系统清算完毕后，对签约客户的可用份额进行冻结，相应增加签约客户的可用资金。

具体功能方面应实现参数设置、电子合同签约、参与与退出、清算、查询与统计、风险管理功能模块功能设计等。

（三）约定购回式证券交易业务

1. 应用概述。约定购回式证券交易是指符合条件的客户以约定价格向其指定交易的证券公司卖出标的证券，并约定在未来某一日期客户按照另一约定价格从证券公司购回标的证券，除指定情形外，待购回期间标的证券所产生的相关权益于权益登记日划转给客户的交易行为。约定购回式交易包括初始交易和购回交易两次交易。

约定购回式交易在上海证券交易所综合业务平台的约定购回式证券交易系统中进行初始交易申报和购回交易申报，交易申报经交易所交易系统确认后，交易即成立。交易完成后，证券登记结算公司根据交易所有效成交数据进行逐笔全额清算，并于次一交易日根据清算结果办理证券、资金划付，完成交易资金与证券的过户。

2. 系统架构。系统逻辑架构按图1－4所示方式设计。

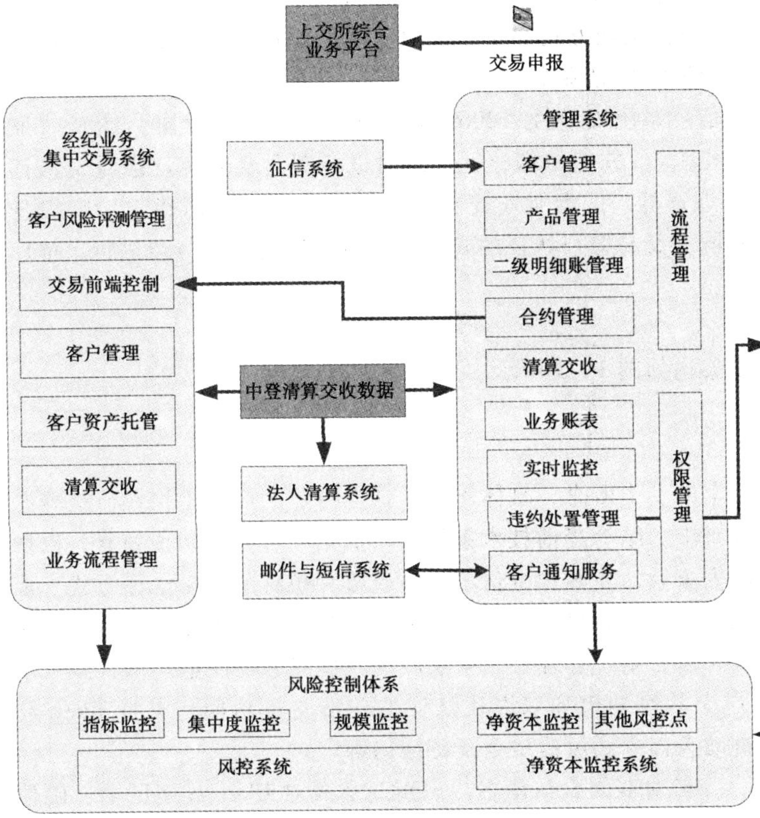

图 1－4　约定购回式证券交易逻辑架构图

3. 应用特点。技术系统实施方案主要包括客户适当性管理、交易、报盘、清算、业务管理、风险监控六大部分，以实现对该业务的全面支持。各部分的主要功能如下：

（1）客户适当性管理：主要实现对客户适当性管理信息的采集、客户资质的管理及审批、客户协议的签署审批及报备等功能。

（2）交易：主要实现客户交易申报时的业务处理，包括交易协议书的审批、申报数据的形成等。

（3）报盘：对客户的申报数据进行处理，通过交易所的约定购回式证券交易系统进行申报，并处理返回信息。

（4）清算：处理该业务的日终清算的数据，并产生相关财务报表。

（5）业务管理：处理提前购回、延期购回、违约处理等情况，管理标的证券和专户信息。

（6）风险监控：包括数据采集，通过风险控制系统进行实时、定时及相关业务监控指标的监控。

四、网上证券客户双因素强身份认证

（一）应用概述

随着证券行业信息技术应用的高速发展，网上交易、手机证券等网上证券交易方式已经成为绝大多数证券投资者的首选交易方式。由于历史原因，证券行业网上证券交易仍以“账号+静态密码”为主要身份认证方式，在互联网安全形势日益严峻的今天，该身份认证方式已不能完全适应当前网络信息安全的要求。

为提高行业网上证券信息系统安全性，2009年6月，中国证券业协会颁布《证券公司网上证券信息系统技术指引》，并组织部分证券公司进行网上交易客户强身份认证的试点。2011年国信证券、兴业证券、国泰君安证券和山西证券4家公司建立了客户身份双因素认证系统，大幅提升网上交易客户认证的安全性。该应用随即在行业进行了推广。

（二）系统架构

双因素认证系统技术架构如图1－5所示。

（三）应用特点

双因素认证作为密码学的一个概念，具体落实在证券行业的应用是指在传统静态交易密码作为第一种要素的基础上，结合当前技术条件，增加第二种身份认证要素，以增强网上证券客户端身份认证的安全性，使客户身份不易被破解和仿冒的身份认证方式。成熟的双因素认证技术与产品主要有：动态口令、数字证书、特征码绑定等方式。在技术实现上涉及客户端、身份认证层、后台系统管理层三个层次的系统完善与改造。

1. 客户端层：在客户交易终端增加双因素认证的前端支持功能，支持Ukey数字证书、硬件动态口令、手机动态口令、短信口令及特征码绑定。

2. 身份认证处理层：支持对双因素认证客户识别及实现对Ukey数字证书、硬件动态口令、手机动态口令、短信口令及特征码绑定认证。同时，支持双因素认证失效的旁路功能。

3. 后台系统管理层：通过部署双因素认证的后台系统，实现动态口令、数字证书等实物管理及动态口令种子、根证书安全保管，客户证书的生成以及安全发放及相关管理功能。

五、策略交易平台的尝试

（一）应用概述

近年来，随着国内金融市场的不断发展，策略交易发展潜力逐渐显现，策略交易的需求开始在机构客户和一些高净值客户中涌现。借鉴国外证券公司服务机构客户的经验，我国证券公司开始尝试建设策略交易平台，实施对私募、信托投资公司、基金公司、保险公司等机构客户的专业化服务，为机构客户提供策略交易的专业化交易策略与工具。策略交易平台主要实现以下几项功能：

1. 策略算法服务：支持动态、灵活地在公司级策略平台发布，授权用户可随时选用已发布策略，实现公司资源的有效共享。提供策略交易功能（算法交易、高频交易、套利交易等等），适合于不同的交易场景和不同的投资者（公司自营、资管业务，研发客户、经纪业务客户、私募与机构客户）。

2. 对外提供统一而丰富行情数据源，形成策略交易统一资源库：包括国内市场level1和level2实时行情数据，国内股指期货、商品实时行情及历史高频数据库。

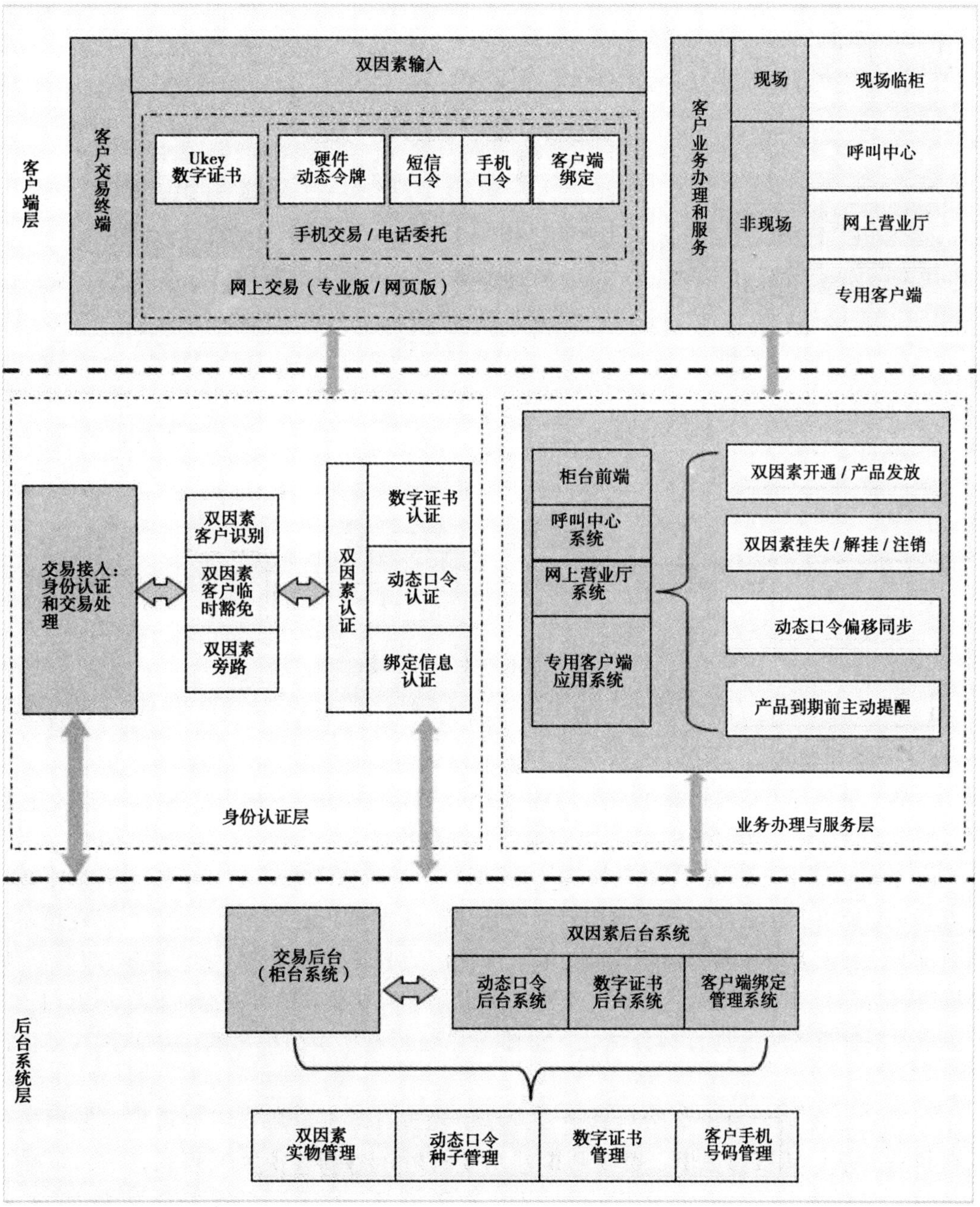

图 1－5 双因素认证系统技术架构图

3. 策略算法研发平台：支持策略研究员、IT 人员快速完成算法模型构建，并支持策略检测验证。

4. 风险监控平台：支持对已有策略提供盘中监控，对总持仓比例、限制股票名单等提供监控。

（二）系统架构

策略交易平台架构见图 1－6。

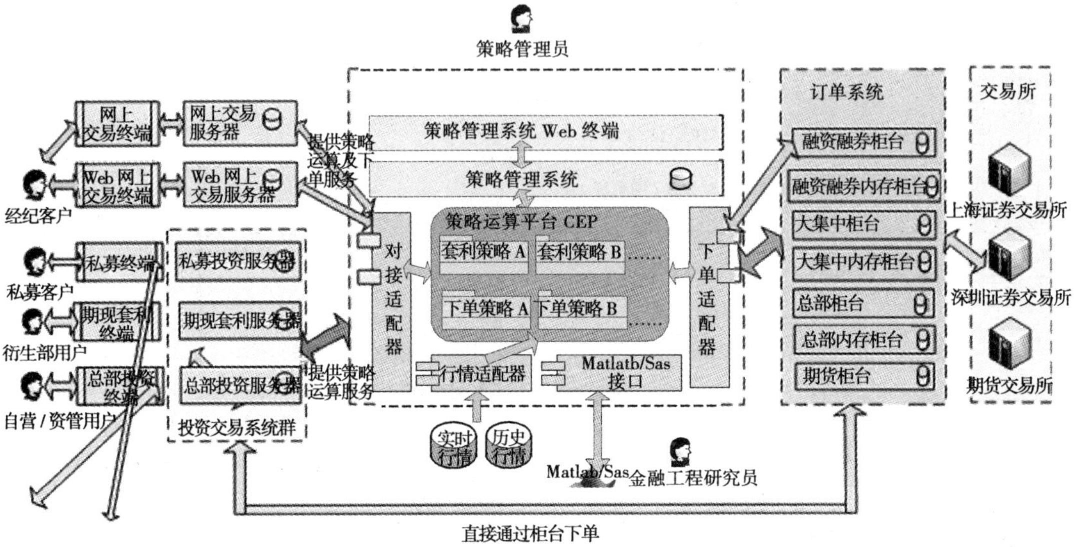

图 1－6　策略交易平台架构图

（三）应用特点

策略交易平台由策略运算平台（COMPLEX EVENT PROCESSSING，CEP）、周边适配器、策略管理系统、策略管理系统 Web 终端几部分组成。

1. 策略运算平台。策略运算平台是策略交易平台的运算核心，其本质是一个以数据流为输入和输出、在内存中直接对流过的数据进行高速实时计算的流运算平台。在策略运算平台上，技术人员按照公司研发部门和业务部门的策略模型，编写实现逻辑和部署。策略模型包括套利模型和下单模型两大类型，前者用于寻找套利的开平仓时机，后者用于对下单指令根据市场情况进行拆分优化。策略可以随着新模型的推出和应用的深入灵活扩展。

2. 周边适配器。由于策略运算平台须基于流进行运算，所以需要适配器跟周边的数据和系统进行转换和通讯。行情适配器用于将行情数据转换为流格式，输入策略运算平台。对接适配器，用于为交易前端系统提供策略运算及下单服务，为其寻找套利开平仓机会，监测组合盈亏情况及接受程序化下单任务。下单适配器，用于分发和调用适当的柜台进行往交易所的委托报盘，以及成交回报接收。而 Matlab/Sas 接口则用于调用 Matlab/Sas 的函数库，或实现对外部已有 Matlab/Sas 模型的调用，以满足模型的分析测算。

3. 策略管理系统，用于管理策略交易平台的各种策略模型、参数、套利组合持仓和盈亏、套利开平仓记录和委托成交明细等。策略管理员通过策略管理系统 Web 终端，登录到系统以检视和管理策略交易平台的运行和组合经营情况。

六、证券公司全面压力测试系统

（一）应用概述

压力测试是通过定量分析测算金融机构在遇到假定的极端不利情景下的风险暴露和预期损失的风险度量方法，用于监测上述情景对金融机构盈利能力和资本充足带来的负面影响，进而对金融机构和金融行业的抗风险能力作出评估和判断，并采取必要的应对措施。

压力测试已广泛运用于国际货币基金组织、各大银行和其他金融机构。为落实《证券公司压力测试指引》相关要求，2011 年行业内证券公司通过建设公司级风险压力测试系统，推进了风险压力测试的全面实施。该系统根据公司全面压力测试体系的方法流程集成公司及各业务模块的财务数据、市场数据和业务数据，建立压力情景库和风险因子库，灵活调用，进行公司层级、监管指标层级、新业务层级以及组合层级的压力测试，实现压力测试测算数据、情景和结果的电子化存档，并通过事后验证不断完善压力测试方法。

（二）系统构架

压力测试系统逻辑结构见图 1－7。

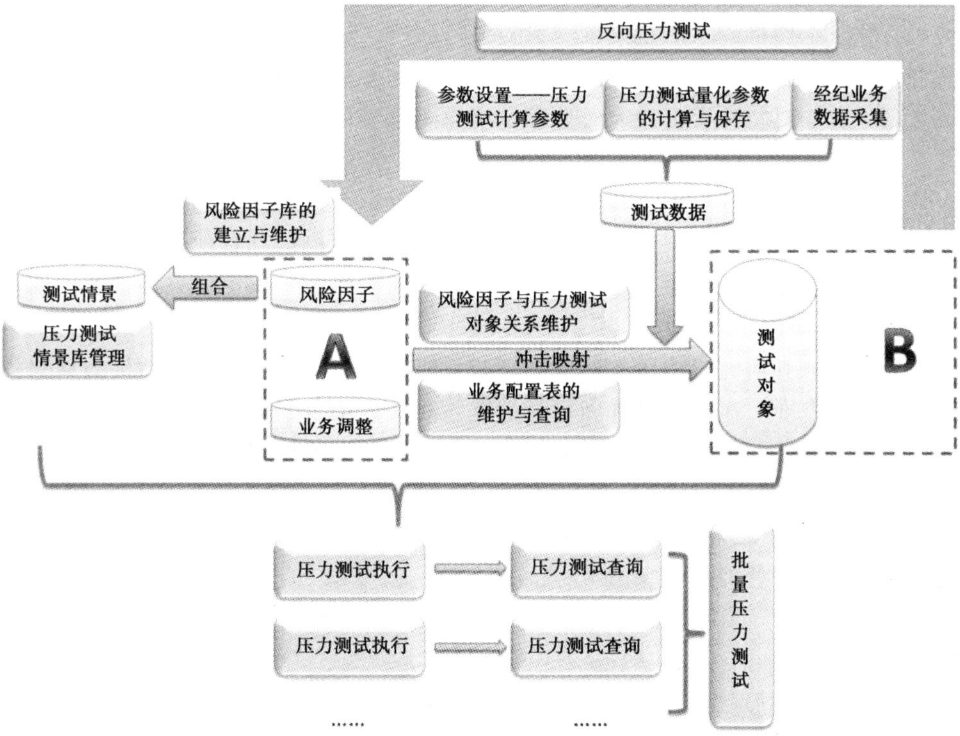

图 1－7　压力测试系统逻辑结构图

（三）应用特点

证券公司压力测试系统包括数据采集与管理、压力测试配置管理、计算与调度、压力测试执行与查询、反向压力测试等功能模块。各模块功能如下：

1. 数据采集与管理，包括“经纪业务数据采集”和“参数设置——压力测试计算参数维护”。

2. 压力测试的配置管理，包括“风险因子库的建立与维护”、“业务配置表的维护与查询”、“风险因子与压力测试对象关系维护”和“压力测试情景库管理”。系统利用情景库动态管理压力测试环境，风险分析人员可定期上传紧跟市场动态的情景设计。开展压力测试时，既可调用情景库中的风险冲击组合，也可根据需要自行设置。

3. 计算与调度，用于“压力测试量化参数的计算与保存”，主要指量化市场风险和信用风险所涉及的参数，如债券的久期和凸性、股票的 beta 系数。

4. 压力测试执行与查询，分为“压力测试执行”、“压力测试查询”和“批量压力测试”。系统自动执行单次或批量压力测试，输出所需结果。支持查看公司整体或针对业务线的压力测试结果，便于风险管理人员进一步深入分析。

5. 反向压力测试：在风险偏好范围内，从指标结果反推不同业务风险因子的限额。

七、新一代研究报告管理平台

（一）应用概述

2011 年 1 月 1 日，中国证监会正式颁布并实施《发布证券研究报告暂行规定》，把证券公司研究监管工作推到了法规高度。针对监管要求，证券公司开始建立新一代研究报告管理平台，在研究报告管理系统中加以流程化，做到客观、公正、自动留痕、自动防范内部利益冲突，公平对待所有客户，使监管要求有了落实的平台。

新一代研究报告管理平台在系统报告管理流程上落实研究报告发布审阅机制；通过对研究人员从业信息、行业分工、基本信息集中管理以符合监管要求，通过灵活定制的研究报告模版可以自动实现研究报告格式问题；建立统一的客户信息管理，实现研究报告同时发送功能，实现客户公平对待；通过建立公司静默期股票池，避免研究报告内部利益冲突与公众媒体宣传问题。

平台涵盖了证券研究机构所有的业务环节，完整贯通了研究分析、销售交易等各项业务，提供了一个专业、高效、合规和可靠的整体解决方案。其特性体现在：完善的业务管理流程下个性化的系统配置、量化的绩效管理、严格的合规控制、丰富的外部接口。

（二）系统架构

新一代研究报告管理平台见图 1 – 8。

（三）应用特点

新一代研究报告管理平台包含报告管理、投资组合、客户关系管理、管理分析平台、股票池、工作平台、合规管理、技术支撑平台、系统管理九大模块，各模块功能特点如下：

1. 报告管理：用于对证券研究机构的内部报告和外部报告进行管理，包括研究报告和晨会纪要的编写、上传、审批、入库、查询等工作环节。

2. 股票池：包括股票池、出入池，定期调整与维护的管理；可查看相关报告和估值数据，定期跟踪分析市场状况，密切关注公司变化。

3. 投资组合：策略分析师和行业分析师对行业配置及公司配置的投资组合的管理；

图1-8　新一代研究报告管理平台架构图

用户可根据业务需要或者客户需求个性化定义多个投资组合。

4. 客户关系管理：用于维护客户资料，建立销售经理与客户的对应关系，保存销售经理档案等；与客户相关的服务管理包括路演服务、委托课题、大型会议、联合调研、日常沟通等服务；协助管理短信、邮件群发，客户信息、客户服务评价、协议佣金等资料。

5. 工作平台：主要用于管理日常工作，规范公司内部管理流程，提高工作效率，包括计划管理、任务管理、出差管理、工作日志及人员状态等。

6. 管理分析平台：提供高层管理人员查看报告统计、服务统计、成本费用、工作完成情况、考勤管理等功能，以数据、图表等各种形式展现统计分析报表，让研究部门管理人员更直接地研究运作状态。

7. 合规管理：实现内嵌式合规控制以满足监管要求；可供合规人员设置静默期股票，进行媒体和跨墙相关管理等；能灵活配置预警参数，对于目标价位、评级变化、与一致预期的重大差异等数据进行预警设置，实现了系统自动执行合规风控提醒。

8. 系统管理：根据企业个性需求，工作流程可配置，实现适合企业管理流程的个性化配置以及运营过程中的流程优化；机构/人员可配置，适应不同的组织架构和部门/小组设置。

9. 技术支撑：丰富的对外接口，高效的数据采集系统，实现公司内部数据和市场数据的系统性交互和商业性挖掘。通过短信、邮件、网站为内部人员和外部客户提供多样化、自动化的沟通渠道。

第二节　2011 年证券行业 IT 人员数与投入情况

中国证券业协会组织的 106 家证券公司 IT 人员及投入情况调查显示，与 2010 年相比，IT 专业技术人员持续增长，尤其是证券公司总部增速高于总体增速，表明证券公司总部技术力量不断加强。IT 投入方面受行业整体状况影响，总体投入减少，从统计数据分析，证券公司主要压缩了基础设施与硬件投入，其中基础设施投入减少 21.38%，硬件投入减少 23.73%，但在软件、运维及通信费用方面均有一定幅度增长。行业 106 家证券公司 2011 年 IT 投入及人员情况参见表 1－1。

表 1－1　　证券业 IT 人员及投入汇总表

科目	类别	2010 年	2011 年	增幅（%）
人员情况	IT 员工总人数（人）	9 787	10 471	6.99
	总部 IT 员工数（人）	3 385	3 685	8.86
投入情况	基础设施（万元）	92 334.60	72 594.77	－21.38
	硬件投入（万元）	274 858.16	209 640.01	－23.73
	软件投入（万元）	95 891.93	102 861.25	7.27
	系统运维（万元）	88 554.81	97 763.87	10.40
	通信费用（万元）	184 351.81	199 209.40	8.06
	合计（万元）	735 991.30	682 069.30	－7.33

第二章 中国证券行业信息技术总体发展及特点分析

第一节 中国证券行业信息化历史回顾及特点分析

一、证券行业信息技术规范的完善与发展

证券行业信息技术的应用与安全得到了监管部门的高度重视，并推动行业信息技术应用规范化的不断完善与发展。2008 年中国证监会成立了行业信息化工作领导小组及其办公室（证信办），牵头领导行业的信息安全工作，近年来在行业内推动了证券公司 IT 治理、网络防攻击、网络与信息安全应急管理、灾备建设、备份能力标准、系统安全等级保护、网上交易双因素强身份认证等各项信息技术风险防范工作。中国证券业协会作为行业自律组织，也成立了信息技术专业委员会，推进证券公司自身的信息技术发展，规范信息技术应用，防范信息技术风险。行业监管和自律组织近年来为推进行业信息技术应用规范，防范风险，制定和颁布了一系列技术规章、指引和标准，不断发展和完善行业信息技术法规体系。自 2005 年以来制订出台的技术规则和标准具体参见表 2－1。

表 2－1　2005 年以来证券行业信息技术法规一览表

发布时间	法规名称
2005 年	《证券公司信息技术管理规范》
2006 年	《证券公司集中交易安全管理技术指引》
2007 年	《证券公司客户交易结算资金商业银行第三方存管技术指引》
2008 年	《证券期货经营机构信息技术治理工作指引（试行）》
2009 年	《证券公司网上证券信息系统技术指引》

续表

发布时间	法规名称
2009 年	《证券期货业网络与信息安全事件应急预案》
2009 年	《证券营业部信息技术指引》
2011 年	《证券期货经营机构信息系统备份能力标准》
2011 年	《证券期货业信息系统安全等级保护基本要求（试行）》
2011 年	《证券期货业信息系统安全等级保护测评要求（试行）》

为推动行业技术应用的发展，鼓励科技创新活动，自 2007 年开始，由中国证券业协会牵头组织开展中国证券期货行业科学技术奖励评选活动，挖掘行业内优秀的信息技术应用案例，推动行业技术进步。至 2011 年已经连续开展了三届，共为行业内 101 项优秀的信息技术应用颁发了奖项。2011 年行业科技奖的具体情况见表 2－2。

表 2－2　2011 年证券期货科学技术奖励获奖项目表

序号	名称	单位	奖项
1	上海证券交易所新一代交易系统	上海证券交易所	一等奖
2	NGES 交易监控软件 V1.0	上海期货信息技术有限公司	二等奖
3	中国证券业电子化信息披露智能支撑平台——保护基金	投资者保护基金公司	二等奖
4	深圳证券市场多层次监察系统	深圳证券交易所	二等奖
5	中信建投证券交易系统测试平台	中信建投证券	二等奖
6	量化交易系统在基础支持平台上的推广和应用	华鑫证券	二等奖
7	郑州商品交易所市场监察系统	郑州商品交易所	三等奖
8	基金公平交易预警分析监管平台	中国证监会基金部	三等奖
9	大连商品交易所高精度交易延迟性能（RTT）实时测量与分析平台项目	大连商品交易所	三等奖
10	长城证券数据通信总线	长城证券	三等奖
11	中投证券综合运营服务平台	中投证券	三等奖
12	面向多层次客户的量化及算法交易平台	国泰君安证券	三等奖
13	异构风控管理系统	上海中期期货	三等奖
14	广发证券交易系统灾备切换自动化平台	广发证券	三等奖
15	支持整合的投资者适当性管理与精细化营销平台	国泰君安证券	三等奖
16	特殊法人机构和 VIP 客户参与期货市场的软件系统——东证致胜机构宝	上海东证期货	三等奖
17	中国银河证券数据中心	银河证券	三等奖
18	证券核心业务系统全流程监控与自动化控制平台	国泰君安证券	优秀奖
19	期货公司综合管理平台	海通期货	优秀奖
20	期货全面结算系统	国泰君安期货	优秀奖

续表

序 号	名　称	单　位	奖　项
21	上海证券交易所 Level－2 FAST 行情系统	上海证券交易所	优秀奖
22	期货市场统一开户系统	期货保证金监控中心	优秀奖
23	招商证券客户营销服务集中管理模式	招商证券	优秀奖
24	3G 移动金融服务平台	西南证券	优秀奖
25	中国银河证券自动化运维平台	银河证券	优秀奖
26	广发证券综合商务智能平台	广发证券	优秀奖
27	中国银河证券玖天财富服务安全体系	银河证券	优秀奖
28	齐鲁证券网上交易安全助手	齐鲁证券	优秀奖
29	“金掌柜”财富管理平台	华泰联合证券	优秀奖
30	中国民族证券信息系统示范工程	民族证券	优秀奖
31	华安基金信息披露标准化报告综合管理平台	华安基金	优秀奖
32	期货资金管理平台	天琪期货	优秀奖
33	期货交易评估系统	冠通期货	优秀奖
34	期货 QFII DMA 交易结算系统	申银万国期货	优秀奖
35	东海动态商品指数	东海期货	优秀奖
36	期货公司多交易中心银期资金统一划转平台	国泰君安期货	优秀奖

二、核心业务系统发展分析

（一）核心业务系统发展回顾

证券公司核心业务系统主要指代理客户股票交易的柜台系统，承担和管理着证券公司所有客户的交易业务，从 2001 年以来，主要经历了单营业部模式到同城区域集中交易模式、总部集中交易模式三个阶段的发展演变。

1. 单营业部模式（1999 年之前）。单营业部模式是以传统营业部为交易中心的分散式交易模式。营业部是一个小而全的业务运作整体，营业部不仅需要提供客户服务，还需要配置充足的后台人员以应付系统的日常运行维护、交易日终清算、资金股份核对、与银行的银证转账交收、与深沪登记结算公司的清算结算交收以及资金头寸划付等。

2. 同城区域集中交易模式（2000～2004 年）。同城区域集中交易模式是指证券公司根据业务区域划分将同城所有柜台系统整合成一套同城区域集中交易系统，统一管理客户数据，交易实时数据集中在同城区域中心，非中心营业部不再保留实时交易数据和减少与深沪证券交易所、登记结算公司及银行的直接的业务对接。是以中心营业部为中心、区域内其余营业部为分支通过专线网络上连中心营业部、各区域中心营业部再向证券公司总部连接的双线路互备的星型拓扑结构的证券公司广域网架构。

3. 总部集中交易模式（2005 年以后）。随着大型数据库集群技术和多层结构的中间件集群技术的发展成熟并在证券行业逐渐应用，城域间的数字通信技术和网络带宽的飞跃发展，证券公司开始对整体的业务资源、数据资源、客户资源、通信资源等进行整合和集中管理，核心业务系统由同城区域集中交易模式向总部集中交易模式演变。

总部集中交易系统指在总部建立全部营业部共用的集中交易平台，统一管理客户数据，交易实时数据集中在总部，营业部不再保留实时交易数据，实现网上交易、深沪交易席位和双向卫星等资源的整合，交易所报盘和三方存管等对外通道也完全集中到证券公司总部。同时，建立生产系统、本地温备系统、同城备份系统或异地灾备系统的“多级备份”容灾体系；广域网各级通信链路均实现双运营商双线路或天地备份模式，确保广域网通信安全；通过高性能的数据同步技术保证关键数据在各级备份系统间实现秒级同步。

集中交易完成后，为支持创新业务快速实现并确保原有业务开展的稳定，证券公司开始优化集中交易系统体系架构，在遵循“前台和后台”、“交易和清算”、“管理和业务”三分离原则的基础上，进行了“完全松耦合”的业务体系架构设计，将原来完全集中的“大”业务系统，拆分成统一的账户管理系统、集中清算系统、经营管理系统和订单处理系统。后集中交易时代核心业务系统架构见图 2－1。

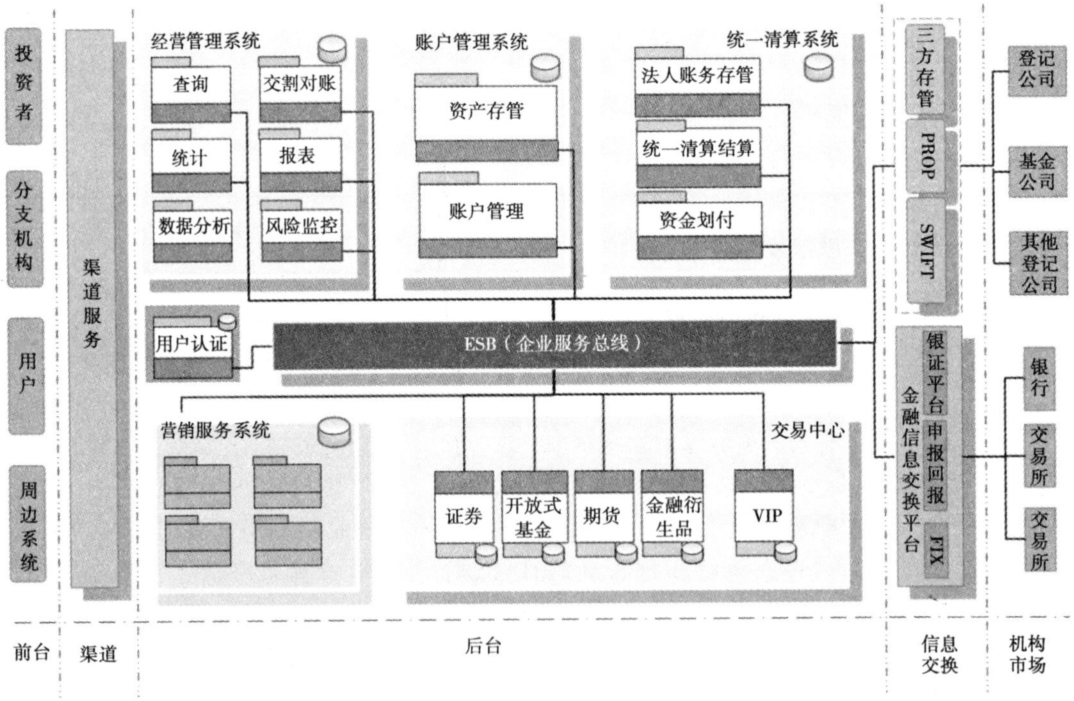

图 2－1　专业化分工模式集中交易系统整体架构图

（二）核心业务系统发展特点分析

核心业务系统既随着业务发展而发展，也与当时信息技术应用水平密切相关。回顾核心业务系统发展的三阶段，核心业务系统呈现不同的技术特点（见表 2－3）。

表 2－3　　核心业务系统技术发展比对分析表

科目	独立营业部	同城集中	总部集中
体系结构	C/S 架构	C/S 三层结构，通讯中间件，内外网隔离	C/S 三层结构，通讯中间件/业务中间件
组网方式	局域网	同城广域网	不同运营商接入，VPN 备份的信号网络
数据库软件	FOXBASE，SQLSERVER	SQLSERVER，DB2，SYBASE	ORACLE，DB2，SQLSERVER
操作系统	NOVELL，WINNT	WINDOW SERVER	LINUX，AIX，HPUNIX，WINDOW SERVER
供应商	自主为主，新意，恒生，金证，顶点，信雅达	恒生，金证，顶点，金仕达	恒生，金证，金仕达，顶点
特点分析	实现电子化交易、自动化事务处理，因此多种技术模式流行在这个时代，数据也经历了从传统开放式 FOXBASE 转向更为安全可靠的专业数据库的过程，柜台软件繁杂。	满足集约化管理的需要，同时也解决分散架构带来的经营风险，因此数据集中、交易集中、清算集中是架构设计的主要目的。另外，行业化标准要求引入通讯中间件，将内外网隔离，有效防范信息风险也在这个阶段引发了架构上的重大变革，柜台软件品牌逐步集中。	核心业务系统向多金融品种集中销售管理模式设计，即将证券交易、基金代销、债券业务等多金融品种一体化放在大集中交易系统内，并采用集中的业务操作界面，从而实现统一的金融产品销售系统。软件基本以外包为主，柜台软件基本集中在 3 家公司。

三、周边系统的发展回顾及特点分析

周边系统主要指证券公司提供给客户的交易委托手段，包括现场热自助、磁卡、电话委托、网上交易、手机证券等方式，主要经历了三个阶段：2001 年前，现场交易时代；2001～2009 年，网上交易快速发展时代；2010 年以后，移动证券业务及专业终端时代。

（一）现场交易时代（2001 年前）

2001 年前，证券公司的周边系统主要以现场热自助为主、远程电话委托为辅助。由于柜台系统主要部署在营业部，一般在营业部现场部署热键、磁卡等自助委托方式，客户交易以现场交易为主。同时，营业部也部署了板卡方式的电话委托系统作为非现场交易辅助。

（二）网上交易快速发展时代（2001～2009 年）

2001～2009 年，中国互联网逐步普及到家庭。根据 CNNIC 数据统计，截至 2011 年 12 月 31 日，中国网民总数达到 5.13 亿人，比 2001 年的 3 370 万人网民增长 14 倍。正是由于互联网技术的发展及普及使得网上交易客户群体迅速增长，网上交易占比逐年攀升，2006 年开始迅速发展，2009 年达到了接近 90% 的最高峰，网上交易已经成为证券公司最主要也是最重要的交易方式。

传统的网上交易有两种方式：一种是客户端方式；一种是页面方式。在 2001 年初，网上交易以客户端方式为主，大部分证券公司采用两台 PC 机器串口连接的方式，并发只有4 000人不到。PC 服务器、刀片服务器、网络存储、负载均衡技术等被广泛应用在网上交易，目前普遍采用负载均衡技术及刀片服务器部署，网上交易并发几乎没有限制。在功能方面，早期的网上交易仅提供股票交易查询等功能；目前随着技术发展及应用深入，除可提供行情及交易外，还可以提供丰富的资讯信息。

页面交易方式是指证券公司客户通过浏览器页面进行证券买卖的委托方式，客户无需安装专用客户端软件。2001 年初建立客户端交易方式，同时，证券公司也提供简单的页面交易方式。当时页面交易通过 CGI 方式与柜台系统对接，受 CGI 效率限制，单台并发不到 200 人，浏览器也仅限于 IE。随着 J2EE 架构的应用普及，2007 年行业内开始了新一轮网站改造，页面交易作为网站的一个重要组成部分进行了全面改版，安全性及水平扩展性更好的 J2EE 平台被广泛采用。通过应用服务器与交易网关通信，突破了旧版页面交易的瓶颈，并发性能大幅提升，功能方面与客户端方式几乎完全相同，并且支持主流浏览器，成为客户端方式的重要补充。

（三）移动证券业务及专业终端发展阶段（2009 年以后）

2009 年以后，随着 3G 移动技术的发展，手机移动证券迅速发展。移动证券指客户通过手机或其他具备无线数据通讯能力的移动设备，经无线公众网络获取证券公司提供的行情信息、资讯信息服务或进行交易、转账、查询等证券自助业务。目前使用最广泛的移动证券设备是手机。手机证券业务的发展相对较晚，开始于 2006 年，虽然之前已经有通过短信进行手机炒股的方式，但是由于速度慢、安全性低等原因一直没有被客户接受。2009 年移动通信 3G 正式在中国启动，中国移动互联网发展迅速，证券公司周边系统进入互动互联时代。随着智能手机的普及及移动互联技术的发展，移动证券（以手机证券、平板电脑为主）交易进入快速增长期。

随着 ETF、融资融券、股指期货等创新业务的推出，套利、保值的需要推动了套利交易开展。基于策略的交易手段开发逐步被中国证券市场投资者接受，周边系统进入面向专业投资者的策略交易、面向普通投资者的网上交易、移动证券差异化竞争的时代。

四、中后台系统的发展回顾及特点分析

过去 10 年，证券公司中后台系统建设经历了办公电子化、管理集中化、应用整合三个阶段。

（一）办公电子化阶段（2005 年之前）

在这一阶段，由于证券公司交易大集中尚在实施阶段，证券公司中后台系统建设的重点主要是实现业务流程的电子化，以提高办公效率。证券公司典型应用系统办公自动化普遍采用协同群件软件系统构建，以工作流为主要存储和处理对象，让群体协同工作成为可能；财务系统也以实现财务电算化为主体，普遍采用国内用友、金蝶等主流财务系统。陆续实现了投资银行项目管理，实现投资银行项目文档的电子化与流程电子化。建立研发平台，提高研究报告的规范化与模块化。在营销服务系统建设方面，建立公司网站、CRM 系统。偏重操作型的 CRM 作为客户经理工作平台，实现客户信息

查询、客户拜访登记等功能。风险控制系统建设主要侧重经纪业务交易监控系统建设，通过对分布在各分支机构柜台数据的抽取与总部集中加载，实现数据的 T-1 日集中，按设定的稽核指标，实现对交易业务的监控与集合，防范经营风险，并逐步探索投资业务的风险管理模型。

（二）管理集中化（2006~2009 年）

随着集中交易的实施，证券公司实施了完全的数据集中，业务集中、精细化管理成为可能。这一时期证券公司开始按营销服务体系、合规与风险管理体系、内部管理三条主线梳理完善系统。这一阶段系统建设特点是营销服务系统、合规风险管理系统得到迅速发展。

内部管理系统方面，办公自动化系统已经成为公司内部办公的主要平台，新一代财务系统已经实现了证券公司人、财、物的集中管理，被称为"ERP 系统"，并增加了预算管理、财务分析的功能；在人力资源方面，建立了内部电子化学习平台，远程办公开始在行业内普及。

随着证券公司上市及增资，证券公司资本实力得到很大提高，投资规模扩大，投资品种也多元化，证券公司风控体系建设成为该时段建设重点，以业务合规矩阵为基础建立证券公司合规管理系统、专项审计系统、覆盖公司所有业务条线的风险管理系统先后建成，并与公司研发平台、投资系统实施对接，实施前端风险控制，实现了证券公司风险的事前、事中、事后全程控制。

从 2006 年开始的牛市行情导致开户量激增，市场规模急速膨胀，证券公司纷纷加强电子化服务渠道建设，呼叫中心、即时通信、短信平台成为该时段营销服务渠道建设重点。在营销服务体系的后端，开始实施面向分析型应用的数据仓库，升级 CRM 系统为智能分析型 CRM 系统，实现客户的差异化服务，前端加强网上交易终端、网站、短信平台建设，实现渠道的融合。

（三）应用整合（2010 年以后）

经过前些年的积累建设，中等规模的证券公司中后台系统已超过 10 个，系统之间的关系错综复杂，耦合度高。用户日常办公需要登录不同系统完成，影响了公司的整体办公效率，从 2010 年开始，证券公司开始实施中后台系统的整合方案，通过对"人、财、物、事（项目）、信息"五要素的跨系统应用整合，以集成技术实现数据挖掘与数据交换，以门户技术实现信息整合与信息呈现，以价值驱动需求助力企业建设具有全新应用模式的办公自动化系统并提升企业信息化整体效益。

这一时期系统建设重点是以分布式数据库技术建立公司数据仓库，完成证券公司数据基础建设，实现数据整合。以此为基础建立企业数据总线及应用集市，支持证券公司各类管理型应用；深化数据仓库与商务智能应用，建立客户贡献度分析、企业经营分析平台，为公司经营管理、客户服务提供辅助决策。

在前端通过门户技术，建立面向员工的企业内部门户，实现以下功能：

1. 单点登录功能：用户只需一次登录，便可访问其他各应用系统。

2. 流程中心功能：形成跨系统、全业务、全员性的工作协同机制，高效响应和集中处理各类业务，改善业务系统在流程管理与协同处理上的薄弱现状。

3. 报表中心功能：依托数据仓库及企业数据总线，实现各应用系统间数据互通、互用，系统间数据得到有效融合；通过门户打造的BI报表系统，协助公司领导实时掌控企业最新经营状况，辅助决策。

4. 个性化定制：以门户服务、单据服务、流程服务、数据管理服务、搜索服务、报表服务、集成服务七大核心组件为基础，实现个人办公组建的灵活定制，实现个性化的员工门户。

5. 随时随地办公：支持台式机、便捷电脑、平板电脑、手机多种办公终端，确保企业跨地域各种场景下的协同办公，实现随时随地轻松处理业务。

五、证券公司基础设施的发展回顾及特点分析

作为证券公司信息系统载体的基础设施建设应与证券公司业务发展和信息技术应用相适应。证券公司信息系统集中趋势带来了证券公司总部基础设施的大发展及营业网点基础设施的逐步萎缩，证券公司基础设施的发展经历了独立营业部、区域集中到目前的总部大集中三个阶段。

（一）独立营业部阶段（2000年以前）

早期的证券市场，证券公司基本为分散经营模式。每一个证券营业部就是一个独立的业务单元，信息系统较为简单，基本以“NOVELL服务器+工作站”构成交易系统。证券营业部的局域网在这个时期完成从总线型共享以太网络向星型交换以太网络的转变。在这个阶段，证券营业部的机房主要承载NOVELL服务器、关键工作站以及卫星设备。机房面积较小，机房内的机架、供电、空调、安防等基础系统较简单，基本没有冗余备份。机房内的供电系统以小型UPS为主，空调系统多数采用中央空调和家用空调，安防系统采用简单的门禁和视频监控，布线系统没有严格的强弱电分离。与证券公司总部采用电话拨号或双向卫星通讯。

这一时期证券公司的基础设施建设较为薄弱，机房规模较小，承载系统较少，网络复杂度不高。

（二）同城区域集中阶段（2001～2004年）

这一阶段，证券公司基础设施发展主要体现在网络层面：证券公司广域网线路带宽进行升级，逐渐采用2M SDH（也有采用ATM技术和DDN提速方式）替代原来低带宽的DDN和FR，证券公司总部一般采用双STM光纤汇聚接入，两条STM光纤分别由不同光缆途径接入。开始广泛使用“INTERNET+VPN技术”作为备份通信手段。

由于集中报盘带来了报盘风险的集中，证券公司开始了同城灾备交易中心的建设，各营业部可通过INTERNET+VPN或ISDN、异步拨号到灾备中心。另外，为防止区域中心网络瘫痪而影响所有区域中心下连营业部，也有证券公司建设双区域中心结构。

在区域集中交易和集中报盘阶段，证券机房出现了相应的变化。布线系统开始采用六类布线，机房网络由百兆交换机逐步升级为千兆交换机，机房面积随着业务扩张，机房专用精密空调也逐渐普及。机房电力系统采用双回路供电，加上备用发电机系统，机房监控手段不断得到完善。实现对机房配电、消防、UPS、空调、新风机、漏水等环境设备的监控功能，提供一体化集成平台，并可提供如语音报警、短信报警等功能，提高了系统的可靠性。KVM远程集中管理模式逐渐被普遍运用，实现了机房内各种服务器设备的科学管理。

（三）交易系统大集中阶段（2005 年以后）

随着交易系统大集中在证券行业的推广和普及，这个阶段，证券公司一方面抓关键设备的可靠性和规范运维的管理；另一方面，大力夯实基础设施，使之适应于交易系统的高速发展。

中国证券业协会于 2006 年 8 月发布《证券公司集中交易安全管理技术指引》，明确要求证券公司应该建设灾难备份系统，并对灾备系统的各项性能指标作出了明确规定。中国证监会于 2007 年 10 月颁布的《证券期货业信息系统应灾备份工作指引》是直接针对证券公司灾备系统建设的指导性工作文件。随着这一系列文件的颁布，在大集中交易模式下，证券集中交易系统的灾备系统建设越来越得到证券公司的重视（见图 2－2）。“两地三中心”（同城交易中心、同城灾备中心和异地灾备中心）和“两地两中心”（同城交易中心和异地灾备中心）的模式普遍成为证券公司基础设施建设的重点。

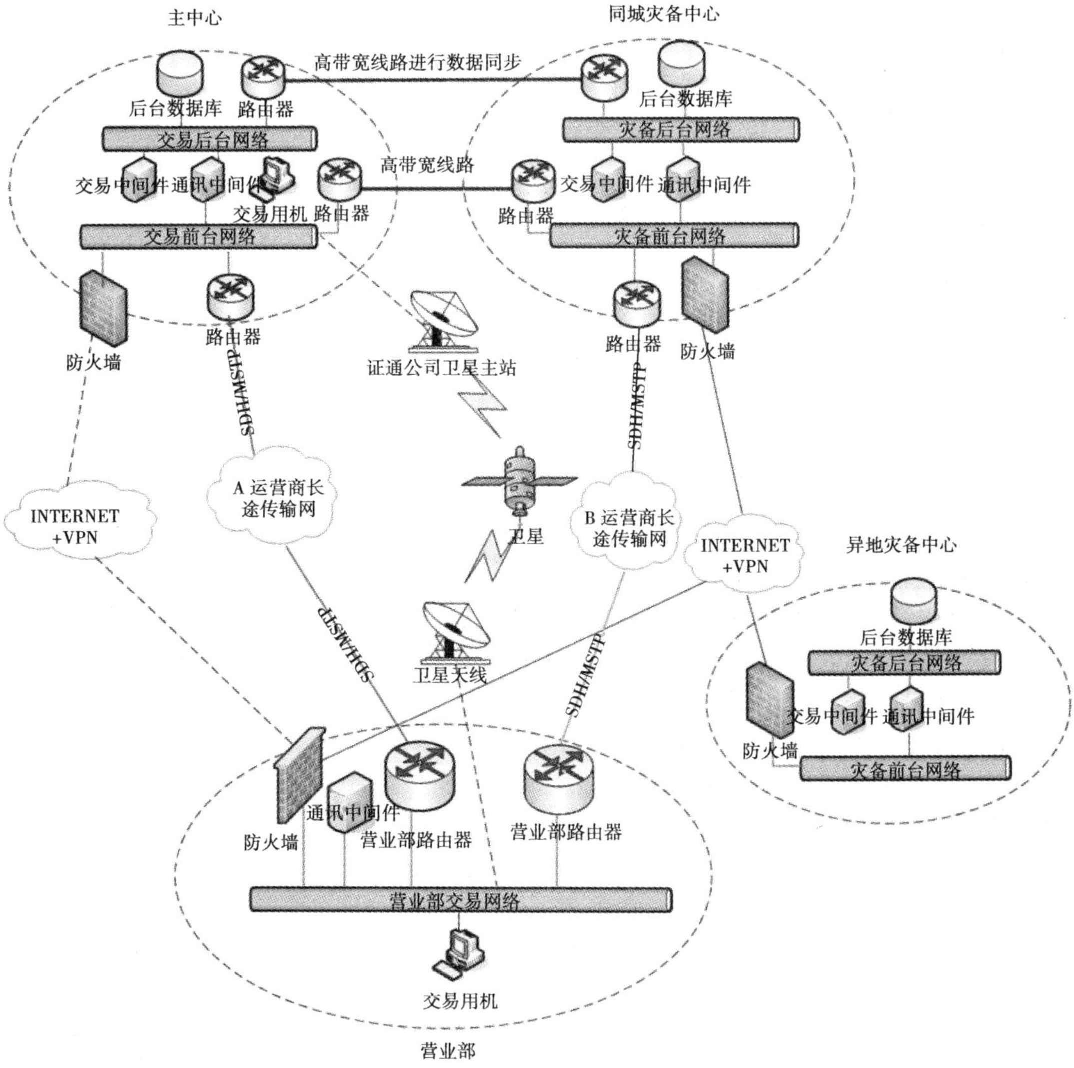

图 2－2 大集中阶段总部广域网网络结构示意图

在这种模式下，所有营业部的交易处理均集中在证券公司总部交易中心，总部采取两地三中心架构。营业部广域网主要采取地面双运营商双线路分别连到同城的主备中心，INTERNET + VPN 作为备份手段，也有采取上海、深圳证券通信有限责任公司建设的宽带双向卫星通信系统实现天地互备，同时还建立起异地灾备中心，营业部采取 INTERNET + VPN 接入异地灾备中心。

同城的主备中心一般通过高带宽线路相连，逐步开始使用 CWDM 和 DWDM 技术来有效利用互连线路的带宽。

六、证券公司信息安全发展回顾及特点分析

证券公司信息安全主要包括交易业务连续性、数据安全、网络安全三个方面。在过去的 10 年里，随着证券公司系统信息化的不断发展，信息安全经历了早期的单机防病毒、互联网安全、建立纵深安全防御体系三个阶段。

（一）被动防病毒安全阶段（2001 年以前）

证券交易系统以营业部为单位，当时的安全风险主要是系统运行连续性（如交易、行情服务器故障导致交易业务中断）、计算机病毒感染（如 1999 年发现的梅利莎病毒、2000 年发现的“我爱你”蠕虫病毒、2001 年发现的“红色代码”蠕虫病毒，主要攻击目标是网络 PC 主机和服务器）、应用数据丢失等。信息系统安全防护重点是主机安全和数据安全。如主机防病毒，及时更新操作系统补丁，加强交易系统服务器本地热备（由于交易柜台系统分散部署在各营业部本地，基本都没有实现交易系统灾难备份），并加强故障切换演练等。

总体来说，在这个阶段，各证券公司的信息安全防护体系还处于萌芽起步阶段。

（二）业务连续性保障及互联网安全（2002 ~ 2010 年）

这一时期证券公司信息系统建设发生了两大变化：柜台系统向总部集中、网上交易逐步成为客户主要交易方式。信息系统的安全风险核心是集中交易系统的业务连续性保障及网上交易安全。网上交易普及带来了网上交易安全防范问题，如网络层面的 DDOS 攻击、ARP 欺骗、蠕虫攻击等等，还有网络进行的非法活动，如木马、SQL 注入、垃圾邮件、恶意插件、仿冒网站、病毒等等。

这一时期主要信息安全防护手段包括以下几点：

1. 业务连续性保障。建立核心业务系统的本地热备、同城灾备，建立公司内部应急机制并定期组织演练，成为防范业务连续性风险的重要举措。

2. 网上证券信息系统安全防范。对于网上交易，从认证手段、客户端软件管理、投资者教育三个方面加强防范。首先，加强网上交易投资者的身份认证手段，提供交易密码 + 验证码、交易密码 + 通信密码、交易密码 + 动态令牌、交易密码 + USBKEY 证书的多种认证方式。其次，增加网上交易软件的安全防护能力。提供 MD5 校验程序定时对网上交易客户端软件进行文件安全校验，防止所提供网上交易软件客户端被篡改和破坏。同时网页防篡改系统可以对客户下载的网上交易客户端软件进行防篡改保护。客户端软件采取软键盘密码输入方式，客户信息、交易指令及其他重要信息的数据传输也进行了加密。最

后，加强对投资者的安全信息提示，实施了预留验证信息服务和手机短信通知客户服务。实施了对投资者登录异常的监控。

3. 门户网站系统。建立了 7×24 小时运行监控机制及应急预案。在技术层面，定期实施网站整体安全扫描，外聘专业安全公司对门户网站运行实施 7×24 小时安全监控。门户网站和页面交易系统严格物理隔离。部署了防火墙、IPS、主页防篡改系统。

（三）建立证券公司整体安全体系（2011 年开始）

2011 年以来，随着《证券期货业信息系统安全等级保护基本要求（试行）》、《证券期货业信息系统安全等级保护测评要求（试行）》的颁布及移动互联网的普及，证券公司开始考虑整体安全体系。整个行业信息安全工作已经从点到面，进一步延伸到证券公司整体信息安全体系的建设，从企业战略、安全标准、作业流程、安全组织、规范制度方面建立证券公司信息安全框架。根据安全框架建立行业信息安全管理平台，提升证券公司安全管理水平。一个典型的证券公司信息安全框架见图 2-3。

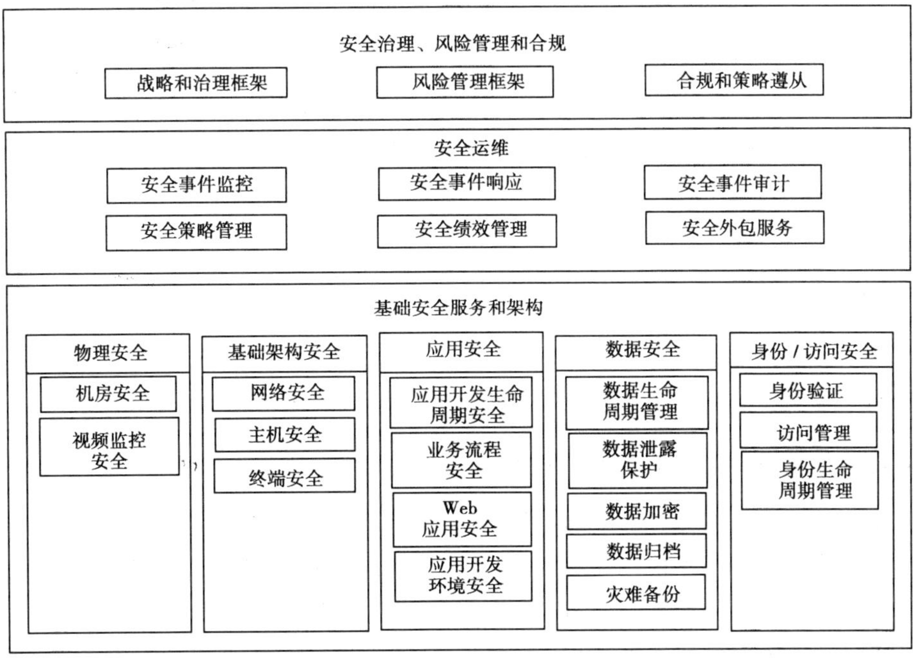

图 2-3　证券公司信息安全框架图

第二节　国际投资银行信息技术系统特点及分析

一、国际投资银行信息技术应用模式

国际证券市场（主要指以美国为主的北美、欧洲证券市场）的发展要远早于中国证券市场，在市场成熟度、监管体系、投资者构成方面也与中国存在明显差异，国际投资银行信息技术部门的组织架构、技术系统建设及应用方面与国内证券公司相比，也存在明显差异（见表2-4）。

表2-4　　国内外证券公司信息技术服务模式对比表

科目	国际投资银行	国内证券公司
技术部门定位	技术驱动，建立庞大的技术团队	业务驱动，定位为业务支持与服务
组织架构	按业务专业条线组建技术支持团队	按运维、开发组建技术团队
系统建设模式	自主为主	外包为主
交易方式	量化投资	网上交易
协议标准	FIX 协议	无通用标准协议
市场支持	全球市场	中国国内市场

可以看出，与国际投资银行（如高盛、摩根大通、美林证券、UBS）相比，中国证券公司信息化程度及核心业务技术掌控能力方面差距明显。

二、西方投资银行重要信息系统案例借鉴

随着中国经济地位的提升，中国证券公司国际化步伐开始加速。下文重点介绍西方投资银行应用较为广泛的两类信息技术系统——程序化交易系统及财富管理系统。该两类系统所支撑的业务也正是国内证券公司在业务创新和业务模式转型下需要大力开展的业务，供国内证券公司发展信息技术借鉴。

（一）程序化交易系统

程序化交易是从20世纪70年代美国证券市场上的系统化交易逐渐演变而来的。依据美国纽约证券交易所（NYSE）的定义，凡是任何含有标普500指数中15只股票以上，或者是100万美元以上的交易，都属于程序化交易。

纽约证券交易所的定义强调的是交易规模和集中性。然而，程序化交易发展到今天，其含义已经远远超出了纽约证券交易所当初的定义。程序化交易一个更为市场化的定义是：由一定的交易模型和规则生成的买卖信号，由计算机自动执行买卖指令的交易过程。

也就是用计算机程序来控制买进卖出的时机，并由计算机自动执行。在这个定义中，突出的是交易模型、计算机程序对交易的重要性。建立在一定交易模型基础上的程序化交易被运用到真正的投资当中，除了可以提高投资的时间效率，还能创造出额外收益。程序化交易有交易效率高、帮助投资者规避人性弱点、便于交易中风险及成本的控制及管理、能把握市场中的精细机会等优点。

程序化交易作用主要体现在交易的执行方面，具体包括智能路由、降低冲击成本、提高执行效率、减少人力成本和增加投资组合收益等方面。国际市场上通常有四种主要类型的交易算法：一是时间表驱动算法，它遵循时间表，有固定的开始与结束时间，如VWAP、TWAP等；二是动态市场驱动算法，它实时监控市场波动并作出反应，如Implementation Shortfall、Price in line、Volume in line等；三是高自由度Alpha算法，如Float、Hidden、AtOpen、AtClose等；四是主动的流动性搜索捕捉算法，它可以智能访问多个明池和暗池，如TAP等。

程序化交易的应用领域主要有趋势交易、组合管理、套利交易及其他量化策略等。自诞生以来，程序化交易得到了长足发展，广泛应用于股票与期货的跨市场指数套利交易。最大的程序化交易者包括高盛、摩根士丹利、德意志银行、巴克莱资本、韦德布什·摩根、法兴美国、摩根大通、加拿大皇家银行资本等。

技术的先进性直接关系到程序化交易的有效性，国际投资银行程序化交易内容甚少公开。根据公开资料显示，国际投资银行程序化交易对如下信息技术力求达到极致要求：

1. 网速。许多大的期货交易所提供主机托管服务，允许会员的服务器连接在离交易所服务器最近的位置上，这样能有效减少交易指令的传送时间。一些公司通过同轴光缆将程序化交易系统与交易所连结。

2. 芯片技术。程序化交易的后果之一就是市场数据出现爆炸性增长，显著提高数据处理能力的方法是利用现场可编程门阵列（FPGA）集成芯片。

3. 分时数据库。为程序化交易建立必要的、能够处理数据洪流的分时数据库。

总之，国外投资银行程序化交易工具的发展类似于军备竞赛，只要有一种程序化交易系统被广泛使用，就会从这种系统中设计出新的系统。

虽然国内部分先知先觉的投资者以及投资机构已经开始使用程序化交易，整个市场的数量化管理观念已经有所改善，但国内程序化交易系统仍有很多缺陷：一是软件系统基于客户端设计，大部分程序化交易软件运行速度缓慢，造成下单时滑点较大，公式系统大都类似分析家语言，不能实现复杂的交易策略；二是程序化交易软件缺少风险管理模块，一般均为人工监视交易风险；三是大部分投资者交易思想是按照传统技术指标进行机械交易，策略缺乏严谨性；四是一般投资者均无详尽的大型历史行情数据库，策略无法做到接近真实历史的回测，策略使用起来不确定性大；五是参与群体以资金较小的散户为主，一般很难做到多品种、多策略的组合操作，稳定盈利难度大，缺少示范效应，不利于程序化交易的推广。

总体而言，国内程序化交易一般被认为是手工操作的延伸，仅仅解决了下单问题，普通的投资者没有能力、也没有条件进行历史数据的挖掘进而升华自己的交易思想，现有的交易软件也难以满足大资金客户的程序化交易需求。随着机构投资者在投资群体比例的上升，程序化交易将得到持续发展。

（二）财富管理系统

2011 年随着《证券投资顾问业务暂行规定》的正式实施，投资顾问系统建设已经成为 2011 年国内信息系统建设的重点之一。在西方证券市场，早在 20 世纪 90 年代初期国际大行经纪业务受到来自贴现、共同基金公司的冲击，国际投资银行如美林证券实施完成 TGA 系统，提高了金融顾问的服务效率，加强对金融服务计划的销售。2003 年又投巨资建立解决原 TGA 系统无法与客户在线访问的信息一致性问题，减少带宽资源的消耗，加入了客户关系管理系统，基于电子商务方式整合 130 个新旧应用。

国际投资银行证券的投资顾问系统可以支持财富顾问业务的全流程整合管理，包括客户信息管理、投资组合管理、投资顾问方案实施管理等模块，其主要功能模块分为以下几种：

1. 客户管理。包括客户信息管理、销售活动管理、销售机会管理、客户服务管理。

2. 财富管理。包括开户管理、销户管理、客户需求管理、财富规划、投资组合管理、方案实施、回顾总结。

3. 运营管理。包括业务管理、产品管理、风险与合规管理、业务分析。

国际投资银行的财富管理系统，不仅是投资顾问专家的工作平台，也实现了后台管理的整合。投资顾问工作站系统功能框架见图 2－4。

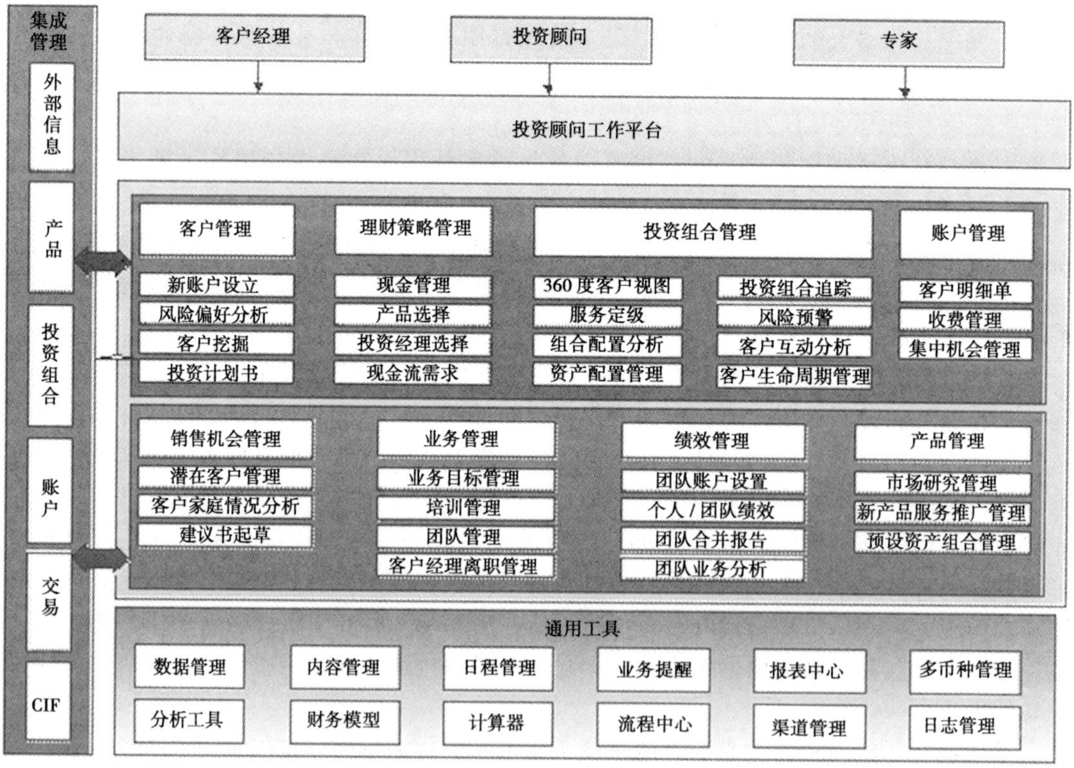

图 2－4　西方投资顾问工作站系统功能图

与国际投资银行财富管理系统相比，国内证券公司由于该项业务尚处于探索阶段，因此在投资顾问系统功能设计上更侧重于满足《证券投资顾问业务暂行规定》要求，偏向定价管理、协议签署、账户诊断等功能，功能完备性与国际投资银行相比存在较大缺陷。另外，国内系统属于中后台系统，与前端交易系统、账户系统对接功能也相对较弱。

第三章

2011年中国证券业信息技术应用面临的问题及2012年前景展望

第一节　核心业务系统架构局限及发展展望

一、核心业务系统面临的问题

第一，证券公司为应对市场竞争和风险控制实施了总部集中交易系统后，各种风险也进一步集中化。为防范系统软、硬件等运行风险，证券公司核心业务系统构建了由生产系统、本地温备系统、同城备份系统或异地灾备系统组成的“多级备份”容灾体系。但在目前系统架构下，如果生产系统出现故障需要切换到各级备份系统时，则需通过预先设定好的各种应急场景流程进行人工切换或程序自动切换处理，期间将有2~10分钟左右的系统交易中断，无法做到真正意义上的无缝切换。

第二，随着国际化业务的发展，未来核心业务系统除了承担深沪市场的交易业务外，还将逐渐引进我国香港及国外市场的交易品种，核心业务系统将面临提供7×24小时的连续交易，实现不同交易时段各交易市场间互不干扰的独立交易、清算、结算和交收问题。

第三，随着程序化交易、算法交易、高频交易在国内的兴起，将在两个方面对核心业务系统带来影响。(1) 面对程序化、高频交易对交易系统效率的极致要求，证券公司将面临订单系统的细分，这将给证券公司目前的核心业务系统架构带来冲击。(2) 各类程序化交易终端的接入规范管理将是证券公司首先面对的难题，程序化交易终端的无序接入可能给现有高度集中的交易系统带来致命冲击，尤其是对目前所有业务都集中在一套订单系统的证券公司。

二、核心业务系统的未来发展展望

第一，核心业务系统将向双中心运行模式发展。随着技术的发展，通过系统原型和技术架构上的转变逐步形成双中心并发运行交易模式，即生产中心和备份中心同时分别承担部分生产业务，无论哪个中心出现异常，其业务均可由另一个中心无缝承接，以避免绝大部分系统运行风险，使核心业务系统容灾级别更上一个台阶。

第二，核心业务系统将实现架构的转变，要求对证券公司内各类交易产品的客户实行统一管理，实现全证券公司内的统一客户资料和统一认证。核心业务系统将逐渐形成客户资料及认证、客户对外资金账户、客户各交易市场子资金账户、各交易市场交易业务等各相关子系统，这些子系统是完全松耦合的分布式部署，通过业务数据总线技术框架把各子系统业务数据在逻辑上连成统一的整体，然后在系统任何一个地点接入，方便、无缝地访问任何一点的数据资源。这样的结构既能快速进行新业务的扩展，又有非常强的平行扩展能力，也增强了系统的抗风险能力。

第三，系统运维自动化运营程度将不断提高，集监控、采集、分析、预警的一体化全方位的监控体系将形成，新的监控系统将实现从基础到业务全流程的监控，专业化日志分析工具将全面引入，系统预警机制将不断完善与发展。

第四，证券公司交易终端接入将实现可控管理。随着行业内对“三商”管理展开、等级保护工作的落实，交易终端的接入控制在规范指引上将逐步完善，终端接入的技术限制手段将不断完善，实现对第三方接入的可控管理。

第二节　信息安全面临的问题及发展展望

一、信息安全面临的问题

（一）基于移动互联网的应用拓展将从多方面影响证券公司信息安全

“摩尔定律”在智能手机硬件升级上再次得到验证，智能手机的普及及3G网络、无线网络的发展，作为通信及娱乐工具的移动设备（手机与平板电脑）已经成为客户交易终端及员工的办公终端。一方面，移动终端的处理能力、网络接入速度大幅提高，新的智能手机处理能力已经接近传统PC设备；另一方面，移动终端的安全系统尚未建立，这将带来几个方面的安全问题：

1. 作为交易终端及办公终端，手机病毒将可能直接给公司网络安全带来冲击。目前已经发现有手机病毒传播到企业内部网络的案例。

2. 传统PC设备的安全攻击手段（如木马、钓鱼等安全攻击）可能影响移动证券交易的安全，而由于平台的多样化及升级版本的不断推出，传统PC的安全策略在手机移动证券客户端落地存在困难。

3. 基于手机的移动办公可能产生新的数据泄密渠道。智能设备的“越狱”行为导致黑客可以轻易获取移动设备的管理员权限。而手机在公司内部可以通过 WIFI 方式连接内网、通过 3G 方式连接外网的优势成为网络控制的最大安全隐患，直接打通了公司内、外网络连接，企业数据很容易被外部窃取。

（二）云计算的应用将导致新的安全问题

证券公司在开始尝试部署云计算，企业私有云计算将产生新的基于虚拟机的攻击。由于同一台物理机内虚拟机之间攻击不用通过交换机，传统的防御措施将失效。另外，智能手机的云应用可能在客户毫不知情的情况下将用户办公电脑中的文档同步到手机，通过手机传送到云端，造成新的数据泄密方式。

二、信息安全发展展望

随着移动互联网的普及，证券公司对于移动互联设备的安全技术投入将加大，移动证券客户身份双因素认证将在行业内全面展开，防病毒、防木马解决方案将集成到移动交易软件。为加强移动设备规范管理，移动设备的集中管控平台将在行业内出现。在数据防泄密方面，移动办公的加密传输、加密保存将在行业内应用。移动证券的安全将成为今后证券行业网上证券安全防护的重点。

随着云计算尝试性使用，针对虚拟化的安全技术、安全产品将在证券行业得到应用，员工云安全培训将会得到加强。

第三节　证券公司技术支持能力面临的问题与展望

一、证券公司技术服务面临的问题

随着监管后移，行业业务创新能力被全面激活，新业务驱动将给证券公司技术支持能力带来新的挑战：

第一，在开发层面，不断推出新业务。证券公司差异化竞争要求证券公司的技术掌控能力达到新的高度，证券公司开发团队的业务理解能力、系统规划能力、技术支持的原创能力达到更高要求。

第二，在运维层面，不断推出新业务系统。新技术的应用对运维人员的专业能力、应急能力提出了新的要求。

第三，创新业务的快速响应、部署要求对证券公司按运行、开发划分的组织架构提出新的挑战，沟通、协调效率将成为创新业务支持的瓶颈。

二、证券公司技术服务转型展望

为更好地支持证券公司业务创新，作为证券公司中后台重要支撑部门的技术部门定位将发生变化，信息技术部门将建立服务分级管理，提高核心业务的支持能力。

为更好地支持核心业务，证券公司信息技术部门内部专业化分工将更加细致，现有开发团队中项目管理、需求分析、架构师和测试人员的分工与定位将更加清晰，组建专业技术团队支持专业条线的服务模式将成为一种趋势。

为提高信息技术对业务快速反应能力，敏捷计算技术（如云计算技术，特别是基础架构云技术）将在证券行业萌芽，云计算中标准化、虚拟化、按需分配、自动化服务理念将逐步被证券公司接受，证券公司信息技术部门将由传统的业务支持定位转型为 IT 主动服务提供商。

专题报告之二：

2011 年中国证券公司合规与风险管理发展综述

第一章

2011 年中国证券公司合规管理概况

第一节　证券公司合规管理的发展

一、证券行业合规管理工作的起步

合规管理是证券公司综合治理结束后中国证监会推动的一项基础性制度建设工作。2007 年 4 月，中国证监会下发了《关于指导证券公司设立合规总监建立合规管理制度试点工作方案》，证券公司的合规管理工作正式启动。通过证券公司申请和各证监局推荐相结合的方式，最终在提出申请的 20 多家证券公司中选取了中金公司、海通证券、广发证券、平安证券、国金证券、泰阳证券、齐鲁证券 7 家证券公司进行首批试点。在合规试点后，2008 年 6 月，《证券公司监督管理条例》正式颁布，要求证券公司设立合规负责人。2008 年 7 月，中国证监会发布《证券公司合规管理试行规定》，要求在整个证券行业推行合规管理体系，推行证券公司内部的主动合规管理制度，这标志着中国证券业合规管理开始有法可依。自此，证券公司合规管理工作开始全面起步。

二、证券行业合规管理工作的全面推进

2008 ~ 2009 年，合规管理工作在证券行业全面推进。各证券公司根据中国证监会的要求，选聘合规总监，建立和完善涵盖公司董事会及其专业委员会、合规总监、合规管理部门、业务部门合规管理人员多层次的合规管理架构，在组织上组建合规管理部门，落实各项合规管理职能。同时，在制度体系建设方面，研究制定证券公司合规管理基本制度，完善主要业务条线的合规管理制度和工作流程。部分公司在监管部门和行业自律组织的推动、指导下，开始探索建立和完善信息隔离、反洗钱、合规管理有效性评估等专项合规管理工作机制。

2007 年以来，中国证监会推行了证券公司分类监管工作，将证券公司合规与风险管理能力列入分类评级体系，要求证券公司开展合规管理有效性评估，推动证券公司合规管理工作。证券公司分类评价的基础之一是证券公司合规与风险管理能力。中国证监会及其派出机构对证券公司被司法机关采取的刑事处罚措施，被采取的行政处罚措施、监管措施及证券行业自律组织纪律处分的情况进行持续合规状况评价。通过分类监管措施的引导，相当一批证券公司在内部管理机制与组织体系建设、合规管理的工具和方法创新等方面探索出有益的经验，形成适应公司实际的有效措施和特色做法。一些公司自主开发了合规管理系统、压力测试系统、信息隔离墙管理系统等合规管理工具，并向中国证券业协会提出了专业评价申请。

三、证券行业合规管理工作的逐步深化

2010 ~ 2011 年，证券行业合规管理工作逐步进入深化阶段。在行业自律组织统一规划组织下，证券公司开始有重点地深入研究合规管理工作的机制和流程。2010 年 12 月，中国证券业协会发布《证券公司信息隔离墙制度指引》，在总结国内外证券行业信息隔离实践基础上，指导证券公司建立健全信息隔离墙制度，切实防范内幕交易，管理利益冲突。2011 年 3 月，《证券公司压力测试指引（试行）》发布。该指引吸收借鉴了近年来国际金融危机的教训和各国开展压力测试工作的经验，目的在于指导业内证券公司完善压力测试机制，并在行业内推动开展统一压力测试工作，逐步实现对行业整体风险暴露、风险承受能力和资本充足状况的整体评估。同年，中国证券业协会积极研究制定《证券公司合规管理有效性评估指引》，目的是系统归纳合规管理有效性评估的程序和方法，指导证券公司开展评估工作。2011 年，中国证券业协会又主持制定了《证券公司合规管理有效性评估指引（讨论稿）》，并在行业内广泛征求意见。该讨论稿系统归纳了合规管理有效性评估的程序和方法，又为证券公司预留了空间，允许其根据自身情况选择合适的方法开展评估工作。

为了进一步促进证券公司合规管理工作，增强证券公司核心竞争力，中国证券业协会成立了证券公司合规专业委员会。委员会下设监管协调、执业规范、合规专题、合规技术、培训交流 5 个工作小组。合规专业委员会的成立将对促进证券公司提升内部管理水平，增强自我约束能力，实现规范有序发展，推动监管机制从行政监管为主转向行政监管、行业自律和公司自我约束有机结合发挥积极的作用。2011 年，中国证券业协会多次组织了信息隔离、压力测试等方面的行业性合规管理培训，并组织证券公司合规总监和合规管理人员赴加拿大开展合规管理培训和交流活动。

第二节　2011 年证券公司合规管理基本情况

2011 年是中国证券行业全面推行合规管理工作的第 4 年。中国证监会以证券公司合

规与风险管理能力为基础，结合公司市场影响力对证券公司实施分类监管。

2011 年证券公司评价结果为 A 类的公司占比共计 41.7%，比 2010 年提高了 6.7 个百分点。当年分类评级中 AA 级和 A 级的公司分别为 16 家和 24 家。B 类 BBB 级公司 10 家，BB 级和 B 级公司分别为 16 家和 20 家。B 类公司数量占受评公司总数的 47.9%，比 2010 年下降了 2.1 个百分点。C 类公司共 10 家，占比 10.4%，比 2010 年下降了 3.9 个百分点，其中 CCC 级、CC 级、C 级的分别为 5 家、3 家和 2 家。2011 年证券公司评价结果无 D 类和 E 类公司（见图 2－1）。

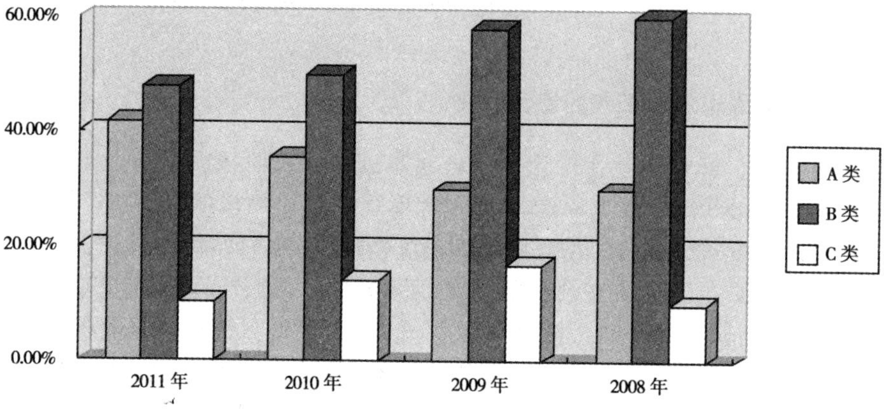

图 2－1　证券公司分类评价结果对比图

2011 年 B 类和 C 类证券公司比重基本上呈逐年下降趋势，而 A 类公司明显上升。这一趋势表明证券公司合规管理水平有了稳步提升。

根据 2011 年中国证券业协会的一项调查，证券公司员工总数最少的为 62 人，最多为 11 760 人，平均 1 868 人（标准方差为 2 026）。证券公司设立的合规管理部门最小的团队人数为 2 人，最多为 50 人，平均拥有的合规管理人员 11 人（标准方差为 8）。证券公司合规人员占员工总数的比例平均仅有 1.37%。

第三节　2011 年证券公司合规管理职能的履行情况[①]

根据《证券公司合规管理试行规定》，合规管理是指证券公司制定和执行合规管理制度，建立合规管理机制，培育合规文化，防范合规风险的行为。合规管理是企业“内部

① 本部分及后文对证券公司合规与风控工作情况的介绍主要基于对我国上市证券公司定期报告披露内容的定性分析。其中一些还基于中国证券业协会在行业内组织的深度调查结果。作为研究样本的中国上市证券公司共 17 家，总市值约占 A 股上市公司总市值的 4%，净资产和净资本规模占全国证券公司的 40% 以上。

的一项核心风险管理活动”。

一、合规咨询与合规审查

合规咨询主要为证券公司各部门、各分支机构提供方便适用的法律、法规、相关政策和公司内部制度的解释和咨询服务。各证券公司的合规咨询工作基本涉及各项业务开展及内部管理中遇到的规则适用与理解问题，目标是保证法律、法规和准则得以准确理解和应用。各公司合规总监也根据实践中遇到的问题，向监管部门进行不定期的咨询活动。2011年各证券公司通过中国证监会机构部主任信箱等渠道就监管规定的理解与证券监管机构进行了良好互动，咨询结果及时有效地指导了证券公司合规管理工作。

合规审查是合规总监与合规部门对公司内部管理制度、重大决策、新产品和新业务方案等进行合规审查，并出具书面的合规审查意见。2011 年，证券公司普遍根据监管规定，就公司内部管理制度、重大决策、新产品和新业务方案、监管机构要求对公司报送材料经合规总监审查及其他需要合规审查的资料进行审查，并出具书面合规审查意见。审查过程中，各证券公司普遍注重审查公司内部规章制度，系统参与对新业务、新产品的事前咨询与审查，出具专项合规意见。合规审查涵盖 IB 业务、融资融券业务试点业务、经纪人制度、投资顾问业务等创新事项。

二、合规监测

合规监测主要是对证券公司各项业务（如经纪业务、投资业务、资产管理业务等）的合规经营情况进行监测，主要涉及信息隔离墙制度执行监控、反洗钱监控和员工执业行为合规监测。①

对员工执业行为的合规性进行监测是合规监测的重要内容之一，主要包括对员工在工作场所、工作时间、工作设备上所产生的电子邮件、即时通讯信息以及其他通讯信息、电话信息等进行合规监测。员工执业行为合规监测主要包括：员工证券账户的报备和交易监控管理，员工办公电脑的股票交易监测，重点岗位员工办公电话录音监控，员工办公电子邮件、即时通讯工具、上网行为等进行留痕和监测等方面内容。

在员工从业行为管理方面，调查显示：48.5%的公司要求员工开立证券账户，需在本公司指定交易或托管；63.6%的公司要求员工申报证券账户；49.5%的公司对员工账户证券交易进行监控；41.4%的公司要求员工定期提交证券账户的交易记录，配合合规部门进行审查。

在对员工使用办公电脑交易股票的监控方面，63.6%的公司采用措施，屏蔽其他证券公司主要网上交易站点；58.6%的公司通过登记员工办公电脑 MAC 地址，对在本公司的交易进行监控；很小比例的公司采用对办公电脑进行截屏并备份的措施，或对截屏内容定期审查。

电子邮件监测方面，64.6%的公司采取对员工电子邮件进行备份备查的措施监控电子邮件信息流动；13.1%的公司对员工邮件实施关键字自动扫描报警；21.2%的公司对员工电子邮件的内容实施人工监控；7.1%的公司根据电子邮件涉密级别，对电子信息流动实

① 隔离墙制度执行监控、反洗钱监控将在后文介绍，本部分主要介绍证券公司对员工行为的监测。

施自动甄别管理，对违反保密级别规定的邮件自动报警提示。

三、法律、法规和准则跟踪

法律、法规和准则跟踪是指证券公司合规总监与合规部门密切关注并持续跟踪法律、法规、规章及其他规范性文件、行业规范和自律规则以及行业公认并普遍遵守的行为准则等的最新发展变化，及时准确地将相关信息分解和传递到业务部门和业务条线，指导其对内部相关规定或业务流程进行改进，确保修订后的政策和程序符合法律、法规和准则的规定。

2011 年，各证券公司合规部门及时对新出台法律法规准则进行解读，并在合规管理报告、合规信息专栏等书面或网络媒介上发布，供公司领导或相关部门参考。同时，合规管理人员也积极与业务部门和职能部门开展互动交流，组织专项培训，督促相关业务和职能部门对照新出台的法律法规准则，修订完善自身业务流程。

四、信息隔离

2011 年 1 月，中国证券业协会发布的《证券公司信息隔离墙制度指引》正式实施。2011 年 9 月，中国证券业协会组织对证券公司信息隔离制度建设情况进行了一次行业调查。调查显示，证券公司普遍建立了较为完备的信息隔离墙制度，专职管理人员配备基本到位。证券公司信息隔离墙制度的功能呈扩大状态，不仅规范投资银行业务内幕信息的使用，同时也利用信息隔离墙控制证券自营、发布证券研究报告、证券投资顾问等可能存在利益冲突业务之间敏感信息的流动和使用，防范内幕交易，管理利益冲突。

证券公司普遍建立观察名单和限制名单制度，出入单范围实现较大突破。例如，证券公司在掌握敏感信息后，除了将涉及投资银行项目敏感信息的公司或证券列入观察名单外，也普遍将证券自营、证券资产管理、发布证券研究报告、直接投资等业务涉及的上市公司或证券列入观察名单，并采取相应监控措施。

证券公司信息隔离墙管理系统建设成效显著，信息隔离墙电子化管理重要性增强。53.5% 的公司已经上线运行信息隔离墙管理系统；18.2% 的公司正在开发信息隔离墙管理系统；9.1% 的公司准备开发系统或使用既有办公系统、风控系统或母公司信息隔离墙管理系统；仅 17.2% 的公司认为自身业务较为简单，人工操作基本可以满足信息隔离墙管理工作的需要。在使用信息隔离墙管理系统的公司中，证券公司多已实现与公司证券自营交易系统、证券资产管理交易系统、证券研究报告发布管理系统、投资银行项目管理系统以及证券投资顾问系统的对接。

证券公司能够严格执行“跨墙”管理制度，“跨墙”人员的合规管理进一步加强。调查显示，绝大多数公司都规定了“跨墙”管理制度，明确了“跨墙”审批程序和“跨墙”人员行为规范。实践中，需要“跨墙”的人员主要集中在公司研究人员和投资银行人员。证券公司对“跨墙”人员采取的管理方式种类各样，主要集中在提示“跨墙”人员需要履行的合规义务、要求“跨墙”人员签署特殊保密文件、审查“跨墙”人员在“跨墙”期间发布的研究报告、持续跟踪“跨墙”人员在“跨墙”结束后的业务活动、记录“跨墙”人员“跨墙”期间所接触的主要敏感信息等措施上。

证券公司普遍开展了对观察名单等基本信息隔离制度执行情况的专项监控。部分公司设立专职管理人员并建立了中央监控室，专门开展对投资银行、自营、资管、研究咨询等业务的信息流动监测；对限制名单的执行情况进行合规监测；对相关业务活动是否发生涉及观察名单开展监测，并对涉及观察名单的业务活动采取观察措施，发现异常情况的启动相应的调查处理程序。同时，对“跨墙”活动以及“跨墙”人员在“跨墙”期间及“跨墙”结束后的行为进行持续监控，确保“跨墙”人员遵守“跨墙”合规管理要求。大部分证券公司都利用既有的交易管理系统、研究信息系统对关键业务活动开展合规监测工作。另外，部分证券公司开始尝试对不同业务之间易产生利益冲突的情形建立风险预警模型，如研究报告发布前自营大量交易的风险预警模型、同期自营与资管投资成本差异风险预警模型、自营与资管反向交易风险预警模型等，有针对性地加强监控和调查处理，实现对利益冲突风险的监测和管控。

2011 年 11 月 4 日，中国证券业协会证券公司合规专业委员会召开了证券公司信息隔离墙制度建设经验交流与研讨会暨委员会第二次全体会议。中国证券业协会陈共炎会长出席会议，会议听取了委员会王建业副主任委员作的《关于证券公司信息隔离墙制度建设情况的报告》，并就实施信息隔离墙制度的经验、存在的问题以及相关对策建议进行了讨论。

五、反洗钱

2011 年，中国人民银行等监管机构对证券行业反洗钱工作的要求不断提高。2011 年 10 月 ~11 月，中国证券业协会组织证券公司开展了反洗钱工作开展情况的调查。调查初步显示，2011 年，证券公司在反洗钱组织体系上均指定了具体高级管理人员和部门负责反洗钱工作，建立完善的反洗钱工作组织体系。除个别新设的专营承销与保荐业务的证券公司外，其他公司均已建立大额与可疑交易监测报告系统，多数公司同时建有客户反洗钱风险等级分类系统（或在其他系统中能够实现该项功能），部分公司还开发有反洗钱非现场报表审核与报送系统。

客户身份识别工作方面，2011 年约 54.6% 的证券公司已取得“联网核查公民身份信息系统”使用资格，利用该系统协助开展客户身份识别工作。证券公司发现客户身份存疑的，均会要求客户补充提供居民户口簿或者有效期内的护照或者户籍所在地公安机关出具的身份证明文件原件等其他证明材料。由于缺乏有效采集措施、客户配合度较低，约 38% 的证券公司不能顺利采集到客户的职业信息。对身份证明文件已过期的客户，证券公司通常会采取网站公示、信函、电话短信、证券报刊公告、交易系统窗口弹出等方式通知其更新。除个别公司外，多数公司对无正当理由未在合理期间更新的客户也会设定一定的限制措施，采取措施的顺序依次为限制办理新业务、限制办理柜面业务、限制转取款（证转银）、限制转托管或撤销指定交易、限制委托交易、终止经纪业务关系。

对反洗钱工作进行专项监测的重点是大额交易和可疑交易，同时关注客户身份识别工作。可疑交易分析方面，大部分公司以中国人民银行的《金融机构大额交易与可疑交易报告管理办法》及《金融机构报告涉嫌恐怖融资的可疑交易管理办法》为主要依据，也有部分公司将交易所规定的“可能影响证券交易价格或证券交易量”的 13 项异常交易行为纳入反洗钱可疑交易监测和分析范围。2011 年，证券公司基本建立了大额交易与可疑交易监测报告系统，绝大多数证券公司采取由系统识别和人工识别相结合、分支机构到公司总部自下而上的审核分析流程。

2011 年，大部分证券公司建立了客户反洗钱风险等级分类制度，并按要求对新开户客户于开户 10 个工作日内完成首次风险等级划分。采取的工作方法是根据客户的特点或者账户的属性，并考虑地域、业务、行业、客户是否为外国政要等因素，划分客户风险等级，并予以持续关注。大多数证券公司同时建立了高风险国家和地区、高危名单的监测预警机制；部分证券公司建立了客户风险等级划分系统，对客户洗钱风险因素进行识别和分析；通过建立相关风险指标体系确定客户风险等级，从而对风险等级较高的客户能够采取更为严格的监控措施，进而有效开展可疑交易识别工作。目前，高风险等级客户比重普遍较低，约 20% 证券公司无高风险等级客户。

六、合规投诉举报和合规事件的处置

投诉举报和合规事件的处置应对历来是公司合规管理工作的一项重点，是提高证券公司服务品质和客户服务水平的重要途径。证券公司普遍设立了合规举报电话和合规总监邮箱，接待员工和客户的合规投诉举报，并就举报进行分析报告，对相关事项进行调查和处理。2011 年证券公司合规投诉举报事项主要涉及从业人员私下代客理财或介绍他人代客理财、为违规代客理财行为提供协助或便利、投资顾问擅自签署理财协议并承诺收益等违规行为。针对客户投诉举报反映出的证券公司合规管理方面存在的薄弱环节，证券公司通过优化管理制度，健全内控机制，提高系统监控技术，加强对员工利用计算机、手机、办公电话等终端设备委托下单情况进行检查等措施切实防范相关违规行为。

2011 年，证券公司还积极开展投资者教育工作，重点对投资者妥善保护密码安全、从业人员禁止性行为等向投资者进行提示和风险教育，强调投资者对自身不当行为自负风险，培养投资者合规交易意识和自我保护能力。证券公司还积极配合交易所做好客户异常交易管理工作，对投资者异常交易行为进行及时提醒、动态监控，加强理性投资教育，防止客户从事不正当交易行为。证券公司还跟踪媒体报道，积极关注重大突发事项，主动采取措施应对合规事件。

七、合规文化建设与合规培训

2011 年，各证券公司普遍重视合规文化建设，通过多种手段及时将与合规文化建设相关的信息传递给企业的每一个员工。一些证券公司在公司网站上建设了“合规管理平台”，将合规动态、法律法规、规章制度、合规培训等功能整合，成为员工合规学习、交流和培训的综合平台。一些公司定期编制员工合规手册或其他合规学习文件，汇总业务活动的主要合规风险和行业内突出显露的主要风险，明确员工行为规范，开展员工合规教育，推动合规文化建设。

2011 年，各证券公司普遍举办了高密度、多覆盖的系列合规培训，提高员工合规意识和合规工作水平。其中包括针对新入职员工的合规培训；针对信息隔离、反洗钱等专项合规管理工作的培训；针对发布证券研究报告和证券投资顾问业务等新规则的专项培训；针对 IB 业务、融资融券等创新业务的合规培训。

2011 年 6 月 25 日 ~7 月 29 日，中国证券业协会在加拿大举办“证券公司合规与风险管理培训班”。来自 29 家证券公司的高管、合规部门负责人、风险管理负责人及相关业务骨干共34人参加了培训。这对我国证券公司合规管理工作实践具有一定的借鉴意义，有利于提高我国证券公司合规管理工作水平与合规管理的有效性。

八、合规检查

根据监管要求和公司合规管理的工作计划，2011年各证券公司持续开展了各类定期和不定期合规检查。其中包括对证券公司资产管理业务和IB业务的定期合规检查；根据中国证监会各地派出机构要求，组织实施了经纪业务、投资银行业务、发布研究报告业务、投资顾问业务的合规检查；证券公司还积极配合中国证监会及其派出机构检查工作，主动开展传统业务和创新业务活动、合规管理等方面的自查工作；针对违规事件或突发事件，开展专项检查工作。在以上各类各项检查之后，各证券公司合规部门及时出具合规建议或向合规总监报告，对发现的问题进行后续督导，落实整改，促进被检查单位的合规管理水平。

九、合规考核与合规问责

通过合规考核可以审视与检讨内部合规管理的有效性。2011年各证券公司普遍重视合规考核在推动合规管理工作中的作用。大多数证券公司将合规考核纳入员工绩效考核体系，强调合规考核与日常管理工作的结合。合规考核的体系重点关注业务活动中的合规风险，根据风险影响程度确定不同的考评等级。一些公司将重大合规风险作为一票否决事项，列入员工考核指标体系。一些公司制定了专门的合规考核管理办法，建立专门信息管理系统，组织管理部门系统实施合规考核工作。

一些证券公司还重点推行了合规问责工作。合规问责是严肃制度、惩治违规的制度保障。2011年各证券公司通过制定有关合规问责办法或程序明确了问责启动的情形、程序和具体措施；对违规事件的责任人进行责任追究，提高了合规管理的制度执行力。合规问责的手段包括形成问责决议、通报以及附带的经济及行政处罚等。

十、合规管理有效性评估

2011年，证券公司普遍开展了合规管理有效性评估工作。证券公司合规管理有效性评估是证券公司自我约束、自我修复和自我完善的重要手段，证券公司通过自我评估起到查漏补缺、提高合规管理水平的作用。合规管理有效性全面评估的范围也基本覆盖了所有业务、各个部门和分支机构。证券公司开展合规管理有效性全面评估过程中，涵盖了合规管理环境、合规管理职责履行情况、经营管理制度与机制的建设及运行状况等方面，重点关注了合规咨询、合规审查、合规检查、合规监测、合规培训、合规报告、监管沟通与配合、信息隔离墙管理、反洗钱等合规管理职能是否有效履行。

通过评估，各证券公司检视了公司高层是否重视合规管理、合规文化建设是否到位、合规管理制度是否健全、合规管理的履职保障是否充分等；对公司各项经营管理制度和操作流程是否健全，是否与外部法律、法规和准则相一致，是否能够根据外部法律、法规和准则的变化及时修订、完善进行了普查；纠正了经营管理制度和操作流程中有章不循、违规操作等问题。

第二章

2011 年中国证券公司风险管理发展概况

第一节　中国证券公司风险管理的发展概况

一、证券公司综合治理

中国证券公司风险管理的发展以 2004 年开展的综合治理工作作为一个重要的分界线。2004 年以前，由于体制和机制上的缺陷，中国证券公司在发展过程中积累了许多问题。这些矛盾在 2004 年前后充分暴露，风险集中爆发。2004 年起，中国证监会对证券公司实施综合治理，清理挪用客户保证金、挪用客户债券、股东及关联方占用资金、违规委托理财和账外经营等违规风险事项；积极妥善处置了 31 家高风险证券公司；实行客户交易结算资金第三方存管制度，建立证券公司财务信息披露和基本信息公示制度。

2006 年，中国证监会发布实施《证券公司风险控制指标管理办法》，通过吸收借鉴国际银行业资本管制的理念，在行业内逐步建立以净资本为核心的风险控制指标体系。这一体系建立在传统风险控制的框架上，但其对风险控制指标实施实时监控的理念是中国证券公司风险管理机制走向现代化、国际化的关键一步。2007 年 8 月底，综合治理工作结束，证券公司长期积累的风险和历史遗留问题平稳化解，证券行业初步建立了风险防范的长效机制，基础制度得到改革和完善。

二、现代风险管理体系的推进

随着 2007 年在美国发生的次债危机逐步在 2008 年演变为全球性金融危机，中国证券行业也不断反思自身风险管理政策。2008 年，借鉴国际金融市场对金融危机的思考成果，中国证监会修订了《证券公司风险控制指标管理办法》，增加了对极端市场情景下开展对主要风险指标进行压力测试和敏感性分析的内容。

2011 年 3 月，中国证券业协会发布《证券公司压力测试指引（试行）》。同年 7 月，中国证监会在全行业组织开展统一压力测试。该工作在净资本等风险控制指标基础上，根据流动性风险、市场风险、信用风险、操作风险和经营风险的状况确定相应的风险因素，将测试指标扩展到公司收入、支出和利润等主要财务指标，充实了证券公司风险指标体系。

2011 年底，为保持证券公司风险控制指标的有效性和针对性，中国证监会提出了完善证券公司风险控制指标体系总体思路，并在行业内征求意见。该思路借鉴了巴塞尔协议体系，引入"逆周期"调节机制，对证券公司资本管理策略进行调整。其中包括将证券公司净资本分为核心净资本和附属净资本两个层次，采用核心净资本与资产总额比例的新指标。新的指标如果实施，将为证券公司扩大业务规模和资产总额，提高资金使用效率和杠杆率创造上升空间，为创新业务发展预留空间。

第二节　2011 年中国证券公司风险管理的整体情况

一、公司治理结构

证券公司普遍将公司治理机构作为自身风险管理政策和组织架构的一个重要组成部分，对董事会、风险管理委员会以及高级管理层在公司风险管理机构中的作用首先给予重点强调。同时，合规、稽核、审计、风险管理部门等部门也被视为风险管理架构的重要组成部分。职能管理部门以及业务一线的风险管理岗位构成了大多数公司风险管理架构的基础。证券公司普遍接受了风险管理"三道防线"的概念，在业务部门、风险管理部门、稽核部门针对风险的控制体系中，突出强调业务部门对风险控制的首要作用。

二、风险控制制度和机制

风险控制的基本制度和配套风险控制机制是明确和落实风险管理政策的工具。证券公司普遍通过制定基本风险管理制度、内部控制制度或定期制作风险评估报告，对一定时期内主要风险分布变化情况进行判断和评估，明确风险管理的具体方法，定期根据市场、业务的变化评估风险应对措施的有效性。个别证券公司在 2011 年度参与了中国证监会开展的上市公司内部控制推进试点工作，对各业务条线和管理部门的流程进行梳理，评估主要风险及对应控制措施的有效性，对发现的缺陷进行跟踪整改，提高内部控制的有效性。

证券公司普遍制定了各项具体风险管理办法和风险控制流程，通过事前审核评估、事中实时监控、事后检查稽核的方式对公司经营管理的风险展开全面控制。风险管理举措除了涵盖证券行业各项业务外，还包括授权管理、财务管理、信息技术管理等专项控制领域。

三、以净资本为核心的风险控制指标体系

依据监管要求，在行业统一推动下，证券公司普遍建立了以净资本为核心的风险控制

指标体系，以及定期或不定期的压力测试和敏感性分析机制。该体系将证券公司净资本、净资本与各项风险资本准备之和的比率、净资本与净资产的比率、净资本与负债的比率、净资产与负债的比率以及其他风险控制指标作为衡量证券公司资本实力、财务安全、风险状况的因素。证券公司普遍开发了相应的信息管理系统，做到及时计算各项风险控制指标，将其纳入日常监控的范围。同时，在开展重大投资、创新业务等决策时，对相关指标进行敏感性分析和压力测试，评估决策涉及业务活动对其可能产生的影响，为公司决策提供依据。

以目前17家上市证券公司为样本进行调查，2011年度各证券公司净资本及各项风险控制指标均符合监管要求。样本中2011年末公司平均净资本120.46亿元，平均净资产173.12亿元。各公司净资本与各项风险资本准备之和的比率平均为519.66%，最大为1 025.25%，最小为187.37%。就主要风控指标在有限数量的样本公司中的分布情况看，净资本与负债比率、净资产与负债比率两个指标偏离正态分布的幅度最大，方差分别达到了2 122.36%和2 984.85%（见表2－1）。

表2－1　　中国上市证券公司2011年末净资本及相关风险控制指标

	均值	最大值	最小值	方差
净资本（亿元）	120.46	500.30	19.11	129.26
净资产（亿元）	173.12	737.71	21.16	190.83
净资本/各项风险资本准备之和（%）	519.66	1 025.25	187.37	199.27
净资本/净资产（%）	73.90	95.19	60.23	9.70
净资本/负债（%）	1 060.92	8 425.04	102.29	2 122.36
净资产/负债（%）	1 503.31	11 790.88	128.83	2 984.85
自营权益类证券及证券衍生品/净资本（%）	24.77	56.86	5.75	17.07
自营固定收益类证券/净资本（%）	66.21	163.09	5.60	43.90

资料来源：各上市证券公司2011年年度报告或新上市证券公司发行文件。

比较样本公司近3年的净资本和主要风险指标的变化情况，样本公司平均净资本与净资产比率基本不变；净资本与各项风险资本准备之和比率2010年比2009年略低，到2011年又重新升高，但是整体变化幅度不大；净资本与负债比率呈上升趋势；自营权益类证券及证券衍生品与净资本比例也呈先升后降趋势；自营固定收益类证券与净资本比率2009年以来呈先降后升的趋势（见表2－2）。

表2－2　　中国上市证券公司平均净资本及相关风险控制指标对比表

	2011－12－31	2010－12－31	2009－12－31
净资本（元）	12 046 244 590.95	11 755 449 648.61	10 655 895 806.54
净资产（元）	17 312 159 194.24	16 266 287 196.39	14 085 728 111.37
净资本/各项风险资本准备之和（%）	519.66	495.09	507.11

续表

	2011-12-31	2010-12-31	2009-12-31
净资本/净资产（%）	73.90	77.83	76.7
净资本/负债（%）	1 060.92	771.67	502.45
净资产/负债（%）	1 503.31	989.44	652.13
自营权益类证券及证券衍生品/净资本（%）	24.77	31.33	26.88
自营固定收益类证券/净资本（%）	66.21	42.65	46.77

资料来源：各上市证券公司定期报告或新上市证券公司发行文件。

四、行业统一压力测试工作

在行业统一规划指导之下，各证券公司基本建立了相关的敏感性分析和压力测试机制；根据市场可能发生的重大变化、证券公司开展新业务、对外重大投资及利润分配等重大事件或事项，设置情景因素，进行敏感性分析和压力测试。2011 年 7 月，全行业开展了统一情景压力测试工作。

第三节　证券公司经营中的主要风险控制情况

一、流动性风险控制措施

流动性风险主要指在不受价值损失的前提下，证券公司资产能否在可预见的时间内变现以偿还债务或通过融资方式提高流动性的风险。证券公司面临的流动性风险主要涉及公司财务资金和金融资产的流动性。在证券公司经营过程中，如受宏观政策、市场变化、经营状况、信用程度等因素的影响，或因公司资产负债结构不匹配而产生流动性风险。另外，由于证券公司投资银行业务大额包销、自营业务投资规模过大、长期资产比例过高等因素，都会导致证券公司资金周转不灵、流动性出现困难。

证券公司一般采取的风险控制措施包括：重点关注公司总体财务状况、自有资金余额、长期资金占用和流动性情况；对货币资金、结算备付金、存出保证金等进行监控，在实行第三方存管后，证券经纪业务收取的代理买卖证券款均由托管银行监控，此部分不再构成证券公司的流动性风险；通过严格资金管理和集体决策机制，控制长期资产占用资金比例，科学运作资金；严格控制自营业务投资规模，股票投资以分散投资为原则，关注投资品种占全部流通股的比例，防止个股投资的流动性风险；债券投资以利率产品和高评级信用债为主，强调分散持仓，剩余期限分布合理性；审慎选择信用程度高的商业银行存放各项货币资金；关注资产和负债到期日的匹配，合理安排负债结构，有效控制规模和期限的匹配差异，保证到期债务的支付。在 17 家上市证券公司中，个别公司特别披露了资产及负债的到期日分析结果。

一些公司为了增强流动性，还与各大商业银行保持合作关系，通过资金拆借、股票质押贷款、回购及其他经主管部门批准的方式进行融资，解决公司短期的资金需求。个别公司在对投资业务的流动性风险进行监测时，注重关注不同风险间的转化和传递，以及突发性风险放大的情况。

二、市场风险控制措施

证券公司面临的市场风险主要指因证券市场整体或局部变动导致损失或收入减少的可能性。其中，权益类资产价格波动会对证券公司投资的证券和经纪业务收入造成影响。一些证券公司已经开始采用较为先进的风险价值工具（VAR）对持有金融资产的市场风险进行估计。上市证券公司通常采用的置信度水平设定在 95%。VAR 计算中的另一个参数持有期通常设定在 1 天，也有个别公司将其设定为 5 天或 10 天的。个别公司开始尝试建立跨市场、涵盖公司各类金融资产头寸的统一市场风险管理体系。

在对风险进行评估的基础上，证券公司通常通过规范投资决策流程，采用多元化的资产配置和投资策略，设定投资限额和风险集中度指标，对投资活动进行实时监控，及时止盈止损，合理利用指数期货等衍生金融工具，对市场风险进行对冲管理。

汇率风险是指因外汇汇率变动而导致的风险。行业内证券公司以外币存在的资产占公司净资产的比例一般很小，风险不大。但随着证券公司境外业务的发展，如何有效利用市场工具规避或对冲汇率风险是证券公司面临的一个重要课题。

利率风险是指因市场利率变动而导致的风险。公司资产中有关利率的风险主要包括货币性存款、债券投资等。证券公司对利率风险的控制，多数采用规模控制和投资组合等方法，合理配置资产，并通过定期测算投资组合久期、凸性、DV01 等指标衡量利率风险。一些公司进一步使用敏感性分析作为监控利率风险的主要工具。采用敏感性分析、衡量在其他变量不变的假设下，利率发生合理、可能的变动时，将对利润总额和所有者权益等指标产生的影响。

三、信用风险控制措施

证券公司面临的信用风险主要涉及在代理客户买卖证券、为客户提供融资融券业务以及债券投资过程中，因为交易对手无法履约导致损失的风险。为了控制代理客户买卖证券产生的信用风险，证券公司在代理客户进行的证券交易均以全额保证金结算方式进行风险规避，完全能够控制与代理客户买卖证券产生的结算风险。

融资融券业务方面，公司制定各项严格的制度和措施，从征信、授信、盯市、平仓等多个环节对该业务涉及的信用风险进行控制。其中包括建立严格的客户准入制度和征信、授信标准并由公司总部进行授信；建立严格的担保物范围及折算率、保证金比例、维持担保比例的标准；建立融资融券交易逐日盯市制度，达到平仓线时按照合同约定进行强制平仓；公司对客户进行强制平仓后，平仓所得资金或证券仍不能偿还公司因向客户融资融券所生债权的，对客户进行资产追索。

为控制债券投资的信用风险，一些公司明确可投资债券的债项评级要求，要求债券投资应限于央行或资信较好公司发行的债券；或者明确禁止投资风险较大的债券，例如信用等级在 BBB 以下（含 BBB）的中长期券、A－3 以下（含 A－3）的短期券；并密切跟踪投资对象的经营情况和信用评级变化。一些证券公司对自营固定收益业务的投资还强调分散化投资来降低风险。一些公司在银行间市场开展债券交易时始终坚持按规定选择使用合适的结算方式，鼓励采用 DVP 结算；或根据不同类别的交易对手，采用不同的交易结算方式，设定不同的交易授权的额度限制。因此，因交易对手结算违约而产生的信用风险基本得到控制。

四、操作风险控制措施

操作风险通常包括内部人为操作失误、内部流程不完善、信息系统故障或不完善、交易故障等原因导致的风险，也包括公司外部发生的欺诈行为造成的损失。各个证券公司普遍通过强化各业务条线管理职能领域的内部控制机制，规范业务操作流程，加强业务操作系统化和标准化，控制人为失误；构建信息隔离墙制度体系，规范从业人员执业行为，防止内幕交易和利益冲突；建立技术防范体系，完善实时监控系统，对业务风险进行实时监控和风险预警；加强业务检查稽核力度，保证各项制度、流程和风险管理措施的有效执行；加大对员工的培训，宣传推动合规文化，提高员工合规意识和风险管理能力。

第四节　证券公司业务条线的风险控制措施

一、经纪业务

证券公司普遍根据地域划分或客户种类的不同，对营业部实施了从公司总部或分公司到营业部的层级化管理模式。在业务拓展、信息技术支持、财务管理等方面，实施公司总部或分公司统一规划管理；在营业部层面，实施前、中、后台分离管理。公司定期或不定期对营业部进行合规检查和稽核检查。综合治理工作结束后，证券公司根据有关法律法规和监管规定的要求，不断修订和完善业务制度和流程，逐步建立健全经纪业务前、中、后台运营制度和管理体系，内容涵盖营销、基金销售业务、中间介绍业务、投资顾问业务、客户回访和适当性管理、投诉信访、佣金管理、客户账户管理、客户资料管理、系统权限管理、客户交易结算资金管理、交易清算、营业网点管理和业务印章管理等方面，逐步实现了经纪业务运营管理的规范化、标准化和专业化。为确保现场开户管理的有效性，证券公司普遍采用了影像拍照、身份证自动读取或通过公安部身份认证系统查询等方式严格控制开户真实性。为了保护客户资金安全，行业实行了客户交易资金第三方存管制度，通过银企系统对接，实现了客户交易结算资金的实时划拨和公司对清算资金的主动划拨。证券公司普遍应用了集中交易系统，对营业部交易系统的操作权限实行集中统一管理。根据客户财务与收入状况、证券专业知识、证券投资经验和风险偏好、年龄等情况，证券公司广泛开展了投资者适当性管理制度，为客户提供适当的产品和服务。为了确保服务质量，充分了解客户需求，证券公司普遍建立了统一的客户回访和客户投诉处理制度。为了确保风险控制措施的效果和效率，证券公司风险管理部门普遍通过信息系统实时监控客户账户的明细数据和信息，监控客户交易结算资金、客户资产的变动情况，同时对客户异常交易行为进行监督、控制、调查。上述管理措施有效控制了各证券公司经纪业务的合规风险和业务风险，有效保护了投资者利益，维护了市场在激烈竞争背景下的有序发展。

二、投资银行业务

投资银行业务方面，证券公司面临的风险主要包括因投资银行项目包销导致流动性下降引发的风险，以及执业过程因未勤勉尽责或出现疏漏导致申请文件出现虚假记载、误导性陈述或重大遗漏的操作风险。为了防范风险，证券公司普遍建立了严格的项目风险评估体系和项目责任管理制度，并能根据各项投资银行业务和证券品种的不同特点制定各自不同的操作流程、作业标准和风险防范措施，建立健全了包括项目立项、尽职调查、工作底稿、材料制作、辅导、内部核查、持续督导及档案管理等一系列内控制度。为确保上市公司质量，证券公司建立了针对发行人的质量评价体系，认真核查发行人申请文件的真实性、准确性和完整性，确保推荐优质企业发行上市。同时，严格执行内部审核工作规则与流程，不断提高申请文件的编制质量，确保申请文件的真实、准确、完整，不存在虚假记载、误导性陈述或重大遗漏。同时，通过加强信息隔离墙制度建设，规范敏感信息和内幕信息的流动和使用，加强从业人员行为管理，防范内幕交易。

三、自营业务

证券公司普遍对自营业务实行集中统一管理，自营业务与经纪业务、资产管理业务、投资银行业务之间设有严格的业务隔离墙，自营业务部门、风险管理部门、资金结算部门与会计核算部门相互分离、相互监督。在统一对投资规模进行管理的框架下，实行不同层级投资规模授权管理体系，有效控制不同投资种类的规模和集中度，定期对自营业务涉及的权益类产品价格波动风险、利率风险和汇率风险进行评估，及时调整风险管理政策。证券公司自营业务使用自有资金和依法筹集的资金，投资涉及权益类证券投资、银行间债券市场及交易所市场现券投资、回购业务、股指期货套保业务、ETF 及指数分级基金等创新业务，自营交易的资金履行严格的资金调度审批手续。行业内普遍遵循“价值投资理念”，通过实施投资品种备选库制度或股票池制度，防范上市公司业绩风险；实施止盈止损制度，对股指期货等高风险业务实行损失限额管理；实行自营业务风险实时监控，由风险管理部门对自营部门的操作实时监控，及时对自营部门进行风险预警。合规或风险管理部门定期对内控制度的执行情况进行检查，提高执行力。

四、资产管理业务

在客户资产管理业务方面，证券公司普遍建立了涵盖集合资产管理计划推广、账户及资金管理、决策权限及投资程序、业务运作规范、内控管理等方面的制度。在定向资产管理业务方面，严格按照监管规定实施最低限额管理。在投资管理上，严格按照资产管理合同约定的投资策略、投资范围、资产配置比例、投资品种限制、投资集中度等规定办理。针对不同资产管理业务单独设置账户、独立核算、分账管理，客户受托资金实行银行托管或银行第三方存管。在投资流程上实行投资品种股票库制度，进入投资品种股票库的品种必须有研究报告的支持，投资品种股票库的调整实行严格审批制度。风险管理部门对不同资产管理计划的投资实施实时监控，及时对资产管理部门进行风险预警。合规部门定期或不定期对资产管理业务进行现场检查，稽核部门或聘请外部中介机构进行稽核或进行专项审计。

五、融资融券业务

证券公司融资融券业务普遍实行总部集中管理、集中授信、分级审批、独立运行的模式。具有融资融券业务资格的证券公司均成立了融资融券授信管理委员会，根据经营层的授权对融资融券业务进行决策，严格控制融资融券业务的总规模，建立以净资本为核心的融资融券业务规模监控和调整机制。同时，将融券业务纳入自营监控系统统一管理，系统设定风险监控阀值进行前端控制。为保证统一管理，证券公司广泛建立了营业部开展融资融券业务的资格审批制度。在客户管理方面，普遍开展了客户选择与征信、授信动态管理，只有符合要求的客户才能开展融资融券业务。相关证券公司根据交易所发布的范围与折算率参考值，建立了担保物、融资融券标的管理制度，结合自身评估，确定公司标的证券范围和折算率，并定期调整。证券公司普遍建立了融资融券业务风险控制指标管理制度，实行融资融券交易逐日盯市制度，对融资融券交易进行实时监控、主动预警，对补仓客户、平仓客户及时发送补仓通知、平仓通知，客户未按约定自行补仓或减仓的，公司对客户进行强制平仓。同时，通过客户回访制度、客户投诉及纠纷处理制度，建立了投诉受理、投诉处理、投诉处理情况回访的机制，妥善处理投诉和纠纷。

六、投资咨询业务

2011 年 1 月 1 日起，中国证监会发布的《发布证券研究报告暂行规定》和《证券投资顾问业务暂行规定》正式实施。证券公司按照规定对证券分析师和发布研究报告行为进行统一管理，建立了对研究报告质量控制的不同级别审核机制，对报告文字、图表、排版、语言、必备要件等进行审查，对报告的观点、结论、逻辑、论证过程、国际比较、财务分析、价值方法等进行质量控制审查；从信息披露、风险提示、利益冲突等方面完成合规审查。信息隔离墙制度已在各证券公司，尤其是具有综合业务的公司中广泛实施，较为有效地规范了敏感信息的流动和使用等涉及利益冲突的问题。部分公司对研究报告实施静默期管理，禁止研究部门在特定时间内发布投资银行业务涉及公司的研究报告。证券公司广泛开展了与广播、电视、网络、报刊等公共媒体的合作。证券公司通过规范合作协议、证券分析师参与证券节目审批和报备、规范涉及具体证券的评论等措施，指导证券分析师客观审慎发表意见，正确参与媒体活动，传播证券资讯，揭示投资风险，引导理性投资。

在证券投资顾问业务方面，证券公司普遍对营业部开展该项业务实行统一管理，按照各自的标准协议版本和风险揭示书，规范服务程序和业务收费，同时通过多种方式披露投资顾问人员的姓名和执业编号，规范媒体参与活动，禁止投资顾问人员向客户承诺或保证投资收益，禁止对投资顾问的服务能力和过往业绩进行虚假、不实、误导性的营销宣传。根据适当性管理要求，各证券公司在评估客户风险承受能力和服务需求的基础上，向客户提供适当的建议服务。同时，通过客户回访、投诉处理，提高业务规范程度和客户满意度。

第三章

2011年证券公司合规与风险管理发展中存在的问题及2012年展望

第一节 2011年证券公司合规与风险管理发展的特点

一、从合规管理职能的落实到业务条线的合规经营

证券公司合规管理起步和推进阶段的主要工作体现在合规管理职能部门的建立及其职责履行上。在起步和推进工作基本完成后，2011年证券公司合规管理面临的一个关键问题是如何将合规管理职能的履行落实到公司各个业务条线的经营管理实践中。合规管理的最终目标是将合规要求转化为公司自身组织和员工的自觉行为。证券行业自律组织充分发挥了行业交流的平台作用，推动行业规范的研究和制定，开展行业交流推动合规管理职能在证券公司内部的深入。2011年3月和2012年2月，中国证券业协会分别发布《证券公司压力测试指引（试行）》和《证券公司合规管理有效性评估指引》，对证券公司开展压力测试和合规管理有效性评估工作提出了具体的指导建议，要求证券公司将相关监管要求明确落实在具体业务操作的执行措施上。行业自律组织还在业内广泛开展研讨活动，调查和交流开展信息隔离和反洗钱工作的经验，推动行业管理水平的提高。

二、吸收和借鉴国际金融危机的经验和教训

2011年证券公司推进合规与风险管理，广泛吸收借鉴了境外国际银行业的经验和教训。其中，《证券公司压力测试指引（试行）》就借鉴了近年来国际金融危机的教训和各国开展压力测试工作的经验，并建立在一些公司压力测试工作的有益实践基础上。2011

年底，为保持证券公司风险控制指标的有效性和针对性，中国证监会提出了完善证券公司风险控制指标体系的总体思路，并在行业内征求意见。该思路借鉴了《巴塞尔协议》体系，引入“逆周期”调节机制，将对证券公司资本管理策略进行调整。其中包括将证券公司净资本分为核心净资本和附属净资本两个层次，采用核心净资本与资产总额比例的新指标。新的指标如果实施，将为证券公司扩大业务规模和资产总额、提高资金使用效率和杠杆率创造上升的空间，为创新业务发展预留空间。

三、积极发挥合规与风险管理在业务创新中的作用

证券公司合规与风险管理部门积极参与，有力推动了业务创新活动。一些公司成功获得了约定购回式证券交易、债券质押式报价回购业务等创新业务资格。证券公司开展融资融券业务、股指期货业务的范围和规模也不断扩大。在此过程中，证券公司的合规和风险管理部门都广泛参与了项目可行性分析、业务流程和风险控制方案的前期设计工作；对业务开展过程中的合规问题进行分析，监控事中风险；开展事后检查，严格执行制度，不断降低操作风险，确保业务创新过程具备良好的内控约束。

四、深入推进信息系统在合规与风险管理工作中的应用

行业对信息管理系统的应用逐步深入，通过系统化管理提高工作效率、降低合规与风险管理环节的操作风险正成为一个重要的工作方法。管理信息系统已经广泛应用于证券公司合规管理、信息隔离、合规监测、净资本管理、风险计量和测算、风险指标的监控等相关工作中。例如，2011 年的一项调查显示，53.5% 的证券公司已经上线运行信息隔离墙管理系统；18.2% 的公司正在开发信息隔离墙管理系统；9.1% 的公司准备开发系统或使用既有办公系统、风控系统或母公司信息隔离墙管理系统。管理系统化有力地促进了证券公司合规和风险管理水平的提高。

五、风险管理工具的研究和应用程度加深

一些公司开始结合自身风险暴露的实际情况，探索使用量化工具对风险进行计量和预测。风险价值工具在证券公司内部得到的应用。在以净资本为核心的风险控制指标体系之外，一些公司开始探索建立不同业务领域和风险类别的关键风险指标。风险管理的专业化和科学化程度不断深入。

第二节　2011 年证券公司合规管理发展面临的问题和挑战

2011 年，各证券公司的合规理念和合规管理工作都有了新的提高。但毋庸讳言，行业调查和一些个案的分析也显示，证券公司内部合规管理工作还存在一些问题。特别是对

照发达资本市场国际投资银行的合规管理经验，中国证券公司在很多方面的工作仍然有待提高。

一、证券公司合规文化建设任重道远

证券公司合规文化建设对公司自身发展而言，是一项基础性的工作。如何将合规管理和提高业绩、将合规管理与公司持续健康发展有效结合始终是一个难题。从某种程度上可以说，合规风险是全面风险管理的核心。证券公司合规风险与市场风险、信用风险、流动性风险和其他操作风险具有很大的相关性。因此，对合规风险的识别和评估，不能停留于具体合规风险点本身，而应将其置于公司整体全面风险管理的体系中。应对合规风险的措施，不能仅仅局限于个别业务流程的修补完善，而应充分考虑风险事件背后所代表的公司治理架构、合规管理职能履行、系统风险管理等方面的问题。

从 2011 年监管部门及公司内部查出的合规问题来看，行业内始终存在一些共性的问题，如经纪业务中的违规代客理财问题，从业人员参与内幕交易、操纵市场、老鼠仓等行为也时有发生。员工道德风险的防范是一项长期工作，证券公司必须坚持采取教育、培训、检查、监测、考核和问责等多项措施来提高员工职业道德水平，形成全员合规、主动合规的良性文化。

二、合规监测的广度和深度有待提高

从广度上讲，目前中国证券公司某些合规监测工作才刚刚展开。例如，“投资者适当性管理”是美国等发达国家证券公司合规监测和证券执法的一项重要内容。而在国内，多数证券公司才刚刚开始采用系统方式对客户进行分类管理。针对从业人员使用新型媒介开展业务活动和交流、参与社交网站活动的合规监测，行业也缺乏统一的指引。在深度上，证券公司合规监测的手段和经验仍然缺乏，限制了监测的有效性。调查显示，证券公司通过合规监测启动对异常交易行为调查的频率仍然很低；业内公司对调查手段有效性的自我评价也显著较低；一些公司在初步探索建立针对合规风险的关键指标；行业内还缺乏对相关指标进行跟踪，开展趋势分析的经验；证券公司在风险发生之前，发现合规薄弱环节的能力仍然不足。这些问题的解决既需要提高行业对合规风险的识别和评估水平，也与相关管理信息系统的建设有关。

三、执行信息隔离墙制度有待进一步完善

调查显示，证券公司普遍认为员工基本素质和合规意识、业务部门主动遵守制度的程度、基础隔离措施有效性、限制名单配套限制措施的有效性、员工合规培训是影响公司信息隔离墙制度执行有效性的主要因素。因此，行业内证券公司需要找准增强信息隔离墙制度有效性的重点措施和关键环节，从强调基础隔离措施、强化业务部门执行力度、增强员工合规意识、加强员工合规培训等方面着手，深入推进信息隔离墙制度建设。

同时，证券公司需要探索解决信息隔离与业务发展的平衡问题。在当前证券公司面临着巨大经营压力和创新需求的情况下，需要创造性地运用一些新的业务模式和交易方法发展业务，业务部门之间的协作无法回避。在协作时，如何对利益冲突进行客观评估，并采

取什么样的有效措施促使“跨墙”人员的合规义务落实到位，证券公司普遍缺乏有效对策。

四、合规考核和问责的力度有待进一步加强

一些证券公司对合规管理的重视程度不足，激励考核体系的设计未能充分考虑合规风险指标。合规操作本身没有得到应有的重视，发展性的业务量指标仍然是考核体系的主导。合规行为本身所创造的价值并没有在公司的价值体系中得到形式和程度上的体现。部分证券公司合规考核也基本停留在制度建设上，没能将合规考核与证券公司的长期发展相结合。不当的管理方法将催生员工“轻风险、重绩效”的心态，管理机制上的缺陷将促成合规风险的积聚，引发其他监管风险和声誉风险，并在市场风险出现急剧变化时集中激发合规事件。

五、定量方法和信息系统应用水平有待提高

随着计算机的应用和电子化交易的急剧增长，现代风险管理的趋势是大量运用计算机建立数理统计模型来识别、测量、评估和监测风险。然而，在证券市场现代化发展过程中，国内证券公司各类交易系统的建设速度突飞猛进，在一定程度上忽视了不同系统的有效整合，造成系统数据提供的准确性和及时性受到严重影响。国内外很多公司在建设合规与风险管理系统时，遇到了同样的信息系统不匹配的技术制约瓶颈。在证券公司业务迅速发展、创新要求不断增加的情况下，这个问题的严重性也越为突出。在合规风险监控方面，我国大多数证券公司缺乏系统的定量分析模型，难以对公司风险进行整体评估。

六、合规管理人员队伍建设有待提高

合规管理是一项涉及财务、会计、法律、管理、信息系统及证券业务多种知识和技能的管理活动，对合规管理人员具有很高的要求。合规管理人员不仅要具有良好的职业道德和业务操作经验，熟悉和理解金融法律法规、财务理论，还应具有较高的逻辑分析判断能力以及较强的学习能力，善于发现问题和解决问题，更需要与监管层、业务部门等进行有效的沟通和交流。

证券公司合规管理工作近几年刚起步，专业人才缺乏，人员配置短缺，合规部门的员工也大多由法律、稽核和风险管理部门里具备法律背景的员工抽调而来。随着近些年合规管理的深入，以及融资融券和股指期货等创新业务的推出，行业对合规管理人才的素质要求也更为严格。然而，目前行业内对合规人员的专业培训仍显不足，合规管理远未形成一个系统独立的“学科”，职业化合规管理人员的培养仍是证券行业的一项重要任务。行业内可以通过组建职业化团体、开展合规论坛和专门培训、搭建行业研究和交流平台的方式提升合规管理人员的素质和工作能力。

第三节　2011年证券公司风险管理发展面临的问题和挑战

一、证券公司整体风险管理战略需要加强

金融危机的教训表明，金融市场上不同风险之间存在着相关性。考察一些经受住金融危机影响的公司，其中一条经验是将财务管理部门职能与风险管理相结合，整体流动性计划能够充分考虑所有业务的信息。证券公司应对其总体范围的风险敞口进行评估，这要求公司内部能够有效交流沟通有关风险的定性和定量的数据信息，高级管理层可以从公司整体战略上实施风险控制和风险对冲的策略。中国证券行业开展风险管理的时间还较短。由于产品和业务较为单一，风险复杂度不高，全面风险管理的理念未得到普遍重视。行业内仅有个别公司在2011年度开始逐步推进全面风险管理系统的建设。

二、信息系统建设仍然是制约风险管理水平提高的瓶颈

中国证券公司经过20多年的发展，在证券交易、结算、财务管理等方面建立了众多的系统。但是，随着对公司整体风险状况进行评估的要求提出，证券公司面临着整合不同信息系统的重要任务。基础数据和信息系统框架的整合是影响相关风险管理工具深入应用的一个瓶颈。美国证监会曾对境内大型证券公司的风险管理实践进行过一次检查，发现一些公司之所以能够保证交易和财务数据与风险计量系统的数据相一致，关键是他们会定期梳理协调输入不同信息系统的数据类型。在有些公司，为确保数据有效性，每个系统都实施当日数据重新整理。①中国证券公司在风险管理的系统建设方面，特别是在创新业务迅速发展的情况下，仍然需要做出更多的努力。

三、风险对冲工具缺乏、管理工具应用水平有待提升

受国内金融市场的成熟度限制，证券公司普遍缺乏风险对冲的工具，市场创设对冲产品的机制不足。与境外国际投资银行风险价值管理实践相比，目前中国证券公司市场风险管理工具的应用仍然有限。多数证券公司仅仅是披露了某个或几个时间点上的风险价值，如每月末的风险值。没有公司披露对每日风险价值变动趋势的描述。在披露的风险价值方法中，只有个别证券公司尝试将风险价值工具与敏感性分析和压力测试相结合，对风险价值计量的关键假设条件进行定期评估，评估极端市场情景下公司风险状况变化的幅度以及

---

① 2009年“高级监管官小组（Senior Supervisors Group）”，对危机中的11家国际大型投资银行的风险管理实践展开调查，调查结果也指向了管理系统的问题。报告见 Senior Supervisors Group（2008）Observations on Risk Management Practices during the Recent Market Turbulence，http：//www. sec. gov/news/press/2008/report030608. pdf。

风险应对措施的有效性。

在披露风险价值的上市证券公司中，不同风险的披露内容和标准尚未统一，致使无法有效进行公司间的横向比较。即使是在使用同一类工具的情况下，证券公司对计算模型的假定和条件缺乏详细说明。公众对风险计量和评估的理解受到限制。行业内需要推动基础研究，逐步统一相关风险的披露标准。

四、操作风险管理需要探索量化管理的途径和方法

对比国外实践，目前中国证券公司的操作风险还基本处于定性管理的阶段，通过规范业务操作来防止内部员工的人为失误。中国证券公司虽然已有很多处理合规风险和操作风险的经验，但大都未能对操作风险精确计量。证券公司无法使用风险调整方法制定激励机制，促进有效操作风险管理实践。上市证券公司中仅有少数公司采取自我评估控制、流程分析、损失归因等手段，对操作风险进行识别，并通过分析工具对操作风险进行量化、对损失发生频率和影响进行量化统计分析，确定预期操作风险大小，并分配相应的经济资本。多数公司尚未形成根据操作风险敞口进行资本配置的能力。国内保险行业尚未能根据操作风险的发生概率和影响，在市场上推出相关管理者责任保险、业务人员重大责任保险等产品。证券公司通过购买保险的方式转移风险的途径仍然受到限制。

第四章 证券公司合规与风险管理发展的国际比较

第一节 2011年美国证券公司合规与风险管理发展趋势

2011年美国证券公司的合规管理政策突出强调了公司治理和企业风险管理的内容。2011年2月，美国证监会举行了一次证券公司首席合规官全国研讨会，其合规监察和检查办公室（Office of Compliance Inspections and Examinations）主任 Carlo V. di Florio 详细说明了该办公室对证券经纪商和交易商开展合规检查所关注的重点内容。其核心就是强调对公司治理、企业风险管理和内部控制的关注。① 该政策实际上反映了美国监管机构近年来在国际金融危机背景下对投资银行合规与风险管理政策的反思。

一、美国监管机构关注的证券公司关键风险领域

（一）金融和操作风险

从风险管理的角度，国际投资银行的融资渠道和流动性、估值方法、风险集中度都是关键性的问题。金融产品和服务可能引发的风险也是关注的重点，尤其是一些复杂的结构化产品、年金产品、带有杠杆性的 ETF 产品，以及包括市政债券在内的固定收益类产品。

（二）证券交易

对客户指令的最佳执行和卖空操作管理是美国证券经纪商和交易商合规管理的一项重要内

① Carlo V. di Florio (2011. 2. 8) Director, Office of Compliance Inspections and Examinations, US SEC, Speech by SEC Staff: Remarks at the CCOutreach National Seminar. http://www.sec.gov.

容。近年出现的算法交易、高频交易等新的交易类型及其相关的风险控制措施是重点。

（三）销售操作实践

对销售环节的合规管理主要集中在控制零售渠道的欺诈和违规销售行为。监管关注的重点是如何识别、减少和管理该领域的风险，确保有效的合规管理，特别是证券公司独立或位置偏远的分支机构。

销售环节还涉及适当性管理和利益冲突问题，即证券公司促进销售的激励措施与客户实际需要之间的利益冲突问题。不恰当的激励会使销售人员向客户推荐不适当的金融产品或投资建议。证券公司需要为其销售人员提供有效的培训课程，对日常销售、交易、投资顾问建议进行审核。对客户账户的管理，即保持客户账户信息的完整、准确和及时更新是证券公司履行客户适当性管理义务的基础。

（四）客户资产和信息的保护

对客户资产和客户信息的保护历来是美国证券法和监管部门执法的一个基本内容，其重点是防止客户资产受到欺诈、侵占等行为的侵害。

二、境外证券公司合规管理人员配置情况

以高盛公司为例，其在美国纽约总部设全球合规部。该部门共有500多名员工，分散在全球30多个办公室，其中约50%的合规专业人员集中在纽约办公室，约20%集中在英国和欧洲其他国家（主要在伦敦）。该公司合规部还在东京、中国香港、新加坡等亚洲城市设有合规工作小组。境外证券公司合规管理人员的绝对人数远远超过了中国同行。

高盛的合规管理在全球被有组织地划分为各部门合规组和集中合规组。部门合规组分散在其各自所支持的业务部门中，包括全球投资银行部和商业银行部合规、全球证券部合规、全球投资管理部合规（含高盛资产管理合规和私人财富管理合规）、全球投资研究合规和全球运作、技术、金融和服务合规。

高盛公司的集中合规组则以不同的合规工作职能划分为7个组。其中，合规监控战略组负责反洗钱和可疑活动的监控、电子通讯合规和合规工作的全球监控；全球合规雇员服务组主要负责公司和员工的执业注册和私人投资等。集中合规的其他职能部门还包括全球合规测试组、监管审计和质询组、全球合规培训和协调组、全球控制中心和全球合规政策与程序组。这些小组负责全球范围内与公司经营和员工相关的监管性事务，管理相关资源，提供咨询服务，并测试调查合规制度在不同地区和部门的执行情况。

三、新的问题

近年来美国证券经纪商和交易商在分支机构管理方面出现了一些问题。例如一些公司未对其分支机构履行适当的合规管理职责，致使一些分支机构的经理违规向老年客户提供不适当的金融产品。① 2011年11月，美国金融监管局（Financial Industry Regulatory Au-

① Alan M. Wolper (July - August 2008) Risk Management for Broker - Dealers, Practical Compliance & Risk Management for the Securities Industry. At 33, 31 - 36.

thority）和美国证监会合规监察和检查办公室联合发布全国检查风险警示（National Examination Risk Alert），提示证券公司对其分支机构进行合规管理和监控的义务，并为证券公司建立充分有效的分支机构检查政策和程序提供建议。[①] 该文件概括了存在缺陷公司对其分支机构开展检查和监查的重大问题：（1）无视业务复杂程度和实际风险的类型，对所有分支机构采用统一的检查程序。（2）在检查人员对业务缺乏认识、缺少检查经验的情况下，试图施加不当的影响。（3）开展检查不深入，不能质疑被检查单位控制环境的有效性及其对风险暴露的影响。（4）仅分配很少的时间和资源审查分支机构检查工作的有效性。（5）没有按照公司既定的检查政策和程序对分支机构开展检查，如对本不应通告的检查工作提前通告；未能制作书面检查报告并涵盖对公司政策和流程的测试和验证等。（6）没有制定或实施充分的内控政策和程序。（7）对曾经受到监管处罚的人员或曾与受到监管处罚机构存在关系的人员缺乏强化监督和管理。

该文件重申了证券经纪商和交易商建立对分支机构有效监督管理和检查的法定义务，要求通过开展对分支机构的有效检查来证明证券公司建立了合理的内部监督管理机制，并列举了检查频率合理设置、“突击”检查、独立验证、对发现问题和关键风险指标的跟踪和评估等有效的举措。

第二节　国际金融危机以来美国监管机构对投资银行合规与风险管理的反思

针对近年来发生的国际金融危机，发达资本市场国家对金融机构的合规与风险管理实践进行了深入反思。2008～2009年，美国、英国、德国、法国、加拿大、瑞士等国的监管者专门组成了一个“高级监管官小组（Senior Supervisors Group）”，对危机中的11家国际大型投资银行的风险管理实践展开调查，并对危机期间效果良好的投资银行风险管理实践进行了总结。

一、存在的主要问题

（一）董事会和高级管理层

在遭受危机重创的金融机构中，其董事会成员和高级管理层未能积极地参与公司风险偏好等政策的制定，不愿意或者没有能力清楚地认识和计量风险，导致其并不能真正认识或理解公司风险的所在及其影响。

---

① Financial Industry Regulatory Authority (2011) Regulatory Notice 11－54, Branch Office Inspections: FINRA and the SEC Issue Joint Guidance on Effective Policies and Procedures for Broker－Dealer Branch Inspections, National Examination Risk Alert, Vol. 1, Issue 2, November 30, 2011.

（二）薪酬激励与控制目标的冲突

一些公司内部治理的机制过于鼓励冒险，业务创收部门的地位和影响明显超过风险管理和控制部门。金融机构需要反思过去传统的将“创收”置于“报告和控制”之上的公司政策。

（三）对风险认识的不足

市场参与者对违约风险、风险集中度、市场风险和流动性风险的估计严重不足。很多银行对表内数据增长和表外工具的风险理解不足，控制力度不高，在不同业务线和管理职能之间的沟通和信息汇总存在不足。一些公司承担的结构化产品的风险远远超出了自身的认识水平，并且未能采取有效措施控制和减轻这些风险。在市场环境变化、流动性逐渐枯竭时，错误判断形势，不能迅速评估风险暴露情况。

（四）风险管理工具的局限性

不能对结构性信用产品风险分布“尾部”涉及的潜在损失规模进行准确衡量。这些复杂的产品由于缺乏收益的历史数据和相关性数据，致使通常的 VAR 和情景分析工具的结果不确定性大为增加。

（五）信息系统缺陷

不充分甚至经常是割裂的 IT 系统阻碍了有效的风险识别和计量工作。很多机构的 IT 系统不足以准确监控其风险暴露情况。

（六）内部沟通不畅

业务部门与公司高级经理不能有效及时沟通，使得业务部门的决策不能全面考虑公司整体的业务发展和风险对冲策略，其中一些决策实际上导致了风险敞口的增大。

二、行业最佳实践

通过访谈和调查，尤其是对经受住危机考验的公司管理实践的考察，高级监管官小组（Senior Supervisors Group）概括了行业内风险管理的最佳实践：

（一）实施统一的管理策略

对公司整体范围的风险敞口进行识别和评估；公司内部能够有效地交流有关定性和定量的信息；不同管理团队之间可以进行有效对话，管理报告和沟通顺畅。高级管理层可以从公司整体战略上实施风险控制和对冲的策略。

（二）始终坚持实施独立有效的估值技术

高级经理在对复杂或潜在流动性不足的证券估值时，能够进行关键性的决策，特别是对其所负责的金融产品。

（三）有效的风险计量工具

能够有效规避危机影响的公司往往采用更为灵活的风险计量过程和系统，可以迅速更换计量模型的假定；管理层可以依赖多种风险计量工具收集信息，对同一风险敞口使用不同的角度进行计量和评估；采用更为有效的压力测试工具，更多使用情景分析工具。

（四）风险管理的整体合力

有效管理流动性风险、资本和资产负债表。内部可以有效形成风险管理的整体合力。一些公司将财务管理部门的职能与风险管理紧密结合，整体流动性计划能够充分考虑所有业务信息。采取内部激励机制控制报表过度增长或资本下降的活动，如对业务部门的流动性要求设定一定的应急流动性要求，以反映在困难市场环境中获取流动性的成本。

三、美国证券业合规与风险管理的发展方向

美国证券业合规与风险管理发展的趋势是实施向综合性、整合化的管理策略，即将公司治理、企业风险管理和内部控制有机结合。关键的风险管理问题包括通过建立公司的风险承受度指标来管理和监控公司的风险状况；以风险为导向的战略性规划和资本分配方案；对风险管理政策和过程执行情况的监督；加强培训和交流，支撑有效的风险管理文化和公司高层的价值倾向和态度；建立实施监控系统，有效及时地发现违反风险管理政策的情况；建立监控和报告系统，跟踪决策过程的关键风险指标；建立正确的问题处理流程以确保及时向上级报告风险事项并采取补救和控制措施；及时更新管理控制手段，有效应对风险管理框架的新变化，解决新的产品、服务、业务和程序中可能出现的问题。

第三节　中国证券公司合规与风险管理的启示和思考

一、基本制度的有效落实仍是合规与风险管理的基础

金融危机的教训揭示，风险发生的关键原因仍然与管理层参与、治理架构、风险识别、信息沟通等基础性制度和机制有关。即使是管理水平很高的国际投资银行，他们在基本制度的落实上仍然有各种缺陷。美国证监会的最新监管政策实际上仍是分支机构管理、适当性管理、客户资产安全等基本方面。因此，对于管理水平较低的中国证券公司而言，落实合规与风险管理基本制度的要求始终是一项首要任务。

二、树立全面风险管理理念的重要性

金融市场上不同风险之间存在着相关性。考察一些经受住金融危机影响的公司实践，一条经验是将财务管理部门的职能与风险管理相结合。公司整体流动性计划能够充分考虑所有业务的信息。证券公司的创新和发展要求其提高对总体风险敞口的评估能力，内部有效沟通风险数据信息，保证高级管理层可以从整体战略上实施风险控制和风险对冲策略。

三、信息系统治理是风险管理的基础工作

根据境外证券业的经验，信息技术主要建立在对证券公司交易数据、头寸、风险敞口的集中化管理方面，并在此基础上对数据进行深化运用，利用分析统计对合规和风险管理提供信息和决策支持；利用电子化手段对合规过程和相关风险指标进行监控，包括对员工的通讯活动和内容进行记录和保存，提高监控的有效性；利用技术手段保存电子证据，监控和保证证据链各个环节的安全可靠性，对合规的具体工作进行现场和非现场稽核；对公司内部管理系统实施权限管理，监督包括“中国墙”在内各项制度的实施。根据美国证券业和金融市场协会（SIA）2006 年的一项证券业合规成本调查，该国证券行业在 IT 技术支持费用方面的年平均投入在 2004 年就已经达到 77 万美元。

但是，即使境外投资银行在信息技术方面进行着持续的投入，他们在信息系统治理方面的缺陷仍然说明证券公司交易和财务数据与风险计量系统数据整合问题的重要性。对中国证券公司而言，在证券市场现代化发展过程中，随着各类交易和管理系统建设的突飞猛进，不同系统的整合问题日益突出，系统整合问题直接制约了定量风险分析工具的应用。解决这一基础问题将极大地提高证券公司合规与风险管理的水平。

第四节　中国证券公司合规与风险管理 2012 年发展展望

随着中国多层次资本市场建设的推进、信息技术应用和创新业务的发展，中国证券公司的合规和风险管理将面临更多挑战。对中国各证券公司而言，如何在推动公司持续健康发展的同时保持和凸显合规与风险管理的价值是一个共同的课题。

中国证券公司合规与风险管理的发展将呈现出以下几个方面的特点：

一、全面风险管理的理念将逐步获得全行业的认可

治理、风险管理和合规相统一的理念是金融企业内部控制发展的趋势，体现了国际金融市场对金融危机反思的成果。该理念一方面说明风险管理的认识应提高到公司整体战略，关系到公司治理和合规经营的各个方面；另一方面，对风险的控制也不仅仅是一个技

术手段的问题，不仅仅是某个环节或管理人员的任务，而是关系公司上下各个层面的问题。治理机构如果不能为良好的合规和风险管理文化创造条件，激励有效风险管理，那么一个企业的风险管理将必然偏离正确的发展方向。合规与风险管理将进一步融入公司日常管理和绩效考核的过程中。

二、风险管理工具将在创新过程中得到全面发展

2008 年以来的金融危机给我们留下了许多警示。尽管很多国际投资银行在 1994 年就开发应用了风险价值模型和相应的系统，但美国主要投资银行的风险价值模型并没有预测到次级债爆发带来的巨额损失，显示出以历史数据为统计基础的预测方式存在重大缺陷。在政府对市场的干预行为、信息披露的不充分性以及投机者的操纵行为作用下，相关假设都在一定程度上失效。中国证券公司的合规部门与风险管理部门应吸取这些经验和教训，深入研究本国市场环境下的主要风险因素，不断讨论和反省风险模型假定的合理性，反复验证模型的有效性和可靠性，建立适合中国证券公司实际情况的风险管理系统。

三、合规与风险管理的规范化程度将逐步提高

随着合规工作的深入和各类风险管理工作的广泛应用，行业内对管理实践进行规范化的需求也逐步加大。为了统一把握行业整体情况，建立可以衡量证券公司历史发展、对比不同公司管理水平的行业标杆，中国证券业合规和风险管理的一些通用工具，例如金融资产的估值模型和风险价值的计算模型，将逐渐统一；对相关风险计量和预测工具的披露也将更为详尽。

四、操作风险量化管理的探索将不断加速

操作风险量化管理不仅要求证券公司对不同操作风险损失事件的规范化和标准化记录，还要求证券公司有能力根据其分布设定资本配置的激励机制，逐步形成有效控制违规事件和其他操作风险的良性企业文化。随着国际化的发展和有效配置资本要求的提高，中国证券公司探索操作风险量化管理的步伐逐渐加快，合规监测对关键风险的覆盖面进一步扩大。由于人才资源投入、重视程度不同，先进风险管理的技术和应用将在少数公司率先实现，并凸显其在公司发展战略上的优势。

五、信息技术在合规与风险管理方面的应用范围和深度将迅速拓展

随着中国证券公司合规和风险管理各项职能的全面展开和深入推进，信息技术的应用范围和深度也将在中国证券业迅速拓展，突出集中在合规监测工具、市场风险管理工具等方面。同时，随着应用程度的加深，证券公司内部相关信息系统缺乏整合，影响数据可靠性和系统效率等问题也逐步凸显。行业内在信息系统规划和整合、数据挖掘、系统和数据安全等方面也将逐步加大投入。

六、证券行业的合规和风险管理人员“职业化”进程将开始加速

行业合规和风险管理规范化进程的一个关键基础是人才。先进的风险计量工具和测算

模型、可靠的数据采集处理系统、有效的资本配置规划和风险管理战略都依赖于金融管理人才和科技人才的开发和应用。建立广泛的研究和交流平台是提高管理和技术水平的一个基本途径。中国证券行业的合规风控管理人才将在持续交流探索的过程中走向“职业化”。

专题报告之三：

2011 年证券公司投资者教育与服务工作报告

第一章 证券公司投资者教育与服务工作基本情况

根据中国证监会《关于加强证券经纪业务管理的规定》、中国证券业协会《会员投资者教育工作指引（试行）》和《证券公司营业部投资者教育工作业务规范》，中国证券业协会结合近5年来开展证券行业年度投资者教育总结工作的经验，研究设计了证券公司投资者教育与服务专项评估的理论框架、评价指标体系和评分办法。在具有经纪业务的99家证券公司的自评表及自评报告的基础上，中国证券业协会对证券公司投资者教育与服务的投入与组织建设情况、投资者适当性实施情况、投资者教育活动与产品情况、投资者信息服务情况、客户回访与投诉处理情况等方面进行了综合评估。

第一节 证券公司投资者教育与服务投入及组织建设情况

证券公司在投资者教育与服务工作方面总体投入力度较大，工作组织与制度建设普遍比较健全。

一、投资者教育与服务投入

投资者教育与服务投入包括证券公司用于直接面向广大投资者的各类教育与服务工作的经费，证券公司专职从事投资者教育与服务岗位的人员配置以及人员的考核、培训等情况。

（一）证券公司总体上重视在投资者教育与服务方面的投入

2011年，99家证券公司投资者教育与服务经费总计约9.21亿元，占同期代理买卖证券业务净收入的1.18%，平均每家证券公司投资者教育与服务经费为930.37万元。在人力投入方面，99家证券公司全部设有专岗人员，约95%的证券公司建立了相关人员的考核、培训机制等。另外，从事投资者教育与服务的人员平均从业年限为7.31年。

（二）2011年，各公司投资者教育与服务经费投入差异明显

经费投入在3 000万元以上的有9家公司，占比9.09%，最多的达到7 154万元；1 000万~3 000万元的有20家，占比20.20%；500万~1 000万元的有15家，占比15.15%；100万~500万元的有40家，占比40.40%；10万~100万元的有15家，占比15.15%；10万元以下的没有。从投资者教育与服务经费占同期代理买卖证券业务净收入的比重来看，在3%以上的有8家，占比8.08%，最大的为4%；在1%~3%之间的有39家，占比39.39%；在0.5%~1%之间的有23家，占比23.23%；在0.1%~0.5%之间的有24家，占比24.24%；在0.05%~0.1%之间的有0家，占比0%；低于0.05%的有5家，占比5.05%（见图1-1）。

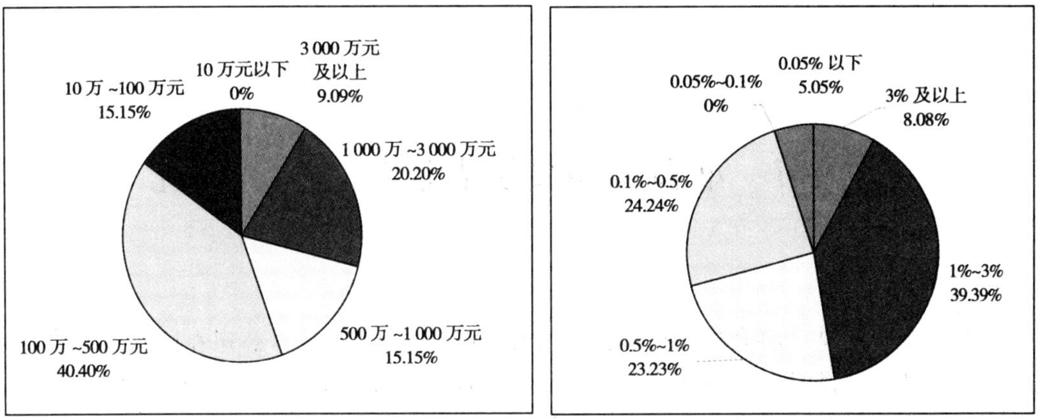

图1-1　2011年度证券公司投资者教育与服务经费投入情况

注：由于四舍五入，图中数字加总为99.99%。

（三）证券公司投资者教育与服务专岗人员从业年限差异较大

99家证券公司中从事投资者教育与服务的专岗人员从业年限最长的为17年，最短的仅为1年（见图1-2）。

二、组织与制度建设

组织与制度建设指证券公司开展投资者教育与服务工作的领导、协调机制、客服中心等部门的建设，对营业部的督导以及相关制度建设等情况。证券公司在组织机制与制度建设方面普遍采取了有效措施，总体情况较好，各证券公司之间差异不大。在工作组织方面，99家证券公司全部建立了投资者教育领导小组及相应的工作组织体系。其中，约90%的证券公司建立有客服中心或呼叫中心，约94%的证券公司对营业部相关工作进行过专项检查。在相关制度建设方面，证券公司普遍建立了投资者教育工作类、客户服务类及投诉处理类制度。

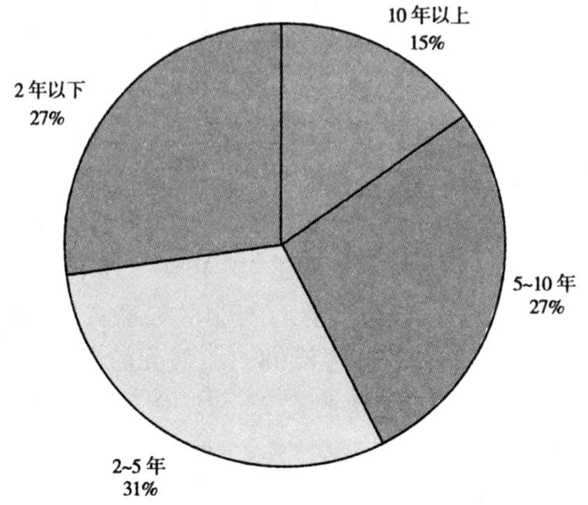

图1-2　2011年度证券公司投资者教育与服务专岗人员从业年限

第二节　证券公司投资者适当性实施情况

适当性的核心是“将合适的产品销售给合适的投资者”。证券公司在向客户提供投资建议、推荐投资产品时，应评估该产品或服务是否符合客户的风险承受能力和投资需求。投资者适当性主要包括客户分类、产品分类以及适配服务等环节的工作。

一、客户分类

证券公司已普遍开展投资者风险承受能力测评工作。99家证券公司均开展了不同形式的投资者风险测评工作，对客户进行分类分级。证券公司的客户初次风险测评完成比例平均值高达66.13%（见图1-3），约94%的证券公司根据测评结果对客户进行分类教育，约92%的证券公司设有客户分类分级数据管理系统。

二、产品分类

多数证券公司对产品进行初步或部分分类，产品分类工作有待进一步加强。99家证券公司中，90%以上的证券公司对投资品种进行了风险分类以及对所研究个股进行了投资评级或风险提示。在投资产品分类具体做法方面，各证券公司尚缺乏相对统一的标准，部分证券公司仅对基金品种或部分投资品种进行了风险分类。此外，约79%的证券公司表示建立了投资产品信息管理系统；约64%的证券公司投资产品信息管理系统是与客户分类相对应的；约87%的证券公司已经将投资服务产品化。

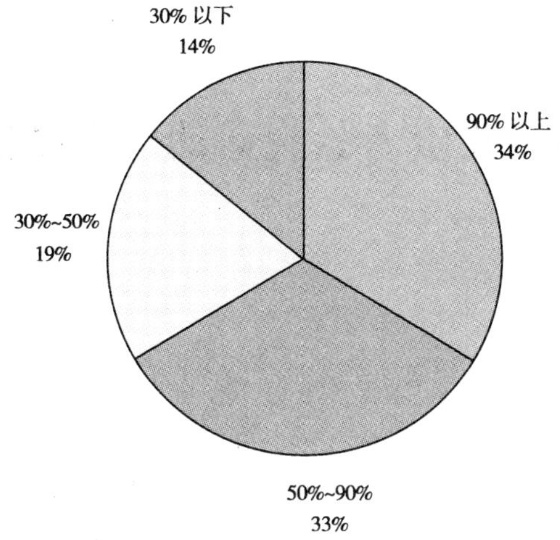

图 1－3　2011 年度证券公司客户初次风险测评完成比例

三、适配服务

将合适的产品以合适的方式提供给合适的投资者是证券公司义不容辞的义务。99 家证券公司中，约 98% 的证券公司根据客户风险分类推荐相应产品或服务，在客户选择超过自身风险承受能力或不能确定适当性的产品时进行提示，并以书面或电子形式留存。99 家证券公司投资顾问比例（投资顾问人数/公司有效客户总数）平均值为 3.6‰，中位数为 0.27‰（见图 1－4）。

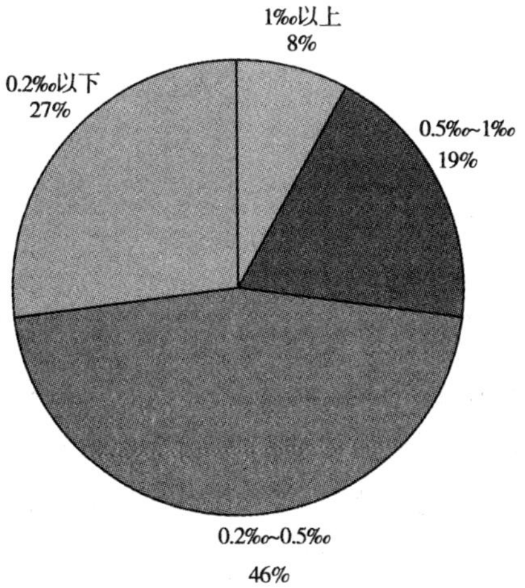

图 1－4　2011 年度证券公司投资顾问比例

第三节　投资者教育活动与产品情况

一、投资者教育活动

投资者教育活动是证券公司开展投资者教育工作的基本形式，包括现场活动和非现场活动。现场活动较常见的形式有股民学校、知识讲座、专题报告会、投资者交流会等；非现场活动较常见的形式有视频讲座、在线交流、模拟炒股等。2011 年，99 家证券公司中有 98 家开展了投资者教育现场活动。全部证券营业部部均现场活动场数为 33 场，即每家营业部平均每月举办约 3 场活动（见图 1－5）；现场活动参加人员覆盖率（参加人次/公司有效客户数量）平均值为 18.72%；现场活动形式在 3～4 种的证券公司居多，共计 56 家。

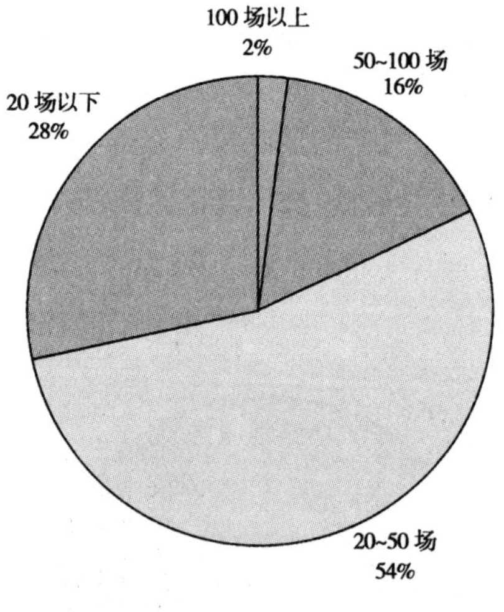

图 1－5　2011 年度证券公司营业部平均现场活动场数

2011 年，99 家证券公司中有 91 家开展了网络形式的投资者教育非现场活动，网上活动活跃度（参与人次/有效客户数量）平均值为 24.07%（见图 1－6）。

2011 年，证券公司通过各类媒体广泛开展投资者教育与服务工作。99 家证券公司中，约 97% 的证券公司开展了媒体合作宣传，大部分公司合作媒体种类为 3～4 种。

二、投资者教育产品

投资者教育产品包括纸质产品及电子产品。目前，纸质产品主要有折页、手册、海报等形式；电子产品主要有 FLASH、游戏、网络社区等形式。99 家证券公司中，约 98% 的

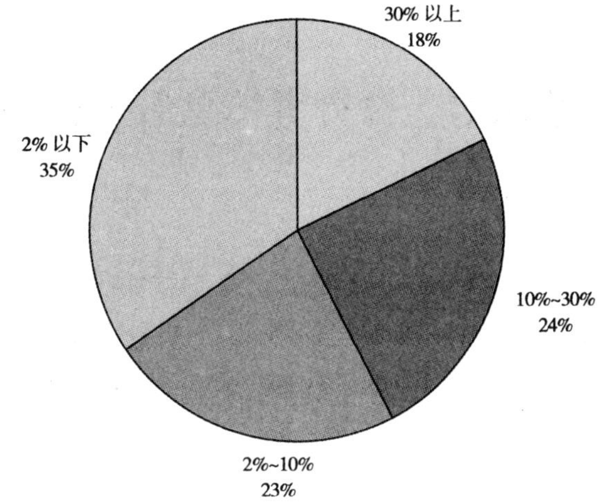

图 1－6　2011 年度证券公司网上活动活跃度

证券公司制作了投资者教育纸质产品，约 84% 的证券公司制作了投资者教育电子产品。纸质产品中，证券营业部平均发放数量（发放数量/营业部数量）为 6 024 件（见图 1－7）。此外，88 家证券公司的投资者教育纸质产品中不仅包含基础知识内容，还包含风险揭示内容。

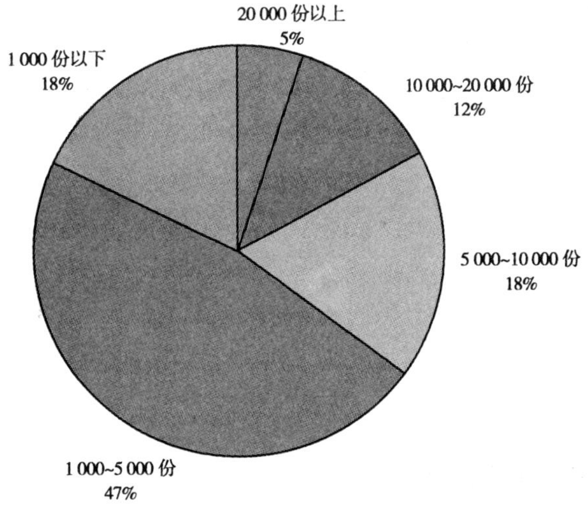

图 1－7　2011 年度证券公司营业部纸质产品平均发放数量

第四节　投资者信息服务情况

通过证券公司畅通、高效的信息服务渠道，投资者能快速、准确、完整地获取投资相关信息。投资者信息服务包括网站建设、营业部投资者教育园地建设、通讯服务以及客户行权提示。证券公司在投资者信息服务方面做了大量工作，整体水平较高。

一、网站建设

99 家证券公司全部建立了投资者教育专门网站或网页，并在公司主页上设有链接标志。网站内容主要包括基础知识、产品介绍、法律法规、风险提示以及各类投资教育专项活动等。约 90% 的证券公司每月对网站内容进行更新（见图 1－8）。

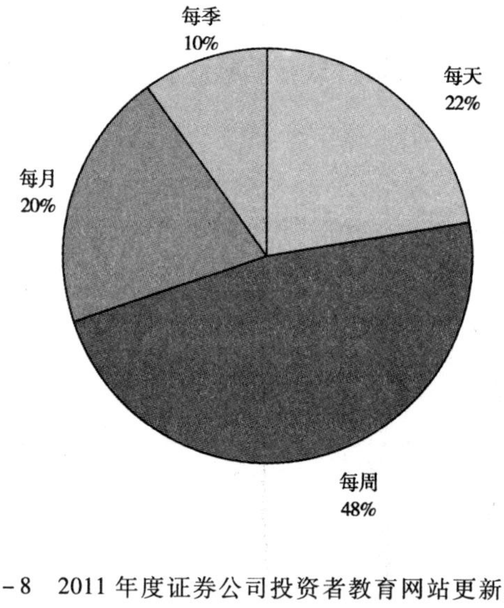

图 1－8　2011 年度证券公司投资者教育网站更新频率

二、营业部投资者教育园地建设

99 家证券公司均在每家营业部显著位置设置了投资者教育园地，其中约 90% 的证券公司对各营业部设计了统一的投资者教育园地模板，园地主要内容包括信息公示、收费标准、法律法规、投资知识、风险提示等。

三、通讯服务

99 家证券公司中，约 96% 的证券公司设有专门的客服热线，约 84% 的证券公司设有客户服务呼叫中心，约 96% 的证券公司设有统一号码的短信平台。2011 年，证券公司客户人均短信发送数量为 129 条（见图 1－9）。其中，在 60 条以下的有 25 家，占比 25.25%；60～120 条的有 37 家，占比 37.37%；120 条以上的有 37 家，占比 37.37%。

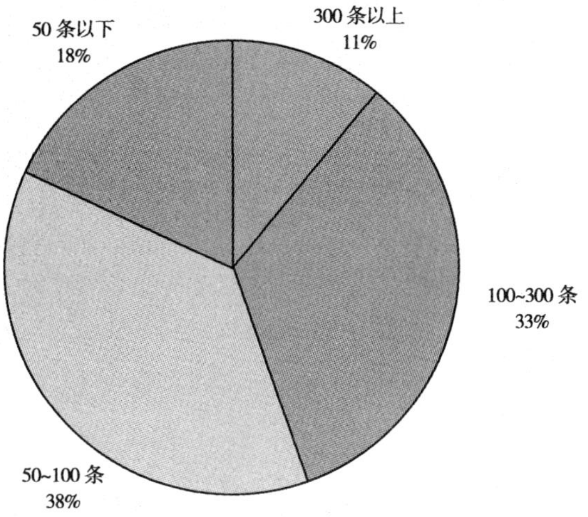

图 1－9　2011 年度证券公司客户人均发送短信数量

四、客户行权提示

证券公司充分重视投资者行权信息服务，实行一对一提醒。99 家证券公司均有针对投资者行权的提醒服务。其中，98 家证券公司有一对一的行权提醒服务，确保及时准确地向投资者提示信息。

第五节　客户回访与投诉处理情况

证券公司普遍重视客户回访以及投诉处理，工作基本实现了规范化、标准化。

一、回访机制

证券公司及时对客户进行回访并将回访进行留痕保存。在回访时限方面，30 家证券公司会在 1 周内对新开户客户进行回访；17 家证券公司会在半月内对新开户客户进行回访；52 家证券公司会在 1 月内对新开户客户进行回访。回访的内容包括客户身份核实、账户变动确认以及营业部人员是否违规代客户操作账户、是否向客户充分揭示风险、是否存在全权委托行为等。2011 年，99 家证券公司对原有客户回访比例平均值为 17.44%（见图 1－10），证券公司均对回访进行留痕并保存至少 3 年。

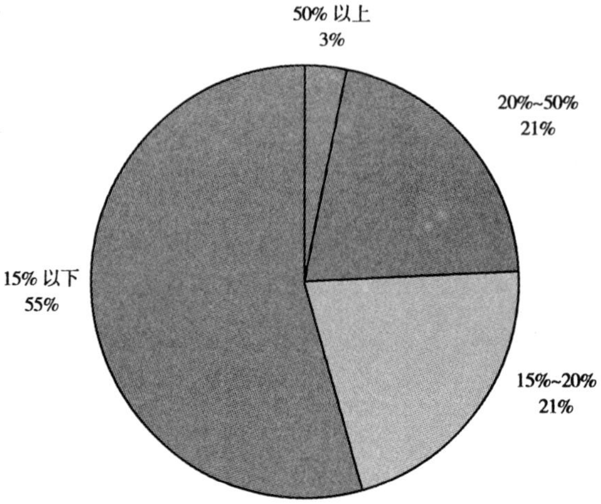

图 1－10　2011 年度证券公司对原有客户回访比例

二、投诉处理机制

证券公司普遍能及时、有效地处理客户投诉。99 家证券公司均在网站和营业场所显著位置公示投诉渠道，建立投诉处理档案并至少保留 3 年；98 家证券公司会定期汇总经纪业务投诉及处理情况，并分别报证券公司住所地及证券营业部所在地证监局备案。从投诉处理情况来看，2011 年全年有 5 家证券公司未收到投资者投诉；收到投诉的 94 家证券公司中有 91 家的投诉处理率为 100%，2 家的投诉处理率在 95% 左右，1 家的投诉处理率为 75%（见图 1－11）。

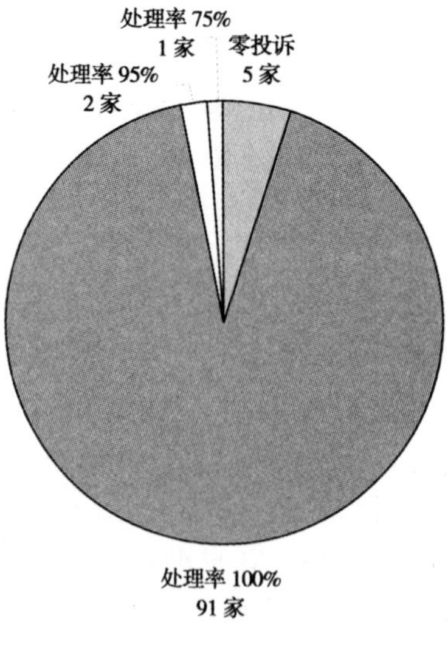

图 1－11　2011 年度证券公司投诉处理率

第六节　其　　他

一、经纪业务品牌

目前，有61家证券公司建立了经纪业务品牌，品牌成立时间平均为2.26年。从成立时间分布情况来看，经纪业务品牌成立时间在5年及以上的有5家，成立时间最长的为8年；成立时间在3～4年的有17家；成立时间为2年的有13家；成立时间为1年的有26家（见图1－12）。

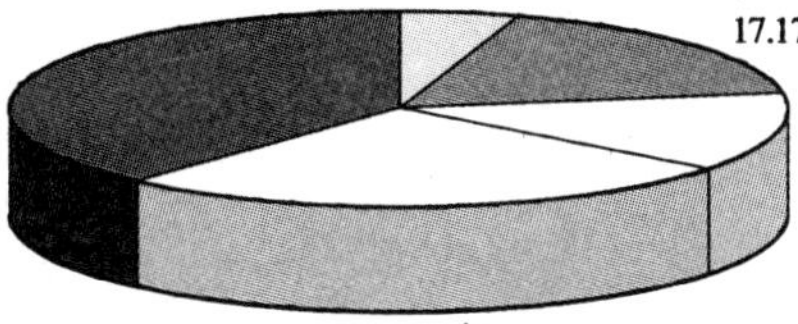

图1－12　证券公司经纪业务品牌成立时间分布情况

二、获奖情况

2011年，证券监管部门和自律组织举办了一系列投资者教育与服务类评优、评奖活动，99家证券公司中，约47%的证券公司有获奖经历。

第二章 证券公司投资者教育与服务工作的主要特点

从评估结果来看，证券公司投资者教育与服务工作主要有以下特点：

一、证券公司投资者教育总体情况良好，日常投资者教育工作成效显著

根据评估，2011 年度证券公司投资者教育与服务状况平均得分 82.25 分（满分 100 分），最高分 96.82 分，最低分 60.57 分。12 家证券公司得分在 90 分以上，占比 12.12%；58 家证券公司得分在 80～90 分，占比 58.59%；29 家证券公司得分在 80 分以下，占比 29.29%。共计 70.71% 的证券公司得分在 80 分以上，证券行业投资者教育与服务工作总体处于良好状态。此外，在投资者教育与服务专项评估中，日常投资者教育与服务工作指标的平均得分率最高，达到 87.35%，表明证券公司在投资者教育活动、投资者教育产品、投资者信息服务、各业务环节工作、客户回访与投诉处理、媒体宣传等常规性工作方面做了大量工作，成效比较显著。

二、证券公司适当性管理方面整体情况较好，但各公司适当性管理具体实施方面差异较明显

投资者教育基本情况与适当性管理指标满分为 38 分，参评的 99 家证券公司平均得分 31.36 分，平均得分率 82.52%，其中 71 家证券公司得分在 30 分以上，表明证券公司投资者教育与服务的基本情况及适当性管理方面整体情况较好。但该一级指标的极差和标准差数值较大，意味着各家证券公司存在较大差异，主要体现在投资者适当性实施情况方面。

证券公司客户分类工作已全面开展，产品分类工作有待进一步加强。99 家证券公司均开展了投资者风险承受能力测评工作，对客户进行分类分级。90% 以上的证券公司对投资品种进行了初步的风险分类，但投资产品的分类标准和方法有待于进一步完善。

证券公司在适配服务方面整体情况较好。向投资者推荐适合的产品是证券公司保护投资者、实施客户适当性管理的基本要求。99 家证券公司普遍能根据不同客户的风险承受能力推荐适当的产品或服务，并会在客户选择超过自身风险承受能力或不能确定适当性的

产品时进行提示。

三、日常投资者服务工作得到证券公司普遍重视，不同分类标准下的证券公司投资者教育与服务状况呈现不同特点

99 家证券公司中有 95 家证券公司已建立了全国统一客户服务热线。99 家证券公司均对回访内容进行留痕并至少保存 3 年。99 家证券公司均在网站和营业场所显著位置公示投诉渠道，建立投诉处理档案并至少保留 3 年。91 家证券公司对本公司接到的投诉全部处理完毕。

参照证券公司规模大小、上市与否和监管分类的不同分类标准，证券公司投资者教育与服务状况呈现以下不同特点：

（一）大中型证券公司的投资者教育与服务状况总体上好于小型证券公司

按照净资本或营业收入指标将 99 家证券公司分为三类①：大型公司、中型公司和小型公司（见表 2－1、表 2－2、图 2－1、图 2－2）。按此分类对本次评价得分进行分析发现，不管按照上述哪种标准分类，大中型证券公司投资者教育与服务工作的平均得分和平均排名均好于小型公司：（1）按 2010 年 12 月 31 日净资本排序，大型证券公司平均得分 85.87 分，平均排名 33 名；中型证券公司平均得分 83.10 分，平均排名 46 名；小型证券公司平均得分 75.50 分，平均排名 67 名。（2）按 2010 年度营业收入排序，大型证券公司平均得分 86.08 分，平均排名 33 名；中型证券公司平均得分 83.67 分，平均排名 46 名；小型证券公司平均得分 74.75，平均排名 69 名。（3）大型证券公司中得分高于 85 分的证券公司比例明显高于中型和小型证券公司。这说明当公司规模达到一定水平后，可以集中更多的人力、财力，加大投资者教育与服务方面的投入，提高投资者教育与服务水平。

表 2－1　　2011 年度证券公司投资者教育与服务状况比较（按净资本分类）

按净资本分类	均值（分）	平均排名	证券公司数量（家）
大型	85.87	33	33
中型	83.10	46	33
小型	75.50	67	33
总计	82.25	50	99

表 2－2　　2011 年度证券公司投资者教育与服务状况比较（按营业收入分类）

按营业收入分类	均值（分）	平均排名	证券公司数量（家）
大型	86.08	33	33
中型	83.67	46	33
小型	74.75	69	33
总计	82.25	50	99

① 方法一：2011 年数据暂未公布，因此按 2010 年 12 月 31 日净资本降序排列，前 33 名为大型证券公司，最后的 33 名为小型证券公司，中间的 33 名为中型证券公司。方法二：按 2010 年度营业收入降序排列，前 33 名、中间 33 名、后 33 名证券公司分别为大型、中型、小型证券公司。

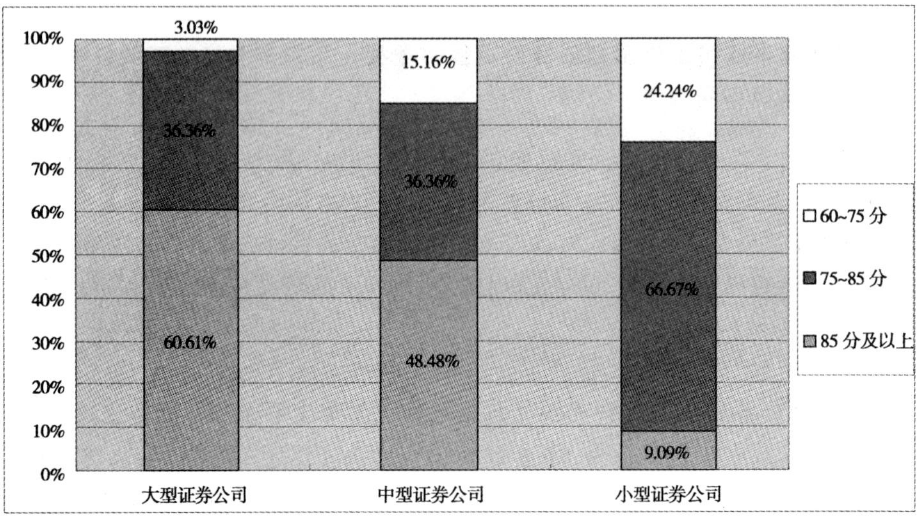

图 2-1　2011 年度证券公司投资者教育与服务状况比较（按净资本分类）

（二）上市证券公司投资者教育与服务状况优于未上市证券公司

截至 2011 年底，我国证券公司中已上市公司共 18 家。从评估结果看，具体表现为：(1) 上市证券公司投资者教育与服务工作平均得分为 85.66 分，高于非上市证券公司的 81.50 分；(2) 分指标来看，上市证券公司在基本情况与适当性管理、日常投资者教育与服务工作和其他三个一级指标上的平均得分均高于非上市证券公司（见图 2-3）；(3) 上市证券公司中平均得分 85 分以上的公司比例明显高于非上市证券公司（见图 2-4）。18 家上市证券公司中平均得分 85 分以上的公司共有 12 家，占比 67%，明显高于非上市证券公司 33% 的比例。

（三）中国证监会分类评价为 A 类的证券公司投资者教育与服务工作状况明显优于其他类公司

1. 分类评价为 A 类的证券公司中，得分在 85 分以上的比例明显高于分类评价为 B 类、C 类的证券公司（见图 2-4）。

2. 分类评价为 A、B、C 类的证券公司平均得分分别为 84.96 分、80.82 分和 77.63 分（见表 2-3）。此外，分类评价为 A 类的证券公司在各项一级指标上得分均略高于其他两类证券公司（见图 2-5）。

表 2-3　2011 年度证券公司投资者教育与服务状况比较（按中国证监会分类）

证券公司监管分类	均值（分）	证券公司数量（家）
A 类	84.96	42
B 类	80.82	47
C 类	77.63	10
总计	82.25	99

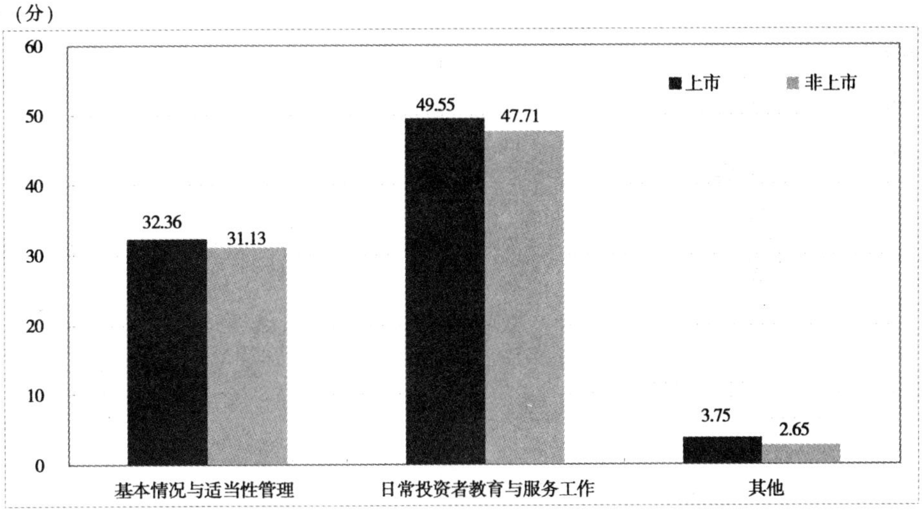

图2－2　2011年度证券公司投资者教育与服务状况一级指标得分比较（按上市与否分类）

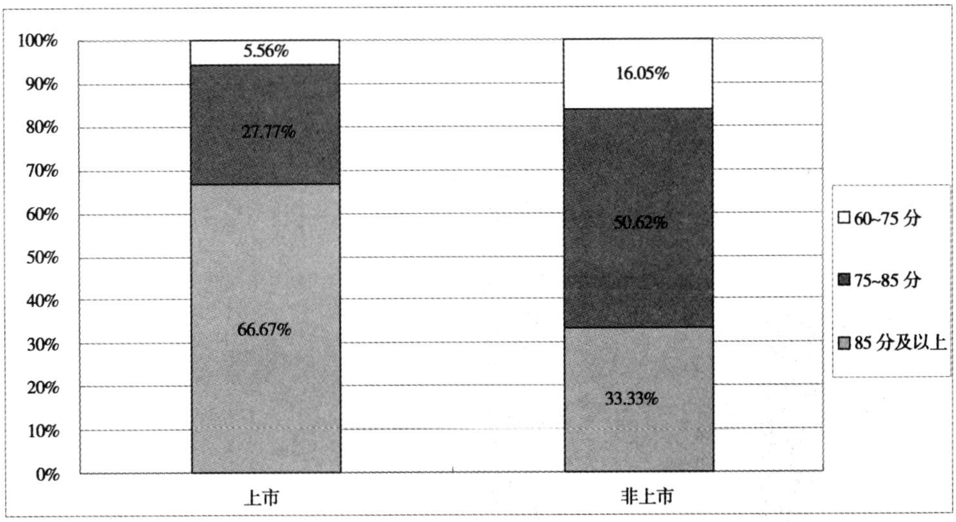

图2－3　2011年度证券公司投资者教育与服务状况评分结果比较（按上市与否分类）

总之，2011年证券公司投资者教育与服务工作总体情况良好，在开展投资者教育与服务活动及制作产品等常规性工作方面投入较大，各业务环节中的投资者教育与服务工作规范已普遍内化为合规要求，投资者适当性工作已全面展开。但是，在以下几方面尚需进一步加强：一是应制定以客户分类和投资产品分类为主要内容的适当性制度和规则，引导证券行业提高投资者适当性工作的针对性和有效性；二是应深入分析投资者适当性制度的实施现状，加强先进经验的宣传，强化证券公司履行投资者适当性的义务和责任；三是应继续完善监管自律协调机制，推动开展证券公司投资者教育与服务评价工作，形成行业投

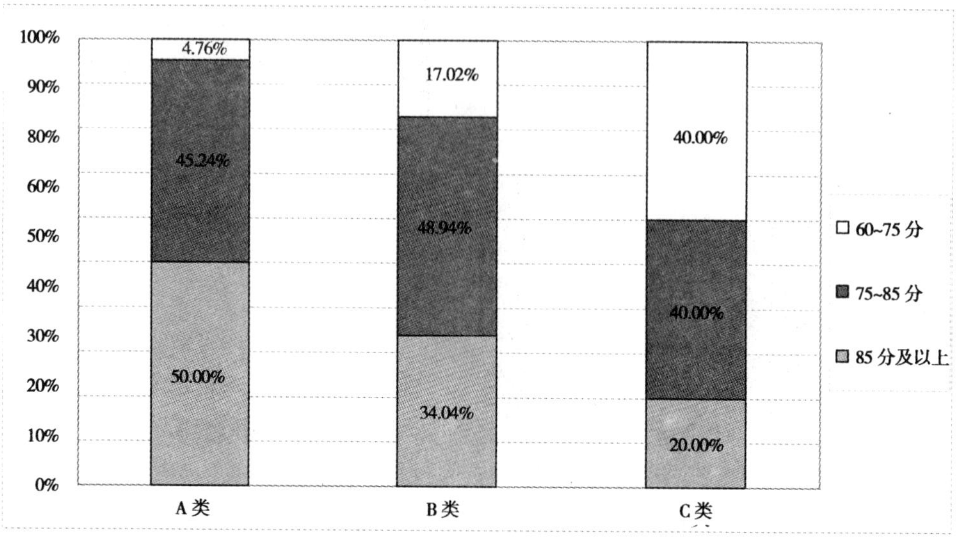

图2－4 2011年度证券公司投资者教育与服务状况得分结果比较（按中国证监会分类）

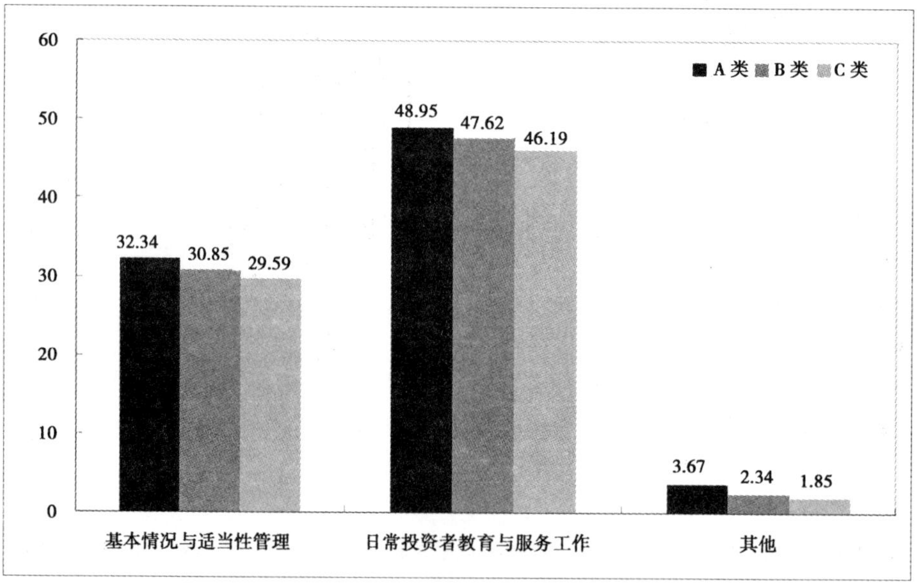

图2－5 2011年度证券公司投资者教育与服务状况一级指标得分比较（按中国证监会分类）

资者教育与服务工作的良好示范效应；四是应鼓励证券行业开展投资者教育与服务模式的创新，根据客户的需求，努力提供差异化的产品与服务，全面提升行业投资者教育与服务水平。

专题报告之四：

2011 年中国证券资信评级业务发展综述

第一章 2011年中国资信评级业面临的政策环境

一、国内政策环境对资信评级行业的影响

（一）部署信用体系发展规划，明确评级机构国际发展方向

2011年10月19日，国务院总理温家宝主持召开国务院常务会议，部署制定社会信用体系建设规划。会议强调，“十二五”期间要以社会成员信用信息的记录、整合和应用为重点，建立健全覆盖全社会的征信系统，全面推进社会信用体系建设。主要任务第四项为：加强监管，完善信用服务市场体系。规范发展信用服务机构和评级机构，有序推进信用服务产品创新。

2011年12月25日，中国人民银行行长周小川在出席第三届中国经济前瞻论坛时表示，我国应减少对国外信用评级机构的依赖，未来我国需要支持本土评级机构的发展，甚至是支持它们发展成为国际型评估机构。

（二）主管部门推出创新产品，强化制度建设，防范系统风险

2011年5月23日，中国证监会基金监管部发布《关于证券投资基金投资中期票据有关问题的通知》，将中期票据纳入证券投资基金的投资范围，有利于促进债券市场尤其是信用债市场发展。

2011年10月20日，中国证监会发布证监会公告［2011］29号，启动创业板上市公司非公开发行债券的工作，为创业板企业开辟了新的融资渠道，同时丰富了我国的债券市场产品。创业板公司非公开发行债券执行《公司债券发行试点办法》（证监会令第49号）的有关规定，在发行对象数量、发行方式等方面参照非公开发行股票的有关规定。此外，公告规定，创业板上市公司非公开发行公司债券的转让执行深圳证券交易所的有关业务规则。之后，2011年12月1日，深圳证券交易所发布《关于为创业板上市公司非公开发行公司债券提供转让服务有关事项的通知》，对创业板公司非公开发行公司债券交易作了规

定。

2011年为防范系统性风险，规范市场运行，国家发展和改革委员会下发《关于进一步加强企业债券存续期监管工作有关问题的通知》，加强存续期管理和债券资金用途监管。中国人民银行也出台相关措施规范清算代理行的代理行为以及债市微观主体行为。

二、国际政策环境对资信评级行业的影响

金融危机后，世界各发达国家均对本国的评级行业监管制度进行了调整。进入2011年，在后金融危机时期及经济逐步复苏大环境的趋势影响下，受金融危机影响最为严重的美国和欧盟所采取的监管措施更为频繁和严厉。可见，发达国家正通过积极的调控手段避免重蹈金融危机的覆辙。

美国通过金融监管法案加强了对评级机构的监管力度，降低了市场对评级机构的依赖程度。美国证券交易委员会（SEC）于2011年5月18日公布了一份长达517页的监管改革草案，其中数项监管新规直指信用评级机构。根据草案要求，评级机构将需要每年向SEC提交有关内控结构的信息，并公开对金融产品的评级方法以及评级历史表现等。此外，SEC计划让第三方机构就评级机构对资产抵押证券作出的评级进行独立调查。

欧盟也通过制度改革，变更了评级机构的监管机构，同时修订了2009年颁布实施的监管法规。2011年3月，欧盟议会修订了《信用评级机构监管法规》（The EU Regulation 1060/2009），授权欧洲证券与市场管理局（European Securities and Markets Authority，ESMA）从2011年下半年开始全面负责泛欧盟范围内的信用评级监管，对评级机构发放执照并进行监管。2011年3月18日，ESMA发布了《信用评级机构监管法规——背书制度应用指导原则（征求意见稿）》。2011年11月15日推出《对评级机构的立法建议》，要求评级机构遵循更加严厉的法规，使其业务开展更加透明，并承担相应的法律责任。据报道，欧洲正在全速推进建立“纯正欧洲血统”的评级机构，预计该机构将于2012年成立，并于第2季度发布首项主权评级。

而此前一直处于监管空白的我国香港特别行政区也于2011年6月正式出台了针对评级行业的监管制度，弥补了这一空白；并依据新修订的监管条例《证券及期货条例》首先发放了5家评级机构的营业牌照。

第二章

2011年中国资信评级业发展的基本情况和经营状况

一、资信评级机构类型

随着我国信用评级市场的逐渐成熟，评级业务种类日益多样。特别是国际性评级业务的出现，不但从地域上突破性地拓展了我国评级业务，丰富了我国评级业务的种类，也极大地改变了我国评级机构的专业性质，促进了我国国际化的评级体系的形成。

中国信用评级业历经20多年的发展，已经形成了一批能够承担资本市场评级业务的机构，当前在证券业和银行间两大债券市场从事债券类评级业务的评级机构已达9家。

由于评级机构资本结构、发展方向、价值取向、技术力量的不同，形成了国际与国内机构齐全，国有、民营、合资或合作“三资”竞争的格局。9家评级机构从评级资格、评级地域、所有制形式等方面划分，主要类型如表2－1所示。

表2－1　　9家评级机构划分类型

评级机构	评级资质		评级地域	所有制
	证券业评级资质	银行间评级资质		
大公国际资信评估有限公司	有	有	国际、国内	民营为主
中诚信国际评级有限公司		有	国内	合资合作
联合资信评估有限公司		有	国内	合资合作
上海新世纪资信评估投资服务公司	有	有	国内	合资合作
鹏元资信评估有限公司	有		国内	民营为主
中诚信证券评估有限公司	有		国内	民营为主

续表

评级机构	评级资质		评级地域	所有制
	证券业评级资质	银行间评级资质		
联合信用评级有限公司	有		国内	国有为主
中债资信评估有限责任公司			国内	国有为主
东方金诚国际信用评估有限公司	有	有	国内	国有为主

二、我国证券业资信评级机构经营状况

（一）资信评级机构收入

目前，我国信用评级机构的主要收入来源是银行间债券市场的信用评级业务，主要包括短期融资券评级、企业债券评级、金融债券评级等。从业务规模上看，银行间市场信用评级业务收入增长速度较快，并且具备一定规模。2011 年是信用评级行业发展十分迅猛的一年，特别是市场化程度高、发行规模大的短期融资券的推出以及金融机构债券和资产证券化产品的先后出台，带动了整个银行间债券市场的大规模增长。据统计，2011 年 6 家资信评级机构总收入约 32 051 万元，比 2010 年总收入增长 70%。

2011 年，证券资信评级机构的整体收入和盈利能力也随债券市场的发展获得快速增长。我国证券市场发行的债券主要有公司债券、可转换公司债券和可分离交易公司债券。全年 6 家评级机构的证券评级业务总收入约为 3 876 万元，同比增长超过 3 倍，占总收入的 12%。其中，公司债的增长幅度最大，比 2010 年增长近 8 倍。

（二）机构数量增加

经中国证监会批准，我国具有证券资信评级业务资格的评级机构原有 5 家，即大公国际资信评估有限公司、中诚信证券评估有限公司、联合资信评估有限公司、上海新世纪资信评估投资服务公司和鹏元资信评估有限公司。2011 年 6 月 9 日，东方金诚国际信用评估有限公司获准从事证券市场资信评级业务，成为证券资信市场第 6 家具有资质的全国性评级机构。

（三）机构人才培养

信用评级机构竞争的核心是人才和技术的竞争。截至 2011 年底，我国 6 家证券资信评级机构从业人员总数达 815 人，其中评级分析师人员数量为 458 人。从学历构成来看，15% 的分析师具有博士学历，60% 的分析师具有硕士学历，本科及以下学历者占 25%；从评级分析师的从业经验来看，45% 的分析师具备两年以上从业经验，19% 的分析师具备一年到两年从业经验。总体来看，我国评级机构已经拥有了一支高学历、经验丰富的分析师队伍。

（四）数据库和信息系统建设

证券资信评级机构普遍重视数据库和信息系统的开发和建设。2011 年，6 家机构的数据库得到进一步充实和完善，其中采购外部数据 12 个；涉及领域包括债券评级管理系统、

合同及资金管理系统、评级业务数据库系统、财务管理系统等。2011 年各家机构新开发或升级的系统共计 7 项。数据库及信息系统比较齐全，基本满足评级业务需要。

（五）合规体系建设

各证券市场资信评级机构自觉遵守《证券市场资信评级业务管理暂行办法》和《证券资信评级行业自律公约》，建立和完善内控和合规体系建设。截至 2011 年底，6 家机构基本建立起“制度完备、流程控制、风险管理、过程留痕、竞争有序”的自我约束机制。5 家公司内部设立了合规部门，有效提升了证券资信评级机构自身的合规管理水平。

三、评级机构在证券市场中的作用

随着我国信用债市场的发展，尤其是 2005 年短期融资券推出以来，信用评级在中国受重视的程度在逐步提高，信用评级对债券风险及定价的指导作用逐步体现。根据中国银行业监督管理委员会 2007 年 10 月颁布的《关于有效防范担保风险的意见》，银行担保要逐渐淡出债券发行体系，企业信用将真正成为债券定价的基础，评级机构的重要性将更加凸显。而评级本身可弱化资本市场信息不对称，于各方有利，从而降低社会成本。而是否能实际降低成本，取决于信用评级质量。因此，今后评级机构应致力于提高信用评级服务质量，并使评级更加透明化，不断提高评级行业的认知度和声誉，发挥其对资本市场的重要作用。

2008 年的次贷危机、2011 年的欧美主权债务危机中，评级机构对债券市场及国际金融秩序产生的巨大影响，将评级机构推向了前台，促使国内投资者及监管机构重新评估信用评级的作用，进而主动加强监管，将其与金融稳定相结合。

由信用评级在金融体系中的地位所决定，评级机构已不是一般的金融中介，而是承担金融安全和社会公共责任、公众化程度较高的特殊信用服务机构，客观上社会要求它独立、公正地履行超出一般企业所承担的公共责任。独立、公正、客观的信用评级制度会对债券市场的发展起到很大的促进作用。借助于债券市场大发展的契机，可以期待，在监管部门的推动下，未来我国信用评级市场将更加活跃和完善，在技术改进、公信力建立等方面努力提高。我国信用评级行业有望进入一个快速健康发展的新阶段，从而更好地服务我国债券市场的健康发展。

第三章

中国证券资信评级业2012年前景展望

2011年中国债券市场的信用类债券保持大幅度的增长，其中信用评级业的市场影响和社会地位有了明显提高。特别是随着我国人民币国际化发展进程的加快，中国评级机构开始进入国际评级市场，并以不断提升的国际影响力打破现有国际评级机构对国际评级市场不合理的垄断格局，推动国际评级体系改革发展。

展望未来，在积极财政政策和稳健货币政策的指引下，我国经济仍然有望继续维持较快的增长速度，为评级行业的发展提供了宏观经济支持。

一、债券市场金融产品不断创新，资信评级市场需求扩大

2011年，中国债券市场的创新不断，在解决企业融资困境的同时，也扩大了资信评级市场的需求。

（一）高收益中小企业债推出在即

从世界范围来看，中小企业和小微企业的融资始终是难题，银行往往并不是这类企业获得资金的主渠道。中小企业由于本身的规模较小，也无法直接从资本市场上向公众募集资金，因此通过高风险、高回报率的债券方式获得投资者资金成为它们拓宽融资渠道的出路。

2011年10月，国务院召开常务会议确定了各项财税和金融支持政策措施，其中不仅包括“加大对小型微型企业的信贷支持”，还包括“拓宽小型微型企业融资渠道”。2012年初召开的第四次全国金融会议也强调要加大研究探索和试点，推出高收益企事业债、市政债、机构债等债券新品种，建设规范统一的债券市场。

这一系列的金融改革措施为债市的发展提供了新动力。在中国证监会、上海证券交易所等监管和操作执行者的力推下，国内高收益中小企业债券呼之欲出，有助于丰富与完善中国债券市场的交易品种，完善中国信用债券的级别分布体系，拓宽发行主体的债券融资渠道。同时适度违约情况的发生可以成为检验评级质量的“试金石”，在一定程度上对评级行业内的级别竞争、“劣币驱逐良币”的现象起到制约作用。确立债券投资者的风险意

识，进而检验相关中介机构的服务水平，推动债券市场成熟及发展。

同时，投资者的培育需要一个过程，高收益债券的推出也应综合考虑市场参与各方的接受程度，循序渐进。在制度建设初期，首先应落实风险教育与投资者保护，让市场各参与方真正了解风险，同时提升监管机构以及投资者风险容忍度；监管层应建立合格投资者制度，建议选择风险偏好明确且具备一定风险辨别能力的机构参与高收益债券。同时，严格发债主体及主承销商的信息披露制度，强化信息披露的规范性、及时性、准确性，并对处罚条款作出相应的明确规定，普及并发挥信用评级的风险揭示作用。此外，完善破产、清算制度，明确违约对应的风险底限，创造市场参与主体、中介机构充分发挥相应作用的平台。这些制度及措施的落实到位，有助于逐步培育中国的高收益债券市场，也有助于中国资本市场利率市场化的推进。

（二）创业板企业将成为未来债市的主要组成部分

2011 年 11 月，中国证监会启动了创业板上市公司非公开发行债券工作，为创业板企业的后续融资开辟了道路。随着创业板企业的快速成长，市场对创业板公司债的接受度不断提升，创业板企业将成为未来债券市场的重要组成部分。

（三）RQFII 启动将活跃交易市场

2011 年 12 月，首批 9 家基金公司旗下香港子公司已得到中国证监会核准，首批拿到人民币境外合格机构投资者（RQFII）资格。RQFII 的启动将拓宽境外人民币的回流渠道，丰富境内债券市场投资者类别，活跃市场交易。

二、主管部门提高债券市场的发展速度与效率，对资信评级机构的评级质量提出更高要求

2011 年，债券市场各主管单位积极提高债券市场发展速度与效率。中国人民银行交易商协会建立科学的注册程序，提高注册效率；国家发展和改革委员会和中国证监会简化债券发行程序，提高发行效率。

2011 年交易所债券市场增幅翻番尤其突出，完全得益于中国证监会明确将大力发展公司债市场作为今后 5 年的工作任务，并采取了一系列措施促进和规范公司债券的发展。

（一）简化审核程序

对公司债券审核程序进行简化，取消见面会、反馈会，将审核程序简化为：“受理——初审会——发审会——核准”四个步骤。

（二）建立公司债专岗审核

通过建立公司债专岗审核，将公司债审核独立于股权融资的审核流程，并将审核要点集中在债券的偿债能力和投资者保护措施上，避免了偿债风险。

（三）开设绿色通道

对以下四种公司债券实行绿色通道制度（类似注册制发行），审核周期不超过 1 个

月：债券评级为AAA，债券评级为AA以上且债券期限为3年以内，发行人净资产为100亿元以上，在交易所固定收益证券综合电子平台交易的债券。

（四）加强内外部协作，减少非必需的各种意见函或批文

在中国证监会内部，报送材料10天之内发行部没有收到上市部意见函的视为无异议；在中国证监会外部，只要债券募集资金投向不涉及重大项目的（例如用于补充流动资金），可以不征求行业主管部门意见，除非是国务院明确禁止融资的（例如房地产或部分产能过剩特殊行业）。

在对评级机构和评级质量的管理方面，主管部门也提出了更高的要求。例如，中国证监会一直关注评级机构的管理问题，提出将评级机构及其服务人员的诚信信息纳入证券期货市场诚信档案数据库的采集范围，并于2012年4月13日发布了《证券期货市场诚信监督管理暂行办法（草案征求意见稿）》。该办法的施行将进一步加强对各评级机构及其从业人员的管理，有助于评级质量的提升。

三、提升自律管理地位，逐步实现从议事机构向办事机构的角色转换

在中国证监会的指导下，中国证券业协会对评级机构进行自律管理。为加强证券资信评级业的自律管理，2011年6月，中国证券业协会第五次会员大会通过了在原有自律组织基础上改组成立证券资信评级专业委员会的决议，并在协会理事选举中首次增选了评级机构的代表。2011年8月23日，中国证券业协会证券资信评级专业委员会在京成立，大公国际资信评估公司关建中总裁被推举担任主任委员。专业委员会成员由11名扩充为14名，成员单位由原来的5家扩充为6家。之后专业委员会主要开展了以下工作：一是向民政部申请了独立社团资格，提升自律管理的主动性，积极促进委员会组织及工作机制的建立和完善；二是结合行业出现的新情况、新问题，加快对《证券资信评级机构执业行为准则》（以下简称《准则》）的研究和制定进程。在征求中国证监会相关部门、上海证券交易所、深圳证券交易所，以及各证券评级机构意见与建议基础上，专业委员会对《准则》进行了多次讨论和修改。该《准则》已于2011年底原则通过中国证券业协会2011年第16次会长办公会审议。

《准则》的颁布是中国证监会一直探索证券评级行业形成“行政监管、行业自律和公司自我约束相结合”监管机制的一个具体体现。中国评级业的多头监管、两大市场和多家跨市场的评级机构的格局，决定着《准则》必须适用于各方监管、各市场规定和各评级机构的执行。因此在制定过程中，专业委员会十分注重从机构专业管理入手，制定统一的自律规则。

随着证券市场资信评级业务的发展，专业委员会不仅发挥了行业沟通交流的作用，在行业自律管理方面也将发挥越来越多的作用，以行业整体的声音对外表达意见，逐步扩大社会影响力。

后　记

《中国证券业发展报告（2012）》由中国证券业协会组织编撰。本报告的编撰工作由中国证券业协会和10家会员单位组成的编写组进行。参与总报告编写、修改工作的有宏源证券股份有限公司、国泰君安证券股份有限公司、国信证券股份有限公司、东海证券有限责任公司、中国银河证券股份有限公司、中信证券股份有限公司、中国国际金融有限公司、海通证券股份有限公司，以及中国证券业协会相关部门的同志。

分报告和专题报告的撰写单位分别为：宏源证券股份有限公司负责撰写“分报告之一：2011年中国证券业发展概况”；国泰君安证券股份有限公司负责撰写“分报告之二：2011年中国证券经纪业务发展回顾与展望”；国信证券股份有限公司负责撰写“分报告之三：2011年中国投资银行业务发展回顾与展望”；东海证券有限责任公司负责撰写“分报告之四：2011年中国证券公司资产管理业务发展回顾与展望”；中国银河证券股份有限公司负责撰写“分报告之五：2011年中国证券投资咨询业务发展回顾与展望”；中信证券股份有限公司负责撰写“分报告之六：2011年中国证券公司融资融券业务发展回顾与展望”和“分报告之七：2011年中国证券公司直投业务发展回顾与展望”；中国国际金融有限公司负责撰写“分报告之八：2011年中国证券公司国际业务发展回顾与展望”；广发证券股份有限公司负责撰写“专题报告之一：2011年中国证券业信息技术发展综述”；海通证券股份有限公司负责撰写“专题报告之二：2011年中国证券公司合规与风险管理发展综述”；中国证券业协会投资者教育与服务部负责撰写“专题报告之三：2011年证券公司投资者教育与服务工作报告”；大公国际资信评估有限公司负责撰写“专题报告之四：2011年中国证券资信评级业务发展综述”。各编写组负责人为：崔秀红、张红梅、鲁伟、牛纪刚、吴祖尧、祁曙光、边泉水、叶秋彬、王建业、袁熙、田京海同志。总报告则是在所有分报告的基础上进一步提炼、总结完成的。

本报告初稿完成后，中国证券业协会证券经纪业专业委员会、投资银行业专业委员会、资产管理业务专业委员会、证券分析师与投资顾问专业委员会、证券公司合规专业委员会、创新发展战略专业委员会、国际合作专业委员会、证券资信评级专业委员会和信息技术专业委员会的专家分别对报告内容进行了认真审阅并提出了修改意见。各编写组根据相关专业委员会的意见和建议对稿件进行了认真修改和完善。

本报告的完成得到了会员单位、中国证券业协会专业委员会的支持，在此一并表示感谢！

《中国证券业发展报告（2012）》编委会

2012年6月